The Place of
PREJUDICE
편견이란 무엇인가

THE PLACE OF PREJUDICE:
A Case for Reasoning within the World by Adam Adatto Sandel

Copyright © 2014 by the President and Fellows of Harvard College
Published by arrangement with Harvard University Press.
All rights reserved.
Korean translation rights arranged with the President
and Fellows of Harvard College through EYA(Eric Yang Agency), Seoul.

애덤 샌델

The Place of
PREJUDICE
편견이란 무엇인가

김선욱 감수 | 이재석 옮김

와이즈베리
WISEBERRY

김선욱
숭실대학교 철학과 교수

마이클 샌델 교수의 책을 여러 권 감수했던 나로서는 이 책이 무척 반가웠다. 이 책의 저자 애덤 샌델이 그의 아들이어서가 아니라, 책의 내용 자체가 아버지 샌델 교수의 사상에 대한 철학적 갈증을 상당 부분 해결해 주고 있기 때문이다.

『정의란 무엇인가』(와이즈베리, 2014)의 326쪽을 보면, 마이클 샌델은 "공동체의 도덕적 중요성을 인정하면서 동시에 인간의 자유를 인정하는 것이 어떻게 가능하단 말인가?", "어떻게 우리를 소속된 존재이자 자유로운 자아로 볼 수 있는가?"라는 질문을 던진다. 그리고 뒤이어 그는 알래스데어 매킨타이어의 내러티브 개념을 통해 답을 제시한다. 그런데 이 대답의 근거를 파헤쳐 간다면 우리는 현대 철학의 문을 두드려야만 한다.

2005년에 마이클 샌델 교수가 한국을 방문했을 때 한국의 학자들은 그의 '공동체주의적' 사상이 한국 사회에서 무슨 의미가 있는지 통렬하게 따져 물었다. 한국은 사실상 학연, 지연 등의 인간관계에 얽혀서 발생하는 '공동체주의적' 폐해를 오랫동안 경험해 왔기 때문에, 우리 사회에서는 오히려 자유과 정의, 개인주의를 옹호할 필요가 더 크지 않은가라는 주장을 한국의 자유주의자들은 제기했던 것이다. 샌델 교수는 자유주의의 주장이 사실상 불가능한 주장임을 지적했다. 그리고 자유주의적 정의를 제대로 실현하려면, 즉 정의에 이르는 참된 방법을 찾으려면 우리는 인간을 자기 해석적 존재로 이해하면서 전통을 제대로 다루어야 한다고 대답했다.

롤스가 말하는 "옳음보다 좋음이 우선한다"는 주장 또한 '우리는 옳음보다 좋음을 우선적으로 선택해야 한다'는 뜻이 아니라, '옳음을 해결하려면 좋음을 우선적으로 볼 수밖에 없는 구조 속에 우리는 있다'는 것을 의미한다. 이러한 구조적 필연성을 주장하려면 인간에 대한 철학적인 이해가 반드시 필요하다. 10년 전에 있었던 인터뷰에서 샌델 교수는 다음과 같이 말했다.

이성의 기능 자체도 언어에 의해 구성되어 있다 constituted by language 는 점을 알아야 합니다. 보편적 진리가 불가능하다는 것을 주장하는 것은 아닙니다. 다만 칸트에게서 유래되고 롤스나 하버마스가 주장하는 것과 같은 추상적 인간관에 바탕을 둔 절차주의적 주장은 유지될 수가 없다는 것입니다.

그리고 이런 대답이 찰스 테일러를 생각나게 만든다는 나의 코멘트에 대해 그는 다음과 같이 대답했다.

제가 옥스퍼드에서 공부하고 박사학위 논문을 제출했는데, 그곳의
제도에 따라 제 논문을 철저하게 읽고 검토해 준 분이 찰스 테일러였
습니다. 한 챕터씩 그분과 토론하면서 제 논문을 검토했지요. 그러니
스승과 제자 관계이기도 합니다. 이후 친구처럼 여러 학회에서 함께
활동하고 있습니다. 제가 가진 언어 철학은 테일러에게 많이 의존하
고 있는 것입니다.

  찰스 테일러의 언어 철학에 대해 깊이 있는 이해를 하기 위해서는 하
이데거와 가다머에 대한 이해가 요청되는데, 이를 위해서는 다시 헤겔
과 아리스토텔레스에게로 거슬러 올라가야 한다. 그러나 마이클 샌델
교수는 그런 철학적 논의를 제시하지는 않았다. 그런데 애덤 샌델의
책에서 우리는 그 사상가들에 대한 치밀하고도 흥미로운 해석을 읽게
된다.
  애덤 샌델은 우리가 편견에 대해 갖고 있는 편견을 체계 있게 지적하
면서 정당한 편견에 대한 적절한 평가를 우리에게 요구한다. 이러한 작
업을 '비관여적detached 판단'과 '정황적situated 판단'이라는 두 개념의 정
립을 통해 솜씨 있게 수행하고 있다. 편견은 안 좋은 것이므로 편견을
갖지 않는 것이 좋다는 것은 우리의 상식이다. 그런데 애덤은 편견 가
운데는 정당한 편견이 있음을 지적한다. 또한 우리가 편견에서 완전히
자유로울 수 있다는 생각 자체가 편견임을 알려 준다.
  사실 편견偏見이라는 우리말은 편파적이며 공정하지 못한 생각이라는
의미를 갖고 있다. 따라서 우리에게 편견은 부정적인 함의를 갖는다.
그런데 편견을 의미하는 영어 단어인 prejudice는 '먼저pre 이루어진

판단'judice'이라는 뜻으로 라틴어에 기원을 갖는 단어다. 따라서 이 말은 선판단pre-judgment, 선입견pre-conception과 같은 의미로 읽힐 수 있고, 따라서 긍정적으로 이해될 수 있는 의미를 어원적으로 내포하고 있다. 우리 말과 영어의 이러한 차이가 우리의 이해에는 다소 장애가 될 수 있지만, 그럼에도 불구하고 우리가 '객관적' 판단을 내리기 전에 갖고 있는 생각에 대해서도 여전히 '편견'이라는 말을 사용한다는 점에서 애덤 샌델의 논의는 여전히 유효하다. 애덤은 이러한 편견에 제대로 된 자리를 제공하기를 원한다. 그래서 편견이 과연 무엇인지 이 책을 통해 답하고 있는 것이다.

따라서 애덤의 책을 마이클 샌델 교수의 사상에 대한 철학적 정당화로만 읽을 수는 없다. 사실 애덤은 책의 본문 어디에서도 아버지를 인용하지 않는다. 그는 명확한 자신의 논리로 편견의 명예회복을 시도하고 있을 뿐이다. 아울러 그는 자신의 주장을 정당화하기 위해 하이데거와 가다머를 적절히 그리고 흥미 있게 해석하고, 고전으로 거슬러 올라가 아리스토텔레스에 대한 뚜렷한 관점을 수립하고 있다. 근대 영국의 프랜시스 베이컨과 애덤 스미스에서 시작한 애덤의 논의는 탁월한 미국 정치가들의 연설을 사용해 자기주장의 실질성을 입증하는 가운데 마무리되고 있다.

오늘날 근대성modernity의 한계들이 여러모로 지적되는 가운데 그 대안적 모색도 다양하게 이루어지지만, 찰스 테일러와 알래스데어 매킨타이어, 마이클 샌델 등이 열어 내는 길은 모더니즘의 연장도, 포스트모더니즘적 대안도 아닌 제3의 길이다. 이들과 함께하는 애덤 샌델의 이 책은 철학적 깊이가 있으면서도 흥미로운 주제 영역으로 우리를 이끈다.

우리가 자유주의의 훈련을 받지 않고 공동체주의의 폐해 속에만 머물러 있다면 마이클 샌델 교수의 이론은 그다지 의미 있게 다가오지 않았을 것이다. 그러나 자유주의가 우리 사회에서 어느 정도 논의된 이후인 지금, 샌델 교수의 주장은 우리에게 강렬한 호소력을 갖고 다가온다. 이와 마찬가지로 애덤 샌델의 주장도 근대의 자유주의가 발달한 토대에서 의미 있게 다가온다. 우리 학계에서도 그동안 하이데거와 가다머의 사상에 대한 연구가 상당히 이루어져 왔다. 하지만 이들의 사상을 바탕으로 하는 정치사상은 그다지 많이 시도되거나 성공적으로 어필되지 않았다. 보다 많은 주목을 받아 마땅한 이러한 논의를 위해, 편견에 대한 정치철학적 함의를 담은 애덤 샌델의 책은 우리 사회에 의미 있는 기여를 하리라 생각한다.

　애덤의 책은 아버지 마이클의 책과 독립된 저술이다. 그럼에도 이 책이 마이클 샌델의 인기에 힘입어 우리나라에서 널리 읽히기를 바라는 마음이다. 아버지와 아들의 사상 모두와 관련해 필요한 논쟁들이 일어나고 토론이 이루어짐으로써 우리 사회의 생각이 더 깊어질 수 있기를 희망하기 때문이다.

차례

추천의 글 · 5
서문 · 12

01 편견에 반대하는 주장 · 47

편견은 오류의 근원: 프랜시스 베이컨과 르네 데카르트 | 편견은 불공정의
근원: 애덤 스미스 | 편견은 노예화의 근원: 이마누엘 칸트 | 감정의 차원에서
편견의 부활: 에드먼드 버크

02 정황적 이해의 옹호:
하이데거의 세계-내-존재 · 111

주체-객체 도식의 세계 개념 vs 하이데거의 세계 해석 | 정황적 이해의 구
조: 도구, 자연, 현존재의 총체로서의 세계 | 세계의 관점에서 본 편견의 의미
| 비관여적 판단의 정황적 성격

03 정황적 행위:
세계-내-존재가 자유에 대해 갖는 함의 · 175

본래성, 불안 그리고 양심의 부름 | 운명의 감당자이자 저자인 현존재 | 존재
와 시간 | 죽음: 본래적 삶에 이르는 열쇠 | 그 순간이 바로 지금이다 | 하이
데거와 정황적 이해

04 역사 연구에서 편견의 역할: · 249
과거와 현재에 관한 가다머의 생각

인문학과 현존재의 자기 이해와의 관계 | 가다머의 역사주의 비판 | 가다머 이론의 실천: 적법한 편견과 위법한 편견을 구분하는 법

05 도덕 판단에서 편견의 역할: · 291
아리스토텔레스에 대한 해석학적 독법

아리스토텔레스의 정황적 선개념과 철학 | 도덕 지식의 조건으로서의 성품 | 본성(퓌시스)과 습관(에토스)의 통일체로서의 성품 | 성품 습득의 조건으로서의 성품, 그리고 도덕 판단의 편향성 | 덕성의 역동성: 어떻게 선을 향해 나아가는 우리의 길이 목적을 형성하는가

06 편견과 수사 · 353

수사에 대한 토머스 홉스의 비판, 그리고 비관여적 판단 개념과의 연관성 | 편견과 수사에 대해 다시 생각하다 | 개혁의 수사 | 철학과 삶의 일치

주 · 398
참고문헌 · 427
감사의 말 · 433

편견을 다시 생각하다

오늘날 편견은 의심의 눈초리를 받고 있다. 충분히 납득할 만한 현상이다. 편견이란 종종 이러저러한 집단에 대한 반감과 증오심을 토대로 한 개탄스러운 태도와 관행을 가리키는 말로 쓰인다. 인종적 편견은 편견의 극악한 사례다. 그것은 도덕적, 정치적 판단에서 편견의 적절한 위치를 찾으려는 어떠한 시도에도 어두운 그림자를 던진다. 품위 있는 사람이라면 편견이 일정한 역할을 한다고 인정할 이유가 있을까? 편견을 옹호하는 입장에서는 과연 무슨 말을 할 수 있을까? 만약 편견이 증오심에 물든 사고와 행동을 가리키는 말이라면 위의 질문에 대한 답은 "아무것도 없다"일 것이다. 그러한 편견이라면 비난밖에 받을 것이 없다. 옹호할 여지가 없다. 그러나 편견은 그보다 광범위한 의미를 갖고 있다.

편견이라는 말의 의미를 잘 포착한 것은 이마누엘 칸트Immanuel Kant의 '계몽'에 대한 정의이다. 그는 '계몽'을 '편견 일반으로부터의 해방'이라고 정의했다.[1] 확실히 여기서 칸트가 말하는 '편견'이란 정당화되지 않은 증오 이상의 것이다. 칸트에게 편견이란 아직 그 타당성을 명시적으로 검토하거나 정당화시키지 않은 모든 선*판단 혹은 판단의 원천을 가리킨다. 칸트가 관심을 갖는 편견에는 전통, 습관, 관습, 교육 같은 것이 포함된다. 거기에는 심지어 인간의 타고난 욕망까지 포함된다. 이런 것들은 의식적인 성찰을 피해가면서 우리의 판단에 영향을 미친다. 칸트는 "편견 없는 사고라는 준칙", 그리고 계몽의 본질은 그러한 영향력을 뛰어넘는 것, 즉 "자기 스스로 생각하는 것"이라고 말한다.[2]

우리는 칸트에 앞서 살았던 몇몇 유명한 학자들에게서도 편견에 대한 이와 유사한 멸시를 확인할 수 있다. 예컨대 프랜시스 베이컨^{Francis} ^{Bacon}은 "편견을 세탁한다면", 그리고 소위 "정신의 우상"을 일소한다면 인간의 지성이 훨씬 향상될 것이라고 말한다. 베이컨이 말하는 '우상'이란 전통, 습관, 언어, 교육 같은 영향력이다. 그는 우리의 "이해가 편향되지 않고, 빈 서판$^{blank slate}$으로 있을 수 있다면 사실에 더 가까운 판단을 내릴 수 있을 텐데"라고 말한다.[3] 지식을 하나씩 차례로 재구성하기 이전에 모든 "선개념^{preconception}"을 제거하겠다고 한 르네 데카르트^{René} ^{Descartes} 역시 이와 유사한 관점을 표명한 것이다.[4] '빈 서판'이라는 이상에 공감을 하면서 데카르트는 "우리가 태어나는 순간부터 이성을 온전히 사용해왔다면, 그리고 항상 오직 이성의 인도만을 받아왔다면" 우리가 내리는 판단이 더 확고해지는 동시에 덜 모호해질 것이라고 주장한다.[5]

칸트와 베이컨, 데카르트가 이야기하는 편견은 단지 부당한 반감이나 적대감을 가리키는 것이 아니다. 그것은 아직 우리에 대해 그 타당성이 검증되지 않은, 모든 판단 원천을 가리킨다. 이런 광범위한 의미의 편견을 제거하려는 열망은 우리 시대의 강력한 지적 이상이라고 나는 생각한다. 우리가 증오와 차별로서의 편견을 경멸해야 하는 이유는 분명하다. 그러나 무조건적으로 편견을 거부하는 것은 우리가 가진 보다 깊은 차원의 광범위한 가정을 드러낸다. 그것은 이성적 판단이라면, 우리가 전통과 습관, 관습, 교육을 통해 습득하는 이해와 헌신을 비롯한 모든 선판단으로부터 영향을 받지 않아야 한다는 가정이다.

내가 이 책을 통해 도전하고자 하는 것은 판단에 관한 이러한 사고방식, 즉 편견을 무조건 배격하는 현상이다. 이러한 나의 도전은 서로 구분되는 두 가지 판단 개념에 근거하고 있다. 첫째는 **비관여적** 판단detached conception 개념이다. 이 개념에 따르면 우리는 아직 그 타당성을 우리 스스로 명시적으로 확증하지 않은 모든 권위와 영향력에 의존하지 않을 때 최고의 판단을 내릴 수 있다고 본다. 이러한 판단을 '비관여적'이라고 하는 이유는 이것이 그러한 모든 영향력에서 벗어나고자 하는 판단이기 때문이다.

두 번째는 **정황적** 판단situated conception 개념이다. 이 개념에 따르면 완전한 판단이란 잘못된 사고방식에서 나온 것이다. 숙고와 판단은 언제나 우리가 처한 구체적 삶의 환경으로부터 나오는 것이기 때문이다. 정황적 판단 개념에 따르면 우리가 처한 삶의 환경은 합리적 사유에 대한 방해물이 아니라 합리적 사유에 정보를 제공하여 판단을 가능하게 해주는 관점으로 기능한다.

이 책을 쓴 나의 목적은 이러한 정황적 판단 개념을 전개하고 옹호하는 것이다. 그러나 나는 또한 편견에 반대하는 주장에 대한 비관여적 개념과 정황적 개념의 대비가 왜 중요한지를 보여 주고자 한다. 만약 내가 기대하듯이 정황적 개념이 더 이치에 맞는다면 편견에 반대하는 칸트의 주장이나 베이컨과 데카르트의 주장을 의심해 볼 만하다. 만약 판단이란 것이 불가불 정황적인 것이라면, 우리 마음에서 편견을 완전히 '세척하려는' 시도 자체가 잘못되었다고 할 수 있다. 그렇다면 이른 바 '정신의 우상'은 우리가 완전히 폐기해야 하는 대상이 아닐 수도 있다.

지금으로서는 우리가 처한 상황, 즉 삶의 환경 안으로부터 추론하고 판단한다는 생각은 아직 모호하다. 이 책을 쓴 목적 가운데 하나는 그러한 생각을 타당하게 만드는 것이다. 이를 위해 나는 마르틴 하이데거Martin Heidegger와 한스게오르크 가다머Hans-Georg Gadamer라는 20세기 독일 철학자의 저작을 살펴볼 것이다. 두 사람은 우리의 이해와 판단은 언제나 우리가 관여하는 전통과 기획, 실행에 의해 형성된 세계 내에서 혹은 지평地平 안에서 정황적인 성격을 가질 수밖에 없다고 말한다. 이것은 우리가 판단을 내릴 때, 즉 정치나 법의 영역에서 서로 상충하는 주장들을 평가할 때, 철학 텍스트에 대한 이해를 시도할 때, 이러저러한 상황에서 어떻게 행동할 것인지 숙고할 때 완전한 무의 상태에서 시작하는 것이 아니라는 의미다. 우리가 내리는 판단은 언제나, 아직 정당화되지 않은, 대부분 우리의 의식적 관심 아래에 깔려 있는 선先개념(선입견)과 참여commitment에 영향을 받는다. 그러나 언뜻 보는 것과 달리, 판단의 이러한 편견적 측면은 유감스러운 제약이 아니다. 그들은 특정한 편견은 판단을 방해하기보다 실제로 좋은 판단을 하도록 돕는다고 말한다.

좋은 판단은 언제나 (편견으로부터) 격리된 판단이어야 한다는 가정이 오늘날 철학뿐 아니라 정치학과 법학에서도 영향력을 행사하고 있다. 미국의 법 체계에서 이를 잘 보여 주는 사례가 있다. 바로 배심원단은 소송 당사자 양측과 해당 사안에 대해 미리 알지 못하는 '빈 서판'의 정신을 가진 사람들로 구성되어야 한다는 생각이다. 이러한 생각에 대해 판사들과 법학자들이 제시하는 근거는 이런 사람들로 배심원단을 구성해야만 편향성을 제거할 수 있으며, 열린 마음으로 소송 사건에 접근하는 배심원 선정이 가능하다는 것이다. 그러나 편견이 영향을 미치는 것은 피할 수 없는 일이므로, 이런 접근 방식을 통해 진정으로 편견에서 자유로운 배심원단이 구성되는 것은 아니다. 어쩌면 잘못된 편견을 가진 배심원단, 즉 올바른 판단을 내리고 적절한 사실을 확인하는 데 필요한 배경 지식이 부족한 배심원단이 구성될 수도 있다.

예컨대 1990년대 신시내티 미술관과 그 전시 기획자가, 논란이 되었던 로버트 메이플소프Robert Mapplethorpe(성적 특성을 명백히 보여 주는 사진 작품들과 그 작품들을 둘러싼 스캔들로 세상에 이름을 알렸다. 동성애와 에이즈처럼 금기시되고 도발적인 주제를 다루었다—옮긴이)의 작품을 전시한 이유로 외설 소송 사건에 휘말렸다. 판사는 배심원단 중 여성 한 사람을 거부했는데, 그것은 그 여성이 (논란이 되었던 사진뿐 아니라) 그 전시회를 이미 관람했다는 이유에서였다. 또 그녀는 배심원단에서 미술관에 자주 가는 유일한 사람이었다. 선발된 배심원 가운데는 '미술관에 한 번도 가보지 않은' 사람도 있었다.[6] 해당 사건의 판사는 이미 그 전시회를 관람한 사람이나 미술관을 자주 찾는 사람은 해당 사건에 대해 편견을—아마도 '예술의 자유'를 옹호하는 편견을—가질 수 있으며, 이는 불공정한 판단으로 이어질 소지가 있다고 생각했던 것이다. 판사는 편견을 100퍼센트 피하려는 시도에서 미술관에 대한 (혹은 외설 관련 법률에 대한) 경험이 없는 사람들로 배심원단을 채우려고 했다.

그렇다면 그렇게 구성된 배심원단이 정말로 편견으로부터 자유로웠을까? 보다 진실에 가까운 설명은, 미술관에 한 번도 가본 적이 없는 사람들만으로 구성된 배심원단은 또 그 나름의 방식으로 편견을 가질 수 있다는 것이다. 그렇게 구성된 배심원단은 그 맥락에서 무엇이 적절한지 판단할 수 있는 토대를 갖추기 어렵다. 미술관에 일반적으로 전시되어 있는 작품들에 전혀 익숙하지 않은 사람이 어떻게 특정 사진이 '현대의 공통된 품위 기준'—배심원단이 해석하도록 요청받은 기준—을 충족시켰는지 바르게 알 수 있을까? 이러한 배경 지식, 즉 '편견'이 결여된 배심원은 사건에 대한 공평한 판결을 내리기에 불충분해 보인다.

편견에 대한 경멸적 의미에 익숙한 사람에게는 내가 말하는 '편견'이 다소 이상하게 보일 것이다. 내가 여기서 '편견'이라고 부르는 것은 어쩌면 '배경 지식'을 달리 표현하는 말일 수도 있지 않겠는가? 어떤 의미에서는 그렇다. 나의 목적은 편견과 배경 지식이라는 개념을 서로 연결시키는 것이다. 그렇다면 여기서 어떤 종류의 배경 지식이 사용되는가? 나는 미술관에서 일반적으로 전시되는 작품들을 "알고 있다"고 말하는 것과 나는 현재 전시 중인 사진 작품의 이름을 "알고 있다"고 말하는 것은 다르다. 후자의 앎은 단지 정보에 불과한 반면, 전자는 사진 작품의 내용과, 무엇을 예술이라 부르고 무엇을 쓰레기라 칭하는지에 대해서도 익히 아는 것을 말한다. 이러한 지식은 가치가 개입되어 있을 뿐 아니라 정황적이라고 할 수 있다. 거기에는 특정 지역 사회에서 양육되면서 미술관을 자주 찾아 작품을 해석하는 경험을 통해 '품위 있는' 작품에 대한 안목을 키우는 것까지 모두 포함되어 있다. 이런 의미에서 우리는 그러한 지식을 '편견'이라고 부를 수 있을 것이다. 더욱이 그 지식이 정황적인 한, 그것은 어느 장소의 누구나 이해할 수 있는 규칙이나 원칙으로 환원될 수 없다. 정황적 앎이 지닌 이러한 개별주의적 성격은 '편견'을 흔히 편향성과 연결시키는 관행과도 일맥상통한다.

편견에 대한 현대의 의심을 보여 주는 두 번째 사례는 오늘날 흔히 발견되는 정치적 수사修辭에 대한 폄하하는 태도이다. 이러한 폄하의 태도는 "그건 단지 수사에 불과해"와 같은 익숙한 표현에서 잘 드러난다. 수사에 대한 폄하는 단지 정치인과 그들이 지닌 동기에 대한 불신 때문만이 아니다. 그것은 정치적 주장의 성격과, 정치적 주장이 어떻게 전개되어야 하는가에 대한 보다 심층적인 견해를 반영하고 있다. 이 견해에 따르면, 정치적 주장의 정당성은 비非수사적으로, 즉 그러한 주장이 생겨난 특정 상황과 무관하게 표명할 수 있는 원리에 의존한다. 만약 수사가 특정 청중을 상대로 한 이야기와 이미지, 참조를 통해 설득하고자 한다면 그것은 기껏해야 '참된 주장'의 장식물에 불과하다. 최악의 경우 수사는 대중에 대한 영합과 대중을 기만하기 위한 형식으로 전락한다. 수사에 대한 의심은, 수사가 이성이 아닌 편견에 호소한다는 가정에 근거하고 있다고 할 수 있다. 이 주장에 따르면, 설득력 있는 연설가는 청중이 편향된 방식으로, 즉 연설가 자신의 관점에 영향을 받는 방식으로 판단 내리도록 유도한다. 정책과 원칙은 특정 청중의 기질과 무관하게 정당화될 수 있어야—이상적으로는 어느 곳의 누구라도 이해할 수 있는 이성에 의해 정당화될 수 있어야—한다고 보는 것이다.

그러나 위대한 수사의 사례들은 이러한 생각에 의문을 품게 한다. 존

F. 케네디^{John F. Kenndy}나 린든 존슨^{Lyndon Johnson} 대통령, 마틴 루서 킹 주니어^{Martin Luther King Jr} 같은 정치적 인물들의 연설이 발휘하는 도덕적 영향력은, 그 연설이 일깨운 원칙으로부터 얻어진 것이 아니다. 그 영향력은 연설이 청중의 삶의 환경에 호소하는 방식에서 생겨난다. 예컨대 시민권 운동에서 린든 존슨은 청중에게 울림을 주는 일상의 역할이나 관행과 관련된 도덕적 분개심을 일깨운 것으로 유명하다. 그는 또 청중과 공통의 유대감을 형성하기 위해 억센 남부 억양으로 연설했던 것으로 더욱 유명하다.[7] 존슨은 비록 자신의 청중이 정황 속에 있다는 것을 알았지만 자기 나름의 수사를 사용해 그들이 가진 견해에 도전했다. 즉 그는 사람들이 중요하게 생각하는 다른 관행들에 비추어 인종 분리가 잘못되었음을 자각하도록 만든 것이다. 이상하게 들릴지 모르지만 존슨의 수사는 사람들이 가진 '편견'에 호소함으로써 평등의 원칙에 도덕적 힘을 실었다고 할 수 있다.[8]

빈 서판 상태의 배심원단 선임 사례와 정치적 수사에 대한 의심의 눈초리는 오늘날 우리에게 익숙한, 편견에 대한 거부를 반영하고 있다. 그러나 이미 언급했듯이, 이러한 거부는 잘못된 것이다. 편견이 갖는 적법한 지위를 복권시키기 위해, 나는 비관여적 판단이라는 이상 자체가 일종의 편견임을 드러내 보이는 데서 시작하고자 한다. 비관여적 판단이라는 이상은 의심스러운 사상 전통에 의해 형성된 열망이다. 가다머를 따라가다 보면 우리는 이러한 의심스러운 전통의 근원이 근대 초기와 계몽기에서 기원했음을 알게 된다. 가다머가 지적하듯이 "계몽기 이전까지는 편견이라는 개념이 오늘날 우리에게 익숙한 부정적 의미를 갖지 않았다."[9] 가다머는 편견^{prejudice}이라는 말은 실제로 선판단^{prejudgment}

에서 나왔다고 말한다. 여기서 '선판단'은 긍정적인 가치를 가질 수도 부정적인 가치를 가질 수도 있었다. 가다머는 계몽기를 거치면서 이러한 의미가 '근거 없는 판단', 즉 인간의 이성이 아니라 인간적 권위와 전통에 의한 판단을 의미하는 것으로 축소되었다고 지적한다.[10]

1장에서 나는 근대 초기와 계몽기 사상에 나타난, 편견에 반대하는 주장들을 살펴볼 것이다.[11] 어떤 점에서 이것은 가다머가 '편견에 대한 편견'이라고 칭한 현상에 대해 보다 일관된 설명을 제공함으로써 편견에 대한 그의 논의를 계속 이어 가는 것이기도 하다.[12] 그러나 나의 목적은 편견 개념의 완벽한 역사를 설명하는 것도, '편견에 대한 편견'이 계몽기의 핵심을 규정한다는 가다머의 도발적 제안을 증명하는 것도 아니다.[13] 내가 역사적 탐구를 하는 이유는 '편견'의 개념을 명확히 하고 비관여적 판단이라는 이상에 대해 상술하려는 것이다. 이를 위해 나는 베이컨, 데카르트, 애덤 스미스Adam Smith, 칸트의 사례를 살펴볼 것이다. 이들 모두가 '편견'에 대해 언급하거나 비관여적 판단의 이상을 전개시켰던 사상가들이기 때문이다.

앞으로 보겠지만 이들 사상가들이 폐기하려 했던 편견의 개념은 서로 조금씩 달랐다. 예컨대 애덤 스미스는 편견을 가족, 친구, 국가에 대한 우리의 충성심과 연결시킨다. 그가 보기에 이러한 편견은 편협하고 불합리한 일종의 지역주의로서 맹목적인 습관과 관습의 산물이다.[14] 그러나 스미스가 모든 비이성적 영향력을 편견으로 간주하는 것은 아니다. 실제로 그는 이성과 대비되는 인류에 대한 사랑과 '동정의 마음'을 지지한다.[15] 스미스는 '편견'이라는 용어를 우리의 편향성을 경멸조로 지칭하는 데 국한하여 사용한다. 반면 칸트는 '모든' 감정을─아무리 많은 사람이 공유하는 감정이라도—원칙적으로 특정 욕망이나 충성심과 하나도 다르지 않은 편견으로 간주한다. 그의 설명에 따르면 편견이란, 비관여적 이성 이외의 모든 원천에 의해 '주어진' 것을 모두 가리킨다.[16]

이들 사상가들이 편견의 범위에 대해 서로 이견을 보였음에도 그들 모두 편견—우리가 처한 상황이나 삶의 환경 같은, 넓은 의미의 편견—에서 멀어질수록 좋은 판단을 내릴 수 있다고 생각했다는 점에서는 동일하다. 스미스가 기본적인 도덕 감정을 '편견'의 범주에서 제외시킨 이유는 그가 보기에 기본적인 도덕 감정은 인간에게 고정된 보편적인 것이기 때문이다. 스미스는 기본적인 도덕 감정이 습관, 관습, 전통과 별개로, 판단의 기초를 제공한다고 보았다.

'편견'의 다채로운 뉘앙스를 부각시키는 것 외에도 내가 살펴볼 사상가들은 편견에서 벗어날 때 내릴 수 있는 '좋은 판단'의 두 가지 중요한 의미를 보여 준다. '좋은 판단'의 첫 번째 의미는 베이컨, 데카르트, 스미스가 강조하는 것으로, '진리에 가까운' 판단이다. 이들 사상가는 우리가 처한 상황, 특히 교육이나 전통의 권위 같은 것이 우리로 하여금 길을 잃게 만든다고 주장한다. 그러한 편견에서 벗어나는 것이야말로 우리가 '진리'를 발견하기 위해 밟아야 하는—우주에 관한 진리든(베이컨과 데카르트) 아니면 올바른 행동에 관한 진리든(스미스)—첫 번째 단계이다.

두 번째 의미의 '좋은 판단'은 칸트가 강조한 것으로, '자유로운' 판단이다. 칸트가 보기에 편견에 영향을 받은 판단은 오류가 있을 뿐 아니라 '노예화된' 것이다. 자유로운 판단은 자발적이어야 한다. 그것은 자신의 이성의 명령에서 나와야 한다. 칸트는 이성을 습관, 관습, 문화, 심지어 욕망과 대조되는 것으로 정의한다. 이처럼 편견에 반대하는 주장에는 두 종류가 있다. 하나는 진리와, 나머지 하나는 행위^{agency}와 관련 있다. 나의 목적은 이 두 가지 주장을 모두 반박하는 것이다. 즉 편견이 진리를 향한 빛을 우리에게 안겨 줄 수 있으며, 자유와도 모순되지 않는다는 점을 보여 주는 것이 나의 목적이다.

'정황적 판단'이라는 개념을 통해 편견이 갖는 일정한 역할을 탐색하기 이전에 나는 편견에 찬동하는 보다 친숙한 사례를 살펴보는 것으로 1장을 마무리할 것이다. 그것은 전통과 감성을 이성보다 우위에 두며 이를 비반성적으로 수용하는 사고방식이다. 이처럼 편견을 '감정'의 차원에서 부활시킨 이가 바로 에드먼드 버크^{Edmund Burke}다. 그의 편견 개념은 그 자체로도 숙고의 가치가 있지만, 그것을 내가 전개하고자 하는 편견 개념과 대비시켜 보아도 좋을 것이다. 버크는 다음과 같은 유명한 주장을 편다. "이 계몽의 시대에 나는 우리가 '학습된 적 없는 타고난 감정'을 지닌 사람들이라는 사실을 과감히 고백해야겠다. 우리는 오래된 편견을 벗어던지기는커녕 상당한 정도로 그것을 귀하게 여기는 사람들이다. 수치스러울 수도 있지만 우리는 편견을, 그것이 편견이라는 이유로 소중히 여긴다."¹⁷

버크가 말하는 편견은, 학습한 적 없는 추상적 감정뿐 아니라 특정 습관과 관습, 사회적 역할에 의해 형성된 감정까지 함께 지칭하는 것이다. 그가 말하는 '편견'은 종종 습관, 관습, 사회적 역할을 모두 지칭한다. 예컨대 그는 영국 국교회가 영국인들의 관행과 판단을 형성하고 있

다는 점에서 그것을 '편견'으로 칭한다.[18]

겉으로 보기에, 버크의 편견 옹호가 이전 사상가들의 사고방식에 대한 엄중한 도전처럼 보인다. 그러나 버크도 이전 사상가들이 지녔던 핵심적인 가정 한 가지를 공유하고 있다. 버크는 편견과 이성의 철저한 구분을 받아들이면서도 둘의 가치를 역전시킨다. 즉 그는 '우아한 휘장', '학습하지 않은 감정', '즐거운 환상' 등의 표현을 통해 전통적인 권위 원천을 옹호한다. 버크는 이성이 어떤 식으로든 편견과 엮여 있음을 보이기보다 이성과 편견은 서로 대척점에 있다는 것, 그리고 편견이 더 우선적이라는 것을 받아들인다.

그러나 이러한 편견 옹호는 만족스럽지 못하다. 편견이 감정이나 '즐거운 환상'에 불과하다면 왜 그것이 이성보다 중요하단 말인가? 버크는 이에 대한 설득력 있는 답을 내놓지 못한다. 그는 단지 편견에 대한 두 가지 옹호론을 내놓는데, 둘 모두 이성의 우선성priority을 정당화하는 데는 실패하고 있다. 그의 첫 번째 편견 옹호는 '부패한' 편견을 한탄하면서 과거를 향한 회한에 찬 찬양가를 부르는 데 그치고 있다. 그의 두 번째 편견 옹호는 그저 전통의 사회적 유용성을 강변하고 있을 뿐이다. 버크는 전통의 역할과 제도가 사회적 연대의 바탕이라고 주장하면서도 전통의 역할과 제도가 본연의 통찰과 이성을 구현하고 있음을 보이지 못한다. 버크의 편견 옹호가 지닌 실용적 성격은 교회의 확립에 대한 그의 칭찬에서 나타난다. 그는 교회를 일종의 '미신'으로 간주하면서도 그것을 "시민 사회의 기초이자, 모든 선과 위로의 원천"으로 옹호한다.[19]

편견을 이성과 반대되는 것으로 이해하는 경우, 편견을 권위의 적법한 원천으로 받아들이는 것이 어려워진다. 아니, 아마도 그것은 불가능할 것이다. 그러나 이와 다른 관점에서 편견과 이성의 관계를 이해할 수도 있다. 편견을 일종의 '감정'으로 보았던 버크와 대조적으로 나는 편견에 대한 '해석학적' 개념을 옹호하고자 한다. 편견에 대한 해석학적 개념은 내가 말하는 '정황적 이해situated understanding' 개념과도 연결되어 있다. 이 개념에 따르면 편견은 우리가 판단을 내릴 때 불가피하게 수반되는 특성이다. 우리는 언제나 자신의 삶의 환경으로부터 판단을 내리며 일정한 이해를 갖는다. 그런데 '해석학'이라는 용어가 암시하듯, 우리의 삶의 환경은 해석에 열려 있는, 하나의 지적 관점을 제공한다. 더욱이 우리 삶의 환경이 가진 특정한 성격과 특정한 편견(습관, 전통, 경험)이 실제로 우리로 하여금 더 좋은 판단을 내리게 만들 수 있다. 이런 의미에서 편견은 이성을 배반하는 것이 아니라 이성의 한 가지 표현으로 볼 수 있다.

편견의 해석학적 개념은 하이데거와 가다머로부터 온 것이다. 두 사람 모두 편견을 우리가 처한 상황의 관점에서 이해한다. 이것을 가다머는 **지평**horizon이라 불렀고, 하이데거는 **세계**world라 칭했다.[20] 2장에서 나는 하이데거로부터, 특히 그의 세계-내-존재Being-in-the-World 개념으로부터 정황적 이해 개념을 끌어낼 것이다. 나의 목적은 비관여적 판단이라는 이상에 도전하는 세계-내-존재에 대한 해석, 그리고 우리의 삶의 환경 안으로부터 추론하기의 타당성을 보여 주는, 세계-내-존재에 대한 해석을 제공하는 것이다. 세계-내-존재 개념의 핵심에는, 우리의 신념과 그 기원에 대한 비관여적 검토가 아니라, 사물을 만들고 사용하며 상황에 대응하고 특정한 목적을 겨냥하는 과정에서 생겨나는 실제적 이해야말로 우리의 가장 기본적인 이해 방식이라는 생각이 자리 잡고 있다. 대개 이러한 이해는 명시적인 인식이 아니다. 그것은 우리가 사물을 검토하면서 그 속성들(크기, 모양, 색깔 등)에 주목한다고 해서 얻어지는 인식이 아니다. 우리의 실제적 이해는 대부분 암묵적인 앎이다. 그것은 의식적 자각 근저에서 작동한다. 하이데거가 망치의 사용법을 익히는 목수에 대한 이야기를 자주 인용한다. 목수는 의자를 만드는 과정에서 망치를 사용함으로써 망치를 이해한다. 목수는 또 망치를 장롱을 만드는 수단으로 이해한다. 그리고 장롱은 집의 일부로서, 또 집은 잘 사는 삶의 일부로서 파악한다. 망치질을 하는 과정에서 목수의 의식이 다른 곳(예컨대 다가오는 점심시간이나 날씨, 그날의 뉴스 등)에 가 있더라도 그는 이 모든 것을 안다.

하이데거의 '세계-내-존재' 개념과 그것이 지닌 실제적인 성격으로 인해 그는 사람들에게 익숙한 것으로 받아들여졌던 주체-객체 subject-object의 이분법을 거부했다.[21] 우리가 어떤 활동을 할 때 우리는 객관적 대상에 대해 관조하는 주관적으로 존재하는 것이 아니라고 하이데거는 지적한다. 그는 우리가 자신이 지닌 목표나 목적과 불가분적으로 엮여 있는 존재라고 말한다. 그것은 곧 우리가 자신이 이해하고자 하는 세계 속에 '정황적으로' 존재하고 있다는 뜻이다.

이러한 생각을 포착하기 위해 하이데거는 핵심적인 전문 용어를 도입한다. 그는 주체-객체 구분을 '현존재 Dasein'라는 개념으로 대체한다. 현존재는 문자 그대로 하면 '그곳에 있다'는 의미이다.[22] 현존재는 우리가 자신의 행동과 자신이 처한 상황에 의해 규정된다는 생각, 그리고 궁극적으로는 우리의 포괄적 상황, 즉 하이데거가 '세계'라 부른 삶의 환경에 의해 규정된다는 생각을 표현하고 있다. 세계란 곧 우리의 개입의 총체, 즉 우리 삶을 전체로서 규정하는 목적과 목표, 실행의 그물망이다.

세계를 이해하는 데 가장 우선적인 질문은 어떻게 이러한 총체성을 납득할 것인가 하는 점이다. 여기서 두 가지는 분명하다. 첫째, 총체성에 대한 우리의 이해는 실제적인 성격을 지녔다는 점이다. 우리는 오직 세계 안에 삶으로써만, 즉 세계 '내에 존재함으로써만' 세계에 대해 알 수 있다. 둘째, 우리의 앎은 포괄적 성격을 지녔다는 것이다. 세계를 구성하는 일부를 이해하려면 전체에 대한 인식을 지니고 있지 않으면 안된다. 왜냐하면 특정 활동과 역할은 오직 그 밖의 다른 활동이나 역할과 관계되어서만, 그리고 궁극적으로는 전체 그물망과 관련해서만 의미를 갖기 때문이다. '세계-내-존재'는 이런 정교한 전체에 대한 우리의 기본적 인식, 즉 우리 삶의 방식 안에 구현된 인식을 나타내는 말이다. 하이데거는 이러한 인식이야말로 모든 연구와 과학 탐구를 포함해 우리의 모든 행동과 이해가 가능하게 되는 조건이라고 말한다. 연구와 과학 탐구는 우리가 세계 내에 존재하는 한 가지 방식일 뿐 실재를 파악하는 특권적인 방법은 아니다.[23]

그렇다면 세계의 그물망이 어떻게 일관성을 유지하는가가 매우 중요한 의미를 갖게 된다. 세계에 대한 나의 해석에서 중심이 되는 생각은 '살아 있는 이야기', 즉 실제 진행되고 있는 이야기여서 세계가 일관성을 갖는다는 것이다. 따라서 세계는 나름의 일리를 갖고 있다. 세계는 우발적인 습관, 관습, 사회적 영향력의 집합체가 아니라 의미의 통일체이다. 그리고 세계가 갖는 이러한 통일성에는 다함이 없다. 이야기가 갖는 의미는 항상 열려 있다. 이야기를 구성하는 어떤 부분도 영원히 고정되는 것이 아니다. 현존재가 삶의 단계마다 이야기를 '쓰고 있다'는 점에서 이야기는 열려 있다. 세계가 어떻게 부분적 전체, 혹은 아직 완결되지 않은 의미의 통일체가 될 수 있는가 하는 것은 하이데거 철학의 핵심적 신비다. 3장에서 나의 목적은 이 문제에 약간의 빛을 던지는 것이다. 다만 여기서는 세계에 대한 소위 '사회학적' 관점이라 부를 수 있는 우리에게 익숙한 해석과 대비되는 서사적narrative 세계 개념을 개관하는 것으로 그치고자 한다. 영미권의 하이데거 독자들에게 익숙한 사회학적 세계 개념에 따르면, 세계는 사회적 관습의 우발적이며 끊임없이 변화하는 네트워크다. 그것은 궁극의 의미를 갖고 있지 않다. 표트르 호프만Piotr Hoffman의 말을 빌리면, 세계-내-존재는 현존재의 실존이 갖는 완전한 우발성과 근거 없음을 내포한다.[24] 그러나 세계를 이런 방식으로 보는 것은 잘못이다. 왜냐하면 그것은 세계가 '존재의 운명'을 구현시키고 있다는 하이데거의 핵심 주장을 간과하는 것이기 때문이다. 숙명Schicksal과 운명Geschick이라는 용어로 표현되는 하이데거의 세계 개념은 우리가 처한 상황에 대한 서사적 이해를 포함한다. 그런데 나는, 서사적 이해가 단지 하이데거의 생각에 부합하는 것을 넘어 우리의 실제 경험을 가장 잘 설명해 준다고 본다. 그것은 우리의 삶의 환경이 이해 가능한 것이며 해석에 열려 있다는 의미를 포착하고 있다.

나는 '정황적 이해' 개념을 밝히고 비관여적 판단이라는 이상에 도전하기 위해 세계-내-존재에 대한 서사적 독해를 전개시킨 뒤 3장에서 세계-내-존재가 인간의 행위에 여지를 어떻게 부여하는가에 대해 살펴볼 것이다. 이 질문은 내가 도전하고자 하는, 편견에 반대하는 주장에 비추었을 때 특별한 의미를 갖는다. 그것은 편견에 반대하는 주요한 주장 가운데 하나가(1장에서 보듯이) 편견이 자유와 배치된다는 주장이기 때문이다. 만약 우리의 이해, 숙고, 그리고 판단이 불가불 정황적인 것이라면, 인간의 자유는 어떻게 되는가?

비록 하이데거가 주관이 자율성을 갖는다고 말한 것은 아니지만 나는 그의 현존재 개념에 주체적 작용 개념이 이미 포함되어 있다고 본다. 이러한 주체적 작용 개념의 기초는, 현존재를 세계-내-존재의 수동적이고 능동적인 차원을 강조하는 표현으로서 던져진-던짐^{thrown-projection}으로 해석하는 것이다. '던져진-던짐'이라는 표현은 현존재가 자기 운명의 산물인 동시에 저자^{Author}라는 의미를 담고 있다. 던져짐^{thrownness}은, 우리의 모든 판단과 의도, 행동은 그것이 아무리 혁신적일지라도 오직 우리에게 이미 '주어진 것', 즉 세계와의 관련 속에서만 의미를 획득한다는 의미다. 우리는 특정한 실행과 목적, 역할, 판단에 대해 의문을 던지고 그것을 수정할 수는 있어도 사물의 전체 질서를 완전히 뒤집거나 우리 자신을 근본에서부터 다시 정의할 수는 없다.

그렇다고 해서 전체가 곧 우리가 예속되어야 하는 숙명인 것은 아니다. 오히려 전체는 특정한 주체적 작용의 원천이 된다. 하이데거는 '던짐' 개념을 통해 이러한 주체적 작용 개념을 전개한다. 단지 습관이나 전통에 대한 맹목적 추종인 것처럼 보여도 거기에는 창의적인 적응이 관여하고 있다. 아무리 암묵적일지라도 우리는 우리를 조건 짓는 세계를 언제나 다시 '만들어 가고' 있다. 이처럼 던짐은 일종의 자유를 내포하고 있으며, 내가 보기에 이 자유는 특정한 종류의 자율성으로 해석되어야 마땅하다. 던져진-던짐에 함의된 자율성과, 칸트의 이상적 자율성을 비교함으로써 나는 하이데거가 칸트의 전통을 허무는 동시에 지속하고 있음을 보이고자 한다.

하이데거에게서 이끌어 낸 행위agency 개념의 핵심은, 현존재가 완전히 수동적인 존재인 동시에 완전히 능동적인 존재라는 데 있다. 우리는 던져짐과 던짐의 '통일성'을—서로가 서로에게 의존하는 방식을—이해함으로써, 얼핏 모순되는 것처럼 보이는 이 말의 의미를 파악할 수 있다. 나는 이러한 통일성을 부각시킴으로써 현존재가 낯선 운명을 스스로 창조하는 존재가 아니며, 그렇다고 그 운명에 예속된 존재도 아니라는 해석을 시도하고자 한다. 나는 현존재를, 자유롭게 자신의 운명을 만들어 가는, 그러나 오직 '그가 속한 문화에서 획득 가능한 가능성의 범주 안에서만' 만들어 가는 존재로서 파악하는 것에 반대한다.[25] 현존재를 일부는 자유롭고 또 일부는 구속된 존재로 파악하는 것은 던져짐, 즉 '주어진 것'을 행위의 원천이 아니라 행위의 제한으로 잘못 이해하는 것이다.

던져짐과 던짐의 통일성은 하이데거의 특별한 시간 개념과 연결되어 있다. 나는 3장 후반부에서 하이데거의 시간 개념에 대한 해석을 시도할 것이다. 존재와 시간의 연결성을 이해하는 것은 인간의 행위에 대한 하이데거의 비전을 파악하는 핵심이 된다. 하이데거의 시간, 역사, 죽음, 유한성, 영원의 개념을 탐색함으로써 나는 우리의 정황적 이해에 내포된 심원한 함의를 끌어내고자 한다.

하이데거의 사상에 익숙하지 않은 사람은 세계-내-존재, 현존재, 던져진-던짐에 관한 이러한 개관을 모호하다고 여길 것이다. 이들 핵심 용어를 명료하게 밝히는 것이 2장과 3장에서 나의 할 일이다. 다만 여기서는 세계-내-존재가 정황적 이해 개념을 명료하게 해준다는 점을 언급함으로써 그 논의에 준비하고자 한다.

이 개념을 우리에게 보다 친숙한 용어로 드러내기 위해서는 우리가 처한 상황과 삶의 환경을 **관점**perspective이라는 말로 표현하는 것이 좋을 듯하다. 정황적 이해 개념에서는 우리가 행하는 추론과 숙고, 판단 행위가 모두 일정한 '관점'으로부터 나온다고 본다. 관점이라는 개념을 통해 우리는 우리가 처한 상황, 즉 세계가 어떻게 우리의 판단을 방해하기보다 그것을 돕는지에 관하여 직관적으로 타당한 모형을 얻을 수 있다.

우리가 시각적 의미에서 '관점'이라고 말할 때 그것은 특정한 범주의 시각 혹은 시야를 가리킨다. 예컨대 계곡, 산의 정상, 혹은 바닷가에서 바라보는 시야가 그런 것이다. 관점이 지닌 흥미로운 점은, 관점을 통해 보이는 대상과 관점이 맺는 관계이다. 관점 자체가 곧 그것이 드러내는 사물의 총체와 동일한 것은 아니다. 시각을 가능하게 하는 조건으로서의 관점은, 그것이 드러내는 대상들이 보이는 것과 동일한 방식으로 보일 수 없다. 그러나 관점은 그것이 드러내는 대상의 총체와 분리될 수도 없다. 예컨대, 산에서 내려다보는 시야를 생각해 보자. 산에서 보는 시야는 바둑판무늬의 들판, 멀리 보이는 호수, 그 너머에 있는 언덕과 분리될 수 없다. 이 대상들이 없다면 그 시야는 더 이상 자신의 고유한 관점이 아닌 것이다. 그럼에도 우리에게 이들 사물이 보이는 것은, 그리하여 이 대상들이 그 독특한 모습대로 보이는 것은 그 시야, 즉 그것 자체로는 눈에 보이지 않는 시각 전체가 존재하기 때문이다. 만약 우리가 산 정상에서 내려와 시야를 바꾼다면 동일한 대상이라도 지금 까지와 다른 비율로 보일 것이다. 또 우리가 뒤로 돌아선다면 그 대상 들은 완전히 사라질 것이다.

부분-전체의 이러한 흥미로운 상호 의존성과, 무엇이라고 규정하기 어려운 전체의 성격은 또한 **삶의 관점**life perspective의 특징이기도 하다. 우 리가 '삶의 관점'이라고 할 때 일반적으로 그것은 여러 경험 및 그 경험 들이 성립하는 조건에 의해 형성된 특정한 관점을 의미한다. 예컨대 아 이의 관점을 생각해 보자. 아이의 관점은 자기 물건을 가져와 발표하 기, 쉬는 시간을 열렬히 기다리기, 숨바꼭질 놀이, 아이스크림 트럭을 기다리기, 만화 보기 등 아이에게 특징적인 활동들에 의해 형성된다. 아이들의 활동을 직접 행하지 않고는, 사람들은 아이의 고유한 관점을 지닐 수 없을 것이다. 그러나 이러한 활동들이 불러일으키는 아이들의 흥미와 흥분감은 오직 아이의 관점, 즉 아동의 감성에서 나온다. 이처 럼 아이의 관점은 그 관점을 형성시키는 다양한 활동들의 조건으로도 작용한다.

이와 동일한 부분-전체 관계는 우리가 흔히 말하는 포괄적 의미의 '삶의 관점', 즉 활동, 역할, 실행과 같은 우리의 경험들에 의해 형성된 관점에도 그대로 적용된다. 삶의 관점은 이러한 경험들과 분리될 수 없 는 동시에, 그 경험들에 그것의 고유한 의미를 부여한다. 다시 말해 특 정 경험이나 일단의 경험은 그것이 나의 정체성을 아무리 '규정한다' 해도, 오직 전체로서의 나의 삶에 비추어서만 의미를 갖게 되고 중요하게 된다. 이 점은 우리가 자기 삶의 중요한 사건이나 사람이 갖는 의미를 표현하기 위해 이야기를 해야만 하는, 익숙한 경험을 통해 알 수 있다. 특정 사건이나 사람이 갖는 의미를 드러내기 위해서는 그것들이 속해 있는, 나의 전체적인 삶의 과정에 대해 어느 정도 이야기해야 한다. 자신의 관점에 대해 무언가를 말해야 한다.

확실히, 우리의 관점은 대부분 불분명하며 어떻게 설명해도 불충분할 수밖에 없다. 어떤 시각적 관점을 취하느냐에 따라 우리 눈에 보이는 것이 결정되듯이, 삶의 관점은 우리가 이해하게 되는 모든 것—관점 자체를 밝히려는 우리의 특정한 시도를 포함해—을 결정짓는 조건으로 작용한다. 더욱이 삶의 관점은, 특정한 활동이나 실행에 대해 의문을 갖고 그것을 수정하는 것과 동일한 방식으로 의문을 갖거나 수정할 수 없다. 왜냐하면 애당초 무엇이 의문을 던질 가치가 있어 보이는가를 지시하는 것이 바로 우리의 관점이기 때문이다. 하이데거가 말하는 '세계'는 이처럼 포괄적인 의미에서 우리가 갖는 삶의 관점과 유사하다. 이것이 바로 내가 전개하고자 하는 '정황적'이라는 말의 의미다. 우리가 처한 상황을 '관점'의 측면에서 이해할 때 우리에게 통찰을 안길 여지가 더 크다.

일상 언어에서 우리는 보다 폭넓은 관점을 '고차원의' 관점이라 하고, 제한된 관점을 '낮은' 관점이라 하여 서로 구분한다. 플라톤Platon은 『파이돈Phaedon』에서 해수면 아래에서 바라보이는 태양과 별들의 흐릿한 모습과, 해수면 위로 머리를 내놓고 그 위의 세상을 바라보았을 때 보이는 뚜렷한 모습을 비교한다.[26] 좋은 관점과 나쁜 관점을 구분하는 것이 어려울 때도 있지만 대부분의 경우 쉽게 구분할 수 있다. 예컨대

비행기에서 바라본 에베레스트 산의 풍경과, 저 아래 베이스캠프에서 바라본 풍경 중 어느 것이 더 좋은 풍경인지 판단하기는 어렵지만, 두 관점 모두 자신의 발만 바라보며 산을 오르고 있는 산악인이 갖는 시야보다 우월하다는 점은 확신할 수 있다.

삶의 관점에서도 우리는 높은 관점과 낮은 관점에 대해 지각한다. 아이의 관점과 어른의 관점을 생각해 보자. 우리는 어른의 관점이 더 우월하다고 생각하는데, 그것은 어른의 관점이 특정 관심과 관여, 목적과 책임 등의 상대적 의미를 더 명료하고 진실에 가깝게 드러내기 때문이다. 이처럼 어른의 관점은 보다 깊은 이해와 우월한 판단을 가능하게 한다. 어렸을 때 읽었거나 보았던 책이나 영화를 어른이 되어 다시 볼 때 우리는 이런 경험을 한다. 어른이 되어 읽고 볼 때면 새롭고 통찰적인 방식으로 그것을 해석할 수 있음을 알게 된다.

일반적인 관점에서, 어른의 관점은 아이들의 관점을 부분적인 관점으로 보고 그것을 보다 포괄적인 인식에 포함시킨다고 할 수 있다. 그러나 그렇다고 이것이 아이의 관점이 완전히 미성숙하거나 잘못된 것이라는 의미는 아니다. 오히려 우리는 아이다운 몇몇 감성을, 어른들이 빠지기 쉬운 습관을 교정하는 수단으로 인식할 수도 있다. 예컨대 우리는 바쁜 일과를 보내는 와중에 스쳐 지나가고 마는 주변의 작은 것들에 대한 경이의 감각을 아이들의 감성을 통해 인식할 수 있다. 그런데 이러한 아이의 관점과 그들의 특징적인 매력은 세상에 대해 아이와 다른 태도와 입장으로 형성된 오직 어른의 관점에서만 나온다. 이러한 보다 폭넓은 관점으로부터 어른은 아이들이 사물을 보는 방식이 주는 통찰과 결점을 함께 말할 수 있다.

우리는 포괄적 의미의 삶의 관점들 사이에도, 즉 크게 그려진 우리의 상황이라고 할 수 있는 세계에 대한 여러 가지 근본적 인식들 사이에도 이와 유사한 구분을 지을 수 있다. 세계에 대한 어떤 이해는 다른 이해보다 포괄적이다. 그것은 더 깊은 이해와 더 나은 판단을 가능하게 한다.

어떤 의미에서는, 어떤 관점에서 판단을 내리는 것이 제한이 있는 것으로, 심지어 단 하나의 관점에 절망적으로 구속되는 것으로 비칠 수도 있다. 정황적 이해가 갖는 제한적 성격은 다음과 같은 친숙한 표현에서 잘 드러난다. "제대로 알기 위해서는 그곳에 있어야 한다." 이 구절에서 우리는, 특정 주제(예컨대 농담을 재미있게 만드는 요소)에 대한 통찰력 있는 발언은 공통의 경험(코미디 쇼에 실제 참석한 경험), 즉 설명만으로는 충분히 재현될 수 없는 경험을 상정한다는 말의 의미를 알 수 있다. 그러나 그러한 경험이 (그 쇼에 참석한) 우리를 포함하는 동시에 그 밖의 모든 사람을 제외시키는 고정된 관점을 형성한다는 생각은 잘못이다. 그것은 우리가 상황에 대한 설명을 제공함으로써 그곳에 우리와 함께 있지 않았던 이들에게 잠재적으로 우리의 경험과 유사한 그들 자신의 경험에 비추어 우리가 제공하는 설명을 고려해 보라고 초대하는 것이라는 점을 간과하는 것이다. 이처럼 우리는 그들을 우리 관점 안으로 초대하는 동시에, 우리의 관점이 그들의 말에 비추어 확장하도록 그것을 연다. 어쩌면 그 상황에 대한 다른 사람의 설명을 들은 우리는 '그곳'에 있었던 우리 경험의 특징적 내용을 수정할 수도 있다. 우리는 타인을 자신의 관점대로 설득하는 경우도 있고, 반대로 우리 자신이 타인의 관점에 의해 설득당하는 경우도 있다. 이것은 우리의 관점이 언제든 확장될 수 있다는 것을 말한다. 하이데거가 보여 주듯이 세계, 우리가 처한 상황과 관점도 이와 마찬가지 방식으로 확장이 가능하다. 한 사람의 관점은 순전히 주관적인 관점이 아니라 그의 삶을 통해 형성된 관점이기 때문에 적어도 원칙상으로는 타인과 그것을 공유할 수 있다.

'보다 넓은' 혹은 '포괄적인' 관점의 기준은 물론 어떤 무조건적 진리 기준을 말하는 것이 아니다. 만약 무조건적 진리 기준이 곧 포괄적 관점의 기준이라면 그것은 '관점'이라는 개념 자체를 허무는 것이다. 포괄적 관점의 기준은 '관점 자체에 의해', 즉 포괄적 관점이 이전 관점의 부분성 혹은 불완전성을 어떻게 드러내는가에 의해 주어진다. 다시 말해 우리가 하나의 관점을 보다 포괄적인 관점으로 안다는 것은 곧 그 관점이 이전의 관점을 명료하게 밝혀 주어, 이전의 관점이 이제는 명료하게 보이는 대상에 대한 가려진 관점이었음을 드러낸다는 의미다. 낮은 관점에서 높은 관점으로의 이동에 비추어서만 높은 관점의 우월성이 드러난다. 높은 관점은 낮은 관점을 포함하며 또 그것을 대체한다. 이때 높은 관점이 낮은 관점을 포함하며 그것과 분리될 수 없기 때문에 (어른의 관점이 아이의 관점을 포함하듯이), 상충하는 혹은 양립 불가한 관점이라는 문제는 생겨나지 않는다. 문제는, 완전히 서로 다른 것으로 간주했던 두 관점을 서로 비교하는 기준이 있다고 여긴 나머지, 둘 가운데 하나가 나머지보다 '더 높다'거나 '더 명료하다'고 주장할 때 생긴다. 그럼에도 우리는 '높은' 삶의 관점과 '낮은' 삶의 관점을 이야기할 수 있다. 그것은 높은 관점이 '높은' 이유가 그것이 '낮은' 관점을 그 안에 담아 낮은 관점의 통찰과 결점을 함께 드러내기 때문이다. 높은 관점은 낮은 관점을 잘 이해한다. 낮은 관점이 자신을 이해하는 것보다 더 잘 이해한다. 이런 의미에서 우리의 이해는 언제나 회고적이다(뒤를 돌아보는 성격을 갖는다는 의미에서). 우리가 우리의 관점이 갖는 참된 장점을 파악하는 것은 오직 그것을 보다 넓은 관점 안에서 다시 포착할 때다. 헤겔Hegel은 다음과 같은 유명한 말을 남겼다. "미네르바의 올빼미는 황혼녘에야 비로소 날개를 편다."27

정황적 판단 개념이 특정 관점이 다른 관점보다 상위의 것이라는 의미를 함축한다 해도, 그것이 헤겔의 주장처럼 우리가 절대적 지식을 얻을 수 있는 단 하나의 최상위 관점이 존재한다는 의미는 아니다. 하이데거가 보여 주듯이, 이해가 지닌 '정황적' 성격은 이해가 비관여적이 아닌 관여적이고 실제적이라는 의미이며, 또 그 이해가 본질적으로 불완전할 수밖에 없다는 의미다. 여기서, 실제적 이해가 그 자체로 불완전성을 내포한다는 의미가 아니라는 점에 대해 잠시 생각해 볼 필요가 있다. 우리의 이해는 우리가 관여하고 있는 삶과—헤겔의 이른바 인륜적 실체ethical substance와—분리할 수 없지만, 우리는 적어도 인식적으로는 삶에 대해 완전히 명료한 이해를 얻을 수 있다. 헤겔이 자신의 철학에서 달성했다고 주장하는 이해도 바로 이러한 것이다. 그는 이해가 격리적이 아닌 정황적이라고 주장한다. 왜냐하면 개념의 의미는 오직 그 개념들이 발생하는 원천인 삶에 관여하는 사람에게만 타당성을 갖기 때문이다. 그러나 그런 사람에게, 적어도 역사의 끝 지점에서, 철학적 언술은 그러한 삶의 행로에 대한 완벽하게 명료하고 전적으로 완전한 표현이 될 것이다. 이처럼 헤겔의 '절대 지식'은 내가 말하는 정황적 이해의 오직 한 가지 차원만 예시할 뿐이다. 절대 지식은 그것의 이해 가능성으로 인해, 그것이 알고 있는 실제 삶에 의존하고 있다는 점에서만 정황적이다. 그러나 절대 지식은 또한 완전하고 명료하다는 점에서 편견으로부터 자유롭다.

내가 하이데거로부터 도출한 정황적 이해 개념에 따르면, 우리가 지닌 가장 넓고 명료한 관점이라 하더라도 그것은 부분적이고 장막에 가려진 채로 있다. 긍정적으로 표현하면, 우리의 관점은 결코 영원히 고정되지 않는다. 그것은 언제나 이후의 깨달음에 열려 있다. 이러한 열려 있음은 이해가 지닌 창조적, 즉 '던짐의projective' 차원과 관련 있다. 즉 모든 이해 행위는 그 행위의 원천이 되는 관점을 다시 형성하게 한다. 관점이 지닌 불완전한 성격과 실천적 성격은, 관점이 왜 편견일 수 있는지를 보여 준다.

'관점', 즉 '상황'과 편견이 서로 연결되어 있다는 생각은 가다머에게서 분명하게 표현된다. 하이데거의 세계-내-존재 개념에 대한 천착을 통해 가다머는 모든 이해는 불가피하게 일정한 편견, 즉 선판단vorurteil을 수반한다는 생각을 도출한다.[28] 그러나 가다머는 편견을 유감스러운 제약 사항으로 보지 않는다. 왜냐하면 어떤 편견, 즉 우리가 속한 삶의 환경의 어떤 측면은 우리의 이해를 가능하게 만들어 주기 때문이다. 그는 "편견은 앎을 생산한다"고 말한다.[29] 4장에서 나는 언뜻 혼란스럽게 보이는 이 주장이 어떻게 타당성을 갖는지 살펴볼 것이다.

가다머가 세계-내-존재를 '편견'과 연결시킨 이유는 계몽기에 평가 절하되었던 편견이라는 판단 원천을 복권시키기 위해서다. 가다머의 주된 목적은, 우리의 전통과 실행, 전념, 관여에 의해 형성되는 우리 삶의 환경, 즉 지평이 어떻게 인간의 이해를 가능하게 하는 관점인지 보여 주려는 것이다. 특히 그는 계몽기 이후 일어났던, 비관여적 역사 연구라는 이상을 허물고자 한다. 가다머가 '역사주의'라고 부르는 이 이상에 따르면, 현대의 관점을 과거 시대에 덮어씌우지 않기 위해 우리 자신의 흥미와 관점, 진리 관념에서 물러서는 것이 타당한 연구 방법론이다. 역사주의는 지금을 사는 우리의 관점에서 탈피해 과거 작품이 탄생한 맥락을 재구성함으로써 그 작품의 '본래' 의미를 발견하라고 가르친다. 가다머는 오늘을 사는 우리가 편견을 갖는 것은 불가피할 뿐 아니라, 그것이 우리에게 잠재적으로 깨달음을 줄 수 있다는 주장을 통해 역사주의에 도전한다. 어떤 관점은 과거 작품(혹은 시대)에 대한 우리의 이해를 모호하게 만들지만, 어떤 관점은 그것을 명료하게 밝혀 줄 수 있는 것이다.

나는 역사주의에 대한 가다머의 일반적 비판을 펼쳐 보이는 것으로 그에 대한 해석을 시작할 것이다. 나의 목적은 정황적 이해 개념이 우리가 과거와 관계 맺는 방식에 대해 어떤 의미를 갖는지 밝히는 것이다. 이 점에서, 하나의 지평에 선다는 것은 곧 자신의 '현재'가 계속해서 진행 중임을 의미한다는 것이 가다머가 던진 중요한 통찰이다. 지평에 선다는 것은 고정된 일련의 '의견이나 가치 평가'를 갖는 것이 아니라 질문에 열려 있는 포괄적 인식을 갖는 것이다.[30] 그렇기 때문에 그것은 과거와 분명하게 구분되지 않는다. 우리 자신의 정체성이 질문에 열려 있다면 우리가 과거 시대와 얼마나 다른가 하는 것도 질문에 열려 있다고 할 수 있다. 과거가 우리의 이해 범주 안에 있다면 그것은 결코 완전히 우리를 지나친 것이 아니다. 어떤 의미에서 과거와 현재는 한곳에 속한다고 할 수 있다. 이 속함은 우리의 역사 전통이 지닌 모든 측면은 오직 현재와의 관계를 통해서만 그 의미를 회복할 수 있음을 의미한다. 편견에서 자유로운 역사 지식을 얻기 위한 목적으로 오늘을 사는 우리의 관점에서 벗어나야 한다는 생각은 잘못되었다.

나는 일반적 차원에서 과거와 현재의 이러한 관계성을 살펴본 뒤, 지금을 사는 우리가 가진 편견이 역사적 이해를 가능하게 한다는 점에 대해 구체적으로 분석해 볼 것이다. 편견이 고전 텍스트의 연구를 도울 수 있다는 가다머의 생각 때문에 그의 저작은 사상사 연구자와 정치이론가, 사상 전통의 해석에 관심 있는 사람들에게 특별한 적실성을 갖는다. 이 적실성을 부각시키기 위해 나는 가다머의 편견 이론을 플라톤의 『국가Republic』를 해석하는 데 적용해 볼 것이다. 우선 특정한 현대의 편견이 플라톤의 시 개념(『국가』, 10권)을 어떻게 밝혀 주는지 살펴볼 것이다. 그리고 의견 대 지식에 관한 플라톤의 가르침(『국가』, 5권)을 신중하게 읽어 봄으로써 잘못된 편견을 극복할 수 있음을 보여 주는 것으로 결론을 맺을 것이다. 나의 목적은 가다머의 편견 이론이 어떻게 실제로 적용될 수 있는지 보여 주는 것이다. 이러한 도전에서 중요한 것은, 우리의 눈을 밝혀 주는 편견과 우리의 눈을 왜곡하는 편견을 구분하는 것이다. 나는 또한 해석에는 두 가지 종류의 지식이 수반됨을 보이고자 한다. 하나는 텍스트에 대한 더 나은 이해이고, 또 하나는 우리 자신에 대한, 즉 우리 자신의 관심과 진리 개념에 대한 더 나은 이해이다.

과거와 현재가 한곳에 속한다는 가다머의 주장은 정황적 이해에 대한 내 설명에서 하나의 전환점을 제공한다. 5장에서 나는 20세기 독일로부터 고대 그리스로, 즉 하이데거와 가다머로부터 아리스토텔레스

^{Aristoteles}로 이동할 것이다. 아리스토텔레스는 시대적으로 하이데거와 가다머에게서 멀리 떨어져 있는 것처럼 보이지만 실은 두 사람의 사유 방식에 대한, 초기의 강력한 표현을 제공하고 있다. 실제로 하이데거와 가다머는 아리스토텔레스의 영향을 크게 받았다. 특히 두 사람은 아리스토텔레스가 말한 실천적 지혜(프로네시스)를 지식에 관한 비관여적 이상을 바로잡는 수단으로 여겼다. 두 사람의 뒤를 이어 나는 아리스토텔레스에게서, 판단이 편견에 기대고 있다는 설명을 회복시키고자 한다.

그러나 아리스토텔레스를 복권시키는 작업에는 명백한 어려움이 따른다. 그것은 엄밀히 말해 아리스토텔레스가 '편견'이나 '상황' 개념에 대해 사유한 적이 없기 때문이다. 두 용어 모두 근대에 등장한 말인 것이다. '정황적 이해'라는 말의 의미는 아리스토텔레스에게 익숙하지 않았던 '비관여적 이상'과의 대비에 의존하고 있다. 물론 아리스토텔레스의 저작은 베이컨, 데카르트, 스미스, 칸트보다 시대적으로 앞선다. 따라서 아리스토텔레스가 '정황적' 이해 개념에 대해 말했다고, 적어도 이 용어를 그런 의미로 사용했다고 보기는 어렵다. 그럼에도 아리스토텔레스는 자기 나름의 방식대로 정황적 이해 개념을 제시하고 있다. 그것은 다른 개념 속에 함축적으로 들어 있다.

그중 가장 눈에 띄는 것이 아리스토텔레스가 자신의 『윤리학^{Ethics}』에서 전개시킨 프로네시스^{pronesis}, 즉 실천적 지혜라는 개념이다.[31] 프로네시스는 도덕 판단에는 교육^{paideia}, 습관^{ethos}, 실천^{praxis}으로 계발되는 덕스러운 품성 상태(헥시스)가 관여한다는 것을 보인다. 이처럼 도덕 판단의 토대는 추상적 원칙으로 환원될 수 없다. 도덕 판단은 책에서 배우거나 단지 가르친다고 되는 것이 아니다. 이런 점에서 도덕 판단은 일종의 '정황적 판단'이다.

아리스토텔레스는 두 가지 핵심적인 방식으로 정황적 이해 개념을 밝히고 있다. 첫째, 그는 실천적 지혜인 프로네시스와 기술적 지식인 테크네techne를 서로 대조시킴으로써 실천 이성과 오늘날의 이른바 '응용 이론applied theory'이라는 것의 중요한 차이점을 드러낸다. 프로네시스와 테크네 모두 관조가 아닌 행동을 목적으로 한다는 점에서 '실행'과 관계된다고 할 수 있다. 하지만 프로네시스는 기술적 지식과 다른 방식으로 '정황적'이다. 기술 지식은 제품의 형상 혹은 형식eidos에 대해 이론적으로 파악하면 그만이지만(그다음 단계에서 이론적 파악은 주어진 질료에 적용된다) 프로네시스는 행동이 요구되는 상황에 대해 참여적으로 이해할 것을 요구한다. 이러한 참여적 이해에는 습관과 교육에 의해 형성되는 일정한 품성 상태가 요구된다. 그것은 곧 상충하는 여러 선善과 참여 사이에서 균형을 잡는 능력이다. 둘째, 아리스토텔레스는 정황적 이해와 맹목적 습관 사이의 중요한 차이점을 드러낸다. 그는 도덕 판단이 습관과 교육에 의해 조건 지어져 있더라도 거기에는 우리 자신의 이해와 주체적 행위가 관여한다는 것을 보인다. 우리는 판단 내리는 행동을 통해 자신의 성품 형성에서 일정한 역할을 담당한다. 올바른 판단을 내리고 덕스러운 행동을 일관되게 행함으로써 우리는 애초에 우리의 판단을 조건 지었던 성품을 계발시킬 수 있다.[32] 이것이 덕스러운 행동을 습관적으로 반복함으로써 덕을 획득하게 된다고 말한 아리스토텔레스가 의미한 바였다. 아리스토텔레스에게 습관은 단지 평소에 하던 방식을 수동적으로 반복하는 것이 아니다. 행동을 반복할 때마다 거기에는 지금 처한 상황—앞선 상황과 비슷하지만 결코 동일하지 않은—에 대한 평가가 수반되는 것이다.

5장에서는 먼저 정황적 이해 개념의 선조라 할 수 있는 아리스토텔레스가 밝힌 횃불을 따라 이 개념을 밝힌 다음, 아리스토텔레스에 대해 조명해 보고자 한다. 우리는 20세기 해석학적 사고의 관점으로『윤리학』의 핵심적 부분을—그렇지 않았다면 수수께끼로 남았을 부분을—이해할 수 있다. 이 핵심적 부분에는 아리스토텔레스의 본성 개념, 본성과 습관의 관계, 그리고 자연적 정의는 변화하는 것인 동시에 동일하게 남아 있다는 말의 의미 등이 포함된다. 해석학적 관점에서 이런 문제들을 이해함으로써 나는 실제로 '오늘날의' 특정한 편견이 어떻게 과거의 진실을 드러낼 수 있는지 보이고자 한다.

마지막 6장에서는 우리의 정황적 이해가 정치 주장에 대해 갖는 함의를 끌어낼 것이다. 특히 판단에서 편견이 불가피한 특징이라 한다면, 정치적 수사修辭는 부적절한 주장 형식이라는, 즉 수사는 사람들의 이성이 아닌 정념, 흥미, 참여에 호소한다는 일반적인 가정에 대해 다시 생각해 보게 된다. 브라이언 가스틴Bryan Garsten은 현대 정치 이론과 실제에서 수사가 발휘하는 영향력을 언급하면서 수사에 대한 의심을 다음과 같이 요약한다.

정치 이론가들은 열정적으로 수사를 주고받는 것보다 정당화에 대한 합리적인 대화에 더 관심이 많다. 실제 정치인들도 설득을 포기하지는 않았지만(어떻게 그들이 포기할 수 있을까?) 자신들의 설득 기술을 인정하기를 꺼린다. 그들은 '수사적' 주장이라고 하면 대중을 조작하는 주장으로 비난받거나 피상적인 주장으로 폄하된다는 것을 잘 알고 있다. 오늘날 정치 이론과 실제에서 수사적 언변에 대한 지배적 관점은, 수사적 언변이 정치를 분열시키는 힘인 동시에 민주적 숙고에 대한 위협이라는 것이다.[33]

그러므로 이러한 수사 개념이 편견에 대한 의심과 나란히 가는 것은 우연이 아니다. 우리는 이 점을 칸트에게서 분명히 볼 수 있다. 칸트가 수사를 비난하는 근거도 수사가 사람들이 지닌 편견을 악용함으로써 이성을 발휘하지 못하도록 한다는 데 있다. 칸트는 수사를 "사람들을 구워삶아 누군가에게 유리하도록 편견을 갖게 만드는" 기술로 정의한다.[34] 자신의 편견 비판과 일관되게, 칸트는 수사가 자율성을 제약한다고 본다. "중요한 문제에서 수사는 사람들로 하여금 마치 기계처럼, 차분하게 성찰해 보았을 때 아무 가치도 지니지 못하는 판단에 이르게 한다."[35]

확실히 오늘날 '수사에 불과한' 말이라고 했을 때 그것은 종종 사람들의 비이성적 욕망에 피상적으로 영합하는 것을 가리킨다. 수사를 사람들의 욕망에 대한 영향과 연결시키는 관행은 소크라테스 시대까지 거슬러 올라간다. 소크라테스가 당시 가르치던 수사와 요리법을 서로 비교한 일은 유명하다. 그는 수사와 요리법 둘 다 욕망을—욕망이 가진 좋은 점에 대해서는 신경 쓰지 않고—충족시키고자 한다고 본다.[36] 그러나 수사가 사람들의 정념과 기질, 충성심에 호소함으로써 그들을 설득하는 기술이라고 할 때 그것은 단지 추론에 의한 논증과 대비되는 것으로서의 영합이 아니다. 수사는 사람들이 지닌 관점 안으로부터 사유하고 그들의 정황적 판단에 참여하는 방식인 것이다.

　나는 이러한 수사의 개념에 대한 옹호를 통해 가스틴의 『설득 구해
내기: 수사와 판단에 대한 옹호Saving Persuasion: A Defense of Rhetoric and Judgment』
에 나타난 그의 작업을 더 발전시킬 것이다. 가스틴은 설득의 정치, 즉
사람들의 이성뿐 아니라 정념과 때로는 편견에 호소함으로써 서로의
마음을 변화시키고자 하는 정치가 대변할 만한 가치 있는 정치 양식이
라고 주장한다. 그는 설득이 가치 있는 이유를 이렇게 말한다. "설득은
상대가 서 있는 곳이라면 어디에서나 그들에게 관여하면서, 바로 그 지
점에서부터 우리의 주장을 시작할 것을 요구한다. 이 점에서 설득은,
상대가 좀 더 합리적이라면 우리의 의견을 채택해야 한다고 주장하는
것과는 다르다."[37] 나는 내가 옹호하는 편견 개념과 연관 지어 이 주장
을 전개하고자 한다. 편견을 이성의 한 측면으로 간주할 때 우리는 새
로운 빛으로 수사를 바라볼 수 있다. 우리는 수사를, 사람들의 중립적
판단을 가로막는 해로운 주장 양식으로 인식하는 대신, 우리가 세계와
맺는 관계성의 본질인 정황적 이해를 예시하는 설득력 있는 사례로 알
수 있다.

　정치적 수사를 검토함으로써 우리는 민주적 정치에 대한 보다 깊은
이해를 갖게 되고, 삶의 관점 안으로부터 사유한다는 말의 의미를 보다
깊이 알 수 있다. 특히 우리는 추론에 관한 이러한 견해와 관련해 주체
적 행위에 대해 파악할 수 있다. 설득의 가능성―우리 역사의 위대한
수사적 순간들에 의해 실제로 실현된 가능성―은 우리가 결코 고정된
관점에 얽매여 있지 않다는 것을 말하고 있다. 설득의 실천은, 우리를
조건 짓고 있는 관점을 우리가 언제나 새롭게 정의 내리고 있음을 보여

주는 강력한 사례다.

수사가 정황적 이해와 판단의 모범적 사례임을 드러내기 위해 나는 미국 역사상 가장 설득력 있는 몇몇 정치 연설을 살펴볼 것이다. 나는 이 연설들의 윤리적 힘과 설득력의 원천이, 그 연설이 내포하거나 고취하는 원칙이 아니라 그것이 청중의 삶의 관점에 호소하면서 그것을 밝게 드러내 주는 방식에 있음을 보이고자 한다. 얼핏 평등과 정의라는 추상적 원칙에만 의존하는 듯 보이는 연설들도 실은 이 원칙들을 납득 가능한 것으로 만들어 주는 편견에 의존하고 있는 것이다.

01

편견에
반대하는 주장

The Place of
PREJUDICE

편견에 의심의 눈초리를 보내는 현상을 이해하기 위해서는 무엇보다 이 현상이 초기 현대 사상에서 철학적으로 뿌리 내린 과정을 살펴볼 필요가 있다. 이 근원을 파헤치고 그것의 전개 과정을 추적해 보면 비관여적detached 판단이라는 이상에 대해 온전히 파악할 수 있을 것이다. 사실 편견에 대한 반론이 처음 일어난 영역은 윤리사상이나 정치사상이 아니라 17세기 자연철학에서였다. 편견에서 거리를 둘 때 최선의 판단을 내릴 수 있다는 생각의 기원은 프랜시스 베이컨과 르네 데카르트까지 거슬러 올라간다. 비록 두 철학자 모두 편견에 대한 비판을 윤리학에까지 확장시키지는 않았지만, 두 사람이 애덤 스미스와 이마누엘 칸트의 도덕사상에 영향을 미친, 비관여적 판단 개념을 형성하는 데 크게 기여한 것은 사실이다.

편견은 오류의 근원: 프랜시스 베이컨과 르네 데카르트

베이컨과 데카르트는 편견이 과학적, 철학적 오류를 낳는다고 보았다.

또 두 사람은 인간이 자기 자신을 포함한 우주를 이해하기 위해서는 일체의 편견에서 거리를 둔 상태에서 자신의 이성을 사용해야 한다고 주장했다. 물론 여기서 '자신의 이성'이 무엇을 의미하는가에 관해서는 두 사람의 의견이 달랐다. 베이컨은 경험적 연구와 귀납법이라는 방법론을 옹호한 반면, 데카르트는 '명석하고 판명한' 제1원리를 찾아내고자 했다. 그렇지만 두 사람 모두 인간의 삶의 환경, 특히 인간 고유의 권위, 공통의 의견, 전통과 대조되는 의미로서의 '자신'을 강조했다는 점에서는 다르지 않았다. 두 사람은 주변 환경에 영향을 받지 않은 비관여적 추론 방법을 통해, 누구나 어디서나 접근 가능한, 탈맥락적 진리context-free truths를 발견할 수 있다고 주장했다.

베이컨은 지식의 이상적 상태를 '빈 서판'이라는 말로 표현함으로써 편견에 대한 반론을 전개했다. 이후 '빈 서판'은 비관여적 판단을 가리키는 비유로서 우리에게 익숙한 표현이 되었다. 베이컨은 "자신의 앎이 편견에 치우치지 않은 빈 서판의 상태에 있을 때 인간은 자연의 심오한 진리를 용이하게 발견할 수 있다"고 했다. 그는 또 "인간의 정신은 너무나 기이한 방식으로 무언가에 사로잡혀 있기 때문에 사물의 참된 빛을 받아들일 수 있는 평평하고 매끈한 표면을 갖고 있지 않다. 따라서 이 문제에 대한 해결책이 필요함을 절감해야 한다"고 했다.[1] 그는 이어서 참된 과학자란 "손상되지 않은 감각 기능과, 편견이 제거된 정신으로 경험과 상황의 특수성을 새롭게 대할 줄 아는 사람"이라고 했다.[2]

그런데 베이컨이 말하는 '빈 서판'의 이상은 오늘날 자연과학과 전혀 무관한 영역에서 편견에 대한 의심을 조장하는 데 일조했다. 앞에서 본 것처럼 우리는 법학에서 그 예를 찾을 수 있다. 편견이 인간의 정신을 흐리게 만들어 결국 사실, 즉 '특수한 세부사항'을 잘못 이해하게 한다는 베이컨의 생각은 오늘날 법조계에서 해당 사안에 대한 배경 지식이 전혀 없는 정신이 '빈 서판 상태'인 배심원을 선호하는 현상과도 관련이 있다. 판사와 법학자들은 빈 서판 상태의 배심원이야말로 사실을 받아들이고 평가할 수 있는 가장 좋은 위치에 있다고 믿는 반면, 편견을 지닌 배심원은 자칫 사실을 잘못 해석하기 쉽다고 본다. 이는 편견에 치우친 자연과학자가 자연 현상을 잘못 해석할 수 있다고 보는 베이컨의 주장과 유사한 논리다.

베이컨은 인간 정신의 우상idol에 관한 논의에서, 자신이 말하는 '편견'이 무엇을 가리키는지 상세히 논하고 있다. 그에 따르면, 편견이란 인간의 지성을 흐리게 만드는 여러 가지 영향력이다. 그리고 모든 우상의 공통점은 '확실한 탐구 방법'을 대신해 우리가 내리는 판단에 영향을 미친다는 것이다. 그래서 베이컨은 지식을 얻기 위한 첫 단계로서 먼저 우상을 제거해야 한다고 말한다.

주목할 점은, 『신기관New Organon』(1620)에서 베이컨은 자신이 확립하고자 했던 과학적 방법론에 비해 결코 적지 않은 지면을, 편견을 비판하는 데 할애했다는 사실이다. 베이컨은 신기관, 즉 과학과 철학의 새로운 방법론적 원리를, 자신이 기획했던 '학문의 대혁신'을 이루는 자연 세계에 관한 인간의 모든 지식을 기록, 재평가, 수정하는 야망 찬 기획의 기초로 삼았다. 그러면서 체계적 관찰과 기록, 귀납 원칙을 전개하기 이전에 '우상'을 폭로하는 데『신기관』의 1권 전체를 할애하고 있다.

베이컨의 우상 가운데 가장 일반적인 것이 '종족의 우상'이다. 종족의 우상이란, 세상에 관하여 우리가 사실이라고 '믿고 싶은' 것을 그대로 믿어 버리는 성향, 그리고 자신의 의지와 욕망에 쉽게 좌우되는 성향을 말한다. 베이컨이 보기에 인간이 지닌 앎은 편견 없는 견해로 구성되어 있지 않다. 그것은 의지와 감정의 영향을 받는다. 이런 사실 때문에 인간은 상상의 지식을 만들어 내고 만다. 인간은 자신이 사실이었으면 하고 바라는 것을 믿는 경향이 있다. 그리고 한편으로 자신의 희망에 제약을 가하는 것이면 아무리 합리적인 생각이라도 거부하는 성향이 있다.³ 베이컨에 따르면 희망과 욕망은 인간의 주관적 기질에 지나지 않는다. 사실 그대로의 자연에서는 그러한 희망과 욕망이 표현되지 않는다. 그는 "자연의 심오한 진리를 이해하기 위해서는, 자연이 의미 있는 질서를 구현하고 있으며, 일정한 목표를 실현하고 있다고 믿는 우리의 성향을 제어해야 한다"고 했다.⁴ 이처럼 베이컨은 세계의 순전한 사실에 인간적 관심을 투영하는 미신이나 상상의 지식을 배격했다.

우리는 사실이었으면 하고 바라는 것을 쉽게 믿어 버린다. 이러한 인간의 기본적인 성향을 잘 보여 주는 예로 베이컨은 자신의 신체 감각, 특히 시각을 신뢰하는 인간의 기질을 든다. 베이컨은 이렇게 한탄한다. "인간의 사고는 시각에서 그만 멈춰 버린다. 그러므로 인간은 자신의 눈에 보이지 않는 것을 분별할 여력이 없다."⁵ 생각은 '시각에서 멈춘다'. 왜냐하면 눈에 보이는 사물은 우리에게 일정한 영향력을 행사하기 때문이다. 우리는 사물을 '아름답다, 추하다, 위험하다, 영감을 일으킨다'고 본다. 우리가 눈에 보이는 세계에서 취하는 일정한 관심은 우리로 하여금 이 세계를 단지 환영이 아닌 엄연한 사실로 믿게 만든다. 우리가 인간으로서 지니는 관심은 우리로 하여금 자신의 시각을 신뢰하도록—아무리 이성이 그것을 의심한다 해도—만드는 것이다.

인간의 이러한 성향을 잘 보여 주는 예가 있다. 바로 태양계와 관련한 지동설을 뒷받침하는 분명한 증거가 존재함에도 불구하고 사람들이 그것에 거부감을 드러냈던 일이다. 결국 지구가 태양 주위를 돈다는 사실을 사람들에게 설득시킨 것은 코페르니쿠스Copernicus의 이론이 아니라 관찰을 통해 그것을 시각적으로 보여 준 갈릴레오Galileo의 망원경이었다(갈릴레오는 자신의 망원경으로 목성 주위를 도는 위성들의 궤도를 보여 주었다). 한나 아렌트Hannah Arendt가 지적하듯이, 사람들은 시각적 확증에 의해 이론가들이 단지 사변적으로만 생각했던 것들을 직접 눈으로 볼 수 있었다.[6] 그렇지만 베이컨은 사물의 현상에서 한발 물러설 필요성을 강조하면서 감각기관이 보여 주는 진리를 그대로 수용하는 인간의 성향을 비판했다. 베이컨에게 현상은 인간의 주관적 감각지각 능력의 산물일 뿐이다. 그것은 자연의 '심오한 진리'에 대한 단서를 제공하지 못한다. 지연의 심오한 진리에 도달하기 위해서는 비관어적 과학적 추론을 통해 자신의 감각기관에 대한 순진한 믿음을 제어해야 한다.

베이컨은 인간이 지닌 일반적 편견을 살펴본 뒤 우상의 구체적인 원천을 이야기한다. 베이컨에 따르면 인간의 어리석은 욕망과 감정을 일으키는 주범은 바로 '동굴의 우상'이다. 베이컨은 "인간은 누구나 자기만의 동굴을 가지고 있는데, 그 동굴은 자연의 빛을 분산시키고 왜곡시킨다"고 말한다.[7] 여기서 베이컨이 말하는 '우상'이란 한 사람이 처한 특수한 삶의 환경, 특히 그가 받은 교육과 주변의 사람들, 읽은 책과 존경하는 인물의 권위에 의해 형성되는 삶의 환경을 의미한다.[8] 동굴이란 말이 암시하듯 베이컨은 한 사람이 처한 삶의 환경을 곧 이해에 이르는 장애물로 여기고 있다.

베이컨은 습관과 교육의 영향을 강하게 폄하하는 만큼 그것이 가진 힘에 대해 익히 알고 있었음에 틀림없다. 그는 많은 사람에게, 동굴에서 빠져나오는 일이 매우 어려운 문제라고 생각했다. 또 그렇게 하기 위해서는 아리스토텔레스와 플라톤 같은 위대한 철학자를 포함한 존경받는 스승들의 가르침에 대한 평가를 일단 유보해야 한다고 보았다. 그들이 전하는 가르침을 '비관여적 숙고 detached reflection'라는 타당한 방법으로 확인해야 한다고 본 것이다.

우상의 일면 가운데 극복하기 어렵지만 반드시 극복해야 한다고 베이컨이 지목한 것은 바로 공통의 의견과 관습적 언어의 영향력이다. 베이컨에 따르면, 똑같은 단어라도 그것을 사용하는 사람에 따라 서로 다른 의미를 갖는다면 그것은 "사람들의 이해에 폭력을 행사하며 모든 것을 혼란스럽게 만드는" 일이다. 뿐만 아니라 그것은 "사람들을 기만해 공허한 논쟁과 허구로 끌어들인다".[9] 베이컨은 언어가 인간의 사고를 혼란스럽게 만들지 않고 그것에 도움이 되려면 우리가 사용하는 단어의 의미를 하나하나 다시 규정해야 한다고 말한다. 즉 동일한 사물에 대해 그것을 지칭하는 이름이 달라서는 안 된다는 것이다.[10]

이러한 언어 비평의 일부로 베이컨은 "수사적이고 논쟁의 여지가 있는" 글쓰기를 비판했다. 그는 "수사는 진리 탐구를 방해한다"고 했다.[11] 베이컨에 따르면 진리는 수사적이어선 안 된다. 진리는 추론이라는 '확실한 방법론'을 통해 끌어내야 하며, 그 구체적 표현과 무관하게 타당성을 갖는 추상적 원리들로 진술되어야 한다.[12] 수사에 대한 베이컨의 조롱은 후에 토머스 홉스Thomas Hobbes가 개진한 의견, 즉 수사는 비유와 이미지를 통해 언어에 비일관성을 더하고, 명료한 논리적 사고를 방해한다는 생각의 초기 형태라고 할 수 있다. 17세기에 발달해 오늘날까지 계속되고 있는, 수사에 대한 의심의 눈초리는 편견에 대한 비판과 연결된다.

간단히 말해 베이컨이 주장한 '빈 서판'이라는 지식의 이상과 '우상'에 대한 반대, 특히 인간의 삶의 환경을 일종의 동굴로 보는 그의 의견은 편견을 거부하는 태도가 자연철학뿐 아니라 윤리학, 정치적 사고, 인문학 일반에까지 영향을 미쳤음을 보여 준다. 그리고 내가 이 책에서 반론하고자 하는 대상도 편견에 대한 이런 순전한 거부감이다.

물론 인간이 스스로를 특정 전통적 관점에서 해방시키는 능력을 통해 자연과학에서 커다란 성취를 이룬 것은 사실이다. 만약 인간이, 스스로 자연에 부여한 그럴듯한 의미에서 한 걸음 물러서지 않았다면, 그리고 자연을 우연한 사건이 일어나는 장으로 인식하는 훈련을 하지 않았다면, 인간으로 하여금 주변 사물을 예측하고 통제할 수 있게 하는 상호 연관성에 관한 전체적인 지도를 그리기 어려웠을 것이다. 이것은 사실이다. 나는 특정한 편견에서 물러설 줄 아는 현대 자연과학의 유용성을 부정하는 것이 아니다. 내가 이 책에서 반론하고자 하는 대상은, 편견에서 벗어난 과학을 통해서만 자연의 "심오한 진리"에 이를 수 있다는 주장이다. 또 나는 자연을 의미 있는 질서로 파악하는 것은 곧 미망에 사로잡히는 것이라는 베이컨의 주장에도 반론을 펴고자 한다. 3장에서 나는 하이데거의 '세계' 개념을 살펴봄으로써 자연이 궁극적으로 일종의 '텍스트'로 이해되어야 함을 보이고자 했다. 베이컨은 자연에 대한 자신의 관점이 비관여적이며 편견에서 자유롭다고 생각했지만 그것은 오해다. 그는 현대과학에서 상정하는, 과학적 지식 너머로 펼쳐진 의미 지평horizon of meaning을 간과했다.

편견에 대한 베이컨의 비판은 초기 현대 사상에서 최초로 있었던 가장 격렬한 비판 가운데 하나였다. 그러나 그것은 이후 르네 데카르트의 편견 비판에 가려진 감이 없지 않다. 실제로 데카르트의 편견 비판 가운데 베이컨이 다루지 않았던 새로운 내용은 거의 없다. 편견에 관한 데카르트의 논의를 보면 베이컨이 전개한 논의와 매우 유사하다는 사실을 확인할 수 있다(두 사람의 철학은 커다란 차이가 있음에도 불구하고). 비록 베이컨과 데카르트가 철학의 제1원리의 원천에 대해서는 서로 다르게 설명하지만, 그 제1원리가 편견에서 자유로워야 하며 특정한 삶의 환경과 무관한 추상적 앎이어야 한다는 점에서는 의견이 같다.

데카르트는 편견보다 선개념 혹은 선입관preconception이나 습관적 의견habitual opinion 같은 용어를 자주 사용했지만 이들 용어 역시 '편견이 없는' 상태, 다시 말해 비관여적 지식 개념을 주장하기 위한 것이었다. 데카르트에게 선개념 혹은 선입관은 우리가 일상생활과 교육 과정에서 받아들인 이해—그러나 이성이라는 규준規準으로 아직 타당성이 입증되지 않은 이해—의 총체를 가리키는 폭넓은 개념이다. 데카르트는 우리가 이러한 선입관을 일단 유예시킨 상태에서 비관여적 반성을 통해 그 진리성(혹은 비진리성)에 대해 판단해야 한다고 주장한다.

데카르트의『방법서설: 자신의 이성을 올바로 사용하여 학문의 진리를 구하는 방법에 관한 논의Discourse on the Method of Rightly Conducting One's Reason

』의 첫 번째 규칙은 "속단과 선입관에 유의하여 그것을 피하는 것"이다.[13] 그는 선입관에 관하여 이렇게 말한다. "나는 선입관을 한 번에 모두 제거하는 것이 가장 좋다는 것을 알게 되었다. 그렇게 함으로써 나중에 그것을 더 좋은 선입관으로 대체하거나, 아니면 동일한 선입관을 갖더라도 이성의 규준에 부합하는 것을 가질 수 있다."[14] 또 편견과 대조되는 '가능한 모든 것에 대한 의심'이라는 방법론이 독자들에게 생소해 보일 것을 우려한 그는 『성찰Meditations』의 첫머리에서 자신의 방법론을 이렇게 정당화하고 있다. "광범위한 의심의 효용은 얼핏 분명하게 드러나지 않지만, 그것의 최대 이익은 우리를 모든 선입관에서 해방시켜 준다는 것이다."[15]

베이컨과 마찬가지로 데카르트도 편견이 우리의 판단에 미치는 영향을 정확히 의식하고 있었다. 그는 편견과 이성이 인간의 앎을 지배하기 위해 끝없는 경쟁을 벌인다고 보았다. 베이컨이 동굴에서의 탈출을 계몽으로 향하는 가장 기본적이고 도전적인 단계로 본 것과 마찬가지로 데카르트는 선입관을 유예하는 것이야말로 철학함의 제1원리이자 가장 도전적인 원칙으로 보았다. 예컨대 그는 이성을 적절하게 사용하는 일을 '고된 작업'으로 칭했는데, 그것은 "나의 습관적 의견이 계속 일어나기 때문이다. 습관적 의견은 나의 바람에도 아랑곳없이 나의 생각을 사로잡는다. 나의 생각은 오랜 직업과 관습 법칙의 결과물로서, 습관적 의견에 종속되어 있다".[16]

데카르트가 '선입관'에 관한 의견을 개진하는 방식은 베이컨이 전개한 '편견'과 '우상'에 관한 견해와 유사한 면이 있다. 여기서 베이컨의

'종족의 우상'에 대응하는 것이 데카르트가 말한, 자신의 '의지'에 잘못 이끌리는 성향, 그리고 그와 관련하여 자신의 감각을 믿어 버리는 '자발적 충동'이다.[17] 데카르트가 말한 '의지'란 곧 우리가 지닌 욕망과 분투를 의미하는데, 이 의지는 지성을 오류로 이끄는 성향을 갖는다. 그는 주장하기를, 인간은 특히 자신의 몸과 몸의 욕망에 잘못 이끌린다. 다시 말해 우리는 모든 것을 "그것이 몸에 대해 갖는 유용성의 관점에서" 잘못 판단하는 성향이 있다는 것이다. 그리고 몸이 "사물에 영향받는" 정도를 기준으로 각 사물이 갖고 있는 실재의 양amount of reality을 평가하는 성향이 있다고 한다.[18] 예컨대 당신이 "독이 든 사과가 몸에 좋다고 생각한다고 하자. 이때 당신은 사과의 향과 색깔이 기분 좋게 느껴지기 때문에 그렇다고 믿는 것일 뿐, 실제로 그 사과가 당신의 건강에 이로운 것은 아니다. 당신은 이 사과가 몸에 좋다고 '믿고 싶기 때문에' 실제로 몸에 좋을 것이라는 판단을 내리는 것뿐이다." 그런데 데카르트는 이런 현상이 모든 사유 대상에 똑같이 적용된다고 본다. "우리가 욕망하는 대상은 매우 다양하지만, 그에 관한 지식을 갖고 있는 대상은 매우 적다."[19] 데카르트의 결론은 철학, 다시 말해 지식의 탐구에는 욕망, 그중에서도 무엇보다 몸의 욕망으로부터 한발 물러서는 일이 필요하다는 것이다.

데카르트가 가장 격렬하게 비난했던 편견은 우리의 감각에 드러나는 현상이 곧 실재實在와 상응한다고 믿는 자발적 충동이다. 데카르트는 현상이 외부 세계 혹은 객관 세계와 상응하지 않는, 단지 우리의 주관적 상상력의 산물에 불과할 수 있다는 가능성을 제기했다.[20] 그럼에도 우리는 순진하게 "현상이 곧 실재"라고 가정한다는 것이다. 현상에 접해 사고를 멈춰 버리는 인간의 성향을 베이컨이 논박한 것과 마찬가지로, 데카르트는 "감각에 드러나지 않는 사물에 주의를 기울일 때면 우리는 곧 싫증을 내고 만다"고 한탄한다. 그 결과, 감각에 드러나지 않는 사물에 대한 우리의 판단은 명석하고 판명한 지각이 아닌 "이미 갖고 있는 의견"에 기초하며, 그러한 판단은 오류를 범하기 쉽다.[21] 사과에 대한 인식을 예로 든 앞의 글에서 데카르트는 감각을 신뢰하는 성향을, 지성을 잘못 인도하는 기본적인 의지의 성향과 연결시킨다. 우리가 감각에 드러나는 현상에 사로잡히는 이유는 우리가 그 현상에 일정한 관심을 갖고 있기 때문이다. 사과의 색깔과 향에 끌린 나머지, 우리는 사과 속의 눈에 보이지 않는 독을 인식하지 못한다. 일반적으로 우리는 자기가 진실이었으면 하고 바라는 것을 믿어 버린다. 우리의 '주관적' 감정과 욕망이 '객관적' 사실을 은폐시키는 것이다.

데카르트에 따르면 자신의 의지에 잘못 이끌리는 일반적 성향은 어린 시절의 교육에 의해 구체적으로 형성된다. 예컨대 그는 "동일한 정신을 가진 동일한 사람이 만약 프랑스와 독일에서 자란 경우와 그가 중국이나 식인종 부족에서 자란 경우는 얼마나 다를 것인가"라고 말한다.[22] 데카르트가 이런 이야기를 한 것은 문명화된 교육의 중요성을 강조하기 위함이 아니다. 오히려 한 사람의 교육은 일종의 제약으로―베이컨이라면 '동굴'로―작용하므로 우리는 자신의 이성을 사용하여 그 제약에서 빠져나와야 한다고 말하는 것이다. 베이컨이 만약 우리가 빈 서판 상태의 정신에서 시작한다면 우리의 이해가 더 우수해질 것이라고 주장한 것처럼, 데카르트도 만약 "우리가 태어나는 순간부터 자신의 이성을 온전히 사용할 수 있고, 언제나 이성에 의해서만 인도받는

다면" 우리의 판단은 더 확고해지는 동시에 덜 모호해질 것이라고 말
한다.[23]

교육에 대한 비판의 일부로 데카르트는 언어가 우리에게 미치는 영
향에 대해서도 곱지 않은 눈길을 보낸다. 그는 말이란, 개념에 대한 기
만적인 이름표에 지나지 않으며 우리를 나태한 사고로 이끈다고 주장
한다.

> 언어 때문에 우리는 모든 개념을 말에 ─ 그 개념을 표현하기 위해
> 사용하는 말에 ─ 묶는다. 개념을 기억에 저장할 때 우리는 언제나 그
> 에 상응하는 말도 함께 저장한다. 그리고 나중에는 그 개념으로 지칭
> 하고자 했던 사물보다 말을 오히려 더 쉽게 떠올린다. 그리고 이런 이
> 유로 한 사물에 대한 개념이 아무리 독특하다 해도 그것을, 사물을 지
> 칭하는 말과 분리시키기는 쉽지 않다. 대부분 사람의 사고는 사물 자
> 체보다 그 사물을 가리키는 말과 더 깊이 연관을 맺고 있다. 그 결과
> 사람들은 자신이 이해하지도 못한 말에 선뜻 동의하는 경우가 종종
> 있다.[24]

말과 사물(혹은 말과 개념)의 분리는 데카르트의 비관여적 이해라는
개념을 반영하고 있다. 데카르트에 따르면 사물 자체는 그것을 표현하
는 말과 별개로 존재한다. 말은 우리 스스로 만들어 그 존재를 말과 별
개로 파악할 수 있는 사물에 갖다 붙이는 '이름표'에 지나지 않는다.

아마도 편견에 대한 데카르트의 비판이 지닌 가장 두드러진 특징은
편견의 보편적 범위에 관한 주장일 것이다. 베이컨이 편견에서 자유로

운 학문 방법론이 자연철학 이외의 영역에도 도움을 줄 것이라고 종종 말했다면, 데카르트는 자신이 제시한 정신의 인도^{引導}를 위한 규칙, 그중에서도 특히 선입관의 거부는 "모든 학문 분야의 진리 발견에 적용되어야 한다"고 주장했다.[25] 『우리의 타고난 지성의 인도를 위한 규칙_{Rules for the Direction of Our Native Intelligence}』의 첫 번째와 두 번째 규칙에서 데카르트는 이렇게 과감한 주장을 편다. "인간의 지혜는 그 적용 대상이 아무리 다양하다 해도 언제나 동일한 성격을 띤다. 여기서 동일한 성격이란 모든 지식이 확실하고 자명한 인식이라는 점이다."[26] 그는 또 "우리는 사물에 관한 특정 분야 지식을 다른 분야의 지식보다 모호하다고 간주해서는 안 된다. 왜냐하면 모든 지식은 동일한 성격을 지녔으며, 자명한 사실들을 한데 모아 놓은 것이 곧 지식이기 때문이다"라고 했다.[27]

데카르트의 이런 과감한 주장을 아리스토텔레스의 주장과 대비시켜 볼 수 있다. 아리스토텔레스는 학문을 하는 사람은 해당 학문에서 지시하는 엄정성과 명료성을 갖추면 된다고 가르쳤다. 아리스토텔레스는 예컨대 윤리학이나 정치학 같은 특정 학문은 기하학에서와 같은 명료성과 엄정성이 요구되지 않는다고 했다. 아리스토텔레스는 이런 명료성의 차이가 나타나는 것은, 윤리학과 정치학이 기하학보다 비과학적이기 때문이 아니라 윤리학, 정치학이 기하학보다 실천적인 성격을 지녔기 때문이라고 했다. 윤리적 통찰은 추상적인 원리로 온전히 포착할 수 있는 성질이 아니라는 것이다. 윤리적 통찰은 당사자의 관여적 이해, 다시 말해 정황적 이해와 관계된다. 이런 아리스토텔레스와 대조적으로, 데카르트는 편견에서 벗어날 것을 요구하는 자신의 탐구 방법론이 적용되지 않는 학문 영역이 없다고 말했다.

편견은 불공정의 근원: 애덤 스미스

편견에 대한 베이컨과 데카르트의 거부는 이렇게 요약할 수 있다. '이성적 판단을 내리기 위해서는 편견을 초월해야 한다.' 여기서 '편견'이란 면밀한 자기의식적 검토를 방해하는 모든 영향력을 가리킨다. 특히 편견을 초월한다고 하는 것은 습관, 관습, 공통의 의견, 교육에 의해 형성된 견해 등 우리가 처해 있는 삶의 환경을 초월하는 것을 의미한다. 베이컨과 데카르트에 따르면 우리가 처한 삶의 환경은 그저 판단을 방해하는 일련의 우연적인 영향력에 다름 아니다. 설령 특정한 삶의 환경이 우리의 판단에 도움을 준다 해도 그것이 좋은 판단이라는 것을 알려면 오직 비관여적 반성을 통해서만 가능하다는 것이다.

애덤 스미스는 이러한 사고방식을 도덕 판단에까지 적용시킨다. 그는, 처한 삶의 환경으로 인해 우리는 무비판적으로 자신의 이익을 타인의 이익보다 우선시하게 된다고 본다. 특히 우리는 가족, 친구, 국가에 대한 충성심 때문에 편견에 사로잡히기 쉽다는 것이다.[28] 또 우리는 가족, 친구, 국가에 대한 충성심에 과도한 도덕적 무게를 부여하는데, 이는 단지 습관이나 관습 때문인 경우가 많다. 합리적으로 따져 보면 가족, 친구, 국가에 대한 충성심이 우연적 성격을 지닌다는 것을 알 수 있다. 습관과 관습이 우리의 눈을 멀게 하는 것이다. 그 결과 우리는 "감각 있고 지성 있는 모든 존재들"의 이익을 무시한 채 불공평한 판단을 내리게 된다.[29] 스미스에 따르면 자신이 가진 동기에 비판적 자세를 취하고 자기 행동의 적절성을 올바르게 판단하기 위해서는 "공평무사한 관찰자의 태도"로 자신의 행동을 검토해야 한다.[30]

스미스가 말한 공평무사한 관찰자의 태도를 취하는 것은 결코 쉬운 일이 아니다. 나는 이것을 '비관여적 판단' 개념에 대한 일종의 비유로 이해할 수 있다고 본다. 우리는 자신이 처한 삶의 환경에서 한 걸음 물러나, 즉 격리되어 특정한 충성심의 영향으로부터 자유로운 상태에서 이성이라는 도구로 자신의 동기를 스스로 평가함으로써 '공평무사한 관찰자'가 될 수 있다. 스미스가 우리는 자신의 자연적 위치natural station로부터 일정한 거리를 두어야 한다고 한 것도 이런 의미였다.

> 자신의 '자연적 위치'로부터 일정한 거리를 둔 상태에서 감정과 동기를 보지 않으면 결코 그것을 살필 수 없을 뿐 아니라 그에 관한 어떠한 판단도 내릴 수 없다…… 그리고 자신의 '자연적 위치'로부터 일정한 거리를 두고 감정과 동기를 보는 방법은 바로 다른 사람의 눈으로 그것들을 보는 것이다…… 마치 공평무사한 관찰자가 하듯이 자신의 행동을 검토하는 것이다.[31]

일정한 거리를 두고 자신의 동기를 바라보라는 스미스의 견해는 그가 도덕 판단에 필요하다고 여겼던 비관여성을 강조하고 있다. 그는 이러한 비관여성이 곧 모든 사람에게 똑같은 충성심을 가져야 한다는 뜻은 아니라고 말한다. "자신의 아버지와 아들의 죽음이나 고통을 타인의 아버지와 아들의 죽음이나 고통과 똑같이 느끼는 사람은 결코 좋은 아들도, 좋은 아버지도 될 수 없다."[32] 따라서 스미스는 개인적이고 편중된 애정, 이기적인 애정을 완전히 제거할 것을 주문하는 스토아 철학을 비판한다.[33] 그럼에도 우리는 "자신과 친구, 국가를 위하여 공평무사한 관찰자의 차분한 열정을 지녀야 한다."[34] 도덕적 균형에서 충성심의 무게를 잴 때 우리는 자신에게 가장 가까운 실제 인물에 대한 우리 '자신의' 충성심이 아니라 추상적 의미에서 '가장 가까운 사람들'에 대한 일반적 충성심의 무게를 재야 한다. 우리는 추상적 개인이 추상적 형제, 추상적 친구, 추상적 동료 시민에 대해 갖는 추상적인 충성심을 잰다. 우리의 개인적 충성심은 특별한 도덕적 중요성을 갖지 못한다. 개인적 충성심은 우리의 비관여적 이성이 그것에 부여하는 상대적 중요성만을 갖는다.

스미스는 도덕 판단의 비관여적 성격을 강조하는데, 자신이 처한 상황에서 비약적으로 분리되어 객관적 관찰자의 시각으로 옮겨 가야 한다고 말한다. 이 과정에서 우리는 동시에 '두 사람'이 된다. 즉 '판단하는 자'인 동시에 '판단받는 자'가 되는 것이다.

나의 행동을 검토할 때…… 나는 스스로를, 말하자면 두 사람으로 나눈다. 행동을 검토하고 평가하는 주체인 나와, 그 행동의 검토와 평가의 대상이 되는 나, 이렇게 두 사람이다. 첫 번째 사람은 관찰자spectator인데, 나는 그의 상황에 나를 위치시킴으로써, 그리고 그의 특정한 관점에서 보았을 때 내가 어떻게 보이는지 숙고함으로써 나의 행동에 관한 그의 감정 속으로 들어가고자 한다. 두 번째 사람은 행위자agent인데 그를 '나 자신'이라고 부를 수 있다. 그는 관찰자인 내가 그의 행동에 대하여 일정한 의견을 형성하고자 하는 사람이다. 첫 번째 사람은 '판단하는 자'이고, 두 번째 사람은 '판단받는 자'이다. 그런데 판단하는 자가 모든 면에서 판단받는 자와 똑같을 수 없는 것은, 원인

이 모든 점에서 결과와 똑같을 수 없는 것과 마찬가지 이치다.[35]

스미스가 이야기하는, 내가 초월해야 하는 사람, 다시 말해 '나 자신이라고 부르는, 판단받는 자'는 그가 주장하는 비관여성이 어떤 것인지를 보여 준다. 그것은 도덕적 신중함을 기하기 위해서는 자신의 자아를 잠시 보류한 상태에서 추상적인 누군가가 되어야 한다는 말이다.

공평무사한 관찰자에 대한 스미스의 주장은 베이컨과 데카르트에서 보이는, 편견에 대한 기본적 비판을 그대로 이어 가고 있다. 타당한 판단을 내리기 위해서는 자신이 처한 삶의 환경에서 한 걸음 물러서야 한다는 것이다. 그러나 편견에 대한 스미스의 이해는 한 가지 중요한 면에서 더 복잡하다고 할 수 있다. 스미스는 올바른 판단에는 한 사람이 처한 특정 상황이라는 편견으로부터 물러서는 것이 필요하다고 주장하면서도, 이성보다 앞서 주어진 모든 영향에서 완전히 물러서야 한다고 주장하지는 않았다. 스미스는 인간에게 처음부터 '주어진 것'을 일정 부분 인정했다. 그는 공평무사한 관찰자의 역할을 취하려는 동기 자체가 애당초 인간의 본성으로 주어진 것, 즉 인류의 보편적 감정으로서 주어진 것이라고 보았다.[36] 데이비드 흄David Hume을 따라 스미스 역시, 옳고 그름에 대한 최초의 지각은 이성이 아닌 "즉각적인 감각과 느낌"으로부터 생겨난다고 본다.[37] 만약 정말로 도덕 판단의 원천에 느낌이 있다면, 그리하여 도덕 판단이 궁극적으로 이성에 기초하고 있지 않다면, 우리는 도덕 판단이 일종의 '편견'에 기초하고 있다고 말할 수 있을 것이다. 도덕 판단이 아무리 습관, 관습, 교육에 의해 형성된 한 사람의 특정 상황을 초월하는 것이라 해도, 다시 말해 도덕 판단이 아무리 비관여적이며 편견에서 자유롭다 해도, 그것은 인간이 처한 상황, 즉 인류에게 애당초 '주어진 것'과 분리되어 생각할 수 없다.

이렇듯 스미스의 도덕철학에서는 기본적으로 '편견'을 넓은 의미와 좁은 의미로 구분하고 있다. **넓은 의미의 편견**이란, 이성에 앞서 주어지는 모든 판단 원천을 가리킨다. 여기에는 사람들이 보편적으로 공유하는 감정이 포함된다. 그리고 **좁은 의미의 편견**이란 한 사람이 처한 삶의 환경으로부터 주어지는 영향, 즉 습관, 관습, 교육, 공통 의견 등의 영향을 가리킨다. 스미스는 좁은 의미의 편견은 배격한 반면, 넓은 의미의 편견에 대해서는 일정 부분 옹호한다.

분명한 점은, 스미스가 도덕 판단의 근저에 있는 인간 본성의 고정된 일면인 보편적, 자연적 감정을 '편견'으로 칭한 적은 결코 없다는 사실이다. 그는 '편견'이란 용어를 오직 자신이 비난하는 특정 의미의 편견, 즉 습관이나 관습, 한 사람의 특수한 충성심을 비판할 때 사용한다. 스미스가 편견을 비판한 용례를 보면 당시 사람들 사이에 이미 '편견'에 대한 경멸적 태도가 만연해 있었음을 알 수 있다. 그런데 스미스가 자신을 '편견'의 옹호자로 여기지는 않았다 해도, 궁극적으로 이성보다 감정이 우선한다는 그의 주장은 '주어진 것', 다시 말해 그 영향력이 우리의 통제 밖에 있는 판단 원천을 일정 부분 옹호하는 것으로 볼 수 있다. 앞으로 보겠지만 이마누엘 칸트는 그러한 영향력을 모조리 '편견'으로 치부하고 있다. 칸트는 도덕 판단에 대하여 사람은 자신의 이성 '바깥에 있는' 모든 것을 넘어서야 한다고 말한다. 그리고 거기에는 인간이 보편적으로 공유하는 감정까지도 포함된다. 감정을 비롯한 인간의 자연적 성향까지 모두 '이성 바깥'에 있는 것으로 간주한 칸트는 편견에 대한 가장 철저한 반대자라고 할 수 있다.

물론 애덤 스미스가 공평성을 옹호하면서 도덕 판단은 한 사람이 처한 특정한 상황과 분리되어야 한다고 보았다는 점에서 칸트의 전조라고 볼 수도 있다. 그러나 스미스가 공평성을 옹호한 것은 도덕 판단이 "한 사람의 사적이고 특수한 상황에서 떠나 다른 사람들과 공통되는 관점을 선택하는 것"이라고 본 흄의 주장에 더 가깝다. 여기서 흄이 말한 '공통된' 관점이란 모든 사람이 공유하는 관점을 말한다.[38] 칸트는 여기서 한발 더 나아가 도덕 판단은 반드시 외부에서 주어진 어떤 것에도 물들지 않은 **순수 실천 이성**pure practical reason에 기초해야 한다고 주장한다. 물론 스미스를 칸트의 전조로 해석할 여지도 있지만 편견 비판에서 두 사람이 차이를 보인다는 사실에 유념해야 한다. 칸트는 모든 편견을 거부한 반면, 스미스는 "이성은 정념의 노예일 수밖에 없다"는 흄의 주장을 채택하고 있다.[39]

스미스가 칸트에 매우 근접했음을 보여 주는 구절이 하나 있다. 여기서 스미스는 공평한 판단을 내리기 위해서는 한 사람이 처한 특정 상황뿐 아니라 어떠한 편견이라도, 심지어 보편적인 자애심까지도 완전히 넘어서야 한다고 말한다.

인간의 가슴에 불을 밝혀 준 것은, 그리하여 강력한 자기애적 충동을 제어하게 한 것은 인간성의 부드러운 힘이나 자애의 연약한 불꽃이 아니다. 그러한 상황에서 발휘되는 것은 보다 강한 힘, 더 강력한 동기이다. 그것은 바로 가슴속의 거주자이자 내면의 사람인, 그리고 위대한 심판관이자 우리 행동의 결정권자인 이성, 원칙, 양심이다 …… 많은 경우 우리로 하여금 신성한 덕德을 실천하게 하는 것은 이웃에 대한 사랑, 인류에 대한 사랑이 아니다. 그것은 그러한 경우에 일반적으로 일어나는 더 강력한 사랑과 애정, 바로 자신의 성품의 영예로움과 고귀함, 웅장함과 위엄성, 우월성에 대한 사랑이다.[40]

위 구절의 출처를 모른다면 이 글을 쓴 사람이 스미스가 아니라 칸트로 잘못 알기 쉽다. 왜냐하면 도덕적 동기의 근저에는 이웃과 인류에 대한 사랑이 아니라 '이성, 원칙, 양심'에 따르는 행동을 하겠다는 위엄성, 즉 인간 본성의 더 우월한 부분을 표현하겠다는 '위엄성'이 자리 잡고 있다는 주장이기 때문이다. 그러나 사실 위 구절은 스미스의 『도덕감정론Theory of Moral Sentiments』에서 도덕 판단이 편견—가장 넓은 의미의 편견—으로부터 자유로워야 한다고 말하는, 즉 도덕 판단은 비관여적 이성에만 의존해야지 인간의 자연스러운 자애심에도 의존해서는 안 된다고 말하는 유일한 부분이다.

그러나 스미스는 도덕적 찬동의 궁극적인 원천에 대해 명시적으로 말하는 『도덕감정론』의 말미에서 이 주장으로부터 한발 물러선다.

옳고 그름에 대한 최초의 지각을 이성에서 얻을 수 있다는 것은 순전히 불합리하며 이해하기 어려운 생각이다. 특정 사례를 경험함으로써 옳고 그름에 관한 일반 규칙을 형성하는 경우에조차 그것은 불합리하며 납득되지 않는 생각이다. 모든 일반 규칙을 형성하는 토대가 되는 다른 실험과 마찬가지로 옳고 그름에 대한 최초의 지각도 이성의 사유 대상이 아니라 즉각적인 감각과 느낌의 대상이다. 우리가 일반적 도덕 규칙을 형성하는 방법은, 한 가지 행동이 특정 방식으로 만족스러운 반면, 그것과 다른 행동은 끊임없이 마음을 불쾌하게 하는 수많은 사례를 경험하는 것이다…… 그 자체로 동의할 수 있는 것은 아무것도 없으며 즉각적인 감각과 느낌에 의해서도 그렇게 되지 않는다.[41]

이 구절에서 스미스는 도덕 판단이 궁극적으로 이성이 아니라 감정의 영향을 받는다고 말하고 있다.

편견에 대한 스미스의 최종 입장은 이러하다. 도덕 판단은, 그것이 당사자 자신이 처한 상황에서 물러나 공평한 관찰자 입장을 취하는 한 '편견으로부터 자유롭다'고 할 수 있다. 그런데 그와 동시에, 한발 물러선 입장에서 바라보고자 하는 욕구는 무엇보다 특정한 편견, 즉 인간의 자연스러운 감정에서 비롯된다. "자연은 인간에게, 인정받고자 하는 욕구뿐 아니라 자기 스스로 그 욕구의 대상이 되고자 하는 욕망, 다시 말해 자신이 다른 사람에게서 인정하는 바로 그것이 되고자 하는 욕망까지 함께 주었다."[42] 스미스는 도덕성에는 한발 물러선 비관여성이 요구되며, 비관여적 판단을 내리고자 하는 욕망은 특정한 이해관계에 아랑곳하지 않고 공정성에 이끌리는 인간의 자연스러운 성향에서 나온다고 했다. 그는 궁극적으로 공평한 도덕성을 옹호하는데, 그것은 공평성을 향한 인간의 타고난 '편견'에 기초하고 있다.

언뜻 보기에 스미스가 편견에 반대하는 것처럼 보였다면 그것은 삶의 환경으로서의 편견이다. 또 그가 암묵적으로 편견을 옹호하는 것처럼 보였다면 그가 옹호한 편견은 인간의 자연스러운 감정으로서의 편견이었다. 나는 이 책에서 이 두 가지 견해에 모두 도전해 보고자 한다. 나의 목표는, 한 사람의 삶의 환경―가족, 친구, 국가에 대한 특정한 충성심을 포함한 삶의 환경―은 도덕 판단에 대한 우연적인 장애물인 '동시에' 도덕 판단을 돕는 이해 가능한 관점을 제공한다는 점을 보이는 것이다. 또 나의 목표는, 편견과 이성을 엄격하게 구분하는 입장에 의문을 제기하는 것이다. 따라서 나는, 이성과 별개로 존재하는, 인간의 자연스러운 감정으로서의 편견을 암묵적으로 옹호하는 스미스의 입장을 거부한다. 나의 주장에 따르면, 인간의 모든 감정은 우리가 그 감정을 표현할 때 사용하는 말에 의해 형성된다. 그리고 그 말들 자체는 우리의 삶의 관점 안에서 발생한다.

　스미스가 '습관과 관습'의 차원에서 이야기하는 '삶의 환경' 개념은 내가 옹호하고자 하는 '관점'이라는 개념과 분명한 대조를 이룬다. 스미스는 습관과 관습을 '편견의 근원'으로 보았다. 우리를 그릇된 길로 가게 만드는 특정 충성심이 바로 습관과 관습에서 비롯된다는 것이다. 그의 설명에 따르면 습관과 관습이란 우리가 속한 특정 문화와 교육의 결과로 갖게 되는 기계적인 성향이다. 스미스는 습관이 지닌 기계적 일면을 이렇게 지적한다. "두 대상을 함께 보는 경우가 잦아지면 우리의 상상력은 하나의 대상에서 다른 대상으로 쉽게 넘어가는(즉 하나의 대상을 다른 대상과 같은 것으로 간주하는) 습관을 갖게 된다…… 그러나 사실 두 대상을 하나로 보는 것에는 참된 훌륭함이 존재하지 않음에도 관습을 통해 이 둘을 하나로 연결 짓고 나면 막상 둘을 분리했을 때 그것이 부적절하다고 느끼게 된다."[43]

스미스는 습관과 관습이 인류 전체에 대한 본성적 공감을 왜곡시켜 자기에 대한 편협한 애착에 이끌리게 한다고 보았다. 그는 "비난받을 일과 칭찬받을 일에 관해 시대와 나라에 따라 다양한 변칙과 불협화음이 만연하는 주요 원인"을 바로 "습관과 관습"으로 보았다.[44] 이렇듯 습관과 관습은 인간의 본성—자신이 처한 특정 상황과 무관하게 모든 인간에게 공통되는 기본적인 도덕 감정—을 왜곡시킨다. 흄은 이 기본적인 도덕 감정을 가리켜 "성품과 행동 양식을 인정(혹은 불인정)하는 기준이 되는, 변치 않는 일반적 규준"이라고 했다.[45] 스미스는 이런 의미에서, 공정해지고 공평해지고자 하는 인간의 기본적 욕망을 '자연스러운' 것으로 보았다. 또 이 욕망은 습관이나 관습과 무관하게 인간 본성의 고정된 측면이라고 여겼다.

습관과 관습이 도덕적 추론에 미치는 영향력에 대한 스미스의 설명을 이해하려면 먼저 그가 습관과 관습이 미적 판단에 미치는 영향을 어떻게 설명했는지 살펴야 한다. 스미스는 습관과 관습이 미적 판단에 미치는 영향이 (도덕적 추론에 미치는 영향보다) 더 강하다고 보았다. 그는 "관습과 유행이 아름다움에 관한 판단에, 그리고 예술작품의 생산에 커다란 영향을 미친다는 사실을 선뜻 인정하는 사람은 많지 않다. 많은 사람이 모든 규칙—하나도 빼놓지 않고 지켜야 한다고 생각되는 규칙—은 습관이나 편견이 아니라 이성과 본성에 기초하고 있다고 생각한다"고 말한다.[46] 여기서 스미스는 한편으로 이성과 본성을 구분하며, 또 한편으로 습관과 편견을 분명하게 구분하는데, 나는 이러한 도식에 도전하고자 한다.

적어도 미학과 관련해 스미스는 편견을 미적 판단의 불가피한 특성으로 간주하는 경향이 있다. 이런 이유로 그는 편견을 과도하게 비판하지 않는다. 미적 판단에서 편견을 일정 부분 인정하는 것이다. 예컨대 그는 한발 양보해 이렇게 말한다. "만약 누군가가 사람들이 일반적으로 입는 옷과 전혀 다른 옷을 입고 사람들 앞에 나타난다면 조롱거리가 되고 말 것이다. 그가 입은 옷이 아무리 우아하고 편리하다 해도 말이다."[47] 그러나 그의 이러한 양보에는 여전히 비판의 어조가 담겨 있다. '우아하다'는 구절이 암시하듯 그는 당사자가 처한 특정 상황과 무관한 자연적 미의 기준에 기초한, 편견 없는 미학의 이상을 계속 옹호하고 있는 것이다. 그는 이렇게 한탄한다. "멀리 떨어진 시대와 나라들에 존재했던 다양한 양식들을 온전히 받아들이고 공평하게 평가할 정도로, 그리고 자신의 시대와 나라에서는 무엇이 그것을 대신하고 있는지 평가할 정도로 충분한 경험과 이해를 갖춘 사람은 많지 않다."[48] 그는 가장 분별 있는 미학적 안목이라면 비관여적 관찰자의 거리, 자신이 사는 시대의 취향에 편향되지 않은 관점에서 아름다움의 '다양한 양식'들을 볼 수 있어야 한다고 했다.

스미스는 편견에서 자유로운 미적 판단이라는 자신의 이상을 뒷받침하는 차원에서, 유용성과 자연스러운 호감이, 관습과 무관하게 일정한 형식을 권장한다고 말한다.

그러나 나는 외적 아름다움에 대한 우리의 감각까지도 완전히 관습에 기초하고 있다는 생각에 선뜻 동의할 수 없다. 특정 형식이 지닌 유용성, 다시 말해 그것이 의도한 쓸모 있는 목적에의 부합성은 분명히 바로 그 형식을 권장하고 있으며, 우리는 관습과 무관하게 그것에 호감을 갖는다. 특정 색깔은 다른 색깔보다 우리에게 더 호감을 주며, 처음 보는 순간 다른 색상보다 더 우리의 눈을 기쁘게 하는 색상이 분명히 존재한다. 부드러운 표면은 거친 표면보다 호감이 간다. 천편일률의 지루한 단조로움보다 다양성이 더 유쾌하게 느껴진다. 연결된 다양성 – 각각의 새로운 모습들이 그 이전의 것에 의해 자연스럽게 도출되고, 모든 인접한 부분들이 서로 일정하게 자연스러운 관계를 갖는 다양성 – 이, 무관한 대상들이 단절된 채 무질서하게 모여 있는 상태보다 호감을 준다.[49]

그러나 관습에서 자유로운 미학에 대한 스미스의 허술한 분석은 곧 그 약점을 드러내고 만다. 미적 가치 기준으로서의 유용성을 옹호한 나머지 '좋음을 곧 아름다움으로' 무비판적으로 동일시하고 있다는 점이 가장 커다란 약점이다. 무엇인가가 유용하거나 적합하다고 해서 곧 매력적인 것이라고 볼 수는 없다. 매우 쓸모 있는 형식을 갖추고 있지만 전혀 아름답지 않은 사례는 수도 없이 많다. 많은 경우 유용함은 아름다움을 희생해야 구현되는 가치이다(단순한 외관을 가진 기능성 옷이나 가정용품의 외관이 예쁘지 않은 이유는 작동이 잘 되도록 만들었기 때문이다). 스미스가 옹호하는, 특정 색상과 표면 및 배열에 관한 자연적인 호감도 역시 의심의 여지가 있다. "부드러운 표면이 거친 표면보다 더 호감 간다"는 그의 주장에 대해 우리는 역시 이렇게 물을 수 있다. 아프리카 초원의 부드러움이 히말라야의 거친 산보다 더 매력적인가? 평평한 캔버스에 그린 광경이 뚜렷하게 도드라진 입체적 장면보다 아름다운

가? 그가 내세운 그 밖의 미적 기준들에 대해서도 우리는 이와 비슷한 의문을 제기할 수 있다. 스미스의 의심스러운 주장은 관습과 아름다움을 서로 분리하기 어렵다는 사실을 보여 준다. 관습과 아름다움을 분리하고자 했던 그의 시도는 특정 관점과 무관하게 존재하는 미적 판단의 기준을 정립하고자 했던 그의 욕망이 허구였음을 보여 줄 뿐이다.

공평무사한 판단을 변호하는 차원에서 스미스는 당시의 시인들이 자기 스타일에 맞게 대중의 여론을 조종하려는 목적으로 문학 단체를 형성했던 일을 맹비난했다. 그들 중에는 고전문학을 옹호하는 자가 있는가 하면 전통과 단절해야 한다고 주장하는 이도 있었다. 스미스는 이들 문학 단체가 "자기 회원들의 문학 작품에 유리하게 대중의 생각을 조종하기 위한 온갖 비열한 작태와 유혹을 일삼았다며" 이들을 "문학 당파"로 폄하했다.[50] 스미스는 대중에 아첨하는 이런 시도를 배심원단에 뇌물을 주는 행위에 비유하면서 문학 단체들이 "매우 불공정한 수단으로 칭찬을 얻고 비난을 피하려 한다"고 일갈했다.[51] 그러나 당시 문학 단체들은 대중으로 하여금 자신들의 작품을 지지하도록 만들기 위해 일정한 주장을 내세웠을 뿐 돈을 제공한 것은 아니라는 점에서 그들의 시도를 뇌물에 비유한 것은 지나친 감이 없지 않다. 물론 편견에서 자유로운 판단이라는 스미스의 이상에 비추어 볼 때는 문학 단체에 대한 그의 비판이 타당한 점도 있다. 시인들이 자신의 작품이 지닌 장점을 내세워 독자들에게 특별한 편견을 불어넣은 것은 사실이다. 이처럼 특정 스타일이 우월하다고 설득당한 독자들은 지금까지와 다른 관점, 즉 그 시인의 증언으로 형성된 관점에서 시를 읽게 될 것이다. 스미스에 따르면 이것은 비평가가 더 이상 종이 위에 적힌 글을 있는 그대로 읽지 않는다는 의미였다. 대신 그들은 그 시인의 수사법이라는 왜곡된 렌즈를 통해 시를 해석한다. 베이컨의 생각과 유사하게, 편견에 대한 스미스의 반대 역시 수사법에 대한 거부와 연결되어 있다. 스미스에 따르면 문학적 탁월성을 가장 공평하게 평가하는 자는 빈 서판 상태의 독자, 그러니까 시인의 설득 언사에 의한 편견을 갖지 않은 독자다.

  미적 판단과 대비되는 도덕 판단에 대해 스미스는 사람들이 편견을 극복하는 능력을 갖고 있다는 자신감을 더 크게 내보인다. 그는 "습관과 교육으로 인해 쉽사리 바뀔 수 있는 우리의 미적 감각과 달리 도덕적 용인과 불용인의 감정은 인간 본성의 가장 강력하고 활기찬 정념에 기초하고 있어서 조금 변형될 수는 있어도 완전히 무시될 수는 없다"고 본다.[52] 이는 데이비드 흄의 『도덕 원리에 관한 연구Enquiry concerning the Principles of Morals』에 보이는 견해와 유사하다. 이 책에서 흄은 도덕적 용인의 토대는 관습과 무관한 인간 본성에 있다고 보았다.

    계율과 교육의 원칙은 매우 강력한 영향력을 지녀서 그것이 도덕적 용인이나 혐오의 감정을 종종 그 자연적 기준 이상으로 증가시키거나 감소시킬 수 있다…… 그러나 신중한 연구자라면 '모든' 도덕적 호감이나 혐오의 감정이 이러한 원천에서 생겨난다고 인정할 수 없을 것이다. 만약 자연이 인간 정신의 본래적 구성에 기초해 그러한 구분을 짓지 않는다면 '영예로움'과 '수치스러움', '사랑스러움'과 '혐오스러움', '고귀함'과 '비열함' 같은 단어가 인간의 언어 속에 일정한 자리를 차지할 수 없었을 것이다…… 그러므로 사회적 덕성에도 본성적 아름다움과 상냥함이 있다고 해야 한다. 모든 계율과 교육에 우선하는 본성적 아름다움과 상냥함이란 것이 존재하기 때문에 교육받지 않은 사람도 그것을 존경하며 거기에 호감을 갖는다.[53]

스미스가 흄과 마찬가지로 교육·양육과 독립적으로 존재하는 도덕적 용인의 자연적 원천을 굳게 옹호하고 있긴 하지만 그는 도덕 감정이 어느 정도 관습에 의해 형성될 수 있음을—그것이 좋은 방향이든 나쁜 방향이든—인정한다. 습관과 관습이 우리로 하여금 옳은 일을 지속적으로 행하게 하는 도구가 된다는 것을 인정하는 스미스는 습관과 관습을 일정 부분 옹호한다고 할 수 있다. 그는 한편으로 "관습과 유행이, 옳고 그름에 관한 자연적 원리와 부합할 때 그것은 감정의 민감도를 높여 주고, 악에 근접한 모든 것에 대해 혐오감을 갖게 만든다"고 한다. 또 한편으로 "폭력과 음탕, 거짓과 불의를 겪으며 성장하는 불운을 겪은 사람은 그런 행동이 지닌 무서움과 끔찍함에 대한 감각을—그런 행동의 부적합성에 대한 감각을 모조리는 아니어도—망각한다."[54] 이런 이유로 스미스는 좋은 습관의 형성에서 교육이 갖는 도덕적 중요성을 강조한다. 나아가 그는 좋은 습관은 덕성이 제2의 천성이 되도록, 그리하여 우리가 지속적으로 옳은 일을 행하도록 돕는다고 말한다. 그런데 습관과 관습이 가져다주는 이러한 이익에도 불구하고 그것은 기껏해야 덕성을 보완하도록 도움을 줄 뿐이다. 무엇보다 덕성은 공평무사한 관찰자의 관점에서 결정되어야 하는 것이다.

이 점을 강조하면서 스미스는 오직 관습에 의해 선호하게 되는 행동 양식과 성격 특성의 가치를 폄하한다.

다양한 직업에서 관습이 우리에게 승인하도록 가르치는 다양한 행동 양식은 가장 큰 중요성을 지닌 일과 관련이 없다. 예컨대 우리는 진리와 정의를 젊은이뿐 아니라 노인에게도, 관리뿐 아니라 성직자에게도 요구한다. 반면 우리가 사람들 각자의 성격이 지닌 특징을 찾는 것은 사소한 중요성을 지닌 문제에서만이다. 이것과 관련해 종종 눈에 띄지 않는 환경이 존재하는데, 이 환경을 주의 깊게 관찰하면 관습과 무관하게, 관습이 우리에게 각각의 직업에 할당하도록 가르친 성격 특성이 존재한다는 사실을 알게 된다.[55]

마지막 문장에서 스미스는 관습이 특정 행동 양식을 용인하는 원천이라 가정한다 해도 특정 행동 양식에 대한 도덕적 승인은 실제로는 관습과 무관한 '눈에 띄지 않는 환경'에서 비롯한다고 말한다. 스미스는 도덕 판단의 원천으로서 관습을 철저히 거부하면서 중요한 도덕 판단은 비관여적 이성으로 정당화되어야 한다는 주장을 반복한다.

우리의 삶의 환경에서 스미스가 비판의 대상으로 삼는 것은 가족, 친구, 국가에 대한 충성심이다. 그는 이 충성심이 이성이나 본성이 아니라 단순한 습관에 토대를 두고 있다고 본다. 스미스는 "애정이란 동일한 사람들과 함께 사는 데서 비롯된 습관적 공감에 불과하다"고 말한다.[56] 스미스는 가족에 대한 사랑을 이렇게 설명한다. "가족은 대개 한 집에서 같이 살기 때문에 자연스럽게 나의 행동이 그 사람의 행복과 불운에 가장 큰 영향을 미친다. 그렇기 때문에 나는 가족에게 습관적으로 공감하게 된다. 나는 모든 일이 가족에게 어떤 영향을 미칠지 잘 안다. 가족에 대한 나의 공감은 다른 사람에 대한 나의 공감보다 정확하고 확실하다."[57]

스미스는 이 주장을 이웃과 직업 관계에까지 확장시킨다. "마음씨 좋은 사람들 사이에서 상호 편의를 봐주는 필요성과 편리함으로 가족애 못지않은 우정이 생겨나는 경우가 자주 있다."[58] "이 모든 경우에 우정은 편리함과 편의라는 명분 아래 습관적이 된 '강요된 공감'으로부터 생겨날 뿐이다."[59] 스미스가 높이 칭찬하는 유일한 우정은 '덕을 지닌 사람들' 사이의 우정이다. 이들은 "공평무사한 관찰자로서 자신이 속한 단체나 사회의 사소한 이익, 심지어 국가의 큰 이익을, 지각과 지능을 갖춘 존재들로 구성된 커다란 사회의 이익을 위해 기꺼이 희생할 의사가 있는 사람들이다."[60]

편견은 노예화의 근원: 이마누엘 칸트

지금까지 우리는 편견에 반박하는 주장 가운데 **첫 번째** 종류를 살펴보았다. 그것은 편견이 곧 '오류'로 이어진다는 주장이다. 이 생각에 따르면 우리는 '진리'를 알기 위해 편견으로부터 일정한 거리를 두어야 한다. 그것이 우주에 관한 진리든(베이컨, 데카르트) 아니면 최선의 행동에 관한 진리든(스미스) 말이다. 칸트도 이 선배들과 마찬가지로 편견이 자연과 도덕에 대한 인간의 앎을 방해한다고 말한다. 칸트는 편견에 대한 또 하나의 비판을 전개하는데, 나는 이것을 편견에 대한 **두 번째** 종류의 반박으로 칭하고자 한다. 칸트에 따르면 편견은 진리에 반대될 뿐 아니라 '자유'에도 반대된다. 칸트는 편견에 대한 두 종류의 반박을 모두 소개함으로써, 특히 자유에 대치되는 것으로서의 편견에 대한 반박을 전개한다. 그는 편견에 대한 반박을 가장 강력하게 표현한 사람이라고 할 수 있다. 따라서 편견을 옹호하는 어떠한 주장이든 칸트의 편견 비판에 답해야만 한다.

자유에 대한 칸트의 깊은 관심은 편견을 '이성의 타율他律'로 정의하는 곳에서 확인할 수 있다.[61] 여기서 '타율'이란 칸트가 자유의 핵심으로 보는 자율自律에 반대되는 개념이다. 칸트가 말하는 자유는 자신의 외부가 아니라 내면의 지배를 받는 것, 다시 말해 자연, 전통, 습관, 관습이 아니라 자신의 이성에 인도를 받는 것이다.[62] 자연, 전통, 습관, 관습의 인도를 받는 것은 곧 '타율적인 것', '편견에 빠지는 것'이다. 이처럼 칸트는 편견을 매우 광범위하게 규정하고 있다. 칸트가 말하는 편견에는 (베이컨, 데카르트, 스미스의 주장처럼) 삶의 환경에서 주어지는 영향뿐 아니라 인간의 모든 욕망까지 포함된다. 왜냐하면 칸트에 따르면 이 문제에 대해 생각해 볼 때 우리가 욕망을 '선택하는' 것이 아니기 때문이다. 욕망은 '외부의' 영향력이 작동하는 방식과 똑같이, 자연의 우발적 사실로서 우리에게 덮쳐든다. '자신의 이성'을 사용하라는 요구적 개념의 연장선상에서 칸트는 자유로운 판단의 원천으로서 욕망에 반대한다. 이런 의미에서 칸트의 편견 비판은 스미스의 그것보다 철저하다. 앞에서 본 것처럼 스미스는 삶의 환경을 '편견'으로 논박하면서도 인간의 '자연스러운' 감정에 대해서는 옹호하는 태도를 취한다. 이에 반해 칸트는 인간의 자연스러운 감정까지도, 자율을 위해 극복해야 하는 '편견'의 하나로 보고 거부한다.

베이컨, 데카르트, 스미스와 마찬가지로 칸트도 편견의 극복을 이성이 진보하는 데 필요한 핵심적인 요소로 본다. 어느 글에서 그는 '계몽'이란 곧 "편견 일반으로부터 해방되는 것"이라고 말했다.[63] 긍정적 용어로 말하면 '계몽의 모토'는 "타인의 지도 없이 자신의 지성을 활용하는 것"이다.[64]

에세이 「계몽이란 무엇인가What Is Enlightenment」(1784)에서 칸트는 편견의 영향을 받은 판단은 오류에 빠질 위험이 있을 뿐 아니라 '수동적', 다시 말해 노예화될 가능성이 다분하다고 했다. 그는 스스로 생각할 줄 모른다면 그것은 마치 어린아이가 타인에 휘둘리는 것이나 다름없다고 말한다. "미성년자는 아주 편하다!" 그는 비꼬는 투로 이렇게 선언한다. "나를 대신해서 이해해 주는 책이 있다면 스스로 고생할 필요가 없다. 나를 대신해 양심의 판단을 내려 주는 영적 지도자가 있다면, 나를 대신해 식이요법을 해주는 의사가 있다면 나는 스스로 고생할 필요가 하나도 없다."[65] 물론 그 책이 진리를 담고 있을 수 있고, 그 목사가 도덕적 행위에 대해 알고 있을 수 있으며, 그 의사가 무엇이 건강에 좋은지 알고 있을 수도 있다. 그런데 그들의 처방을 그대로 따르는 것이 문제가 되는 이유는, 내가 실수를 저지를 수 있다는 것이 아니라 자신에게 수고를 끼치지 않는다는 데, 다시 말해 나 자신의 이성을 활용하지 않는다는 데 있다. 위 글에서 칸트는 인간의 권위를 편견의 원천으로 지목하면서 '타인의 인도를 받는 행위'라면 어떤 것이든(전통의 인도든, 심지어 자기 욕망의 인도든) '편견'이라는 점을 분명히 밝히고 있다. '편견에 치우치지 않은 생각'이라는 그의 격률은 다시 말해 '스스로 생각하라'는 일반적 요청인 것이다.[66]

칸트가 모든 욕망을 '편견'의 범주에 집어넣은 것은 선뜻 이해하기 어렵지만, 삶의 환경이라는 편견이 한 사람의 자유를 구속한다는 그의 기본적인 생각은 오늘을 사는 우리에게도 그리 낯설지 않다. 오늘을 사는 우리도 자유로운 판단을 내리기 위해서는 공통의 의견이나 관습, 교육의 영향에서 한 걸음 물러서야 한다고 생각하는 경우가 있다. 또 공통 의견과 관습, 교육이라는 원천을 가지고 추론하는 것은 곧 맹목적 습관이 우리에게 가르친 사고방식에 그대로 파묻혀 있는 것이라고 느낀다. 그리고 이런 원천들을 재료로 형성된 판단이 설령 믿을 만한 것이라 해도 우리는 그것을 여전히 주체적 활동이 결여된 바람직하지 못한 것으로 간주한다. 칸트와 마찬가지로, 오늘을 사는 우리도 자유로운 판단이란 곧 '자기 스스로 생각하는 것'을 의미한다고 여긴다.

편견을 주체적 활동이 결여된 것으로 보는 칸트의 생각은, 편견에 대한 현대인들의 의심에 빛을 던져 줄 뿐 아니라 그의 철학 선배들이 지녔던 편견에 대한 의심에도 한 가닥 빛을 던져 준다. 베이컨과 데카르트가 편견이 오류로 이어진다는 점을 강조했지만 그들의 편견 비판은 또한 자유에 대한 깊은 관심에서 우러난 것이기도 했다. 예컨대 베이컨이 '진리에 대한 영원한 사랑'에 자극을 받아야 한다고 주장하면서도 아리스토텔레스 철학의 추종자들을 비난하고 나선 것은 그들로 인해 야기된 혼란 때문만이 아니었다. 그것은 그들이 "편견과 타인의 권위에 의지해 자신들을 아리스토텔레스 철학의 노예로 만들었기" 때문이다.[67]

데카르트가 전개한 편견 반박의 이면에도 자유에 대한 관심이 자리 잡고 있다. 그는 '참되고 건전한 판단'을 내리기 위해 선입관을 거부해야 한다고 하면서[68] 우리는 권위를 타파하는 데도 관심을 가져야 한다고 했다. 그는 자신이 전개한 의심의 방법론과 선입관을 피하는 방법론을 곧 "스승의 통제에서 벗어나는" 방법, "나 안에서 공부에 전념하는 결심을 내리는" 방법, 그리고 "내가 가야 할 길을 선택하는 데 내 정신이 가진 모든 힘을 사용하는 방법"으로 여겼다.[69]

무엇보다 데카르트는 편견에서 자유로운 자신의 철학 방법론을 **자기 지배**self-mastery에 비유했는데, 이는 자신의 사고와 욕망을 통제하는 것을 말한다. 그는 주장하기를 이러한 자기 지배의 태도로서만 철학자들은 다른 사람보다 "더 풍부하고 강한 사람, 자유롭고 행복한 사람이 될 수 있다"고 말한다.[70] 이 구절에서 데카르트는 편견에 대한 거부를 곧 진리를 구하는 것과 연결시킬 뿐 아니라 스스로 자신을 지도하는 행위와도 연결시킨다. 데카르트는 또 자신이 전개한 의심의 방법을 "정신이 그것이 가진 자유를 활용하는 방법"이라고 말한다.[71] 그는 의심을, 교육의 보호에서 자유로워지는 원천으로 본다. 데카르트는 "명료한 지각이 대상을 추구하도록 추동할 때 우리는 가장 자유롭다"고 말한다.[72] 여기서 '자유'와 '추동하다'라는 표현이 서로 모순되는 것처럼 보일 수 있지만, 이는 데카르트의 세계관을 이해하면 자연스레 해소된다. 데카르트에 따르면 '명료한 지각'은 내부로부터 우리를 추동한다. 그것은 우리가 성찰한 결과 실현되는 성취로서 우리 외부의 원천에서 온 권위와 전혀 다르다.

위의 글들에서 알 수 있듯이, '자율'로서의 자유라는 이상은 칸트 이전에도 편견에 대한 반박을 자극한 것이 사실이다. 그런데도 칸트를 가장 중요한 편견 비판자로 간주하는 이유는 그가 당시 사람들이 가졌던 견해를 가장 명료하게 표현했기 때문이다. 칸트는 오류와 불공정의 원천으로서 편견을 거부하는 동시에 무엇보다 노예화의 원천으로서 편견에 열렬히 맞섰다. 이렇듯 우리가 물려받은 두 종류의 편견 반박을 마침내 통합하고 완성시킨 사람이 바로 칸트였다.

칸트는 자신의 도덕철학에서 편견에 대한 유명한 반박을 전개했다. 칸트의 편견 비판은 공정성과 타인의 존엄 존중이라는 명분을 쓰긴 했지만, 실제로 가장 중요한 의미는 자율에 있다. 칸트가 편견을 거부하는 논거로 공정성을 내세운 것은 "네 의지의 격률이 언제나 동시에 보편적 입법의 원리가 되도록 행위하라"는 정언명령(칸트 철학에서, 행위의 결과에 구애됨 없이 행위 그것 자체가 선善이기 때문에 무조건 그 수행이 요구되는 도덕적 명령−옮긴이)을 처음 정초한 데서도 확인할 수 있다.[73] 칸트는 만약 자신의 격률과 그것의 보편적 적용을 일관되게 의욕할 수 없다면 당신은 타인의 이익보다 자신의 이익을 우선시하는 것이라고 말한다. 여기서 '보편적 입법'의 실험은 애덤 스미스가 말한 '공평무사한 관찰자'와 유사하다. 둘 다 도덕 판단에는 자신이 처한 특수 상황에서 물러나 모든 사람이 공유하는 관점에서 판단해야 함을 말하고 있다.

그러나 자유에 특별한 관심을 가졌던 칸트는 스미스보다 철저하게 편견을 거부한다. 스미스가 칭찬과 비난이 궁극적으로 공평함을 향한, 인간의 타고난 성향에 기초하고 있다고 보았다면, 칸트는 도덕 판단은 '보다 엄격한 의미에서' 편견으로부터 자유로워야 한다고 주장한다. 즉 도덕 판단은 오직 **의무**를 그 동기로 지녀야 하며, 자비의 감정이나 공정성을 향한 경향성과 대비되는 것으로 규정되는 자신의 **이성**을 그 동기로 지녀야 한다는 것이다. 칸트의 '순수 실천 이성'이 의미하는 바도 바로 의무와 이성이라는, 도덕 판단 동기의 원천들이다. 실천 이성은 모든 편견의 영향력을 완전히 초월할 때 '순수'해진다. 순수 이성을 실천할 때 발휘되는 가치는 공정성이 아니라(공정성은 그 밖의 방법으로도 달성할 수 있다) 자율성이다. 칸트는 도덕성이 우리를 불행하게 만들지라도 그것에 관심을 가져야 한다고 말한다. 왜냐하면 정언명령을 의욕하는 것이 곧 편견을 뛰어넘어 '자유라는 이상'을 실현하는 한 가지 방법이기 때문이다. 칸트는 자유는 인간 존엄의 원천이라고 말한다. 자유는 인간을 "다른 모든 사물과, 심지어 인간이 대상에 영향을 받는 한 그 자신과도 구분시켜 준다"는 것이다.[74] 칸트의 철저한 편견 비판은 자율성에 대한 그의 엄정한 견해를 그대로 반영하고 있다.

칸트는 미학에 관한 자신의 글에서 편견 반박의 논거인 진리와 자유에 대해 이야기한다. 우리는 비관여적 판단이라는 이상에 대한 칸트의 가장 명쾌한 설명을, 이들 논거에 관한 이야기에서 찾을 수 있다. 칸트는 우리가 미적 판단 능력을 높이 평가할 수 있는 경우는 해당 작품의 '매력과 감정'에서 한발 물러나 다른 사람이 그것을 어떻게 평가할지 알고자 노력할 때라고 했다.[75] 그러한 물러섬을 옹호하는 이유로 칸트가 맨 먼저 든 것은 그렇게 함으로써 우리는 실수, 그러니까 '망상'을 피할 수 있다는 것이다.

  [취향은] 그 반성적 행위 속에서, 다른 사람들의 재현 양식을 고려하는 비평 기능이다. 그것은 말하자면 자신의 판단을 인류의 집단 이성과 견주어 봄으로써, 언뜻 객관적이라고 생각되는 주관적·개인적인 조건에서 비롯된 망상―우리의 판단에 편향된 영향을 미치는 망상―을

피하기 위한 목적이다. 이것은 자신의 판단을 다른 사람의 실제 판단이 아닌 존재 가능한 판단들과 견주어 봄으로써, 그리고 자신을 다른 사람들의 입장에 두어 봄으로써 달성된다. 이것은 자신의 평가에 우연적으로 영향을 미치는 제약들로부터 단순하게 물러선 결과다.[76]

타당한 미적 판단에서 '매력과 감정'에 저항하는 일이 필요하다는 칸트의 생각은, 자연에 대한 판단에서 베이컨과 데카르트의 생각과 유사한 점이 있다. 베이컨은 자연의 '심오한 진리'를 이해하기 위해서는 유용하고 아름답거나 혹은 위협적이거나 일정한 목적을 가진 '것처럼 보이는' 자연으로부터 일정한 거리를 두어야 한다고 했다. 자연을 유용하고 아름답다거나 아니면 위협적이고 일정한 목적을 가진 것으로 보는 것은 인간이 지닌 주관적 가치를 객관적 세계에 던지는 것에 불과하다. 이와 유사한 맥락에서 칸트는 예술작품 혹은 어떤 아름다운 사물이라도 그것이 우리를 유혹하는 방식으로부터 한 걸음 물러서야 한다고 말한다. 칸트는 우리가 매력적이라고 여기는 대상이 어쩌면 우리의 '주관적 변덕'의 산물에 불과할지 모른다고 경고한다. 그것은 '미적 대상 자체'의 가치와 전혀 무관한 것이다.

자신이 처한 상황 혹은 '입장'으로부터 물러선 다음 '나 이외 모든 사람의 입장에' 자신을 두고자 노력해야 한다는 칸트의 제안은, 내가 처한 특정 상황이 내가 내리는 평가에 우발적 영향을 미치는 주관적·개인적 조건이라는 가정에 근거하고 있다. 이 가정의 토대 위에서 칸트는, 자신의 개인적 상황에서 "스스로를 격리시킨" 뒤 자신이 내리는 판단에 대하여 보편적 관점(이것은 자신이 딛고 선 토대를 다른 사람의 관점으로 치환해 보아야 알 수 있다)에서 반성할 줄 아는 사람을 '넓은 정신'을 가진 사람으로 본다.[77] 칸트는 한 사람의 특정 관점이 추상적인 누군가의 가상의 관점보다 현명할 수 있는 가능성을 부정한다. 칸트의 견해에 따르면 '특정'이라는 말은 곧 '편협하다'는 말과 동의어다.

미적 판단에 대한 칸트의 비관여적인 생각 역시 자유에 대한 그의 관심에 영향을 받은 바 있다. 그는 편견으로부터 자유로운 미적 판단이 가치 있는 것은 그것이 오직 우리의 자율성을 진작하는 한에서라고 말한다. 따라서 한 예술작품의 미적 가치는 그것이 '상상력'과 '지성'의 자유로운 놀이에 얼마나 기여하는가로 평가되어야 한다. 칸트에 따르면 우리의 정신을 활동적으로 만들고 우리의 자율성을 진작하는 예술 형식이 가장 가치 있는 예술 형식이다. 반대로 가장 저급한 예술 형식은 편견에 호소하면서 타율성을 조장하는 예술 형식이다.[78]

예술의 가치와 관련해 칸트의 생각을 가장 잘 보여 주는 비교는 시와 수사의 비교다. 그는 시를 "모든 예술 가운데" 최고의 지위에 두는데, 그것은 "시가 상상력에 자유를 부여함으로써 인간 정신을 확장시키기 때문이다…… 시는 인간의 정신으로 하여금 그것이 가진 기능―자유롭고 자발적이며, 자연의 규정으로부터 독립적인 기능―을 느끼게 해 줌으로써 정신에 활기를 불어넣는다".[79] 반면 칸트는 수사를 가장 저급한 예술로 평가한다. 그는 "설득의 기술로서 수사는 변증술에 불과하다. 그것은 화자가 자신이 필요로 하는 부분만 시에서 빌려 와 해당 문제를 자기 스스로 생각해 보지도 않은 채 사람들의 마음을 자기편으로 끌어오려는 것이다. 그것은 곧 사람들이 내리는 결정의 자유를 빼앗는 일이다. 그러므로 수사는 설교단에도 술집에도 권할 만한 것이 못 된

다"고 말한다.[80]

연설가들이 청중의 이성과 자유를 무시한다는 칸트의 주장은 지나치게 냉혹한 주장으로 들릴지 모른다. 아무리 설득을 위한 언사라 해도 그때 설득당하는 사람 쪽에서도 적극적인 참여, 즉 '견주어 보는' 활동이 분명히 일어나기 때문이다. 사람들은 마치 자신의 팔이 비틀려 항복당하는 것처럼 화자의 견해에 아무 근거 없이 동의하지 않는다.[81] 그러나 수사에 대한 칸트의 반대는, 수사가 사람들이 지닌 편견에 호소해 설득시킨다는 점에서 일견 타당한 면이 있다. 유능한 연설가는 대개 사람들이 지닌 특정 관점의 입장에서 말하는 데 뛰어난 능력을 보인다. 설득을 잘하는 정치가는 청중이 중요하다고 여기는 특정 관점에서 해당 사안을 판단하고 '견주어 보도록' 청중을 부추긴다. 이런 근거로 칸트는 수사를 가리켜 "사람들을 구워삶고 누군가에게 유리하도록 편견을 갖게 만드는" 기술이라고 한다.[82] 칸트는 이처럼 편견에 호소하는 것은 자율성을 진작하는 것에 위배된다고 여긴다. 이렇듯 수사는 사람들로부터 자유를 빼앗는 짓이다. 수사에 대한 칸트의 깊은 불신은 당시 편견에 대한 비난이 성행했음을 보여 주는 또 하나의 사례로 볼 수 있다.

칸트의 편견 비판은 비록 철저하기는 해도 중요한 문제점을 안고 있다. 칸트는 한편으로는 **두 종류**의 편견 비판(즉 진리 탐구를 위한 편견 비판과, 자유 회복을 위한 편견 비판)을 한데 묶으면서 근본적으로 비관여적인 판단 개념을 옹호한다. 그러나 다른 한편으로 그는 미묘하지만 심오한 방식으로 '**정황적 이해**'라는 개념의 철학적 기초를 제공하고 있는 것이다.

칸트는 베이컨과 데카르트 등 선배들이 가정했던 '주체-객체 도식'에 도전함으로써 '정황적 이해' 개념의 기초를 놓았다. 정황적 이해 개념에 따르면 우리는 무엇보다 우선적으로 '인식하는 주체'로서 존재한다. 이 인식 주체는 외부세계로부터 정보를 끌어 모아 기억을 보존하며 나중에 그것을 한데 묶어 일정한 신념을 형성한다. 그렇기 때문에 우리의 신념은 오류가 발생할 가능성이 있다. 우리가 지닌 신념은 자기 스스로 주체적으로 재현한 것으로, '저기 바깥에' 존재하는 실제의 객체와 '거의 혹은 아무런' 연관성을 갖지 않을 수도 있다. 우리의 주체적 신념이 객체와 실제로 대응하는지 확신하기 위해서는 신념이 형성되는 과정을 면밀히 살펴야 한다. 즉 '방법적으로' 이 과정을 밟아야 한다. 체계적인 관찰과 귀납의 방법(베이컨)이든, 아니면 명료하고 분명한 제1원리를 찾는 방법(데카르트)이든 말이다.

그러나 칸트는 '초월적 연역transcendental deduction'에 관한 자신의 논의에서 이러한 사고방식을 비판한다.[83] 여기서 그의 '연역'이 분명하게 해두고자 하는 것은, 객관 대상에 대한 우리의 지각, 그리고 '나 안'과 '저기 바깥' 사이의 구분에 대한 우리의 지각이 경험의 통일성을 이미 일정 부분 상정하고 있다는 점이다. 다시 말해 우리가 인식하는 객체는 '이미' 일정한 연관 속에 놓여 있으며, 그 객체들은 전체의 일부로서 일정한 일관성을 갖고 있다는 것이다. 이러한 통일성의 원리가 곧 '초월론적 주체transcendental subject'이다. 이 초월론적 주체가 지닌 범주는 자신의 경험을 일관된 의식으로 구성해 간다. 이 '범주'는, 선험적 규칙과 상응하는 경험의 '통일성'이 곧 '객체'를 경험하는 조건이 된다는 점을 상정하고 있다.[84] 우리는 이러한 통일성을 결코 하나의 객체로서 인식하지 못한다. 그러나 우리는 지식 혹은 모든 지식 주장이 성립하는 조건으로서, 경험의 통일성을 상정하지 않을 수 없다.

'지식의 조건'이라는 생각은, 아주 희미하게나마 지식에는 일정한 '편견'이 포함된다는 생각을 향하고 있다. 칸트에게 우리의 지식의 내용─우리가 '명석하고 판명하다고' 인지하는 것까지 포함해─은 우리가 알지는 못하지만 상정해야만 하는 통일성의 원리에 기초하고 있다. 이런 사고방식의 토대 위에서 하이데거와 가다머는 마침내 편견의 지위를 회복시키기에 이른다. 2~4장에서 보겠지만 이들은 지식의 조건이라는 칸트의 기본적 견해를 채택한 뒤, 지식의 조건에 관한 정황적 개념을 전개시킨다.

되돌아보았을 때 칸트가 하이데거와 가다머의 사상을 위한 기초를 놓은 공은 있지만, 지식의 조건에 대한 칸트 자신의 설명은 편견의 옹호와 거리가 멀다. 왜냐하면 칸트가 자신의 선험적 연역을 통해 확실히 하고자 했던 지식의 조건, 다시 말해 '편견'은 인식 주체가 지니고 있는 선험적 범주 외에 다른 것이 아니기 때문이다. 확실히, 인식 주체로서의 우리는 경험을 구성하는 범주를 '뚫고 들어가' 물자체─자신의 개인적 정체성과 자아까지 포함해─에 대한 순수한 지식, 그러니까 범주에 의해 매개되지 않은 지식에 도달할 수 없는 것이다.[85] 이런 점에서 칸트는 자기반성을 통해 인식되는 '생각하는 나'가 이미 통각統覺(지각에 항상 동반하면서 다양한 지각들을 통일하는 의식)의 통일성 unity of apperception을 상정하고 있다는 사실을 보임으로써 데카르트의 오류를 바로잡는다. (의식의 조건으로서) 통각의 통일성은 객체로서의 의식보다 먼저 올 수 없기 때문이다.[86] 그러므로 칸트에 따르면, 주관성의 보편적 구조 때문에 우리의 앎은 언제나 '편견에 사로잡혀 있을 수밖에' 없다.

그러나 이런 의미로 편견을 사용하는 것은 오해의 소지가 있다. 칸트가 설명하고자 했던 편견은 한 사람의 세계 혹은 구체적 삶의 환경으로서의 '편견'이 아니라 어떠한 실제적 경험과 상황에도 영향을 받지 않는 편견이다. 칸트의 초월론적 연역은 앎이 편견을 전제하고 있다는 생각을 정당화시키려 한 것이 결코 아니다. 그의 초월론적 연역은 인식 주체의 철저한 자율성이라는 가능성—즉 인식 주체가 모든 편견을 초월할 수 있는 능력—에 대한 형이상학적 배경을 제공하고 있을 뿐이다. 세계를 보이는 모습대로, 알아지는 모습대로 구성하는 칸트적 의미의 '주체'는 원칙적으로 자신이 만든 것으로부터에서 자유롭다. 다시 말해 주관은 자연을 지배하는 인과법칙으로부터, 그리고 사회를 질서 짓는 관습으로부터 자유로운 존재다.

칸트가 고정되고 보편적인 주체성subjectivity의 구조를, 지식이 가능하기 위한 조건으로 보았다면 하이데거와 가다머는 칸트의 초월론적 논법을 채택해 오히려 그것을 칸트 자신의 결론을 약화시키는 데 사용했다. 앞으로 보겠지만 하이데거는 지식의 조건은 칸트가 명시한 범주들보다 더 심오하다고 주장한다. 하이데거에 따르면 경험은 무엇보다 칸트가 상정하는 것처럼 객체에 관한 것이 아니다. 하이데거는 칸트가 말한 '주체-객체'의 연관이 일정한 삶의 방식, 즉 그 '주체'가 처하게 되는 일정한 세계를 "이미 상정하고 있다"는 가능성을 보인다. 내가 앞으로 보이겠지만, 이러한 정황적 이해에 대한 하이데거의 견해는 편견과 이성을 서로 대치되는 것으로 보는 관점을 극복하고, 이러한 차원에서 편견을 옹호하는 준거를 제공한다. 결론적으로, 칸트는 편견에 대한 반박을 극단으로 몰고 간 사상가였지만, 동시에 자신도 모르게 편견 반박에 대한 '극복' 작업을 시작한 철학자이기도 했다.

감정의 차원에서 편견의 부활: 에드먼드 버크

아마도 편견에 대한 글, 특히 권위의 적법한 원천으로서의 습관·관습·전통을 옹호하는 글이라면 에드먼드 버크에 관한 논의를 빼놓고는 불완전한 것이 될 수밖에 없을 것이다. 버크는 편견을 공공연하게 옹호한 것으로 유명한, 지극히 보수적인 사상가였다. 그는 『프랑스 혁명에 관한 성찰 Reflections on the Revolution in France』(1790)이라는 책에서 충격적인 선언을 한다. "이 계몽의 시대에 나는 우리가 '가르치지 않은 타고난 감정'을 지닌 사람들이라는 사실을 과감히 고백해야겠다. 우리는 오래된 편견을 벗어던지기는커녕 그것을 상당히 귀하게 여기는 사람들이다. 수치스러울 수도 있지만 우리는 편견을, 그것이 편견이라는 이유로 소중히 여긴다."[87]

'이 계몽의 시대'라는 표현은 버크가 당시의 시대정신에 대한 반작용으로 편견 옹호론을 펼쳤다는 사실을 보여 준다. 칸트와 마찬가지로 버크도 '계몽'을 편견의 극복과 동일한 것으로 보았다. 그러나 그는 계몽의 전개 과정을 찬탄하기보다 그것에 대해 한탄한다. 편견을 누가 가르쳐주지 않아도 '스스로 터득한 감정'에 빗댄 것에서 알 수 있듯이, 그의 편견 옹호는 이성보다 감정을 우선시한 스미스와 흄의 입장에 토대를 두고 있다.[88] 버크는 이들 스코틀랜드 선배들과 공명하면서 "우리의 이성을 인도하는 것은 정념^{情念}"이라고 선언한다.[89] 그러나 감정을 편견의 일종으로서 옹호한 버크는 단지 스미스와 흄의 견해를 더 충격적인 말로 되풀이한 것이 아니다. 왜냐하면 버크가 옹호한 감정은 스미스와 흄이 '단순히' 편견으로 치부해 버린 바로 그것이기 때문이다. 특히 버크는 전통 제도 및 사회규범과 관련된 감정을 옹호한다. 그에 따르면 이런 감정이야말로 '신사의 정신, 종교의 정신'에 의해 유지되는 경외의 감정이라는 것이다.[90] 반면 스미스는 앞에서 본 것처럼 이런 감정을 편협한 것으로 폄하한다. 스미스가 옹호하는 감정은 보다 일반적이고 자연적인 감정, 즉 습관과 관습에 때 묻지 않은 감정이다. 반대로 버크는 관습 등 전통적인 권위의 원천에 의해 형성된 감정을 옹호하는 입장이다.

버크가 '편견'을 칭송할 때 추상적 의미의 '가르치지 않은 감정'을 의미하는 경우는 별로 없다. 그보다 버크가 칭송하는 편견은 특정 습관, 관습, 역할에 의해 형성된 감정이다. 실제로 버크는 습관, 관습, 역할을 가리킬 때 '편견'이라는 말을 자주 사용하고 있다. 예컨대 그는 영국인들의 관행과 판단을 좌우하는 영국 국교회를 가리킬 때 '교회 편견^{church prejudice}'이라는 표현을 사용한다. 그는 교회 기관을 "우리가 가진 편견 가운데 첫 번째"로 치켜세우면서 그것을 장황하게 옹호한다.[91]

버크의 편견 옹호는 전통에 대한 **두 가지** 입장으로 구성되어 있다. 두 가지 입장 모두 전통은 이성이 아닌 감정에 기초하고 있다고 본다. 우리는 버크의 편견 옹호를, 편견을 옹호하는 감정주의적^{Sentimentalist} 입장이라고 부를 수 있다. 전통, 즉 편견에 대한 버크의 **첫 번째** 옹호는 봉건 사회의 관습과 양식, 도덕 감정을 칭송하는 것이다. 그는 이것들을 "즐겁고 고귀한 것"으로 칭송한다. 그는 이러한 삶의 방식이 "빛과 이성이라는 새로운 정복 제국에 의해" 파괴되고 있다고 한탄한다.[92]

전통적 역할과 제도를 "즐겁고 고귀한 것"으로 칭송하는 버크는 그 것들에 일종의 본유적 가치를 부여한다. 그러나 자세히 살펴보아도 그가 전통의 역할과 제도라는 편견이 특별한 통찰을 드러낸다고 주장하려 했다는 의도는 찾기 어렵다. 대신에 그는 전통적 제도를, 그 가치가 '인간의 정신'에서 생겨나는 '즐거운 환상'으로 본다.[93] 버크의 설명에 따르면 의미 혹은 가치란 인간 사회에서 구현되는 것이 아니라 인간 주체에 의해 사회에 던져지는 것이다. 이 점에서 버크의 편견 옹호는 베이컨, 데카르트, 칸트의 기본 전제, 즉 세계에 대한 주체-객체 관념을 그대로 채택하고 있다. 이들 사상가 모두 자기 나름의 용어로 세계는 '그 자체로' 의미를 갖지 않는다고 가정한다. 이들에 따르면 세계는 본유적 가치가 결여된 객체들의 집합일 뿐이다. 반대로, 세계는 '우리에 대해' 의미가 있다. 세계는 우리가 그것에 우리의 주관적 가치를 새겨넣을 때만 의미가 있다. 인간 사회의 경우, 그것의 의미가 주관적 가치의 산물이라고 말하는 것은 곧 그 의미가 자연이 아니라 '관습'에서 온다고 말하는 것과 다르지 않다. 의미가 사회 안에서―신의 의지에 의해서든, 자연에 의해서든, 아니면 다른 원천에 의해서든―구현된다는 생각은 '즐거운 환상'에 속하는 것이라는 것이다.

버크가 '편견이 가지고 있는 이성'을 옹호한다고 해도 여기서 그가 말하는 '이성'이란 편견이 지닌 본유적 가치나 통찰이 아니라 그것의 사회적 유용성을 가리킨다.[94] 전통에 대한 버크의 **두 번째** 옹호는 공리주의적 입장으로, 최종적으로 분석했을 때 그가 가장 강력하게 옹호하는 입장이다. 이러한 버크의 공리주의적 편견 옹호에 따르면, 전통은 사회적 연대와 준법 의지를 구현하는 데 필요한 강력한 토대를 제공한다. 그는 만약 전통적 편견이 모두 해체된다면 야만적인 힘과 처벌에 대한 두려움만이 사회를 지배할 것이라고 경고한다. 버크는 편견을, 자신이 속한 사회의 전통이나 관습과 자신을 동일시하는 데서 생기는 자유를 뜻하는 공화적 자유republican freedom와 연결시킨다. 그는 이러한 편견의 영감을 받은 시민들은 그들의 통치자를 존경하고 그들의 지배를 기꺼이 받아들이며 정치적 삶을 강압으로 느끼지 않을 것이라고 말한다. 그러나 말할 것도 없이 칸트를 비롯한 이들에게 이런 자유는 엉터리 자유일 뿐이다. 하지만 버크는 이러한 자유를 우아한 정치적 삶의 확고한 원천으로서 옹호한다. 이런 이유로 그는 프랑스 혁명가들을 맹비난한다. 그들이 추상적 '인권'을 내세워 모든 편견을 폐기하고자 했다는 것이다.[95] 버크는 현명한 정치가라면 공공선을 진작시키기 위해 편견을 신중하게 사용할 줄 알아야 한다고 말한다.

나의 목표는 편견의 사회적 필요성에 관한 버크의 견해가 옳았는가에 관한 나의 입장을 세우는 것이 아니다. 그보다 나는 그의 공리주의적 편견 옹호가, 편견과 이성의 대립을 지니고 있음을 드러내고자 한다. 비록 버크에게 편견이 유용성의 차원에서 '이성을 갖고 있다' 해도 그것은 어떠한 본유적 의미도 갖지 못한다. 편견은 이성적인 정치적 판단의 원천이 될 수 없다. 버크가 말한 현명한 정치가의 '정치적 이성'은 면밀히 살펴보면 매우 비관여적인 것이다. 버크가 보기에 그러한 이성은 전통의 관점 내부가 아니라 바깥에서 작동한다. 버크의 설명에 따르면 현명한 정치가는 습관과 관습, 그가 속한 단체의 역할에서 한발 물러나 그것들을 마치 새의 눈으로 조감鳥瞰하듯이 살펴야 하며 공공선을 진작하기 위해 무엇을 만져야 하는지 신중히 선택해야 한다. 마치 장인匠人이 한발 떨어져서 자신이 만들 물건이 지니게 될 선善을 인식하듯이 말이다.

버크가 감정 차원에서 편견을 옹호하는 것은, 내가 전개하고자 하는 편견의 의미와 분명한 대조를 이룬다. 나의 목표는 과거에 대한 아쉬운 찬양의 노래를 부르는 것도, 전통의 사회적 유용성을 옹호하는 것도 아니다. 나의 목표는, 정황적 이해라는 개념을 전개함으로써 편견과 이성을 서로 연결시키는 것이다. 정황적 이해 개념에 따르면 우리의 습관, 관습, 전통은 단지 감성적인 기질이나 기계적 행동 방식에 불과한 것이 아니라, 우리의 삶의 관점에서 생겨나 그것을 더 분명하게 표현해 주는 똑똑한 이해이다. 좋은 쪽으로든 나쁜 쪽으로든 우리의 판단과 행동에 언제나 영향을 미치고 있는, 납득할 만한 관점인 것이다. 나의 주장을 버크의 감정주의적 편견 옹호와 구분하기 위해 해석학적hermeneutic 편견 옹호라 부르고자 한다. '해석학적'이라는 용어는 하이데거와 가다머에게서 온 것이다. '해석학적'이라는 표현은 한 사람의 인생관이, 해석에 열려 있는, 납득할 만한 관점이라는 의미를 드러내고 있다.

버크는 궁극적으로 편견에 내포되어 있는 이성을 알아보지 못한다. 비록 그가 지금까지 우리가 살펴본 사상가들과 매우 다르게 편견을 열렬히 옹호하지만, 그의 편견 옹호는 기본적으로 편견과 이성을 서로 대립하는 것으로 본다. 이처럼 버크는, 편견에 대한 반론에 기초해 편견과 이성을 구분하는 입장을 받아들인 다음, 그 가치를 뒤집은 것뿐이다. 다시 말해 버크는 이성보다 편견을 옹호하는 것이다. 여기서 버크의 사상을 살펴보는 이유는 자칫 나의 주장과 동일한 것으로 오해하기 쉬운 유명한 편견 옹호에 대해 해명하기 위해서다.

우선 편견이 지닌 본유적 가치에 대한 버크의 주장과, 전통의 아름다움·고귀함에 대한 그의 주장을 살펴보자. 그의 저서 『프랑스 혁명에 관한 성찰』은 프랑스의 과격한 혁명정신을 자신의 영국 동포들에게 경고하기 위한 것이었다. 그는 실용적인 관심사에서 영국의 전통 제도를 칭송하였다. 그럼에도 불구하고 영국의 전통에 대한 그의 칭송의 글을 읽어 보면 버크가 영국의 전통에서 진정으로 고귀한 무언가를 보았음이 분명하게 드러난다. 다음 글을 읽어 보자.

오류의 여지가 있는 이성이라는 허술한 장치를 보강하기 위해 우리는 우리가 누리는 자유를 일종의 유산으로 바라본다. 이것은 우리에게 결코 적지 않은 이익을 가져다준다…… 자유의 계보를 이어받았다는 생각은 타고난 존엄의 감각을 우리에게 습관적으로 고취시킨다…… 이것은 우리가 누리는 자유가 고귀한 자유라는 의미다. 자유는 인상적이고 장엄한 성격을 띠게 되었다. 자유는 혈통과 빛나는 선조들을 가지고 있다. 자유는 문장紋章을 가지고 있으며 초상화가 걸린 화랑을, 기념비의 명문銘文을, 그리고 그 기록과 증거, 직위를 가지고 있다. 우리의 시민적 제도가 존경을 얻는 원리는 우리가 선조들을 자연스럽게 존경하는 원리 ─ 즉 그들의 나이 때문에, 그리고 단지 그들이 우리의 선조이고 우리는 그들의 후손이기 때문에 존경하는 원리 ─ 와 같다.[96]

이 글에서 버크는 위엄과 고상함, 장엄함의 감각을 불어넣어 준 데 대해 영국의 '유산'을 칭송한다. 그러나 이것은 우리의 유산이 구현하는 본유적 의미에 상응하지 못한다. 버크에 따르면 우리가 '문명적인 제도', '선조', '초상화', '기념비' 등을 경외하는 것은 그것들이 우리의 이성에 호소하는 어떤 본유적 가치를 갖고 있기 때문이 아니라 단지 '오래되었기' 때문이다. 우리의 제도가 오래되었다는 단순한 사실만으로 우리 안에서 '자연스러운' 경외심이 우러난다는 것이다. 경외의 마음은 '오류의 여지가 있는 허술한' 이성에서 오는 것이 아니라 본성으로부터 생겨난다는 것이 버크의 생각이다. 버크는 본성을 가슴—정신과 구분되는—으로 이어지는 통로로 본다. 버크에 따르면 우리가 지닌 편견은 곧 감정적 감화력, 즉 인간의 가슴이 지닌 신뢰할 만한 공감력이다.[97]

편견과 이성을 분리하는 버크의 견해가 가장 분명하게 드러나는 지점은 전통을 '즐거운 환상'으로 옹호하는 곳이다. 이 표현이 암시하듯 버크는 전통을 계몽이나 이성과 반대되는 것으로 간주한다. 그런데 그는 계몽을 칭송하는 대신 전통의 부패를 한탄한다.

> 권력을 부드럽게 만들고, 복종을 자유로운 것으로 만들어 주는 모든 즐거운 환상이, 삶의 다양한 색조를 조화롭게 만드는 즐거운 환상이 이제 빛과 이성이라는 정복 제국에 의해 해체될 운명이다. 또 사적인 모임을 아름답고 부드럽게 만드는 감정을 정치에 집어넣어 단일한 색조로 동화시키는 모든 즐거운 환상이 이제 빛과 이성이라는 정복 제국에 의해 와해될 운명이다. 삶을 품위 있게 가려 주는 모든 휘장이

무자비하게 찢겨 나갈 운명이다. 도덕적 상상력이라는 옷장에서 나온 모든 부가적 관념은, 우스꽝스럽고 불합리하며 낡아 빠진 유행으로 타파될 운명이다. 하지만 그러한 부가적 관념은 우리의 가슴이 소유하고 우리의 지성이 승인한 것으로, 벌거벗은 채 가련하게 떨기 마련인 인간 본성의 결점을 가리는 데 꼭 필요하다. 또 본성을 고양해 우리 자신에 대한 평가를 높이는 데도 반드시 필요하다.[98]

이 구절은 버크의 편견 개념(전통의 권위로 이해되는)의 **두 가지** 중요한 측면을 보여 준다. **첫째**, 편견은 '즐거운 환상'으로서 이성에 반대될 뿐 아니라 이성에 의해 '위협당한다'는 것이다. 버크는 '즐거운 환상'이 "빛과 이성이라는 새로운 정복 제국에 의해 해체될 운명"이라며 한탄한다. 또 "삶을 품위 있게 가려 주는 모든 휘장이 무자비하게 찢겨 나갈 것"이라고도 말한다. 버크의 이러한 두려움은, 이성이 편견에 위협을 받을지 모른다는 베이컨과 데카르트의 염려를 거꾸로 뒤집고 있다. 버크가 살던 유럽은 이미 편견에 대한 반대론이 상당한 영향력을 발휘하던 시대여서 저울의 무게중심이 이성 쪽으로 기울었던 것이다. 이 사실을 인지한 버크는 이러한 흐름에 대항하고자 시도한다. 그의 열정적인 편견 옹호는 이성의 임박한 지배에 직면해 그보다 '한발 앞질러' 간다.

기사도의 시대는 갔다. 궤변가, 수전노, 계산하는 자들의 시대가 뒤를 이었다. 유럽의 영광은 영원히 그 불이 꺼졌다. 높은 신분과 여성에 대한 고결한 충절, 자부심 높은 복종, 존엄한 순종, 예속 상태에서조차 고귀한 자유의 정신을 생생하게 살아 있게 만든 가슴의 복종을, 우리

는 결코 다시는 보지 못할 것이다.[99]

버크의 **두 번째** 핵심 주장은 전통이 지닌 가치의 원천에 관한 것이다. 전통은 '인간이 만든' 즐거운 환상이다. 전통은 "사회적 삶에 두르는 휘장"이라는 버크의 비유는, 우리가 자신의 주관적 가치로써 냉엄한 사실, 즉 관습을 장식한다는 그의 의견과 정면으로 위배된다. 휘장이 "도덕적 상상력이라는 옷장에서 나온다"는 표현이 이를 잘 보여 준다. 여기서 옷장은 주체성의 내적 영역을 상징한다. 우리는 그 옷장에서 내용물을 꺼내 사회에 투영하는데, 그것은 "벌거벗은 채로 가련하게 떨기 마련인 인간 본성의 결점을 가리기" 위해서다. 이렇듯 버크는 전통에 대한 경외심이 실은 인간의 필요에 의한 산물이라고 주장한다. 다시 말해 그 자체로 무의미한 세계 속에서 가치를 찾기 위한 필요의 산물이라는 것이다. 전통은 본성을 고양해 우리 '자신의' 평가를 높이는 데도 필요하다는 주장은 버크의 이런 생각을 잘 드러내 준다. 다시 말해 전통을 구성하는 역할, 관습, 제도는 인간이 스스로에게 자신의 가치를 확신시키기 위해 만든 인공적인 노력의 산물이라는 것이다. 전통은 인간 주체가 전통에 부여한 가치에서 그 의미를 도출한다. 그러므로 버크는 전통을 '인공물'로 칭한다.[100]

제도, 역할, 직위를 "인간 가슴의 가장 소중한 것"으로 옹호하는 동시에 그것들은 단지 관습이며 이름일 뿐이라고 간주하는 지점에서, 전통을 '인공물'로 바라보는 버크의 견해는 그대로 드러난다. 버크는 전통적 관행은 '악행의 원인'이 될 능력이 없다고 본다. 전통적 관행은 악의 없는 삶의 장식물이므로 개혁가들은 그것을 폐기해서는 안 된다고 한다.

역설적으로 버크는 편견을 '무해한 환상'으로 필요 이상 치켜세움으로써 그것을 옹호한다. 그는 "사회 질서의 진짜 적은 자만, 야망, 탐욕, 복수심, 정욕 같은 일련의 온갖 무질서한 욕망들"이라고 한다. 이것들이 '역사의 폭풍'을 일으키는 진짜 원인이라는 것이다.[101] 무질서한 욕망은 직위나 역할, 특권과 무관하게 인간의 가슴에서 언제나 샘솟는다고 한다.

> 종교, 도덕, 법률, 대권, 특권, 자유, 인간의 권리는 '구실'이다…… 이것들이 구실이므로, 국가적으로 벌어지는 대규모 해악에서 일반적인 행위자와 도구는 왕, 성직자, 장관, 원로원, 고등법원, 국민의회, 판사, 군사 지휘관들이다. 더 이상 왕이 없고, 국가의 장관과 복음의 사제, 법률의 해석자, 총지휘관, 국가위원회를 없애기로 결정한다고 해서 그 해악을 치유할 수는 없다…… 명칭을 고칠 수는 있을 것이다. 그러나 어떤 형태로든 알맹이는 남기 마련이다. 공동체에는 일정한 양의 권력이 누구의 손에서든, 어떤 명칭 아래서든 항상 존재할 수밖에 없다. 현명한 사람이라면 해악의 치료책을, 명칭이 아니라 해악의 항구적 원인에 적용할 것이다.[102]

마지막 몇 문장은 전통에 대한 버크의 관습주의적 이해를 그대로 드러내고 있다. 사실 역할, 제도, 법률 등의 용어는 단지 순전한 권력 단위를 가리키는 명칭일 뿐이다. '일정량'의 권력은 인간 사회의 엄연한 사실이다. 이 '일정량'은 그것을 어떤 명칭으로 부르든 상관없이 엄연히 존재한다. 왕, 성직자, 군주, 판사 같은 전통적 직함은 일정한 방식으로 권력을 배분하는 중립적 이름표일 뿐이다. 직함은 그 자체로는 중요성을 갖지 않는다. 그럼에도 수 세기 동안 사람들에게 영감을 주었고, 인간의 사회적 삶을 '아름답게 장식했던' 직함들은 보존되어야 한다. '즐거운 환상'이라는 칭송과 일관되게, 버크는 단지 명칭일 뿐이라 해도 그것을 비방하지 않고 옹호한다. 두 주장 모두 편견과 이성을 대조시키는 버크의 견해를 보여 준다.

그런데 어느 주장에서 버크는 편견과 이성의 대조에 의문을 제기한다. 그는 이성을 '편견에 잠재된 지혜'라고 부른다.[103] 그러나 좀 더 살펴보면 버크가 말하는 '이성'과 '지혜'란 그것들이 지닌 본유적 가치가 아니라 '사회적 유용성'을 가리킨다는 사실을 알 수 있다. 사회적 유용성으로서 편견을 옹호하는 버크의 입장은 편견이 '즐거운 환상'이라는 자신의 주장과도 일치한다. 전자(편견)는 후자(즐거운 환상)의 연장이다. '즐거운 환상'이 개인의 삶에 의미를 제공할 뿐 아니라 합법칙성과 같은 것도 불어넣어 준다면 사회적 일치를 형성하는 데 도움이 된다.

이러한 공리주의적 전통 옹호를 편견에 대한 버크의 두 번째 입장으로 볼 수 있다. 우리가 가진 편견은 아름답고 고귀할 뿐 아니라 한 시대의 집단적인 정치적 지혜를 그 안에 가지고 있다. 어떤 의미에서 버크의 주장은 매우 단순하다. '교회 편견'처럼 시간을 넘어 살아남은 역할과 제도들은 어쩌면 그것들이 실제로 작동한다는 것을 증명하는 셈이다. 간단히 말해 그 역할과 제도들은 평화적으로 사회적 삶을 조직한다는 것을 스스로 증명했다. 그러므로 우리는 그것들을 개정할 때 신중을 기해야 한다. 무엇보다 그는, 우리가 프랑스 혁명가처럼 행동해서는 안 되며, 신흥 정치 이론에 기대어 우리가 지금까지 간직해 오던 전통을 전복시켜서도 안 된다고 말한다. 버크는 '인간의 권리' 같은 추상물은 시민들의 충성을 고양시키는 편견을 대체할 수 없다고 본다. 그런 것은 공허한 '정치적 형이상학'에 불과하다는 것이다.[104]

편견에 관한 중요한 구절에서 버크는 편견을 무시하지 않고 현명하게 이용한 영국의 신중한 정치사상가들을 옹호한다. 이 구절을 통해 우리는 버크가 말한 이성, 즉 '편견에 잠재된 지혜'가 어떤 의미인지 알 수 있다.

> 우리나라의 관조적인 인물 다수는 보편적 편견을 배척하는 대신, 그 속에 가득한 잠재적 지혜를 발견하는 데서 자신들의 현명함을 발휘한다. 그들은 만약 자신들이 찾고자 했던 것을 발견하면 ─ 대개는 발견하는데 ─ 편견이라는 외투를 벗고 이성을 벌거벗은 채로 남겨 두느니 차라리 편견 ─ 이성이 포함된 편견 ─ 을 지속하는 편이 더 현명하다고 생각한다.[105]

첫 번째 문장에서 버크는 이성과 편견의 통일성을 일정 부분 상정한다. 그러나 편견이 '벌거벗은 이성'의 '외투'라는 생각에서, 그는 이 둘의 통일성을 분리시킨다. 원칙적으로 버크는 편견과 이성이 분리 가능하다고 보는 입장이다. 버크가 말하는 '편견에 잠재된 지혜'가 실제로 의미하는 바는, 편견이 제공하는 본래적 통찰이 아니라 편견이 돋보이게 만들고 설득력 있게 만드는, 편견과 별개로 존재하는 선善이다. 예컨대 우리는 '교회 편견'이 시민들을 애국심에 이끌리도록 만들 수 있다고 생각한다. 그런데 버크가 애국심이라는 사회적 선의 타당성을 옹호하는 것은 비종교적인 공리주의적 근거에서다. 경건함의 '외투'를 벗어 버릴 때조차 '벌거벗은 이성(이로운 것으로 간주되는 애국심)의 타당성은 그대로 남는다. 편견을 '외투'로 간주하는 그의 언급은 편견을 '삶을 품위 있게 가려 주는 휘장'에 비유했던 것을 상기시킨다. 두 가지 모두 버크에게 편견은 그것이 아무리 즐겁고 이로운 것이라 해도 피상적인 환상에 불과하다는 점을 말한다.

버크는 다음 구절에서 판단의 도구로서 편견이 지닌 가치를 다시 이야기한다.

> 이성을 갖춘 편견에는 그 이성을 행동에 옮기게 하는 동기와, 이성에 영속성을 부여하는 감정이 있다. 편견은 위급한 상황에서 용이하게 적용할 수 있다. 편견은 평소에는 사람의 마음을 지혜와 덕성이라는 안정된 길로 가게 하다가 회의가 들고 당황해 결정을 내리지 못하는 중요한 순간 허둥대지 않도록 해준다.[106]

편견이 이성을 행동에 옮기게 한다고 했을 때, 버크가 의미한 바는 편견이 우리를 현명한 행동으로 향하게 만든다는 것이었다. 그렇지만 그는 편견 자체가 현명한 행동이 무엇인지 알려 주지는 않는다고 보았다.

그는 편견의 부가적 이익 두 가지를 이야기한다. 이 두 가지 모두 편견이 지닌 본유적 가치가 아니라 편견의 유용성을 말하고 있다. 첫째, 편견은 "사람의 마음을 지혜와 덕성이라는 안정된 길로 가게 한다".[107] 사람에 따라 이 주장을 편견이 지혜와 덕성에 필요한 조건이라고 해석할 수도 있으나, 다르게 보면 편견은 단지 지혜와 덕성의 외적 형식일 뿐 그 내용은 편견 이외의 다른 원천에서 배워 와야 하는 것으로 해석할 수 있다. 후자의 해석이 버크의 전체적인 입장, 특히 "편견은 한 사람의 덕성을 그의 습관이 되도록 만든다"는 주장과 더 일치한다.[108] (이 주장에 따르면 사람은 덕성을 먼저 배운 뒤 그것과 별개로 덕성을 자신의 습관으로 만든다. 그리고 버크의 설명에 따르면 편견은, 덕성을 배우는 첫 번째 단계가 아니라 덕성을 "자신의 습관으로 만드는" 두 번째 단계에서 그 역할을 발휘한다.) 편견에 대한 이러한 도구적 옹호는 애덤 스미스가 습관과 관습의 중요성을 강조했던 것을 떠올리게 한다. 앞에서 본 것처럼 스미스는 습관과 관습을 단순한 편견으로 폄하하면서도, 공평한 관찰자의 비관여적인 관점에서 도출된 덕성을 함양하게 해주는 습관과 관습이라면 옹호하는 입장이다. 버크도 이와 유사한 점에서 편견을 옹호하는 듯 보인다.

둘째, 버크는 "회의가 들고 당황해 결정을 내리지 못하는 중요한 순간에 편견은 우리가 허둥대지 않도록 해준다"고 말한다.[109] 편견은 결정력을 키워 준다. 그러나 결정력이 곧 지혜나 훌륭한 판단을 의미하는 것은 아니다. 그리고 적절한 결정이란 오직 그것을 통해 현명하고 선한 무엇을 생각해 낼 때만 이로운 것이 된다. 여기서 다시 버크는 편견이란 건전한 이성을 이성답게 만들어 주는 관점이 아니라, 단지 그것의 보조물에 불과하다고 본다.

버크의 공리주의적 편견 옹호는 '교회 편견'에 대한 논의에서 구체적인 모습을 드러낸다. 버크는 교회 제도가 "이성이 결여된 편견이 아니라 심오하고 광범위한 지혜를 그 안에 지니고 있다"고 말한다.[110] 이 주장은 교회가 참된 가르침을 제공하고 있으며 기독교적 삶의 방식이 어떤 본유적 선^善을 구현할 뿐 아니라 세상에 대한 의미 있는 관점을 제공해 준다는 뜻으로 해석하기 쉽다. 그러나 사실 버크가 의도한 바는 이런 것이 전혀 아니었다. 버크가 교회의 '이성'이라고 했을 때, 그것은 "종교는 시민사회의 기반이이며 모든 선과 안락의 원천이라는" 의미일 뿐이었다.[111]

신실한 신앙인이라면 버크의 다음과 같은 교회 옹호에 모욕감을 느낄지도 모른다. "영국인에게는 시대의 흐름과 함께 인간 정신의 축적된 불합리성을 더 굳어지게 만드는 미신이라는 녹^{rust}이 존재하지 않는다. 영국 사람 100명 중 99명은 축적된 그러한 불합리성을 불경건보다 더 선호하지 않을 것이다."[112] 이처럼 버크는 신실함을 불합리한 미신으로 여기면서도 사회에 이롭다는 점에서 그것을 옹호한다.

버크가 '교회 편견'이 지닌 '이성'으로 든 다음 사례들을 살펴보면 그가 의미하는 '이성'이 사회적 유용성을 의미한다는 점을 알 수 있다. 교회에 대한 버크의 옹호는 시민 종교를 옹호하는 일련의 익숙한 주장과 상응한다. 그의 주장 어디에도 교회의 가르침이 진리라거나 기독교적 삶의 방식이 세상에 대한 현명한 관점을 제공한다는 식의 주장은 없다. **첫째**, 교회는 자유 시민들 사이에 신에 대한 외경심을 고취하는 데 필요하다.[113] 버크는 키케로^{Cicero}의 주장을 언급하면서 "시민은 신이 만물의 지배자이자 주인이라는 사실, 모든 행위는 신의 결정과 권위에 의해 행해져야 한다는 사실, 그리고 무엇보다 신은 인류에 대한 위대한 은인이며 각각의 사람이 어떠한 사람인지 관찰하고 있다…… 이러한 사실을 주입받은 사람은 확실히 진실하고 건전한 사상에서 벗어나지 않는다"고 한다.[114] **둘째**, 국가를 신성하게 만드는 교회는 통치자들에게 "신뢰

가운데 행동해야 한다"는 생각을 불어넣는다. 다시 말해 통치자 개인의 의지가 옳고 그름의 기준이 될 수 없다는 것이다.[115] **셋째**, 교회는 "대중의 희망에 자양분을 공급한다". 가장 가난한 사람도 "교회 안에서 자신의 중요성과 위엄을 발견할 수 있다".[116] **넷째**, 교회는 부자들의 자만과 야망을 겸양과 덕성이라는 밧줄로 묶어 그들을 겸손하게 만든다.[117] 마지막 **다섯째**, 국가를 신성하게 만드는 교회는 안정을 이루어 낸다. 버크는 국가를 경외하는 사람은 "함부로 국가의 결점이나 부패를 들추어 내기보다 신중하게 그것에 접근한다"고 말한다. 이렇게 교회는 변하기 쉬운 변덕스러움이라는 악덕을 미연에 막아 준다. 버크는 "변덕스러움이라는 악덕은 완고함이라는 악덕보다 천 배나 나쁜 것이며, 최악의 편견"이라고 말한다.[118]

교회의 '이성'에 대한 버크의 주장은 모두 그것이 가진 사회적 유용성을 중심으로 전개되고 있다. 버크는 교회가 어떤 본유적 의미를 갖고 있거나 세계에 관한 특별한 관점을 제공하는 것으로 보지 않는다. 그래서 교회를 보존하는 것이 반드시 필요한 일이라고 여기지도 않는다. 원칙적으로 버크는 교회 제도가 주는 이익을 교회 이외의 다른 곳에서도 거둬들일 수 있다고 보았다. 버크는 이것이 실제로 가능하다고 여기지는 않았지만 교회를 대체할 수 있는 기관, 교회와 동등한 효과를 발휘하는 기관이 존재할 수 있다는 가능성을 완전히 배제하지는 않았다. 그가 프랑스 혁명가들을 비판한 것은 단지 그들이 종교를 폐기했기 때문이 아니었다. 그것은 혁명가들이 종교의 '자리'에 둘 수 있는 무언가를 제시하지 않은 채 "인간의 자연스러운 평가 도구 natural human means of estimation" 인 종교를 폐기했다는 점에서였다.[119]

버크가 교회 이성을 옹호하는 주장을 살펴보면 그가 편견 일반에 내재한 이성을 어떤 의미로 이해했는지 알 수 있다. 편견이 가지고 있는 '이성'이란 그것의 본유적 가치나 통찰이 아니라 그 유용성을 가리킨다. 이런 의미에서 버크는 이성과 편견의 구분을 인정한다. 그에 따르면 편견이 이성에 '행동을 부여하는 동기가 될 수는 있지만' 원칙적으로 이 둘은 서로 별개다. 버크는 일종의 패러다임 전환을 시도하는 것이 아니라 편견에 대한 반박을 그 틀 안에서 바로잡고자 한다. 특히 버크는, 미신을 참된 정의의 원칙과 대조되는 경솔하고 무용하며 부담스러운 것으로 보는 흄의 가정에 도전한다. 흄은 정의의 원칙이 인류의 행복에 절대적으로 필요한 조건이라고 보았다.[120] 반면 버크는 전통적 제도들이 원칙에서는 미신의 냄새를 풍길 수도 있지만 이 때문에 정치가가 공공의 이익에 필요한 자원을 미신에서 가져오는 일이 방해받아서는 안 된다고 본다.[121]

이어서 버크는 정치가는 편견을 자신의 '도구'로 사용한다고 말한다.

> 정치가가 위대한 일을 행하기 위해서는 노동자들이 지렛대라고 부르는 힘이 필요하다. 그리고 만일 정치가가 힘을 얻으면, 역학力學에서와 마찬가지로 정치에서도, 그가 그것을 어떻게 사용해야 하는지 몰라 쩔쩔 매는 일은 없을 것이다. 내 생각엔 정치적 자비심의 메커니즘을 작동시키는 데 필요한 거대한 힘을 수도원 제도에서 찾을 수 있을 것 같다.[122]

일꾼이 머릿속에 그리는 형상을 만들기 위해 자신의 힘, 즉 지렛대를 이용하는 것과 마찬가지로 정치가는 사회의 편견을 이용해 '정치적 자비심'을 강화시킨다.

충격적인 구절을 통해 버크는 정치가가 편견을(특히 수도원 제도를) 신중하게 다루어야 한다고 보았으며 이것을 과학자가 자연을 정복하는 것에 비유했다. 그는 전통이 인간이 만든 창조물인 동시에, 그것이 특별한 이로움을 주려면 적어도 현명한 정치가에 의해 '길들여지고' 쓸모 있는 것으로 만들어져야 한다고 본다. 버크가 현명하지 못한 정치가들, 즉 혁명가들을 비난하는 것은 그들이 전통을 현명하게 다루지 못하고 오히려 파괴하기 때문이다.

> 인간 정신의 왕성한 생산력에 따라 야성으로 자라나는 힘을 어떤 것이라도 파괴하는 행위는 물질세계에서 물체의 분명한 활동 속성을 파괴하는 짓을 도덕 세계에서 하는 것과 같다…… 이 에너지는 자연 속에 항상 존재했던 것으로, 언제나 인식이 가능했다. 실제적 기술이 결합된 관조적 능력을 통해 이 에너지가 지닌 야성을 길들이기 전까지 이 에너지 중 어떤 것은 쓸모없고 어떤 것은 유해하며 또 어떤 것은 아이들 장난보다 나을 것이 없었다. 그리고 그것을 사용 가능하게 만들고, 인간의 위대한 견해와 설계에 복종하는 가장 강력하고 다루기 쉬운 대리자로 만들기 전까지 이 에너지들은 쓸모없고 유해하며 아이들 장난과 마찬가지였다…… 당신은 수도승을 연금 수령자로 만드는 것 외에 사람을 이용하는 방법을 갖고 있지 않은가? ……자신들의 직업을 충분히 이해하지 못한 정치가들은 자신이 가진 도구를 팔아넘겨 버렸다.[123]

수도원 제도가 인간 정신의 왕성한 생산력을 갖고 있었다가 야생적으로 변해 버렸다는 버크의 주장은 전통, 그리고 넓은 의미에서, 사회적 세계The Social World가 인간 주체의 창조물이라는 그의 견해를 그대로 보여 준다. 사회는 인간이 그것에 부여한 가치 이상의 어떤 의미도 구현하지 않는다. 버크가 프랑스 혁명가들을 비난하는 것은 그들이 본질적으로 의미 있는 제도를 파괴하기 때문이 아니다. 그들이 '자신들이 가진 도구를 팔아넘겼기' 때문이다. 버크는 전통이 자연력과 마찬가지로 아무 짝에도 쓸모가 없는 유해한 것이 될 수 있다고 본다. 그러나 정치가의 '관조적 능력'과 '실천적 기술'을 통해—버크는 다른 곳에서 이를 '정치적 이성'이라고 부른다—전통이 공공선에 기여할 수 있다고 본다.

버크는 편견을 신중하게 간직하고 있는 '정치적 이성'을 '정치적 형이상학'과 대비시킨다. 정치적 형이상학은 '인간의 권리'라는 명분을 내세워 편견을 거부한다. 그러나 한 가지 중요한 의미에서 버크가 칭송하는 정치적 이성은 그가 거부하는 정치적 형이상학과 겹치는 부분이 있다. 버크에 따르면 두 가지 모두 전통의 바깥에서 작동한다는 것이다. 분명히, 현명한 정치가의 정치적 이성은 역사와 전통이 주는 교훈에 근거해야 한다. 역사와 전통은 우리를 가르치기 위해 펼쳐 놓은 위대한 서적이다. 역사와 전통은 인간의 일정한 경향성과 충성의 근원을 드러내 보여 준다.[124] 그러나 정치가가 전통에 새겨진 '역사라는 위대한 서적'에 의탁한다고 해서 그의 존재가 전통의 '관점'에 영향을 받아야 한다는 뜻은 아니다. 버크에 따르면 정치가는 자신이 공부하는 책의 범위 안에서 살지 않는다. 적어도 그는 그 책을 권위의 원천으로 받아들이지 않는다. 정치가는 자기 시대의 전통을 넘어 비상飛翔한다. 전통은 그저 공공선을 위해 길들여야 하고 활용해야 하는 단순한 미신에 지나지 않는다. 정치가는 자신의 비관여적 이성을 가지고 전통의 '외부에서' 전통에 대한 작업을 시도해야 한다. 그는 과거의 편견을 자신의 설계안대로 주조하기 위해 그것에 숙달해야 한다.

요약하자면 버크는 편견에 대한 동경에 찬 칭찬의 노래를 부르는 것과, 편견의 사회적 유용성을 옹호하는 것 사이를 왔다 갔다 한다. 그에 따르면 편견은 벌거벗은 채 떨고 있는 우리 본성의 결함을 가려 주는 것 아니면, 인간의 위대한 견해와 설계에 복종하는 신중함의 도구이다. 그러나 이 중 어느 경우도 편견이 정치적 숙고와 판단을 돕는 관점은 아닌 것이다.

02

정황적 이해의
옹호

하이데거의 세계-내-존재

The Place of
PREJUDICE

1장에서 보았듯이 오늘날 정치, 법률, 일상생활에서 발견되는 편견에 대한 의심의 눈초리는 17세기의 자연철학에서 탄생해 계몽시대에 만개한 더 큰 사고방식의 연장이다. 이 사고방식에 따르면 실재를 알기 위해서는, 혹은 우리가 지닌 동기를 비판적으로 평가하기 위해서는 우리가 처한 삶의 환경과 일정한 거리를 두고 물러서야 한다. 우리는 전통, 습관, 관습, 교육에 의해 형성된 관점에서 벗어나야 한다. 다시 말해 우리는 일체의 편견을 마음에서 몰아내고, 우리의 신념과 동기의 유효성을 증명하기 위한 방법론으로서 스스로의 이성을 사용해야 한다.

그러나 하이데거는 이런 사고방식에 반기를 든다. 그는 우리가 세상을 아는 가장 기본적인 방식이 자신의 생각과 그 근원에 대한 자기 의식적 검토라고 보지 않는다. 하이데거는 우리가 세상에 대해 관여적으로 관계 맺음을 통해 세상을 알게 된다고 본다. 즉 삶의 현장에서 무언가를 만들고 그것을 활용하면서 특정 역할을 수행해 나갈 때 세상을 알게 된다는 것이다.[1] 이러한 '지식'은 주체가 객체에 대해 거리를 둔 채 그것과 관계 맺는 것이 아니다. 이것은 실천적인 지식으로 자신에 대한 지식이기도 하다. 이 지식은 사물을 다루는 법과 적절하게 사용하는 법,

그리고 자신의 일상 활동을 수행하는 법에 대한 인식을 포함한다. 하이데거는 우리가 일상생활에서 다루는 도구들, 예컨대 망치나 신발은 "세계를 이론적으로 인식하기 위한 사물이 아니라고" 본다.[2] 더욱이 우리가 도구를 능숙하게 사용하는 한, 그것들은 우리의 의식에 '현전하는present' 사물로 나타나지 않는다. 하이데거가 주목하는, 경험의 기이하고도 친숙한 특징이 한 가지 있다. 그것은 우리가 작업을 시작하면 우리가 사용하는 도구들은 우리의 지각과 인지 영역에서 완전히 '사라진다'는 것이다. "이때 도구는 말하자면 매우 참되게 '손안에 있기' 위해 뒤로 물러나야 한다."[3] 참여적 활동 속에서 우리는 세계를, 우리가 반성하고 의심하며 단언하는 대상들의 집합이 아니라 우리 자신과 연속되어 있는 무엇으로 생각한다. 참여적 활동 속에 있을 때 우리가 사용하는 도구들이 뒤로 물러남과 동시에 우리의 자기의식도 뒤로 물러난다. 나의 행동과 대비되는 것으로서 '나'라는 생각은 내가 행하는 작업 속에서 용해된다.

우리의 활동이 지닌 기본적 특성인 자기의식이 사라지는 현상은 하이데거가 특별히 인간을 가리킬 때 사용한 **현존재**現存在라는 용어를 설명해 준다. 하이데거가 현존재라는 용어를 사용한 것은 인간의 삶을 '주체성, 내면 의식, 인지' 같은 것으로 규정하는 견해를 거부하기 위함이었다. 현존재, 즉 Da-sein을 문자 그대로 옮기면 '거기에Da 있다sein'라는 뜻이다. 그런데 여기서 하이데거가 말하는 '거기'란 물리적 위치가 아니라 상황을 가리키는 것으로 보아야 한다. 이렇듯 '현존재'라는 단어는 인간이 자기가 수행하는 행동에 의해 규정되는 존재, 자신이 처한 상황에 의해, 그리고 궁극적으로 자신이 처한 포괄적 상황, 즉 '삶의 환경'에 의해 규정되는 존재라는 의미를 담고 있다. 그리고 인간이 처한 포괄적 상황, 즉 삶의 환경을 하이데거는 '세계'라는 말로 칭한다.

그런데 '현존재'라는 말이 한 사람의 개인적 정체성을 그가 처한 상황, 즉 '세계'와 분리시켜서 생각할 수 없다는 것을 가리킨다 하더라도 그것이 곧 개인적 정체성이 문화적 틀의 산물이라는 뜻은 아니다. 각각의 모든 경우에서 '현존재'는 맥락을 만들어 가는 데 참여하는 개인이며, 그 존재가 다른 누구와도 같지 않은 개인이다. 이렇듯 현존재가 사는 세계, 즉 그가 존재하는 기반이 되는 세계는, 그의 외부에서 그에게 작용을 가하는 일련의 사회적 영향력을 가리키는 것이 아니다. 다시 말해 자기만의 내면적 삶, 혹은 자기만의 심리적·생물적 경향성을 지닌 '현존재'라 불리는 개체가 일정한 사회적 형판型板에 의해 각인되거나 복잡한 일련의 영향력에 의해 주조鑄造되는 것이 아니란 뜻이다. 현존재는 그 자체로 그가 사는 '세계'이며, 현존재가 사는 세계는 언제나 현존재 자신의 세계이다.

현존재가 사는 세계를 '사회적 맥락'과 같은 것으로 이해하기 쉬우나 실은 그렇지 않다. 현존재가 사는 세계는 일종의 살아 있는 혹은 살아내는 '이야기'와 비슷하다는 점을 상기하면 좋다. 현존재는 그 이야기를 만들어 가는 자인 동시에 그것을 살아내는 자이다.⁴ 세계에 대한 이러한 인식은 '의미', '숙명', '운명' 등을 핵심 용어로 하는 하이데거의 설명과도 잘 통한다. 그런데 세계를 일종의 이야기로 파악하는 이러한 인식은 무엇보다 내가 옹호하고자 하는 '상황'의 의미를 잘 포착하고 있다. 사회적 맥락이나 일련의 불합리한 영향력과 달리 이야기에는 하나의 핵심이 있다. 이야기는 언제나 무언가에 '관한' 것이다. 다시 말해 이야기는 언제나 일정한 정신moral―아무리 진부하거나 심오한 것이라도―을 가지고 있다. 또 이야기에는 언제나 그 이야기를 이끌어 나가는 주인공이 있다. 예컨대 아킬레스의 행동을 통해서만 『일리아드Iliad』라는 작품이 존재할 수 있다. 그런데 그와 동시에, 주인공이 자신의 본래 모습이 되는 것은 오직 이야기를 통해서다. 아킬레스가 없다면 『일리아드』라는 작품이 존재할 수 없는 것과 마찬가지로, 전체로서의 아킬레스에 관한 이야기가 없다면 아킬레스 자신도 존재할 수 없다. 아킬레스가 등장하는 것과 동시에 『일리아드』도 등장한다. 우리는 현존재가 사는 세계를 이런 방식으로 이해할 수 있다.

그런데 세계는 스토리라인이 일정한 결말로 완결되는 보통의 이야기와 달리 결말이 열려 있는 이야기라고 할 수 있다. 현존재는 세계라는 이야기를 살아내는 자인 동시에 그것을 지어 내는 자이다. 그는 결코 세계라는 이야기를 쓰기를 멈추지 않는다. 아니, 멈출 수 있는 선택권이 없다. 이러한 선택권 부재는 그 자체로 현존재가 사는 세계라는 이야기가 갖는 핵심적 차원이다. 선택권이 없다는 사실이 **인간의 행위**human agency에 어떤 함의를 갖는가는 매우 중요한 물음이다. 이 지점에서 우리는 이렇게 말할 수 있다. 현존재가 자기의 운명을 겪는 경험자이자 동시에 운명을 만들어 가는 저자라는 사실은―그리고 영원히 그러하다는 사실은―인간의 행위가 수동적 차원과 능동적 차원을 함께 지녔음을 의미한다. 하이데거는 이 두 차원을 가리키기 위해 특정한 용어를 사용하는데, 수동적 차원을 **던져짐**thrownness(피투성), 능동적 차원을 **던짐**projection(기투성)으로 부른다. 현존재의 행위가 존재하는 지점이 바로 이 **던져진-던짐**이다. 나는 2장 후반부에서 던져진-던짐에 대한 해석을 통해 '정황적 자유'라는 개념을 전개하고자 한다.

일종의 이야기로서 세계가 갖는 **두 번째** 핵심적 특징은 '등장인물들' 사이의 차이에 관한 것이다. 각각의 모든 경우에 현존재는 자기만의 방식으로 세계를 경험하는 자인 동시에 세계를 창조하는 자이다. 하이데거는 현존재가 일치(동조)로 나아가는 경향성을 지녔다는 것을 인정하면서도 모든 인간은 다른 어떤 인간과도 동일하지 않다고 주장한다. 그러나 '우리는 누구나 동일한 세계에 의해 규정받는다'. 이때 인간의 삶이 서로 차이를 가지면서도 동일하다는 말의 의미를 파악하기가 쉽지 않다. 이를 특히 어렵게 만드는 것이 각각의 모든 경우에 현존재는 완전히 동일한 동시에 서로 완전히 다르다고 말하는 하이데거의 주장이다! 이것은 당신과 나, 그리고 옆집에 사는 남자가 어떤 면에서는 서로 다르고 어떤 면에서는 적어도 하나의(혹은 일련의) 공통된 특질을 가지고 있을 수 있다는 의미가 아니다. 각각의 모든 경우에 현존재는 전체로서의 자기 정체성 안에 머물고 있으며, 그 정체성은 다른 어떤 현존재의 정체성과도 다르면서 동시에 그것과 동일하다.

언뜻 모순으로 보이는 이 말을 어떻게 이해하면 좋을까? 우리는 세계는 현존재가 살아내는 이야기라는 인식에서 이에 대한 잠정적 해답을 찾을 수 있다. 각각의 모든 경우에 현존재는 동일한 이야기를 고유하게 경험하는 자인 동시에 그것을 창조하는 자이다. 소설, 연극, 영화에 나타나는 이야기를 예로 들어 보자. 이야기에 등장하는 각각의 인물은 표면적으로는 서로 다르다. 그러나 각 인물이 동일하다고 말할 수 있다면 그것은 각 인물의 정체성이 동일한 '**정신**', 동일한 통일체 혹은 의미, 동일한 전체의 일부라는 점에서다. 이야기 속 특정 인물의 정체성을 드러내려면, 다시 말해 그 인물의 독특한 점을 말하려면 그가 전체 이야기와 어떻게 맞물리고 있는지 말해야 한다. 그리고 그 밖의 다른 인물들에 대해서도 이런 작업을 수행한다면 하나의 이야기에 여러 가지 버전이 존재하게 된다. 이와 비슷하게 현존재도 각각의 모든 경우, 동일한 동시에 서로 다르다. 각각의 구체적 현존재는 동일한 세계를 그 나름대로 반영한 것이다.

그러나 보통의 이야기와 현존재가 사는 세계 사이에는 핵심적인 차이가 존재하는데, 그것은 보통의 이야기가 말미에 이르러 일정한 결말로 '완결되는', 그리하여 인물들 사이의 분명한 구분을 드러내는 데 반해 현존재의 세계는 결말이 열려 있으며, 등장인물들 사이의 구분 역시 열어 두고 있다는 점이다. 다시 말해 현존재의 세계에서는 인물들 사이의 관계, 즉 수많은 구체적 현존재들 사이의 동일성과 차이점이 결코 고정되어 있지 않다는 것이다. 그런데 하나의 구체적 현존재가 다른 구체적 현존재와 얼마나 '공통되는가' 하는 것이 언제나 문제가 된다. 이 문제는 인간 공동체를 불안정한 토대에 올려놓는 것일 수도 있지만 공유하는 토대를 위한 가능성을 열어 두는 것이기도 하다. 공유하는 토대는 주어지는 것이기도 하면서 달성하는 것이기도 하다. 처음부터 연대를 보장하는 것은 없지만, 그렇다고 연대에 본래적인 한계가 존재하는 것도 아니다.

'살아내는 이야기'로서의 세계 개념은 우리가 익히 아는 해석에서 파생되어 나왔다. 이 해석에 따르면 세계는 궁극의 지점이 존재하지 않는 실천들의 관계망이다. 표트르 호프만이 현존재의 실존이 지닌 "철저한 우연성과 토대 없음groundlessness"에 관해 말했을 때 그는 이런 견해를 표명한 것이다.[5] 리처드 폴트 Richard Polt가 세계를 '선택의 집합체 complex of options'라고 칭했을 때도 이런 의미였다(그러나 그는 세계를 '의미의 영역 sphere of meaning'으로 해석함으로써 자신이 세계를 이야기로 파악하는지 아니면 무질서한 실행의 관계망으로 파악하는지, 모호한 여지를 남겼다).[6]

아마도 '우발성' 견해를 가장 분명하게 드러낸 예는 휴버트 L. 드레이퍼스 Hubert L. Dreyfus의 '세계-내-존재 Being-in-the-World'에 관한 언급일 것이다.[7] 그의 주석은 내가 하이데거를 이해하는 데 도움이 되었다. 특히 현존재가 자기의식적인 주관이 아니라는 것을 알게 된 것은 드레이퍼스 덕분이었다. 그는 하이데거가 말한 실제적이고 관여적인 앎이, 주관이 객관과 관계 맺음으로써 얻어지는 앎과는 다른 것이라는 점을 밝힌다.[8]

그러나 드레이퍼스의 분석은, 다양한 영역에서 드러나는 현존재의 실천 이성이 운명으로서의 세계와 떼려야 뗄 수 없는 포괄적인 의미의 이성을 의미한다는 점을 간과하고 있다. 드레이퍼스가 말하는 보다 큰 전체는 특정 상황에 적절한 처리가 일어나도록 만드는 전체 배경에 지나지 않는다.[9] 그의 전체론적 배경 holistic background 개념은 어떤 궁극의 의미도 갖지 않는다. 그는 결국 "인간은 '문화적' 해석의 결과물"이라거나 현존재는 "수동적으로 형성된다"고 언명하기에 이른다.[10]

그런데 '문화'라는 용어는 하이데거의 세계 개념을 이해하려는 시도로 해석자들이 자주 거론하는 용어지만 오해의 소지가 다분하다. 그 한 예가 리처드 폴트인데, 그의 주장은 하이데거에 따르면 "개인의 선택은 특정 '문화'에서 이용 가능한 가능성들에 의존하고 있다"는 것이다.[11] 여기서 '문화'란 용어가 자칫 개인의 고유한 행위 양식과 대비되는 집단적이고 규범화된 관습적 행위 양식을 의미할 수 있다는 점에서 오해의 소지가 있다. 그러나 이렇게 하이데거의 사상에 '문화'를 집어 넣는 것은 정작 하이데거가 도전하려 했던 바로 그 세계관—자아는 비개인적이고 사회적(혹은 문화적)인 선택지에 의해 제약을 받는 상태에서 선택을 내린다는 세계관—을 주장하는 것이다. 하이데거가 말하는 현존재란 세계, 사회, 문화라는 또 다른 실체와 맞닥뜨린 '자아'를 의미하지 않는다. 어떤 의미에서 현존재는 그가 거주하는 세계 자체다. 그리고 현존재가 거주하는 세계란 곧 목표와 목적의 총체, 살아내는 이야기lived story로서 일관되는 총체이다. 하이데거 자신이 '문화'라는 말을 사용하는 경우는 별로 없었다. 사실 세계 개념을 설명할 때 그는 오히려 '문화'라는 말을 삼간다. 그는 문화라는 말 대신 현존재가 '그것을 위하여' 존재하는 특정 목표와 실행에 대해 이야기한다. 이 특정 목표와 실행은 궁극적으로 숙명Schicksal이나 운명Geschick을 가리킨다. 이런 식으로 하이데거는 세계란 우리에게 익숙한 '문화'나 '시대정신' 등의 개념으로 환원될 수 없음을 상기시킨다. 세계는 확실히 '문화'나 '시대정신'의 영향을 받지만, 결코 그것들에 의해 완벽하게 규정되는 것은 아니라는 말이다.

'문화'와 관련해 드레이퍼스가 드러내고자 하는 우연성의 의미는 다음 구절에서 분명히 표현되고 있다.

인간은 철저히 해석의 산물이다. 그렇기에 인간의 실천은 결코 인간의 본성, 신의 의지, 합리성이라는 구조에 근거하지 못한다. 뿐만 아니라 이러한 인간의 조건은 '철저히 뿌리 없음 상태radical rootlessness'로서 모든 사람이 근본적으로 불안정하다고 느낀다. 인간은 세계 속에

서 결코 고향에 있는 것처럼 마음 편하게 존재할 수 없다는 것을 모든 사람이 느끼고 있다.[12]

이 구절에서 드레이퍼스는 하이데거의 중요한 '불안정unheimlich' 견해를 '철저히 뿌리 없음' 상태와 동일한 것으로 파악하는데, 내가 알기로 하이데거는 '철저히 뿌리 없음'이란 표현을 사용한 적이 없다. 그 표현은 자신의 운명을 온전히 떠안는 인간 삶의 '던져진' 차원을 제대로 설명하지 못한다. 내가 보기에, 던져짐에 비추어 이해할 때 '불안정', '고향에 있지 않음' 같은 표현은 (던져지는 것이 아니라) 오히려 능동적으로 던지는, 즉 인간 삶의 적극적이고 초월적인 개념으로 이해되어야 한다. 즉 인간의 본성은 언제나 자신을 초월하고 있으며, 우리에게는 우리가 알 수 있는 것보다 더 많은 것이 존재하고 있다는 것이다.[13] 하이데거는 인간의 삶에는 결말이 열려 있다는 점을 강조하지만 이것이 우연성이나 철저히 뿌리 없는 상태를 의미하는 것은 아니다. 드레이퍼스의 '우연성' 견해는 자칫 하이데거를, 삶에는 어떠한 근거도 지침도 존재하지 않는다고 믿는 일종의 허무주의적 탕아로 만들어 버릴 소지가 있다.[14] 드레이퍼스는 자신의 설명에서, 사회적 관행에 대한 하이데거의 이해를, 사회적 관행을 단지 편견으로 치부하고 마는 견해와 유사하다고 본다. 하이데거가 사용한 핵심 용어와 동떨어진 이러한 해석은 현대 사상에서 '편견에 대한 편견'이 커다란 영향력을 발휘하고 있음을 보여준다.

세계를 일련의 우연적 관행으로 파악하는 것은 인간이 의미 있는 방식으로 자신의 행동과 세계에 대해 설명할 수 있다는 기본적인 사실을 간과하는 것이다.[15] 드레이퍼스는 "하나의 실행이 그 사람의 (일반적) 행동에 의해 설명되었다면 기본적인 설명은 더 이상 가능하지 않다"고 말한다.[16] 그러나 그는 다른 대안을 인식하지 못하고 있다. 그것은 우리가 관습이나 문화라는 일반적 관행에 의존하지 않은 채, 전체로서의 나의 삶이라는 서사 안에서 그 실천을 이해하는 이야기를 만들어 갈 수 있다는 사실이다. 그 이야기는 왜 그 실천이 필요한지, 왜 그 실천이 나의 정체성에 반드시 필요한지, 또 왜 다른 사람들도 어쩌면 그 실천을 채택해야 하는지 설명해 준다. 물론 그 이야기가 그 실천의 의미를 모조리 드러내거나 일회적, 확정적으로 그것을 정당화시키지 못할 수도 있다. 그러나 그러한 이야기를 만들 수 있다는 사실 자체가 우리의 실천이 단지 우발적인 것은 아니란 점을 의미한다. 우리의 실천은 세계의 일부로서—아무리 베일에 가려 있고 다함이 없다 해도 이해 가능한 전체를 향해 손짓하고 있는 세계의 일부로서—일관성을 갖는다.

현존재가 언제나, 내가 살아내는 이야기라는 점에서, 그리고 나의 이야기는 다른 누구의 이야기와도 같지 않다는 점에서 현존재는 "어떤 경우라도 나의 것"이다. 그리고 이런 이유로 우리는 현존재를 언급할 때 언제나 '인칭' 대명사를 사용해야 한다. '나는 ~이다' 혹은 '당신은 ~이다'처럼 말이다.[17] 그러나 하이데거가 주장하듯이, 우리는 인칭 대명사가 외부 세계와 대비되는 것으로서 고정된 내면적 자기를 가리킨다고 생각해서는 안 된다. 하이데거는 개인성 혹은 자기 소유감^{self-possession}을, 자기 주변에서 일어나는 일로부터 차단되어 있는 내면의 삶과 동일시하는 것은(이것은 데카르트에서부터 시작되었다) 현대 사상의 편벽된 사고방식이라고 지적한다. 우리가 '나'라고 부르는 것은 '의식이 보관되어 있는 방'을 가리키는 것이 아니다. 실제로 살아가는 방식을 통해 드러난 자신을 '나'라고 한다.[18] 물론 현존재가 명료한 자기반성을 할수는 있지만, 그리고 그것이 현존재의 삶을 일정한 방식으로 풍요롭게 만들어 줄 수는 있지만 그것(명료한 자기반성)이 곧 현존재의 정체성이나 자기 소유감을 구성하는 요소는 아니다. 하이데거는 자기의식적 반성 활동을 하고 있지 않은 순간에도 내 삶은 원칙적으로 '나 됨[who I am]'의 참된 표현일 수 있다고 말한다.

삶에 몰입한다는 것이 반드시 자기의식이나 자기인지를 수반하는 것은 아니지만, 그렇다고 그것이 그저 기계적인 행동이거나 단순한 충동 혹은 주변 환경에 대한 맹목적인 동화는 아니다. 우리가 그렇게 생각하는 것은 비관여적인 이론적 반성만이 유일한 "인식" 혹은 "이성"이라고 여기기 때문이다. 그렇기에 우리는 실제적 활동을 "전망을 제시하지 못한다는 의미에서 비非이론적인" 성격을 지녔다고 생각한다.[19] 그러나 사물을 다루는 우리의 능력은 '그 나름의 앎'을 지니고 있다.[20] 그것이 바로 정황적 이해다. 하이데거가 말하는 세계-내-존재가 지닌 가장 기본적인 앎의 양식도 바로 이러한 정황적 이해다. 세계-내-존재를 분석하면서 나의 목표는 이러한 정황적 이해 개념을 밝힘으로써 판단에서 '편견'이 갖는 의미를 드러내는 것이다.

일반적으로 세계-내-존재[Being-in-the-World]란 전체로서의 삶에 대한 현존재의 실천적 이해를 가리킨다. 여기서 '내-존재[Being-in]'라는 표현은 '상황 속에 존재한다'는 의미로 해석되어야 한다. 그리고 '세계[World]'란 현존재가 처한, 있는 그대로의 상황, 즉 현존재가 거기에 관여하고 있으며 하나의 운명으로서 일관하는 관행의 총체를 말한다. 세계-내-존재에 대해 구체적으로 설명함으로써 어떤 세계에 대해서든 그에 대한 가능한 이해의 조건으로서, 혹은 세계와 관계 맺는―이론적 관계든 실천적 관계든―조건으로서 세계-내-존재를 드러내는 것이 하이데거의 야심찬 계획이었다. 이런 의미에서 하이데거는 세계-내-존재가 인간 실존의 가장 기본적인 혹은 근본적인 양식임을 보여 주고자 한다. 세계-내-존재는 여러 가능성 가운데 하나가 아니다. 그것은 우리가 어느때는 '세계 속에' 있다가 또 어느 때는 그와 다른 방식으로(즉 '세계 밖에') 존재할 수 없는 것과 같은 이치다. 다시 말해 현존재는 결코 어떤때는 '내-존재'에서 벗어났다가 다른 때는 세계를 향해 '관계 맺는' 성향을 가진 개체가 아니다. 현존재가 세계를 향해 관계 맺을 수 있는 이유는 오직 현존재가 세계-내-존재이기 때문이다.[21] 하이데거는 이것이 비관여적 반성이라고 여기는 과학 연구를 비롯한 모든 관계에 적용된다는 것을 보인다. 하이데거는 베이컨과 데카르트가 인식에 이르는 유일하게 적법한 경로로 간주했던 것이 실은 좁은 의미에서의 의미, 즉 전체로서의 삶에 대한 실천적 이해 위에 '형성되는' 인식의 양식임을 드러내 보인다.[22]

지금부터 펼칠 하이데거 해석에서 나의 주된 목표는 세계-내-존재와 관련된 '정황적 이해' 개념을 명확하게 밝히는 것이다. 내가 말하는 '정황'과 '삶의 관점'이라는 말의 의미는 하이데거가 세계를 설명하는 부분에서 잘 드러난다. 세계-내-존재에 대한 해석의 일부로, 나는 세계-내-존재가 편견에 대한 **첫 번째** 반대 주장―즉 진리인 판단을 내리기 위해서는 비관여적 방식으로 판단해야 한다는 주장—을 어떻게 허물고 있는지 보이고자 한다. 하이데거는 대상에서 물러선 채로 자신의 신념과 동기를 평가하는 우리의 능력이 이미 삶에 대한 관여적 이해를 전제하고 있음을 보인다. 이로써 하이데거는 편견을 제거한(아니, 제거했다고 여기는) 관점도 실은 그 자체로 하나의 편견임을 드러낸다. 왜냐하면 편견을 제거했다고 여기는 관점 역시 엄연히 우리가 지닌 편견에 의해 탄생한 특정한 관점이기 때문이다.

나는 하이데거가 비관여적 반성이라는 이상을 허무는 과정을 보인 다음, 세계-내-존재에 대한 심도 깊은 분석을 통해 **정황적 행위**situated agency 개념을 도출하고자 한다. 정황적 행위 개념은 편견에 대한 **두 번째** 반대 주장, 즉 편견은 자유에 배치된다는 생각을 허문다. 내가 보기에 세계-내-존재는 일정한 자율성을 보유한 행위 개념을 이미 그 안에 가지고 있다.

나는 하이데거를 해석하면서 내가 옹호하는 편견 개념을 분명하게 밝혀 주는 방향으로 해석을 시도하고자 한다. 이 해석은 또한 정황적 행위라는 비전을 분명히 드러내는 동시에 하이데거의 사상을 '문화', '우연성', '뿌리 없음' 같은 왜곡된 언어에서 해방시켜 줄 것이다. 나는 주체 대 객체 혹은 개인 대 사회라는 도식에 의한 세계 설명에 의존하지 않은 채 하이데거 자신의 언어에 최대한 가까이 다가가고자 한다. 사실 주관 대 객관 혹은 개인 대 사회라는 도식은 철학 담론뿐 아니라 일상의 언어에도(대개는 우리가 인식하지 못한 채) 큰 영향을 미치고 있어, 그 영향력에서 벗어나는 것 자체가 결코 만만치 않은 작업이다.

유명한 하이데거 해석 가운데에도 현존재를 '주체'로, 세계를 '객체'로 잘못 해석하는 경우를 볼 수 있다. 예컨대 호프만에 따르면 "현존재가 역사적 공동체에 뿌리박은 자신을 드러내는 것은 오직 현존재 자신의 '주체성'을 심도 있게 탐구함으로써 가능하다"고 한다.[23] 또 폴트는 하이데거의 진리 기준에 관한 솜씨 좋은 요약문에서 '객관성'이란 말을 올바른 해석을 가리키는 말로 잘못 사용한다. 폴트는 이렇게 덧붙인다. "여기서 객관성은 편견이나 특정한 관점이 완전히 없는 상태를 말하는 것이 아니다. 진정한 객관성이란 스스로 발견한 바에 비추어 자신의 관점을 수정하려는 의지이다."[24] 그는 하이데거에게 편견이 진리와 배치되지 않는다는 점을 인정하면서도 여전히 올바름과 진리를 곧 객관성과 동일시하는 익숙한 방정식에 의존하고 있다. 이런 해석은 올바른 해석이 비관여적 반성의 대상과 반드시 합치하는 것은 아니라는 하이데거의 핵심 통찰을 모호하게 만든다.

주체-객체 도식의 세계 개념 vs 하이데거의 세계 해석

17세기 자연철학에서 탄생한 비관여적 반성의 이상은 세계에 관한 일정한 개념에 기초하고 있었다. 이 개념에 따르면 세계는 궁극적 목적이 아닌 우연적인 힘의 지배를 받는 무의미한 대상들의 집합체다. 세계는 합리성을 구현하지 않으며, 선과 아름다움을 드러내기 위해 존재하는 것도 아니다. 플라톤과 아리스토텔레스가 믿었던 것과 달리, 의미는 세계가 지닌 특성이 아니라 인간 주체의 마음에서 발생하는 것이다. 세계가 일관된 의미를 갖고 있다는 생각은 인간이 찾기를 '열렬히 바라는' 무언가를 사물에 던지는 것에 불과하다.[25]

이러한 관점은 자연 세계뿐 아니라 인간 사회에도 그대로 적용된다. 인간의 삶을 조직하는 실천들은 그 자체로 이성을 구현하고 있거나 본질적 성격을 지닌 것이 아니라고 보는 것이다. 그것들은 단지 관습에 불과하며 그 의미는 그것을 창조한 인간 주관에 달려 있다고 본다. 그렇게 생각하지 않으면 그것은 에드먼드 버크가 말한 '즐거운 환상'에 기만당하는 것이다.[26] 버크의 견해에 따르면 전통적 역할과 제도는 인간 정신의 소산이다. 그것은 습관과 관습에 의해 점점 자리를 잡음으로써 '문화'의 특징이 된다. 그리고 문화는 거기에서 태어난 개인들에게 정도의 차이는 있지만 인공적인 각인을 새긴다.

이렇게 하여 한편으로 (자연의 영역에서) 실재를 알 수 있는 유일한 도구로서, 그리고 한편으로 (사회적 영역에서) 어떻게 행동할지 결정하는 도구로서 비관여적 반성이라는 이상이 부상하게 된다. 베이컨이 말하듯이, 자연의 '참된 빛'을 이해하기 위해서 우리는 "아름답거나 위험하며 목적을 가진" 것으로 여겨지는 자연으로부터 일정한 거리를 두고 물러설 필요가 있다.[27] 우리는 자신의 희망과 욕망을 제어한 채 순전한 사실에 대해 합리적으로 검토해야 한다. 물론 '사실에 대한 합리적 검토'가 무엇을 의미하는지는 사상가들에 따라 달랐다. 베이컨에게는 신중한 실험과 귀납의 방법론이었고, 데카르트에게는 명석하고 판명한 제1원리를 발견하는 것이었다. 그런데 베이컨의 '경험론'과 데카르트의 '합리론'은 여러 면에서 다르긴 하지만 둘 다 주체-객체 구분에 기초하고 있다는 공통점이 있다. 두 사상 모두 세계를 '객관적으로' 알기 위해 주관적인 편견을 배제하고자 했던 것이다.

반면 하이데거는 이러한 주체-객체 구분에 도전했다. 그는 이런 식의 관점으로는 인간이 세계를 이해하고 세계와 관계 맺는 기본적인 방식을 제대로 파악할 수 없다고 생각했다. 세계를 안다는 것은 단지 사물을 바라보고 '저기 바깥에' 있는 사실들을 조사한 다음 인간의 정신 속에서 그것들을 처리하는 과정이 아니다. 그것은 세계에 '관여하는' 것이다. 다시 말해 세계를 안다는 것은 세계 속에서 자기가 가야 할 길을 알고, 여러 가지 것을 실제로 실천에 옮길 수 있는 능력까지를 의미하는 것이다. 하이데거에게 이해란 필연적으로 실천적인 차원을 가지고 있으며, 이것은 아리스토텔레스의 프로네시스(실천지實踐知)를 생각나게 한다. 하이데거에 따르면 세계는 인간이 자신의 정신을 가지고 조사하고 받아들이는, 의미 없는 객관들의 나열이 아니다. 세계는 인간이 겨냥하는 계획과 목적의 그물망으로 구성되어 있다. 오직 이런 세계─우리가 그 안에서 행동하고 실행하는 세계, 일정한 목적을 가진 세계─의 토대 위에서만 우리 자신을 포함해 자연, 사회 등 모든 반성주제가 그것으로서 우리에게 드러날 수 있다.

하이데거에 따르면 우리는 자기의식적 반성이나 경험적 관찰만으로 실재를 알 수 없다. 우리가 세계를 이해하기 위해서는 '그 안에서 살아야' 한다. 이는 특별한 철학 개념으로 이어진다. 하이데거에 따르면 철학의 목적은 세계에 관한 포괄적인 해석을 제공하는 것, 그리고 모든 이해를 제약하는 동시에 가능하게 만드는 관점을 밝히는 것이다. 그런데 우리가 이런 관점에 대해 철학적으로 반성할 수 있다고 한다면 그것은 오직 우리가 세계 안에 이미 존재하고 있는 한에서다. 세계와 관여하면서 그것을 우리와 관여된 세계로서 이해하는 한 그것이 가능하다. 이런 의미에서 철학은 우리에게 무언가 새로운 것을 가르쳐 주지─마치 우리를 실재와 처음으로 연결시켜 주듯이─않는다. 세계를 규명한다는 것은 우리가 일정 수준에서 '이미' 알고 있는 것을 명료하게 밝혀 준다는 의미다.

하이데거는 단 하나의 질문, 즉 '존재'의 의미에 관한 질문에 비추어 자신의 세계 개념을 발전시켰고 그것의 우선성을 보였다. 무언가가 '존재한다'고 할 때 그것은 도대체 무엇을 의미하는가? 하이데거는 이 질문이 사람들에게 극도의 추상성을 지닌 문제, "일반성 가운데 가장 일반적인 것에 관한 사변에 지나지 않는 문제"로 여겨질 수 있음을 인식하고 있었다.[28] 그러나 그는 또한 존재 문제가 가장 기본적인 문제인 동시에 가장 구체적인 문제임을 주장했다. 그는 존재 문제를 서양 철학의 전통 안에 위치시킴으로써 처음으로 그것에 분명한 방향성을 부여했다. 하이데거는 존재에 관한 질문이 자신이 새롭게 발명해 낸 사변적 추측이 아니라, 그동안 잊혔던 고대의 오래된 퍼즐이라고 했다. 특히 그것은 플라톤이 제기한 퍼즐이다. 하이데거는 저서 『존재와 시간Being and Time』 첫 구절에서 이 사실을 인정하고 있다. 플라톤의 『소피스트Sophist』 첫 구절에 이런 내용이 나온다. "'존재'라는 표현을 사용할 때 당신은 그것이 무엇을 의미하는지 분명하게 알고 있다고 오랫동안 생각해 왔다. 그러나 그렇게 알고 있다고 생각했던 우리는 이제 매우 당황스럽게 되었다."[29] 하이데거는 플라톤이 제기한 질문을 다시 일깨우고자 한다.

하이데거가 직접 언급한 적은 없지만 존재 질문에는 지극히 소크라테스적인 면도 존재한다. 소크라테스가 당시 아테네인들에게 자주 던졌던 질문도 "~란 무엇인가?"였기 때문이다. 예컨대 정의란 무엇인가? 덕이란 무엇인가? 선이란 무엇인가? 등의 질문을 소크라테스는 자주 던졌다. 다시 말해 소크라테스는 자신의 탐구 대상이 무엇으로 구성되어 있고 어떻게 발생했는가 보다 그것의 '존재함' 자체에 관심을 가졌던 것이다. 이것이 소크라테스가 당시의 자연철학자들과—사물의 구성 성분과 그것의 존재 원인을 추론함으로써 사물의 본성을 설명하고자 했던 자연철학자들과—구별되는 부분이었다. 소크라테스에 따르면 존재함에 관한 질문은 (사물의 구성과 발생 원인에 관한 질문보다) 더 근본적인 질문이었다. 소크라테스는 사물의 구성 성분이나 발생 원인을 알아내기 위해서는 우선 무언가의 '존재함 자체'를 상정하지 않으면 안 된다고 했다. 사물 자체, 전체, 완결체에 관한 일정한 이해 없이는 그것에 관한 탐구가 맹목적이기 쉽다는 것이다.[30]

하이데거 역시 소크라테스의 이런 사고를 따르고 있지만, 그는 소크라테스처럼 정의, 덕성 등의 존재에 관한 질문을 통해 존재 질문을 처음으로 제기한 것이 아니라 존재의 존재함 자체를 깊이 탐구한 점이 특별하다고 할 수 있다. 그럼에도 하이데거는 넓은 의미의 소크라테스적 방식으로 자신의 탐구에 구체적인 방향성을 부여했다. 즉 하이데거는 소크라테스와 마찬가지로, 존재에 관한 질문에 접근할 때 눈에 보이는 사물이 아니라 인간의 삶을 구성하는 실천과 목적, 의견들에 관심을 기울였던 것이다.

그렇게 함으로써 하이데거는 존재에 관한 자신의 포괄적 연구—그는 이것을 '기초 존재론fundamental ontology'이라고 부른다―가 넓은 의미에서 '정치적' 성격을 지녔다고 주장한다. 그의 존재론을 '정치적'이라고 할 수 있는 이유는, 그것이 정권, 입법, 대통령, 왕 등을 다루는 것이 아니라(실제로도 이런 것은 다루지 않는다), 무엇보다 우선적으로 공동체 속에 사는 인간을 다루기 때문이다. 그의 존재론은 아리스토텔레스가 "인간은 정치적 동물"이라고 했을 때와 같이 포괄적인 의미에서 '정치적'이다. 아리스토텔레스의 '정치적'이란 말은 정치 제도뿐 아니라 인간의 행동과 말 등 일반적 영역까지 함께 가리키는 개념이다. 후자의 의미에서라면 하이데거의 기초 존재론은 '정치적'이라고 할 수 있다. 그것은 물리적 우주를 구성하는 요소, 원자, 입자 같은 객체에 관한 연구가 아니다. 그것은 무엇보다 인간의 실천에 관한 연구다. 하이데거는 인간의 실천에 관한 연구의 토대 위에서만 우주의 나머지 부분을 이해할 수 있다고 말했다.

인간의 실천에 관한 하이데거의 관심으로 인해 그의 존재론은 정치철학자들에게도 특별한 적실성을 갖는다. 이는 존재 의미에 관한 그의 잠정적 해답이 도출되는 과정을 보면 분명하게 드러난다. 하이데거는 존재가 '세계'와 유사한 무엇임을 보여 준다. 다시 말해 그가 말하는 세계는 인간과 '관여되는' 세계다. 이렇게 '우리와 관여되는 세계'라는 토대 위에서만 존재자는 그 모습 그대로 우리 앞에 모습을 드러낸다. 이렇듯 존재 의미를 탐구한다는 것은 인간의 이해와 행위의 본질을 다루는 것을 포함한다. 하이데거는 일상적인 삶을 검토함으로써 『존재와 시간』을 시작한다.

하이데거의 세계-내-존재 개념을 이해하기 위해서는 우리에게 익숙한 주체-객체 도식을 뛰어넘는 사고를 해야 한다. 하이데거는 일상생활에서 존재가 우리 앞에 드러나는 방식을 두 가지로 구분함으로써 이 작업을 수행할 수 있다고 보았다. 첫째는 사물이 우리의 의식적 자각에 드러난다고 할 때의 의미로서 '**눈앞에 있음**presence-at-hand, Vorhandenheit'이라는 방식이다. 이것은 사물이 인간의 의식적 자각에 드러날 때 그 사물이 우리의 관심과 맺는 연결성을 가리고 있을 때 지니는, 사물의 기본적인 성격이다. 찻잔을 손에 올려놓고 무게를 가늠할 때나 밤하늘의 달을 바라보며 그것을 단지 하늘의 격자무늬를 지나가는 단순한 형체로 상상할 때, 우리는 찻잔과 달을 '눈앞에 있음'의 방식으로 관계 맺고 있는 것이다. 사물이 '눈앞에 있음'의 방식으로 우리에게 나타난다는 기초 위에서 다음과 같은 질문이 가능해진다. 즉 외부 세계는 실제로 존재하는가, 아니면 외부 세계는 단지 세계에 대한 인간 자신의 '주관적' 재현에 불과한 것인가? 데카르트가 추측하듯이, 인간이 실재라고 알고 있는 것은 어쩌면 상상력의 가공물이거나 사악한 신이 인간의 의식에 심어 놓은 허상인지도 모른다.

하이데거는 '눈앞에 있음'이라는 방식을 존재가 우리에게 드러나는 피상적인(즉 근본적이 아닌) 방식으로 보았다. 그것은 '**손안에 있음**Zuhandenheit'이라는 또 다른 존재 방식의 파생물일 뿐이다.[31] 사물을 단지 바라만 보는 것이 아니라 그것을 실제로 다룰 때 우리는 '손안에 있음'이라는 양식으로 존재자들과 만나고 있는 것이다. 우리가 망치나 신발 등의 사물을 다룰 때, 그것들을 가지고 무언가를 할 때, 그것들을 직접 사용할 때, 우리는 그 행위에 몰입하게 된다. 우리가 몰입할 때 그 사물들은 더 이상 단지 우리의 의식 앞에 나타나는 것에 그치지 않는다. 하이데거의 표현을 빌리면 그것들은 이제 '손안에 있는' 상태가 된다. '손안에 있다'는 표현은 우리가 사물을 가지고 작업을 하기 시작하면 그 사물이 우리의 지각 영역에서 사라진다는 의미를 나타낸다. 물론 '손안에 있는' 사물들 역시 우리가 그것을 실제로 인식할 수 있다는 점에서 분명 '저기'라는 특정한 구체적 장소에 존재하고 있다. 하지만 그것들은 반성의 주제로서 나타나는 것이 아니다.[32]

'손안에 있다'는 견해는 주체와 객체의 관점에서 세계를 설명하는 표준적인 방식과 다르다. 활동에 몰입해 있는 동안 우리는 자신이 사용하는 물건과 자신을 구분하지 않는다. 오직 활동이 중단될 때만, 혹은 몰입의 시간이 깨졌을 때만 우리의 주의는 우리가 사용하던 물건으로 향한다. 오직 이때만 우리는 이것들을 '눈앞에 있는' 사물로서 보게 된다. 존재에 관한 이 두 가지 이해를—두 가지 모두 우리의 익숙한 경험에 근거하고 있다—구분함으로써, 하이데거는 그간 '눈앞에 있음'의 방식이 지니고 있던 존재론적 우선성에 도전하고자 한다. 그는 세계가, 비관여적 반성을 통해 알게 되는 객관 대상들의 집합이라고 보지 않는다. 우리가 일반적으로 객관 대상으로 간주하는 사물들은 '눈앞에 있는' 사물이면서 실제로는 '손안에 있는' 상태를 그 안에 숨기고 있다.

'손안에 있음'의 본질에 관한 탐구를 통해 하이데거는 자신의 '세계' 개념을 구체적으로 전개한다. 그의 세계 개념은, 사물이 손안에 있거나 눈앞에 있는 모든 상황에 내재한 기본적인 구조를 말한다. 그는 우리가 세계-내-존재라는 토대 위에서만 사물을 사용하거나 사물을 연구 주제로 삼고 그에 대해 반성할 수 있음을 보인다.

정황적 이해의 구조: 도구, 자연, 현존재의 총체로서의 세계

하이데거가 도구das Zeug 사용이라는 경험으로부터 자신의 탐구를 시작하긴 했지만 그가 인간의 삶을 노동이나 생산 활동으로 규정하려 한 것은 아니다. 도구의 사용은 인간 경험의 다양한 측면 중 하나일 뿐이다. 도구의 사용을 면밀히 살피면 세계-내-존재에 대한 전체적인 감을 잡을 수 있기에 그렇게 한 것이다. 『존재와 시간』 이후에 쓴 글들에서 하이데거는 도구에 대한 관심보다 그 밖의 다른 수단, 예컨대 예술작품에 대한 검토를 통해 자신의 세계 개념을 전개시키고 있음을 알 수 있다.[33] 그럼에도 자신의 세계 개념을 도구에서 도출해 낸 것은 그의 가장 유명하고 구체적인 개념 도출이라고 할 수 있다. 나의 목표는 하이데거의 세계 개념에 대한 분석을 통해 '정황'이라는 개념을 명료하게 하는 것이다. 즉 정황이 어떻게 우리의 이해를 가능하게 하는 삶의 관점으로 파악될 수 있는지 보여 주는 것이다.

하이데거는 다음과 같이 지적함으로써 세계에 대한 자신의 설명을 시작한다. "엄밀히 말해 '개별적' 도구라는 것은 존재하지 않는다. 어떤 도구든 도구의 존재에는 언제나 도구의 총체가 속한다. 그리고 개별적 도구는 그 총체 속에서 도구 본연의 도구가 된다. 도구는 본질적으로 '무엇을 하기 위한' 것이다. 이 '하기 위함'에는 무엇의 무엇에 대한 지정assignment 혹은 참조reference라는 연관이 존재한다. 다시 말해 도구는 언제나 그것이 다른 도구와 관계를 가지면서 존재한다. 잉크스탠드, 펜, 잉크, 종이, 테이블, 램프, 가구, 창, 방 등은 모두 서로의 관계 속에 존재한다.[34] 이러한 '도구의 총체' 없이 특정 사물이 그것 자체로 존재할 수는 없다. 부분은 전체로서의 맥락을 이미 상정하고 있다. 개별 도구가 스스로를 드러내는 것은 바로 이러한 배열 속에서다.[35]

도구가 '스스로를 드러내는' 방식은 우리가 그것을 다루는 행위Umgang 속에 존재하고 있다. 다시 말해 우리가 실제로 도구를 사용할 때 도구는 스스로를 드러낸다. 이러한 다룸 속에서 도구는, 발생하는 사물로서 그리고 하나의 주제로서 포착되는 것이 아니다. 그리고 도구를 사용하는 중에도 도구-구조를 그것으로서 알아볼 수 없다.[36] 도구가 자신의 기능을 수행하면서 진정으로 '손안에 있을' 때 도구는 그것이 내포하는 참조물들과 함께 사라진다. 그러나 역설적으로 이때, 다시 말해 도구가 인간의 관찰이나 반성의 대상으로 존재하지 않을 때 그것은 가장 진정으로 '그곳에' 존재하게 된다. '손안에 있는' 사물은 결코 이론적으로 포착될 수 없다.[37] 우리는 손안에 있는 도구를 맹목적으로 다루지 않는다. 그 다룸은 나름의 통찰을 지니고 있다. 그 통찰은 일, 즉 그 행위를 통해 생산되는 결과물에 의해 인도받는다. 따라서 일 역시 '손안에 있다'. 망치, 대패, 바늘 같은 물건의 '향해 있음'도 그 도구에 속해 있는 존재성을 가진다. 일은, 도구들이 서로 만나는 참조성의 총체를 그 안에 가지고 있다.[38]

그러나 여기서 '일'이란 단지 인간의 손으로 만들어지는 일련의 물건들만을 말하지 않는다. 그것은 인간이 수확하고 경작하며 활용하는 재료들, 즉 일반적으로 '자연'이라고 부르는, 땅과 하늘의 사물들까지 모두 가리킨다.

(작업장) 환경에서 언제나 손안에 있지만 그것 자체로 뭔가 만들어지기 위해서 존재하는 것이 아닌 물건들이 있다. 망치, 집게, 바늘은 그 자체로 강철, 철, 광물, 목재를 지시한다 ─ 그것들이 이 재료들로 이루어져 있다는 점에서. 우리가 자연적 산물에서 보는 '자연'은, 사용되는 도구에서 그 사용됨에 의해 도구와 함께 발견된다.[39]

하이데거는 일이 지정하는 '자연'은 손안에 있으며, 따라서 그것은 도구의 총체성 안에서 발견된다는 점을 다시 이야기한다. 자연은 단지 '눈앞에 있다'고 이해되지 않는다. 또한 그것은 자연이 가진 힘으로 이해되지도 않는다.[40] 다시 말해 우리는 땅과 하늘에서 일어나는 일들을 이론적 연구 대상으로서 만나는 것이 아니다. 또 물리적 속성으로 규정되는 사물로서 그것들과 만나는 것도 아니다. 그보다 땅과 하늘에서 일어나는 일들은 해당 작업과 더불어 내포적으로 이해되어야 한다. 예컨대 기차역 플랫폼에 지붕을 얹는 것은 악천후를 감안한 것이다. 또 공공장소의 조명은 어둠, 즉 태양의 위치 변화로 인해 햇빛이 있고 없음을 고려한 것이다.[41] 철도 플랫폼을 건설하거나 그것을 이용할 때 우리는 명시적으로 생각하지 않아도 이미 악천후에 대해서 알고 있다. 플랫폼의 구조 자체, 그리고 우리가 플랫폼 지붕 아래로 몸을 피하는 행위 자체가 곧 그러한 이해를 드러내고 있다.

하이데거는 일이 자연을 가리킨다는 점을 다소 무심하게 다루는데, 이로 인해 미묘하지만 중요한 통찰이 가려지는 경우가 있다. 그것은 일에 몰입해 있는 관점에서 볼 때는 일반적으로 '가공물'과 대비되는 '자연물'로 인식되는 것까지도 '손안에 있음'을 알게 된다는 것이다. 즉 일에 몰입해 있을 때는 가공물과 자연물이 동일한 가치 판단의 존재 양식을 갖게 되는 것이다. 예컨대 이때 비는 응결된 물방울이 아니라 '나쁜 날씨'이다. 또 태양은 떠오르고 지는 것으로 하루 중의 때(아침, 정오, 저녁)를 재는 기준이 되는, 빛을 발하는 구형의 물체다. 이때 태양은 단지 지구가 그 주위를 도는 질량 덩어리가 아니다. 이처럼 환경의 총체성 안에서 '손안에 있는' 상태의 자연 사물들은 나름의 방식으로 의미를 가지고 있음이 드러난다. 하이데거는 인간이 만드는 사물과 저절로 발생하는 사물 사이의 구분, 즉 인공물과 자연물을 구분하는 것은 우리가 세계를 경험하는 기본적인 방식에서 낯설게 보인다. 저절로 발생하는 사물이 아닌 만들어진 사물이라는 개념 자체가 우리가 사물에 대해 맺는 관여적 관계로부터 멀어짐을 이미 상정하고 있다. 일에 몰입해 있는 동안 우리는 자연물과 인공물을 구분하지 않는다. 이때 우리는 단지 관계성의 총체 안에서 사물들이 차지하고 있는 위치에 의해 그것들을 구분할 뿐이다.

　하이데거는 『존재와 시간』에서 자연을 처음 설명하는 부분에서 우리에게 친숙한 범주들에 관해 매우 과격하게 다시 사고하는 작업을 하고 있다. 그에게 '자연'은 사물이 인간의 행동과 무관하게 존재한다는 의미가 더 이상 아니다. 거리의 가로등과 태양을 구분해 주는 것은 가로등은 인간이 만든 것이고 태양은 자연의 것이란 사실이 아니다. 둘의 차이는 각 사물이 떠맡고 있는 '목적'이 다르다는 점에 있다. 이 차이를 규정하는 것은 각 사물이 현존재의 맥락 속에서 자신의 위치를 어떻게 점하고 있느냐 하는 것이다. 이처럼 하이데거는 예컨대 예술과 정치의 본질을 논할 때처럼 자연에 대해서도 우리로 하여금 사물의 기본적인 성질의 관점에서 다시 생각하도록 만든다. 그는 강, 호수, 산, 별을 가리키는 포괄적 단어인 '자연' 대신 '땅과 하늘의 사물들'이란 표현을 쓴다. 후자의 표현은 자연물과 인공물 사이의 대조를 전혀 함축하고 있지 않다.

하이데거가 사용한 '자연'이란 표현은 퓌시스^{phusis}라는 고대 그리스의 존재 개념을 생각나게 한다. 이 그리스적 존재 개념은 우주에 대한 목적론적 관점, 즉 인간의 행동을 포함한 일체의 모든 것은 조화로운 전체의 일부라는 관점을 견지하고 있다. 비록 하이데거는 사물의 단일하고 고정된 질서를 거부했지만, 그리고 세계가 무엇이며 어떻게 존재하는지를 한 번에 설명해 주는, 모든 것을 포괄하는 전체 개념을 거부했지만 그 나름의 방식으로, 의미 있는 우주에 대한 그리스적 개념을 복원하려고 시도한다. 그가 자연에 대해 다시 사고한 것도 이러한 복원 프로젝트의 일환으로 볼 수 있다.

일은 도구와 자연(앞에서 보았듯이 도구와 자연은 궁극적으로 서로 분리할 수 없다)에 대해 가리키는 것을 넘어 도구와 자연을 사용하고 착용하는 사람에 대해서도 가리킨다. 일은 그 일을 하는 사람의 모습에, 말하자면 맞춰진다. 일이 나타나면서 그것과 함께 그 일을 하는 사람도 비로소 그곳에 '존재하게' 된다.[42] 이처럼 일은 현존재를 가리킨다. 일은 단지 나의 현존재(즉 그 일을 하는 사람)를 가리키는 것만이 아니라 나와 다른 역할을 하고 있는 사람들의 현존재도 함께 가리킨다. 다시 말해 일은 작업장의 경계를 넘어 공적 세계^{public world}, 즉 타인과 공유하는 세계에까지 가닿는다.

일과 함께 우리는 '손안에 있는' 개체들을 만날 뿐 아니라 현존재의 존재성을 지닌 개체들 — 그 개체의 관여 속에서 사물이 '손안에 있는' 상태가 되는 개체들 — 과도 만나게 된다. 그리고 이 개체들과 더불어 우리는 착용자와 사용자가 사는 세계를 만나게 된다. 그 세계는 곧 우리가 사는 세계이다. 우리가 자신을 관여시키는 모든 일은 작업장이라는 사적 세계뿐 아니라 공적 세계에서도 '손안에 있는' 상태가 된다.[43]

도구가 갖는, 손안에 있음이라는 환경적 맥락에서 우리가 '대면하는' 타인들은 그저 우리 '눈앞에 있는' 일정한 사물들에 부가되는 것이 아니다.[44] 예컨대 셔츠라는 물건을 떠올릴 때 우리가 다른 개체, 즉 그것을 입는 사람에 대해 명시적으로 인식하는 것은 아니다. 우리가 셔츠를 입는 사람을 떠올리는 것은 암묵적이며 겉으로 드러나지 않는 성격을 지녔다. 기차역 플랫폼을 지을 때 비를 감안하는 것이 암묵적이며 겉으로 드러나지 않는 것과 마찬가지다. 다시 말해 우리가 관계하는 '타인'들은 대비를 통해 나를 드러나게 해주는, 덩그러니 나의 '눈앞에 있는' 주체가 아니다. 그들은 무엇보다 우리 자신과 구별되지 '않는' 사람들이다. 우리도 그들 가운데 하나다.[45] 하이데거는 '눈앞에 있는' 타인에 관한 이론적 설명이 우리에게 매우 쉽게 다가옴을 인식하고 있었다. 그러나 우리는 그러한 설명에 저항하면서 앞에서 보인 사례의 현상적 사실, 즉 타인과의 만남은 환경의 맥락에서(즉 도구라는 맥락에서) 이루어진다는 점을 놓쳐서는 안 된다.[46]

그런데 우리가 타인을 만나는 방식은 손안에 있는 사물을 만나는 방식과 분명히 다르다. 하이데거는 이러한 차이를 배려라는 말로 표현했다. 타인에 대한 우리의 관심, 우리의 배려는 언제나 함께-존재함being-with으로서의 역할과 조건에 인도받는다. 예컨대 일상생활에서 '함께-존재함'이란 서로를 위하거나 적대하거나 서로를 지나쳐 가거나, 아니면 서로에게 '의미 없는' 채로 있는 것이다.[47] 이런 것들은 겉으로 드러나는 생각이나 믿음이 아니라 행동으로 표현되는 태도에 가깝다. "우리가 재료를 사용한다는 것은 곧 제대로 된(혹은 제대로 되지 못한) 도움을 주는 사람, 즉 '공급자'를 만나는 것이다. 예컨대 우리가 잘 정돈된 들판을 따라 걷다가 문득 들판의 바깥쪽에 서게 되면 이제 그 들판은 누군가가 소유한 들판, 그리고 그 사람이 정연하게 관리하고 있는 들판으로 보인다."[48] 이때 우리가 들판의 주인을 아는 것은 머릿속 생각을 통해서가 아니다. 우리는 주인의 존재를 인정하는 태도를 통해, 또 주인의 소유지를 침범하지 않으려는 우리의 주의 깊은 관심을 통해 주인을 알게 된다.

이렇듯 '손안에 있는' 도구는 관계성의 총체를 그 안에 지니고 있다. 다른 도구에 대한 관계성, 자연(땅과 하늘의 사물들)에 대한 관계성, 그리고 현존재에 대한 관계성의 총체를 그 안에 이미 가진 것이다. 이 관계성은, 마치 하나씩 제거한 뒤 마지막에는 사물 자체만이 오롯이 남는, 도구가 지닌 속성을 가리키는 것이 아니다. 이런 방식으로 도구를 이해한다면 그것은 도구를 눈앞에 있는 데카르트적 전체—빈 공간에서 우발적 속성(색깔, 딱딱함, 모양 등)을 지닌 채 발생하는 물리적 사물—로 오해하는 것이다. 이와 대조적으로, 도구의 존재성을 구성하는 것은 도구의 관계성이다. 관계성의 그물망에서 뚝 떨어져 나온 도구라면 그것은 더 이상 '도구일' 수 없다.

이러한 관계성의 총체야말로 하이데거가 '세계'라는 말로 가장 먼저 의미하고자 했던 바이다. 이러한 개관을 통해 우리는 세계를 '문화'나 '사회적 맥락' 등의 개념과 구분 지을 수 있다. 무엇보다 '자연에 대한 관계성'이 의미하듯이, 세계는 문화나 사회적 맥락보다 포괄적인 개념이다. 우리가 '문화'나 '사회'라는 말을 할 때, 그것은 대개 자연 세계와 대비되는 인간 세계를 의미한다. 그러나 하이데거의 세계 개념은 이러한 구분을 허문다. 더욱이 세계-내-존재가 '타인과 함께하는 존재자 being-with-others'를 의미하며, 이런 의미에서 그것은 공적인 존재 방식임에도 불구하고, 그러한 공적 성격이 곧 사회 규범에 대한 엄격한 순응을 뜻하는 것은 아니다. 각각의 모든 경우에 현존재가 자신의 목표와 목적 실현을 위해 그 사회의 전형적인 '실행' 방식과 부합하는 방식으로 도구를 사용할 수도 있지만 그러한 사용은 삶에 대한 현존재 자신의 입장—그에 대한 문화적 본보기가 전혀 존재하지 않는 자기만의 입장—을 반영하는 것일 수도 있다. 물론 하이데거는 어떠한 행동이든 그 의미는 특정 상황에서 그 사람의 일반적 행동과의 관계로 인해 만들어진다고 말한다. 그리고 여기서 한 사람의 일반적 행동은 말할 것도 없이 문화에 의해 형성된다.[49] 그러나 이 말이, 한 사람의 행동이 그 자체로 문화적 틀에 부합한다는 의미는 아니다. 오히려 이와 반대로, 하이데거는 한 사람의 행동이 이러한 부합성으로 향하는 경향을 현존재의 거짓 inauthentic 차원으로 간주한다. 그러므로 하이데거의 세계 개념을 이해하기 위해서는 우선 문화나 사회적 맥락 같은 우리에게 익숙한 개념을 내려놓고 하이데거 자신의 용어를 따라갈 필요가 있다. 단순하게 그리고 간단히 말해, 세계는 '손안에 있는' 사물들의 총체다. 그리고 그 총체는 언제나 현존재의 모종의 존재 방식을 그 안에 포함하고 있다. 우리는 그러한 총체를 수도 없이 여러 가지로 상상해 볼 수 있지만, 하이데거가 말한 세계의 의미를 확실하게 파악하는 유일한 방법은 자기 자신의 삶의 총체에 대해 숙고하는 것뿐이다.

현존재는 관계성과 지정─도구의 총체성이 지니는 '손안에 있음'을 구성하는 요소들─에 대한 몰입을 통해 세계에 대한 실천적 이해를 구현한다. 그것은 망치나 신발 같은 아무리 단순한 도구를 사용하는 경우에도 적용된다. 하이데거는 이를 '내-존재'라는 말로 표현했다.[50] '도구의 총체성에의 몰입'이라는 다소 기이한 표현은 현존재의 도구 이해, 그러니까 세계에 대한 이해가 지극히 실천적이라는 의미를 포착하고 있다. 그것은 신념이나 정신적 내용물, 혹은 인지의 문제가 아니다. 왜냐하면 현존재의 '이해' 대상은 객관 대상이 아니라 사물을 적절하게 다루는 방법이기 때문이다. 더욱이 현존재는 자신을 자신이 다루는 사물과 구분 짓지 않는다. 그가 도구를 사용할 때, 도구가 참된 '손안에 있음'의 상태일 때, 도구는 '물러난다'. 그럼으로써 현존재는 지정의 총체성 속에서, 손안에 있음으로서의 자기 존재까지도 가린다. "지정 자체는 관찰되지 않는다. 우리가 관여적으로 우리 자신을 그것들에게 내어줄 때 지정은 '거기'에 존재한다."[51]

'우리 자신을 내어준다'는 표현은 현존재와 그가 하는 일, 그리고 관계성의 총체(즉, 세계)의 통일성을 드러낸다. 현존재는 그저 일의 대상인 객체와 직면하는 자기의식적 주체가 결코 아니다. 현존재는 현존재의 활동이다. 예컨대 기능공이 작업대에서 망치를 두드릴 때 그는 망치를 두드리는 활동 '자체'가 된다. 이때 망치를 두드리는 활동은 결코 단순한 활동이 아니다. 그것은 그 자신을 넘어 세계-내-존재를 가리킨다. 다시 말해 기능공이 몰입해 있는 연결된 삶 전체를 가리킨다. 이처럼 세계-내-존재는 현존재의 활동을 통해 온전히 표현되는 앎의 양식이라고 할 수 있다. 그것은 주체-객체의 관계가 아니다. 현존재의 세계-내-존재로서의 성격은 눈에 보이지 않은 채 숨겨져 있다. 그런데 이 '숨겨져 있음'은 그 자체로 모호한 이해 혹은 결여된 이해를 의미하는 것이 아니다. 그것은 무엇보다 특별한 이해의 양식으로서, 이 이해의 양식은 전적으로 실천적이면서도 대체로는 함축적 성질을 지녔다.[52]

세계-내-존재의 명시적 성질이 발현되는 때는 오직 현존재의 관여적 활동에 분열이 생겼을 때다. 예컨대 연장이 부서지거나 연장의 쓸모 없음이 드러났을 때 도구는 눈에 띄게 드러난다. 이 눈에 띔은 '손안에 있지 않음'을 통해 '손안에 있는' 도구를 드러낸다.[53] 이렇게 눈에 드러나는 과정에서 그 도구는 명시적으로 사물로서 나타난다. 즉 '눈앞에 있는' 사물이 된다. 그런데 이때 '눈앞에 있음'은 아직 '손안에 있음'을 완전히 결여하지 않았다. 즉 그것은 특정 장소에서 발생한 사물, 우리가 그 속성을 살펴볼 수 있는 객관 대상이 아니다. 그 도구는 여전히 우리의 관심과 엮여 있다. 그것은 명시적으로 '사용할 수 없는' 무엇이 된다. 우리가 고치거나 밀치고 나가야 하는 무엇이 된다.[54] 그런데 결함 있는 사물로 드러나는 과정에서 오히려 그것은 자신이 가진 일정한 성질이 특정 작업에 쓸모 있다는 것을 보여 준다. 이처럼 '손안에 있음'은 스스로를 드러낸다. 그리고 "손안에 있음의 세속적 성질이 드러나는 것도 바로 이 지점이다".[55] 왜냐하면 이때 드러나는 것은 단지 특정 도구가 아니라 그 도구가 사용되는 특정 목적에 '향해 있음toward-which'이기 때문이다. 우리는 이 '향해 있음'과 더불어 그 작업과 관련된 모든 것, 즉 우리의 관여가 이미 머물고 있는 '작업장 전체'를 목격할 수 있다. 이런 식으로 세계는 전에 한 번도 보지 못한 것으로서가 아니라, 사전에 주위에서 계속 목격해 왔던 총체로서 자신을 알린다.[56] 하이데거에게 '본다' 또는 '목격한다'는 말은 곧 '이해한다'는 뜻이다. 무엇보다 우리의 '시각'은 실천적인 성질을 지녔다. 그것은 우리의 의식적 자각 아래에서 작동한다. 우리가 '직접적 지각'이라는 의미로 무언가를 '볼' 수 있는 것은 오직 실천적 '시각'이라는 바탕 위에서 가능하다.[57]

세계가 '스스로를 알릴' 수 있고 그에 따라 해석될 수 있다는 사실을 통해, 일상에서 현존재의 일에 대한 몰입을 이해할 수 있다. 현존재의 일에 대한 몰입은 단지 기계적 행동이나 습관, 목적 없는 행동이 아니다. 그것은 어떤 초점을 가지고 있다. 그리고 그 초점은 현존재가 그것을 '향해' 일하는 무엇으로서 명시적으로 드러난다. 여기서 '향해 있음'은 곧 손안에 있는 사물의 총체, 그리고 궁극적으로는 현존재를 가리킨다. 예컨대 "망치를 두드리는 행위는 무언가를 단단하게 고정시키는 행위다. 무언가를 단단하게 고정시키는 행위는 악천후에 대비하는 행동이다. 그리고 이러한 보호는 현존재를 위해 대피소를 제공하기 '위한' 것이다.[58]

여기서 대피소—집이든 아니면 지붕을 얹은 기차 플랫폼이든—를 제공하기 '위함'은 손안에 있는 다른 사물을 향하지 않는다. 그것은 그 자체로 목적이며 그 자체로 특정한 존재 방식이다. 그 존재 방식은 잘 산다는 것의 의미를 표현하고 있으며 도구의 총체를 조직하고 있다.

'향해 있음'을 구성하는 개입들의 총체는 궁극적으로 더 이상의 개입이 존재하지 않는 '향함'으로 수렴된다. 더 이상의 개입이 존재하지 않는 '향함'은 세계 내의 손안에 있는 사물들이 지닌 존재성을 가진 실체가 아니다. '향함'은 세계-내-존재에 의해 존재가 규정되는 실체다. 그리고 세상 자체가 '향함'의 존재 상태에 속해 있다. 이 제1의 '향함'은 개입이 발생할 수 있는 또 하나의 '향함'이 아니다. 제1의 '향함'은 곧 무언가를 '위함'이다. 그런데 이 '위함'은 언제나 현존재의 존재와 관계된다. 그 존재 속에서는 존재 자체가 가장 본질적인 문제가 된다.[59]

이 '위함'은 이후의 목적을 위한 그것의 유용성으로 정의될 수 없다. '위함'은 그 자신을 넘어 다른 존재 방식들의 총체를, 그리고 궁극적으로는 전체로서의 삶에 대한 현존재의 이해를 지향하고 있다. '위함'은 그 존재가 '세계성worldhood 자체'에 의해 규정되는 무엇이다. 손안에 있음을 구성하는 개입들의 총체가 단일 도구보다 '앞서는' 것과 마찬가지로, 존재 방식의 총체 역시 단일 존재 방식에 '앞선다'.

하이데거가 『존재와 시간』에 표현된 자신의 스타일에 걸맞게 이 점을 건너뛰는 것은 (특정 세계에 대한 묘사가 아니라) 세계의 일반 구조를 요약하기 위해서다. 그런데 우리는 하이데거가 '위함'이라는 말로 무엇을 의미하는지 잠시 생각해 볼 필요가 있다. 왜냐하면 '위함'이라는 말은 세계의 구조에서 핵심적인 문제로서, 손안에 있는 사물의 총체를 현존재의 자기 이해와 연결시켜 주기 때문이다(더욱이 하이데거 스스로 강조하듯이 그가 말하는 세계의 일반적 존재 구조가 의미하는 바는 오직 구체적 사례를 통해서만 이해될 수 있다). 간단히 말해서 하이데거의 요점은, 어떤 존재 양식이라도 오직 타자와의 관계 속에서만 자신의 독특한 성질—자신이 떠맡는 책임, 자신이 일으키는 느낌, 자신이 행하는 주장—을 획득하게 된다는 것이다. 예컨대 가족 구성원이 된다는 것의 의미는 친구, 직장 동료, 사업 파트너, 동료 시민과의 관계성 속에서만 그 의미가 드러난다. 가족 구성원의 역할은, 이러한 총체성에서 뚝 떨어진 채로는 인식 가능한 방식으로 존재할 수 없다. 이처럼 어떠한 존재 방식이라도 방식의 총체, 전체로서의 삶의 방식을 전제하지 않으면 안 된다.

헤겔의 가족 개념에서 이 점이 분명하게 드러난다. 사랑에 기초한 가족의 '비매개적' 통일성은 시민 사회와 국가의 관계성 속에서 발현된다. 헤겔은 말하기를 "한 사람이 가족 안에 존재한다는 것은 독립적 개인이 아닌 가족 구성원으로서 존재하는 것이다".[60] 가족 구성원 모두는 자신의 재능이나 인성과 무관하게 사랑과 관심을 받는다. 그러나 그러한 무조건적 사랑을 규정하는 관점, 그리하여 가족 구성원이 된다는 것의 의미를 규정하는 관점 자체가 이미 구분이 중요한 영역을 상정하고 있다. 즉 사랑은 시민 사회—지주, 사업가, 공무원처럼, 구성원들이 한 경제 체제 내에서 담당한 특정 역할에 따라 평가받는 생산과 교환 영역—와의 비교를 통해 그 모습을 드러낸다. 또 시민 사회를 규정하는 역할들은 오직 국가—공공선의 일부로 구성원들에게 공적인 인정을 부여하는 기관—와의 관계를 통해서만 드러난다. 이러한 공공선과의 연결성이 없다면 시민 사회가 지닌 각종 역할들은 사익을 추구하는 개인들의 무분별한 집합에 지나지 않게 되어 구분 자체가 사라지고 말 것이다. 이런 식으로 가족은 가족 너머를 가리킨다. 그것은 인륜(윤리)적 삶

Sittlichkeit 전체를 상정한다. 다시 말해 가족 구성원으로서의 자신을 안다는 것은 시민 사회의 구성원, 국가의 구성원으로서 자신을 아는 것과 마찬가지다. 가족은 가족 이외의 삶의 국면들 없이는 어떠한 방식으로도 인식 가능하게 존재할 수 없다. 인륜적 삶에 대한 헤겔의 설명은 하이데거가 말하는 현존재의 확실한 특성으로서 타자와 '함께-존재함'이 어떤 의미인지 드러내 준다. 함께 존재함은 언제나 자신과 가장 가까운 이들(예컨대 가족) 너머를 가리킨다. 이것이 바로 세계가 '공적' 세계인 이유다.

헤겔의 설명은 존재 방식에 대한 하이데거의 전반적 요점을 명료하게 밝혀 준다. 현존재가 그것을 위해 일하는 '위함'은 가능성의 총체를 상정하고 있다. 그 가능성 안에서 현존재는 자신에 대해 알 수 있다. 다시 말해 현존재가 특정 존재 양식을 '위해' 일함에 있어 현존재는 그 '모든 것'이 무엇을 의미하는지에 대한 일정한 입장을 취한 것이다. 그런데 이것은 '삶의 의미'에 관해 명시적으로 숙고하는 것이 아니다. 현존재가 이러한 질문을 제기하든 하지 않든, 그리고 현존재가 그 문제에 관해 어떤 의견을 갖든 상관없이 현존재는 전체에 대한 암묵적 자각 혹은 이해를 지니고 있다.

더 정확하게 말하면 현존재 자신이 곧 전체에 대한 이해라고 할 수 있다. 특정 순간에 현존재가 살아내는 가능성은 더 큰 이야기의 일부이다. 현존재가 그것을 위해 일하는 어떤 것이라도 그 안에는 현존재가 떠맡았거나 아니면 스쳐 지나간 모든 가능성이 들어 있다. 손안에 있는 사물들의 관계성 총체는, 그리고 다양한 방식으로 존재하는 현존재의 관계성 총체는 하나의 이야기로서 일관성을 지닌다. 한 존재 방식이 다른 존재 방식과 맺는 관계는 마치 '짝수가 홀수를 품고 있는' 것과 비슷하게 단순히 형식적, 논리적, 분석적인 연결이 아니다. 거기에는 언제나 실제로 상연된 '이야기 줄거리'가 있다. 예컨대 가족 구성원으로서의 역할이 시민으로서의 역할에 대하여 어떻게 관계 맺을 것인가 하는 문제는, 그가 각 역할의 요구를 다른 역할들의 요구에 비추어, 그리고 궁극적으로는 전체로서의 자기 삶의 면면에 비추어 어떻게 조율하느냐 하는 문제다. 자기 삶에서 중요한 사건이나 사람의 의미를 표현하고자 할 때마다 우리는 관계의 서사적 성격과 마주하게 된다. 그 의미를 끌어내는 동안 우리는 그 의미들이 부합하는 전체적인 삶의 방식에 관한 이야기를 스스로에게 들려주고 있는 자신을 발견하게 된다. 우리는 자신의 세계에 관해 무언가 말하고 있는 자신을 발견한다.

그런데 세계에 관한 이야기가 특별한 것은 다음과 같은 점에서다. 즉 세계에 관한 이야기에는 고정된 의미가 존재하지 않는다는 것이다. 세계에 관한 이야기는 이와 같은 중요한 점에서 헤겔의 인륜적 삶―영혼의 실현이 목적인 인륜적 삶―에 관한 설명과는 차이를 보인다. 하이데거에 따르면, 현존재가 구현하는 이야기는 결코 단 하나의 완전히 실현된 이야기가 아니다. 하이데거가 말하는 요점은 어떤 존재 방식이라도 전체에 대한 일정한 이해―그것이 아무리 시시하거나 심오하다고 하더라도―를 이미 전제하고 있다는 것이다. 세계의 비종결적unfinished 성격이 갖는 다양한 함의에 관해서는 다음 장에서 다루고자 한다.

손안에 있는 사물들의 총체가 현존재의 존재 방식으로 '돌아간다'는 사실을 인식하는 것은 곧 현존재와 세계의 통일성을 인식하는 것이다.[61]

148

세계는 오직 현존재의 자기 이해와의 관련 속에서 일관성을 갖는다. 그리고 사물들은 현존재의 자기 이해를 '위해' 손안에 있다.

> '위함'은 '무엇을 하기 위함'이라는 의미다. 이것은 또한 '무엇을 향함'의 의미다. 이것은 다시 무언가가 그 '안에' 개입함, 그리고 다시 무엇과 '함께' 개입함을 의미한다. 이 관계는 시원적始原的 총체성으로서 서로 엮여 있다. 이 관계들은 이러한 의미로서 그 자신이다…… 이것이 곧 세계의 구조, 즉 현존재가 이미 그러한 자신으로서 존재하는 구조가 구성되는 방식이다.[62]

그런데 현존재가 어떠한 방식으로든 '존재할' 수 있는 것은 세계가 존재하는 한에서다. 몸을 피하기 '위해서는' 집과, 지붕을 얹은 플랫폼, 그리고 그것과 연관된 도구의 연결망 없이는 불가능하다. 현존재의 존재와 함께, '손안에 있음'의 맥락은 이미 본질적으로 발견된다.[63] 게다가 어떤 특정한 '위함'이라도 그것이 그 안에서 타당한 의미를 갖는 가능성들의 총체를 상정하고 있다. 이런 방식으로 인간의 삶은 곧 인간의 삶이 지탱하고 있는 세계와 다르지 않다.

'현존재'라는 용어에 대한 하이데거의 정당화는 이렇다. 즉 '현존재'는 인간 삶에 대한 주관주의적 이해를 배격한다(왜냐하면 우리는 '무엇보다 우선적으로' 우리가 하는 행동에 몰입하는 존재로서 존재하기 때문이다). 뿐만 아니라 현존재는 우리의 비반성적nonreflective 활동—무엇인가와 관련을 맺고, 무엇인가를 만들어 내고 이용하며, 무엇인가를 포기하고 내려놓으며, 또 무엇인가에 착수하고 무엇인가를 성취하는 등의 활동―이 이미 우리가 속해 있는 지평 혹은 세계를 상정하고 있다는 의미를 포착하고 있다. 인간의 삶은 현존재, 즉 '거기에 있음' 혹은 '세계-내-존재'라는 말로 정의된다. 인간의 삶은 결코 고립된 자아―그것이 '생각하는 사물'이건(데카르트) 아니면 무한히 창조적인 개인이건―의 행동일 수 없다.

하이데거는 중요한 핵심을 하나 더 부가한다. 그것은 현존재가 자신의 활동에서 '물러나' 세계-내-존재를 구성하는 관계에 대해 명시적으로 설명한다고 해서(현존재가 철학, 즉 '기초 존재론'을 한다고 해서) 현존재의 세계-내-존재가 결코 부서지는 것이 아니라는 점이다. 하이데거도 관계가 언제나 우리가 '생각한 무엇'이라는 점에서 세계가 '순수 사유' 안에 용해되어 있다는 점을 인정한다. 그러나 비록 세계를 구성하는 지정이나 관계성의 맥락이 관계의 체계system of Relations라는 의미로서 형식적으로 받아들여질 수 있다 해도 그러한 형식화 속에서 현상이 지나치게 밋밋해져 실제적인 현상적 내용이 상실될 수 있음을 인식해야 한다.[64]

> 이들 관계의 현상적 내용―'위함', '하기 위함', 개입의 도구성―은 어떠한 기계적 형식화도 거부한다. 또 그것은 애초에 '생각하는 행동' 속에서 상정되는, 단지 머리로 생각해 내는 무엇도 아니다. 그것은 차라리 관여적 관심이 이미 머물고 있는 관계라고 해야 맞다.[65]

다시 말해 세계를 구성하는 개입들은 현존재의 행동에 이미 내포되어 있는 것으로, 그 개입들을 가리키는 해석을 통해 처음으로 현존재로서 발견되는 것이 아니다. 해석은 현존재가 이미 실행을 통해 '알고 있는' 것을 단순히 말로 진술하는 데 지나지 않는다. 이 진술은 결코, 그 의미를 실제로 살아내야 하는 개입 자체를 대신할 수 없다.

예컨대 현존재를 위한 대피소를 만들어 주는 데서 무언가를 단단히 고정시키는 개입은 그 자체로 몸을 피하도록 하기 '위하여' 플랫폼을 짓는다는 것의 의미를 표현 혹은 포착하지 못한다. 몸을 피하도록 하기 '위하여' 짓는 것을 이해하기 위해서는 비에 완전히 젖는 것이 얼마나 굴욕적인 경험인지 알아야 하며, 그것을 알아야 어떤 대피소를 지을지 알 수 있다. 다시 말해 엉터리 대피소가 아니라 제대로 된 대피소를 짓기 위해서는(목적성) 몸을 피한다는 것(위함)에 대한 실제적인 앎이 필요하다. 이는 곧 언제 악천후를 피해야 하며, 언제 노천에 있어도 좋은지 아는 것을 의미한다. 기차를 기다리는 동안 비에 흠뻑 젖는 것은 굴욕적인 경험이다. 반면 마라톤을 하는 동안 억수같이 쏟아지는 비를 용감하게 맞아 내는 것은 스포츠 정신이다. 그러므로 기차역에 플랫폼을 짓는 것은 '대피소를 짓는 것'으로서 의미를 갖지만 마라톤 경주로에 지붕을 얹는다면 그것은 아무런 의미가 없다. 후자의 경우 지붕은 대피소로서의 기능을 하지 못할뿐더러 스포츠 정신에 방해가 될 뿐이다.

이처럼 하이데거의 세계 해석을 순수 사고 혹은 순수 인지로 간주한다면 그것은 완전한 오해다. 해석은 오직 그것이 지시하는 실제적 관계의 빛에 비추어서만 의미를 갖는다. 해석은 세계에 대한 단순한 재현이 아니라 세계를 밝히는 일종의 횃불 같은 것이다. 해석은 연결된 전체의 전반적 구조를, 세계 속에 이미 살고 있는 사람들에게 드러내 줄 뿐이다.

도식적 해석은 결코 그것이 밝히려는 '대상'을 대신할 수 없다. 종이 위에 적힌 말은 실제로 그것을 살아내는 경험을 통해서만, 우리가 몸담고 사는 구체적 세계를 통해서만 생명력을 얻는다.

　세계라는 말은 하이데거가 전체, 즉 세계 내의 특정 개체들이 나타나는 포괄적인 상황을 처음으로 공식화한 말이다. 이후 하이데거가 채택한 관점, 그의 사상의 가장 중요하며 특징적인 관점에서 볼 때 '세계'는 개별 존재자들의 존재the Being of beings를 가리키고 있다. 자신의 후반기 에세이에서 하이데거는 존재란 말을 존재자들의 기원이나 근원, 개별 존재자들이 모습을 드러내는 바탕을 가리키는 말로 사용하고 있다. "사물들이 있다. 인간과 재능, 희생이 있으며, 동물과 식물이 있다. 또 도구와 일이 있다." 그런데 "그 특정 존재자들은 모두 '존재' 안에 자리 잡고 있다".[66] 그리고 "존재만이 인간에게 우리 이외의 존재들에 이르는 길과, 우리 자신인 존재에 이르는 길을 제공하고 보장해 준다."[67]

　존재자들이 존재할 수 있는 가능 조건으로서의 존재는 그것이 발생시키는 개별 사물들의 총체보다 더 크다. 그것은 개별 존재자들보다 '우선한다'. 또 개별 존재자들보다 '더 근본적'이며 '더 시원적始原的'이고 '존재에 있어서 더 충만'하다. 하이데거는 개별 존재자와 존재의 대비를 드러내기 위해 이런 표현을 사용한다. 이렇게 말하면 존재가 모든 존재자들의 최초의(혹은 최종의) 원인으로 이해하기 쉬우나, 여기서 '원인'이란 표현은 오해의 소지가 있다. 왜냐하면 우리는 대개 원인을 결과와 분리된 별개의 무엇으로 생각하기 때문이다. 예컨대 신이 자신의 뜻에 따라 세계를 창조했다고 할 때, 우리는 신을 '원인'으로, 세계를

'결과'로 파악한다(즉 신과 세계를 별개의 것으로 생각한다). 그러나 하이데거가 말하는 '존재'는 이러한 의미의 원인이 아니다.[68] 그것은 존재가 발생시키는 개별 존재자들 위에 떠다니는 초월적 원리가 아니다. 만약 존재가 그러한 초월적 원리라면, 그것은 여러 존재자들 가운데 또 하나의 존재자일 뿐(비록 특별한 존재자이긴 하지만) 존재, 즉 전체일 수 없다. 존재는 개별 존재자들 안에 언제나 머문다. 이 점을 하이데거는 도구에 관한 자신의 설명에서 구체적으로 보여 준다. 그는 세계가 어떻게 망치 혹은 신발 같은 도구를 통해 '자신을 알리는지' 보여 준다. 이것은 존재, 즉 세계가 '조밀하게 구성된 전체'라는 의미다. 그리고 이 연결된 전체는 서로 다른 종류의 존재자들로 구성되어 있으면서도 동시에 자기만의 방식으로 전체를 구현하고 있다.

세계와 세계 내 개체들과의 관계, 존재와 개별 존재자들과의 관계, 전체와 부분의 관계는 하이데거가 제시한 구체적 사례들에서 드러난다. 보았듯이 망치는 그 자신을 넘어 세계와 관계를 맺는다. 망치가 다른 사물과 구분되는 독특한 존재자인 것은 오직 그것이 세계를 구성하는 일부일 때 가능하다. 그렇지 않다면 망치는 존재할 수 없을 것이다. 그런데 이와 반대의 논리는 성립하지 않는다. 즉 세계는 망치 같은 특정 사물 없이도 존재할 수 있다. 그럼에도 망치는 그저 세계를 구성하는 부분 혹은 조각에 불과한 것이 아니다. 망치는 세계가 독특한 방식으로 '초점을 모으는come into focus' 지점이다(이 '초점 모으기'가 세계의 정체성에 대해 갖는 함의와, 그것이 존재와 개별 존재자 사이의 관계를 어떻게 완성하는지에 관해서는 다음 장에서 이야기할 '던져진-던짐'의 존재로서 세계-내-존재에 관한 하이데거의 해석에 비추어 설명할 것이다). 요약하자면,

세계는 '존재' 혹은 '전체'로 간주되어야 하며, 이러한 '존재' 또는 '전체'는 한편으로 세계-내-개체들과 구별되면서 또 한편으로는 그것들과 뗄 수 없는 관계를 맺고 있다.

세계의 관점에서 본 편견의 의미

여기서 잠시 하이데거의 세계-내-존재 개념이 어떻게 '정황적 이해' 개념을 명료하게 밝혀 주는지 보자. 이때 내가 말하는 '정황', '삶의 환경', 그리고 '포괄적 편견' 같은 말은 하이데거의 '세계' 개념과 비슷하다. 이해가 '정황적'이라는 것은 곧 이해의 실천적, 실존적 성격을 인식하는 것으로, 하이데거는 이해의 이러한 성질을 곧 '세계-내-존재'로 부른다. 이해의 실천적 성질은 이해가 우리의 행동 속에서, 그리고 우리의 관여적 주시(도구를 다룰 때)와 배려적인 함께-존재함(헌신을 공유할 때) 속에서 구현됨을 의미한다. 이러한 이해는 원리나 어떠한 정신적 내용물로도 환원될 수 없다. 그것은 결코 주체가 객체와 관계 맺음을 통해 얻는 이해가 아니다. 세계와 세계의 정황을 이해함에서 결국 현존재가 알게 되는 것은 자기 자신 외의 다른 것이 아니다. 어떤 의미에서는 현존재가 '곧' 세계라고 할 수 있다. 이는 정황적 이해가 언제나 '자기 이해'라는 의미다.

이것은 정황적 이해를 현존재의 관점, 즉 현존재의 세계 이해라는 관점에서 파악하는 것이다. 여기서 '정황적 이해'를 설명하는 또 하나의 관점은 바로 세계 자체의 관점이다. 세계의 정체성 — 세계의 존재 자체 —

은 현존재의 세계 이해와 분리될 수 없다. 이렇게 세계가 앎을 구현하고 있다는 점에서 세계는 곧 정황적 이해이자 '인식 가능한 전체'이다.

이렇게 볼 때 '정황'이라는 개념이 사회적 맥락이나 단순한 습관 혹은 관습과 얼마나 다른지 알 수 있다. '정황적 이해'는 세계에 대한 포괄적 인식이다. 그리고 세계에 대한 우리의 인식은 세계 자체, 즉 세계라는 존재자와 분리될 수 없다. 그리고 세계라는 존재는 개별 존재자들의 존재, 즉 모든 사물의 근원이 된다. 여기서 '존재'는 그것을 구성하는 부분들로 환원될 수 없는 의미 있는 전체로서, 수많은 개별 인간 존재자(현존재)를 그 안에 포함하는 '신성한' 성질을 지닌다. 존재는 그 내부에서 다양한 목적(현존재의 다양한 가능성)으로 나뉘어 있으면서도 그 다양한 목적들은 한편으로 전체를 예정하고 있다. 그러므로 세계는 일종의 '텍스트'로 이해되어야 한다. 그런데 이 텍스트는 최종적 의미가 부재한 텍스트다(이 점이 하이데거 사상의 핵심이다). 전체가 갖는 의미는 물음에 열려 있는데, 이는 전체가 완전하지 않다는 것을 의미한다. 여기서 전체는 부분적 전체로서, 그럼에도 이 부분적 전체는 그것을 구성하는 부분으로 환원되지 않는다.

그러나 세계는 그 불완전성에도 불구하고 단지 셀 수 있는 사물과 셀 수 없는 사물들을 모아 놓은 집합체, 친숙한 사물과 낯선 사물들의 모임이 아니다. 또 세계는 단지 주어진 사물들의 총합을 재현하여 거기에 상상의 해석 틀을 덧붙인 것도 아니다.[69] 이처럼 하이데거는 주관적 의식으로부터 의미가 비롯한다고 보는 견해를 명백히 거부한다. 세계는 그 자체로, 운명이 베일에 가려져 있는 하나의 운명이다.

이러한 해석은 하이데거의 논문 「예술작품의 기원 The Origin of the Work of Art」

에서 분명히 드러난다. 그는 이 글에서 다음과 같이 쓰고 있다. "신성神性과 반反신성 사이에서 세례를 받은 운명이 베일을 쓴 채 존재를 통과해 간다."[70] 다소 모호한 표현이지만 이를 통해 세계(여기서 하이데거는 세계를 '존재'로 재해석하고 있다)가 지닌 신성한 성격을 어느 정도 짐작할 수 있다. 이것은 현존재가 이야기를 들려줄 때 취해야 하는 기본적인 관점을 말하고 있다. 그 이야기는 '베일에 싸인 운명'으로, 언제나 현존재가 이미 알고 있는 동시에 우연처럼 발견하기도 하는 무엇이다. 이 구절은 이야기의 '어떻게' 부분, 즉 이야기가 전개되는 방식을 말하고 있다. 그리고 '신성과 반신성 사이에서'라는 표현은 이야기의 '무엇', 즉 핵심을 말한다. 존재는 인간 행동의 개별 사례들을 초월한다. 존재는 결코 의지하는 주체의 산물이 아니다. 모든 분투와 창조는 세계를 이미 상정하고 있다. 인간의 삶은 그러한 세계가 무대에 올려 상연하는 이야기다.

그러므로 하이데거의 세상 철학은 신 중심과 대비되는 인간 중심이라는 의미에서 '세속적인' 것과는 거리가 멀다. 하이데거는 존재에 관한 연구가 참된 신성 개념에 핵심 열쇠가 된다고 보았다. "존재 자체가 애당초 혹은 각고의 준비 끝에 진리 속에서 드러나거나 경험되었을 때만 신성함이—홀로 신성의 핵심 영역인, 그리고 홀로 신들과 유일신에 일정한 차원을 제공하는 신성함이—빛을 발한다.[71] 하이데거의 요점은 간단하다. '신성함', '신들', '유일신' 같은 개념은 모두 '존재'에 대한 일정한 이해를 이미 상정하고 있다는 것이다. "하느님은 오직 한 분이시다"와 같은 성경의 잘 알려진 구절을 예로 들어 보자. 여기서 "~이시다"라는 표현은 하느님이 한 분으로 존재하는 방식에 관한 일정한 이해를 보여 주고 있다. 그러한 이해에 이르기 전에는, 그러한 이해를 다른 이해와 견주어 그것이 포괄적인 이해임을 보이기 전에는 그 이해에서 나오는 개념들—신이나 신의 속성 등—이 공허한 것일 수밖에 없다. 하이데거는 신학을 탄탄한 존립 기반 위에 세워 놓을 수 있는 존재 연구를 시작하고자 했다. 신이 한 분이라고 할 때 그것은 어떤 의미에서인가? 단일한 주관으로서 한 분인가? 세계의 유일한 원인으로서 한 분인가? 다른 모든 존재자를 초월해 눈앞에 있는 단일한 실체로서? 아니면 그와 완전히 다른 의미에서 한 분인가? 하이데거는 이런 질문들에 비추어서만 신과 신성의 본질을 규명할 수 있다고 보았다. 그러나 그는 또 서양인들이 이러한 질문을 소홀히 해왔다는 사실도 지적한다. 그 결과 우리는 성경 구절에 근거한 신 개념 아니면 암묵적으로 주체-객체 도식에 기초한 불완전한 신 개념을 갖게 되었다. 하이데거는 존재에 관한 질문에 불을 지피고 그 해답을 모색함으로써 신학에 새로운 활기를 불어넣는 '기초 존재론'을 시도한다.

그러나 하이데거의 존재론이 단지 예비적 작업에 그치는 것은 아니다. 그의 존재론은 신을 '지금-여기'에 두는 나름의 '세상 신학'에 대한 개요를 그리는 작업으로 이해할 수도 있다. 하이데거는 만약 그의 작업을 신성 모독의 세계관으로 간주한다면 그것은 이 세계를 보는 특정한 관점, 즉 세계를 부서지고 조각난 곳, 그리하여 벗어나야만 하는 곳으로 보는 관점에 서 있기 때문이라고 지적한다. 하이데거는 신성을 이 세상과 동떨어진 무엇으로 간주하는 것은 우리 자신의 삶과 삶의 의미에 대해 부당한 평결을 내리는 행위라고 본다. 하이데거의 철학은 '저세상'이 아니라 우리가 살고 있는 '이 세상'의 신성을 밝히고자 한다.

앞으로 보겠지만 정황적 이해가 지닌 신학적 차원은 죽음, 양심, 운명, 시간에 관한 하이데거의 논의에서 더 분명하게 드러난다.

다만 이 지점에서 우리는 다음과 같이 말할 수 있다. 하이데거의 세계 개념은 우리가 살아가는 환경이 '그저' 우리의 이해를 왜곡시키는 편견일 뿐이라는 생각을 허물고 있다고 말이다. 우리가 살아가는 환경이 일종의 편견일지는 몰라도 '세계'라는 단어가 암시하듯이 그것은 단지 주관의 '동굴'이 아니다. 우리가 사는 환경은 다른 존재들과 공유하는 포괄적 관점이다. 그것은 우리가 모든 사물에 다가갈 수 있도록 해주는 관점이다. 우리는 각자 자기만의 삶의 관점을—하이데거의 용어로는, 세계에 대한 특정한 이해를—말하지만 각각의 삶의 관점은 원칙적으로 다른 존재들 안으로부터 이해 가능한 것들이다. 예컨대 다른 사람을 알게 되는 경험을 통해 우리는 자신을 그 사람의 관점에 대입시켜 볼 수 있다. 한 사람의 세계, 다시 말해 그 사람의 현존재는 다른 사람에게 이해되지 않을 수도 있고 잘못 해석될 여지도 있지만, 이는 그의 현존재를 적절히 포착해 내지 못했음을 의미하는 것뿐이다. 상호 이해를 보장할 수 없고, 공통의 관점을 실현할 것이라고 장담할 수도 없지만 여기에는 본래적 한계라는 것도 존재하지 않는다. 하이데거는 '주체'를 '현존재'로 대체함으로써 이 점을 확립하고자 했다.

이러한 통찰을 다른 방식으로 표현해 보자. 현존재는 다양한 존재 방식으로 분화해 가면서도 각각의 분화는 전체에 대한 포괄적 이해를 그 안에 가지고 있다. 이러한 이해는 주관적이지 않고, 개개인이 살아가는 방식을 통해 표현되기 때문에 그것은 타인과 '함께하는' 이해이며 타인에게 납득 가능한 이해이다. 각각의 모든 경우에 현존재는 동일한 세계가 자기만의 방식으로 빛을 발하는 지점이다.

마지막으로, 나는 이 책에서 '편견'이라는 말을 두 가지 의미로 사용하는데 하나는 한 사람이 지닌 관점 전체, 즉 '포괄적 편견'이고, 또 하나는 특정한 선입관, 몰두, 전통, 실행 등을 말하는 것이다. 여기서 한 사람의 관점 전체로서 편견은 현존재의 세계 이해에 상응하며, 특정 선입관으로서의 편견은 세계-내 특정 개체들에 상응한다고 볼 수 있다. 각각의 존재 방식은 세계에 대한 이해, 삶 전체에 대한 이해를 전제하는 동시에 각 존재 방식은 그 자체로, 전체를 내다보는 자기만의 창문으로 간주될 수도 있다. 이런 의미에서 내가 (에드먼드 버크의 용례를 따라) 특정한 '편견'이라고 한 것은 한 사람의 포괄적인 삶의 관점에서 뿜어져 나오는 이해이다. 그것은 버크가 생각하듯이 단순한 감정, 맹목적 기질, '즐거운 환상'과는 다르다.

비관여적 판단의 정황적 성격

하이데거는 비관여적 반성을 세계-내-존재의 존재 양식으로 해석함으로써 비관여적 반성이라는 이상을 허문다. 하이데거는 그러한 반성은 주체가 자연, 즉 객체에 대한 지식을 얻기 위해 자신의 의식의 보관소를 초월하는 과정이 아니라는 것을 보인다. 일반적으로 '객관적' 혹은 '탈맥락적'이라고 간주되는 인식 Knowing, Erkennen 도 실은 '눈앞에 있음'을 포착하려는 적법한 임무에 들어선 '관여적 주시'(실천적 이해)의 변용이다.[72] 그런데 '눈앞에 있음'을 포착하려는 임무가 적법하며 비난의 여지가 없다 해도 그것은 많은 부분 제한되어 있다. 비록 '눈앞에 있음'을 포착하는 일을 통해 현존재가 특정 현상을 예측하고 통제할 수 있다 해도 그것은 결코 자연의 '깊은 진리'에 이르지 못한다. '눈앞에 있는' 무엇인가를 '알기' 위해서는, 예컨대 그것의 성질을 연구하기 위해서는 '손안에 있음'의 상태에서 한발 물러서야 한다. 이처럼 하이데거가 비관여적 반성을 제자리에 돌려놓는 과정을 살펴보기 전에, 우선 베이컨과 데카르트가 바라본 비관여적 반성이라는 이상에 대해 알아볼 필요가 있다.

앞에서 보았듯이 베이컨과 데카르트는 자연 그 자체를 있는 그대로 파악하기 위해서는 우리에게 매혹적으로 다가오는 혹은 아름답거나 위협적이거나 유용한 것으로 다가오는 자연에서 한 걸음 물러서야 한다고 주장했다. 베이컨과 데카르트에 따르면 인간의 바람과 가치 평가는, 세계의 순전한 사실에 자신의 주관적 투사에 지나지 않는다. '자연의 심오한 진리'(베이컨)를 이해하기 위해서는 건전한 방법론에 의한 비관여적 반성이 요구된다. 오직 그러한 방법을 통해서만 세계를 인식할 수 있다. 그것은 무계획적으로 혹은 신화적인 방식으로 세계를 경험하는 것이 아니다.

애덤 스미스와 칸트의 도덕 이론도 사회적 세계에 대한 위와 유사한 관점을 보여 준다. 스미스와 칸트는 사회를 규정하는 제도, 실행, 역할, 헌신들은 우연적인 배치로서, 그 자체로는 아무 의미를 갖지 않는다고 본다. 그것들은 어떠한 본유적 선善도 구현하고 있지 않으며 그것들을 평가하는 인간의 주체에 그 가치를 빚지고 있을 뿐이다. 스미스와 칸트에 따르면 특정 역할과 헌신은 우리가 충성을 발휘하도록 만들지만(마치 자연의 특정 측면이 아름답거나 목적을 가진 것으로 우리에게 보이는 것처럼), 그러한 충성은 궁극적으로 이성이 아닌 주관적 감정에 기초하고 있다. 어떻게 행동할 것인가 판단하기 위해서는 한 사람이 속한 사회의 영향력과 삶의 환경으로부터, 그리고 가족, 친구, 국가에 대한 충성으로부터 한 걸음 물러나 비관여적으로 사유할 필요가 있다. 편견에서 자유로운 판단이라는 이러한 이상은 오늘날 윤리학과 과학을 지배하고 있다.

찰스 테일러Charles Taylor의 '근엄austere'이라는 표현은 오늘날의 과학적·도덕적 태도를 잘 보여 준다.[73] 이 말은 건전한 이해와 판단에는 무엇보다 '규율discipline'이 요구된다는 의미를 드러내고 있다. 베이컨, 데카르트, 스미스, 칸트가 이구동성으로 말한 것처럼, 편견이 습관과 관습으로 굳어질 때 그것은 강력한 영향을 발휘한다. 그들이 보기에 문제는 사람들이 실수에 빠지는 것이 아니라 진리를 거부하는 성향을 가졌다는 점이다. 자신이 가진 희망과 공포심 때문에 잘못된 이해와 잘못된 판단에 이르는 것이 문제다.

이는 베이컨이 자신의 과학적 방법론에 대한 개요를 그리기 전에 인간 정신의 우상을 광범위하게 기소한 것을 설명해 준다. 이것은 또한 데카르트가 말한, '정신의 인도引導를 위한 규칙'의 제1단계로서의 '철저한 의심'도 설명해 준다. 모든 편견을 제거하며, 의지로 인해 지성이 오류에 이르는 과정을 드러내는 작업은 지식을 하나하나 재구성하는 데 필요한 조건이다.

이처럼 베이컨과 데카르트, 그리고 '계몽사상가'로 자처했던 모든 이들은 어둠을 밝히고 과거의 우상을 타파하는 것을 자신의 가장 우선적이고 중요한 임무로 여겼다. 물론 그들은 자신들을 과학의 초석을 놓은 사람이라고 여겼다. 그러나 결과적으로 그들이 부각시킨 것은 자신들의 부정적·파괴적 기획이었다. 그 분명한 예로 앞에서 보았듯이 칸트는 계몽을 "편견 일반으로부터의 해방"으로 정의 내린다.[74] 그들에게 계몽은 지식의 습득이 아니라(물론 그런 의미도 포함되지만), 인간이 지닌 편견을 상대로 벌이는 투쟁이자 견실한 이해가 비로소 시작되는 비관여적 관점이다.

비관여적 관점이라는 이상은, 의미 혹은 가치가 세계—그 자체로 무의미한 세계—에 직면한 주체의 정신에서 비롯한다는 가정에 기초하고 있다. 현대 자연과학의 관점에서 볼 때 세계는 물체들—자신의 적절한 자리가 없는 물체들—의 집합이다. 그리고 물체들의 움직임과 상호 관계는 잠정적 법칙이라는 관점에서 설명되어야 한다. 이 이상에 따르면 세계는 도덕적 관점에서 보았을 때 인간의 주체에 의해 그 가치가 부여되는 일련의 사회적 사실들이다. 이러한 세계 해석에 따르면 인간의 욕망, 목적, 실행, 헌신을 통해 형성되는 관점들은 편견, 즉 '즐거운 환상'에 지나지 않는다. 비관여적 관점이라는 이상에 따르면, 편견은 자연에 대한 합리적 이해를 방해하며 인간을 무비판적인 도덕 판단으로 이끈다. 하이데거의 세계 개념이 도전하고자 하는 대상도 바로 이러한 가정이다.

하이데거는 현존재란 자기 머리로 생각해 낸 가치를 사물에 아로새기는 자기의식적 주체가 아니라고 본다. 또 세계는 무의미한 객체 혹은 우연적인 사회적 사실들의 집합체가 아니다. 우리가 인간적 '가치'를 지녔다고 보는 것들은 사실 주체-객체 구분을 상정하고 있는데, 세계-내-

존재는 바로 이런 구분을 허물려는 시도다. 하이데거에게 '가치'란 주관적 기질이 아니라 현존재가 그것을 '위하여' 존재하는 존재 방식이다. 그러한 존재 방식은 단지 인간이 만들어 낸 가치에 국한되지 않는다. 그 의미는 주관의 의식에서 나오는 것이 아니라 그가 세계 안에서 차지하는 자리에서 나온다. 세계는 특정한 실행을 떠맡고 질문하며 수정하는 터전이 되는 곳이다. 세계는 지능 있는 전체로서, 본래적으로 의미 있는 곳이다. 그것은 매우 특별한 텍스트로서 이해될 수 있다(본질적으로 미완의 텍스트이긴 하지만).

가치와 의미는 어디에서 비롯하는가? 하이데거는 가치와 의미의 원천은 인간의 주관이 아니라 인간이 살고 있는 세계임을 강조하기 위해 자신의 철학을 '반反인본주의적'이라고 부른다. 그렇다고 하이데거가 인간의 삶이 중요하지 않다거나 인간의 삶이 더 강력한 존재들에 종속되어 있다고 본 것은 아니다. 결국 개별 존재자들의 존재, 즉 세계는 오직 현존재를 통해서만 존재할 수 있다. 하이데거의 '반인본주의'의 핵심은 인간의 삶이 무의미한 세계를 무대 삼아 거기에 가치를 부여하는, 주체의 행위가 결코 아니라는 것이다. "인간의 인간다움을 결정짓는 데 핵심적인 것은 (주관 혹은 독립된 개체로 이해되는) 인간이 아니라 존재다."[75] 하이데거는 이 점을 이렇게 다시 강조한다.

(인간은) 그것을 '나'라고 하든 '우리'라고 하든 결코 세계의 이쪽 편에 존재하는 '주체'가 아니다. 또 인간은 언제나 객체들과 연결되어 있는 단순한 주체도 아니다. 그러므로 인간의 본질은 주체-객체 관계에 있지 않다. 무엇보다 인간은 그 본질에서 존재의 열림을 향하고 있다. 인

간은 주체가 객체에 대해 관계 맺는 '사이 공간'을 비춰 주는 열린 영역
을 향하고 있다.[76]

자신의 반인본주의에 걸맞게 하이데거는 '가치'라는 용어를 값있고
의미 있는 중요한 무엇을 가리키는 용어로 사용하지 않는다.

무언가를 '가치'로 규정하는 바로 그 행위를 통해 평가 대상의 가치
가 박탈되고 만다는 점을 깨달아야 한다. 다시 말해 무언가를 평가하
는 행위를 통해 평가 대상은 오직 인간의 평가 대상으로서만 의미를
갖는다. 그러나 자신의 존재에 머물고 있는 사물은 그것이 객체라는
사실로 — 객관성이 가치의 형식을 취할 때라도 — 완전히 설명되지 않
는다. 모든 가치 평가는, 긍정적 평가라 하더라도, 주관화시키는 행위
다. 가치 평가는 존재자들이 있는 그대로 존재하도록 허용하지 않는
다. 가치 평가는 존재자가 오직 그 행위의 객체로서 타당하도록 해줄
뿐이다.[77]

자연의 문제로 돌아가 보자. 현존재와 세계에 관한 하이데거의 개념
에 따르면, 의미란 주체가 '객관적 질서'로 이해되는 자연에 부여한 것
이 아니다. 하이데거는 '자연'이 적절하고 광범위한 의미에서 세계, 즉
모든 존재자의 근원이라는 점을 보인다. 그리고 세계는 본유적으로 의
미를 갖고 있다. 세계의 일부로서 땅과 하늘의 사물들은, 우리가 일반
적으로 '자연적' 사물로 잘못 분류하고는 있지만 그 나름의 방식으로
의미를 드러낸다. '자연'은 현존재가 세계-내에 존재하는 기본 방식인

'관여적 주시' 속에서 '흔들리고 부딪히는' 자연으로, 그리고 풍경으로서 우리를 엄습하기도 하고 유혹하기도 하는 자연으로 모습을 드러낸다.[78] 이러한 특성들은 마치 그 자체로 '눈앞에 있는' 세상의 사물이 '주관적 색채를 입은' 것처럼 단지 자연을 취하는 방법인 것만은 아니다.[79] 이 용어들은 그것 자체로 자연을 규정한다.

하이데거는 자연에 대한 자신의 설명을 데카르트의 그것과 비교한다. 데카르트는 세계에 관하여, 말하자면 세계의 '참된' 존재real Being를 상정한다. 그런데 이것은 아직 그 근원이 드러나지 않은 것으로서의 존재, 제대로 올바르게 드러나지 않은 것으로서의 존재라는 생각에 기초하고 있다. 데카르트에게 존재는 항상적인 '눈앞에 있음'과 동일시된다.[80] 이러한 생각은 데카르트로 하여금 세계 혹은 자연을 곧 연장延長(물체가 공간의 일정 부분을 점유하면서 존재하는 성질)을 가진 물체Res Extensa로 파악하도록 만들었다. 이 입장에 따르면 모든 존재자는 지성으로부터 독립해 있으며, 다양하게 변형된 연장으로 간주된다. 연장은 물질적 실재res corporea의 기초가 되며, 그 밖의 모든 것이 세워지는 기반이 된다. 연장의 존재론적 우선성이란 연장 양식의 양적量的 변용이 곧 아름다움, 추함, 조화로움, 부조화, 유용함, 무용함 같은 특정 성질이 존립하는 기반이 된다고 본다.[81] 세계를 신체의 연장으로 보는 입장에 서면 위의 아름다움 등의 성질에 대해 정량화되지 않는 가치 술어로서 그것들을 받아들여야 한다. 이 가치 술어에 의해, 애초에 단지 물질적 사물이었던 것이 이제는 무언가 좋은 것으로 각인된다. 이러한 입장에 따르면, 사물은 순수한 '눈앞에 있음'을 자신의 존재로 갖는다고 본다.[82] 그런데 이런 입장은 '손안에 있음'이라는 현상을, 그리고 그것과 함께 세계를 간과하기 쉽다.

물론 하이데거는 자연을 그 순수한 '눈앞에 있음' 속에서 발견하고 규정할 수도 있다고 보았다. 예컨대 자연은 그 자체로 특정한 성질을 갖거나 형성된 물질일 수 있다. 그러나 그런 식의 자연 발견을, '주관적'이고 '인공적인' 모든 것을 뛰어넘어 '자연의 심오한 진리'에 이르는 것으로 해석하는 것은 잘못이다.

그러한 발견이 가능하기 위해서는 "먼저 우리가 세계와 관여적으로 관계 맺음에서 결여된 부분이 있어야 한다". 그래야 사물이 '눈앞에 있음'으로 나타날 수 있다.

> 관여가 모든 종류의 생산과 조작에서 물러날 때 그것은 '내–존재'의 남아 있는 유일한 방식, 즉 곁에서 함께 머무는 방식에 자신을 밀어 넣는다…… 세계를 향한 이러한 종류의 존재는 우리로 하여금 세계–내의 개체들을 그것들이 보이는 방식(에이도스) 그대로, 있는 그대로 순수하게 만나게 해준다. 이러한 종류의 존재와 존재 양식의 토대 위에서 우리가 만나게 되는 사물을 온전히 바라보는 일이 가능하다.[83]

예컨대 목수가 너무 무거운 망치를 사용해 작업에 방해를 받고 있다고 하자. 이때 망치는 '눈앞에 있는' 사물로 나타난다. 이때 망치는 그것의 기능(무언가를 하기 '위함')에서 떨어져 나와 그것의 모양이나 성질에 의해 규정된다. 그런데 이러한 규정은 망치가 '손안에 있어' 인식되지 않는 상태에 있는 동안에는 가능하지 않다. 무언가 방해받는 단절의 빛에 비추었을 때 망치는 반성의 주제로서 자신을 드러낸다. 이렇게 파악된 망치라야 "그 망치는 무겁다"라고 하는 특정한 주장의 논제가 될 수 있다. 이때 "망치가 무겁다"는 것은 곧 "망치라는 이 사물이 무거움이라는 성질을 지녔다"는 뜻이다.[84]

하이데거는, 주장이라고 하는 것이 지금껏 '객관적' 진리가 존재하는 장소로 간주되어 왔다는 점을 지적한다. 즉 주장이란 것이, 모든 주관적인 것으로부터 분리되어 실제 존재하는 대로의 사물이 존재하는 장소로 간주되어 왔다는 것이다.[85] 베이컨에게 주장이란 바로 그런 것이었다. 베이컨은 열熱과 같은 이미 주어진 자연의 형식이나 그에 관한 참된 정의定義는 열을 발생시킬 수 있는 일련의 성질들을 가지고 포착할 수 있다고 주장한다. 베이컨에 따르면, 열을 인간의 감각이 아니라 우주와 관련해 있는 그대로 정의 내리는 것은 이러한 일련의 성질들이다.[86] 그러나 하이데거는 이런 사고가 잘못임을 보인다. "주장은 그 자체로 개체 일반을 올바른 방식으로 드러낼 수 있는, 자유로이 움직이는 행동이 아니다. 그와 반대로, 주장은 언제나 세계-내-존재라는 토대 위에서 스스로를 지속시킨다."[87] 특히 현존재가 주장 속에서 무엇을 파악하는가 하는 것은 현존재가 망치를 이해하는 한 가지 방식이 된다. 현존재의 망치 이해는 현존재가 관여를 보류함으로써, 즉 보여 주기보다 더 많이 감추는 입장을 취함으로써 가능해진다.

이처럼 현존재가 무언가를 붙잡는 순간 비로소 지금까지 자신이 그 안에 존재하고 있던 내면의 영역에서 빠져나와 그 사물 자체를 처음으로 이해하게 되는 것이 아니다. 현존재의 주된 존재는 사물들 곁에서 현존재 '바깥'에 존재하고 있다. 다시 말해 현존재는 개입들의 총체 속에서 '손안에 있는' 것으로 이해하는 사물들에 몰입해 있다.[88] 망치를 특정 방식으로 '눈앞에 있는' 사물로 한정시키는 주장이 드러내지 못하는 부분이 있다면, 그것은 바로 이러한 이해이다.

이 물체가 주장의 '대상'이 되어 우리가 이러한 주장을 시작하는 순간, 벌써 앞서-가짐fore-having(사물에 대한 구체적 해석을 시도하기 전에 한 사람이 이미 갖고 있는 무엇. 해석 대상에 접근하는 배경이 되는 맥락을 말한다 - 옮긴이)의 전환이 일어난다. 즉 우리가 어떤 일을 수행하는 도구인 '손안에 있는' 무엇은 이제 그 주장이 그에 '관한' 것인 무엇이 되고만다. 우리의 앞서-봄fore-sight은 손안에 있는 사물 속의 '눈앞에 있음'으로 향한다. 이러한 바라봄의 방식에 의해, 그리고 그 때문에 '손안에 있음'은 그 자체로서 장막에 가려진다…… 오직 지금에만 우리는 성질 등에 접근할 수 있다. 주장이 눈앞에 있는 사물에 확정적 성질을 부여할 때, 그 주장은 그 사물에 대하여 그것을 '무엇으로서as what' 말하게 된다. 그리고 이 '무엇'은 '눈앞에 있는' 사물로부터 도출된다. 사물을 '무엇으로서' 해석하는 이러한 구조는 이미 변형을 거친 것이다. '로서as'는 이해된 바를 전유專有하는 기능 속에서 더 이상 개입들의 총체에까지 나아가지 못한다. ~'로서'는 ……우리 '눈앞에 존재하는' 사물을 고정된 방식으로 보게 만드는 구조를 고착시킨다. 주의 깊은 해석이 지닌 시원적 양식인 '로서'가 '눈앞에 있는' 사물에 확정적 성질을 부여하는 '로서'로 수평화되는 것은 주장이 특히 잘하는 분야이다. 오직 그렇게 할 때만 주장은 우리가 그저 그것을 바라보는 방식대로 무언가를 보여 주는 가능성을 획득하기 때문이다.[89]

이처럼 "주장은 존재론적으로, 해석으로부터―주의 깊게 이해하는 해석으로부터―기원했다는 사실과 단절하지 못한다".[90] 다시 말해 주장이 말하는 바는 사물 자체에 관한 순수한 의식이 아니다. 애초에 무엇을 보는가는, 그리고 그것이 어떻게 보여지는가는 현존재의 관여적 주시에 의해 인도받는다.

더욱이 이러한 실천적 이해에 비춰 볼 때, 주장은 그리고 우리가 비관여적이라 여기는 '인식'은 특별한 개입 양식으로 해석되어야 마땅하다. 다시 말해 주장이나 비관여적 인식은 '결여된' 개입 양식, 즉 '머뭇거리고 있으며' '배려하지 않는' 개입 양식이다. 머뭇거리거나 배려하지 않는다는 것도 사물을 사용하거나 사물을 '손안에 있는' 것으로 발견하는 것만큼이나 가치가 개입되어 있다. 하이데거가 말하는 '결여'는 부적절하다는 의미가 아니다. 그것은 특정 유형의 관여가 존재하지 않는다는 뜻이다. 그가 말하고자 하는 것은 아무리 '순수한 이론'이라 할지라도 그것은 검토 대상에 대한 일정한 실제적 입장과 태도를 이미 상정하고 있다는 것이다. "그저 '눈앞에 있을' 뿐인 사물을 단지 이론적으로 검토할 때조차 만약 이론이 그 사물을 고요한 머묾 속에서 우리에게 다가오도록 해주지 않는다면 사물은 우리 눈에 보이는 모습대로 스스로를 드러내지 않는다."[91] 가장 객관적이라고 여기는 과학적 반성조차 현존재의 관여와 관계되어 있다. 하이데거는 "모든 인지적 규정은 세계-내-존재 안에서 그 실존적-존재론적 구성을 이룬다"라고 말한다.[92] 이런 의미에서 인지적 판단은 일종의 정황적 이해다.

그렇다면 무조건적 진리인 것처럼 보이는 과학적 언술에 대해서는 어떨까? "지구가 태양 주위를 돈다"는 언술은 어떤가? 이것은 특정한 삶의 관점과 무관하게 자연 그 '자체'를 설명하는 것이 아닌가? 이것은 모든 곳에 존재하는 모든 이성적 존재자에게 유효한 진리를 말하고 있지 않은가? 하이데거는 그렇지 않다고 말한다. 이 언술조차 태양과 지구가 특정한 방식으로, 즉 '눈앞에 있는' 방식으로 모습을 나타낸다고 상정하고 있다는 것이다. 더 정확히 말해, 이 언술은 태양과 지구가 의미 있는 전체 안에서 차지하고 있는 위치에서 유리된 채 추상화된 두 개의 천체로서 모습을 나타낸다고 가정한다. 그렇기 때문에 태양과 지구가 서로 마주 보고 규칙적으로 움직이는 현상을 설명이 필요한 비정상적 현상으로 본다. 이처럼 지구와 태양에 대한 '눈앞에 있음' 개념에 기초하게 되면 이런 질문들이 일어난다. "어느 것이 어느 것 주위를 도는가? 눈에 보이는 태양의 움직임은 우리를 속이고 있는 것이 아닌가?" 그러나 이러한 '눈앞에 있음' 개념은 '손안에 있는' 존재로서의 지구와 태양에 대한 우리의 이해를 흐리게 만든다. 손안에 있는 모든 사물과 마찬가지로, 태양과 지구도 현존재의 삶 안에서 그것이 갖는 적절한 자리에 의해 규정된다.

근대의 천체 물리학은 지구와 태양의 관계성에 대한 설명을 통해 자연의 '참된 존재'—인간이 자연에 대해 갖는 인상과 반대되는 참된 존재—에 이를 수 있다고 가정한다. 그러나 이것은 자연이 인간에게 주어진 것으로서 무의미한 객체의 집적물이라고 상정하는 것이다. 그리고 무의미한 객체들은 인간이 사후적으로 그에 덧붙인 주관적 단어—'유용하다, 좋다, 아름답다' 등—를 통해 그것의 '가치'를 획득한다고 본다. 이런 점에서 보면 인간에게 드러나는 모습대로의 자연으로부터 한발 물러서는 것이 타당한 의미를 갖는다. 자연 자체, 즉 객관에 이르기 위해 주관적인 모든 것에서 물러서는 것이 마땅하기 때문이다. 그러나 하이데거가 보여 주듯이 자연에 관한 근대 과학의 이해는 '눈앞에 있음'으로 모습을 나타내는 자연에 기초하고 있다. 이런 의미에서 근대 과학은 정황적이다. '눈앞에 있음' 자체가 '손안에 있음'에 기대고 있으며, 이 '손안에 있음'은 다시 세계에 기대고 있기 때문이다.

그러므로 "지구가 태양 주위를 돈다"는 언술은 조건부 진리임이 드러난다. 왜냐하면 '지구'나 '태양' 같은 단어에는 그것의 본래 성질의 잔존물, 즉 이들 존재자에게 무엇이 핵심이며, 무엇이 이것들을 세계를 구성하는 특별한 일부로서 드러나게 해주는가에 관한 해석만 남아 있기 때문이다. 지구가 태양 주위를 도는가, 그리고 이들 각각의 존재자가 회전하는가 여부는 오직 그것이 무엇인가에 관한 포괄적 분석을 통해, 그리고 그것의 존재에 관한 충분한 설명을 통해서만 판단할 수 있다. 또 그러한 분석과 설명은 그것이 처음에 드러나는 모습으로부터 출발해야 한다. 그러나 베이컨의 과학은 그러한 설명을 시도하지 않는다. 베이컨의 과학은 태양—우리의 말과 일상의 실행에서 처음 우리의 세계로 비집고 들어온 태양—에 관한 모호하고 검증되지 않은 인식에서 출발한다. 그리고 거기서부터 '태양'의 성질에 대한 탐구를 시작한다. 그런데 그렇게 하는 동안 태양의 본래적 존재는 암흑 속에 가려지고 만다.

태양에 관한 설명이 충분하려면 태양이 다른 존재자들과 구별되는 것이 무엇이며, 다른 존재자들과, 그리고 궁극적으로 존재, 즉 전체와 연결시켜 주는 것이 무엇인가에 대해 말할 수 있어야 한다. 그리고 그러한 설명은 우리의 일상생활에서 '손안에 있는' 것으로 우리에게 처음

모습을 드러내는 태양으로 돌아갈 것을 요구한다. 이러한 기초 위에서만―이것이 과학이 성립하는 조건이다―우리는 태양이라는 존재자를 밝히는 작업, 다시 말해 태양의 근원을 존재 자체에서 추적하는 작업을 시작할 수 있다.

물론 문제는 이것이다. 즉 다른 존재자와 마찬가지로 태양도 처음에는 진리를 구성하는 하나의 조각인 '것처럼', 상식적인 이해인 '것처럼' 보인다는 점이다. 사고가 해야 할 임무는 이러한 최초의 인식을 발전시키는 것이다. 어떻게 이 작업을 시작할 수 있는가? 처음에 태양은 집이 햇볕을 받을 때, 밤에 가로등으로 동네를 밝힐 때, 그리고 햇볕을 피하기 위해 그늘을 제공하는 의자에 앉을 때 등의 방식으로 자신의 모습을 드러낸다. 이 모든 경우에, 즉 남향의 집을 짓거나, 밤에 가로등 밝은 거리를 걷거나, 아니면 그늘을 제공하는 의자에 앉을 때 우리는 태양에 관해 명시적으로 생각하지 않고도 태양을 '알아챈다'.

그러나 태양에 관한 이러한 이해는 그것을 그 밖의 자연적 존재자들과 희미하게 구분해 줄 뿐이다. 태양을 다른 존재자들과 확실하게 구분해 주는 것은 태양이 우리의 일상생활에 영향을 미치는 방식이다. 우리는 태양의 움직임에 따라 시계를 맞춘다. 태양이 뜨면 잠자리에서 일어나고 태양이 중천에 떠 있을 때 점심을 먹는다. 또 태양이 지면 잠자리에 든다. 이처럼 태양은 신뢰할 만한 존재이기 때문에 우리는 이 모든 일에 관해 명시적으로 생각하지 않고도 그것을 실행에 옮긴다. 태양의 안정적 성격과 그것의 지도적 영향력은 태양을 다른 자연 존재자들, 특히 일상생활의 리듬을 깨뜨리는 번개와 폭풍, 지진 등과 구분시켜 준다.

이런 방식으로 우리는 태양에 대한 정의를 내리기 시작한다. 그러나 이러한 이해도 결코 충분하지는 않다. 왜냐하면 '우리를 인도하는 빛으로서의 태양' 속에서 우리는 태양을 아직은 일상적인 우리 삶과 연결된 것으로 파악하기 때문이다. 우리는 태양을 '삶'에 관한 중요한 그러나 아직은 피상적인 의미—여전히 세계-내-존재의 통일성을 결여하고 있는—에 묶여 있는 것으로 파악한다. 그럼에도 태양에 관한 이러한 일상적 설명은 보다 포괄적인 설명을 향하고 있다. 태양은 우리를 인도하는 빛으로 기능하면서 전체 속에서 특별한 자리를 갖는다. 우리는 여러 가지 방식으로 태양이 전체 속에서 차지하는 자리를 가늠할 수 있지만 어떠한 설명도 예외 없이 태양이라는 존재자를 존재 자체와 연결시킬 수 있어야 한다. 우리는 그러한 기억할 만한 예를 플라톤에게서 찾을 수 있다. 플라톤은 태양이 존재 자체의 반영이라고 가르친다. 태양은 선이 자신의 이미지에 따라 탄생시킨 '선善의 자녀'다. 태양이 눈에 보이는 모든 사물에 존재와 시각을 부여하는 것과 마찬가지로, 선은 모습을 나타나는 모든 것을 탄생시킨다. 선은 우주적 전체이며, 태양은 그것의 특수한 일부다. 태양은 그 나름의 방식으로 전체를 반영하고 있다. 태양은 세계라는 현상을 밝히는 과정을 통해 존재와 개별 존재자들 사이의 관계를 거울처럼 비춰 주고 있다. 이는 우주 자체를 규정하는, 전체와 부분의 관계를 예시하는 것이다. 물론 우리는 플라톤의 태양 설명이 어느 정도로 포괄적인가에 관해 질문할 수 있다. 그러나 특정 존재자로서의 태양을 존재와 연결시킨 그의 설명이 하이데거의 '기초 존재론'이 요구하는 정도의 포괄적인 설명인 것만은 틀림없다.

03

정황적 행위

세계-내-존재가 자유에 대해 갖는 함의

The Place of
PREJUDICE

앞에서 본 것처럼 편견에 대한 반론은 단지 진리에 대한 관심에서 생겨난 것만이 아니다. 그것은 많은 부분 자유에 대한 특정한 개념에 의해 자극을 받은 것이다. 그 개념이 칸트에 와서 활짝 꽃을 피웠다. 칸트는 자유롭다는 것은 곧 자기 내면의 인도를 받는 것, "타인의 지도에 의존하지 않고 자신의 지성을 사용하는 것"이라고 했다.[1] 이와 반대로, 편견에 영향을 받는다는 것은 인간의 권위든, 전통이나 상식 또는 관습이든 노예적인 행위다. 칸트에 따르면 자유롭기 위해서는 자신이 교육받은 관점과, 심지어 자신의 욕망과도 격리되어야 한다.

그러나 하이데거의 세계-내-존재 개념은 비관여에 의존하고 있는 이러한 이상적 개념의 자유를 허물고 있다. 비관여적으로 사유하고 판단할 때조차 우리는 결코 자신이 처해 있는 상황에서 떨어져 나올 수 없다. 그러나 그렇다고 해서 우리가 상황의 노예가 되는 것은 아니다. 현존재는 자신이 지탱하고 있는 세계에 '예속되어 있다subordinate'. 세계는 오직 현존재의 자기 이해와 관련되어서만 '존재한다'. 현존재와 세계의 이러한 상호적 조화는 주인과 노예의 구분을 거부한다. 더욱이 이번 장에서 내가 논할 세계-내-존재는 자기-지도self-direction라는 칸트적 이상을 담지하고 있는 인간의 행위 개념을 함축하면서도 칸트적 이상을 그의 순수 이성 개념에 따른 곤란함으로부터 벗어나게 한다. 다시 말해 우리는 하이데거를 단순히 칸트의 적대자, 즉 자기-지도라는 이상의 적대자로 보아서는 안 되며 오히려 자기-지도라는 이상을 구원한 인물로 보아야 한다.

모든 편견으로부터의 분리(비관여)라는 칸트적 이상은 두 가지 난점을 제기한다. 첫째는, 하이데거가 말하듯이 그러한 이상은 실제로 실현될 수 없다는 점이다. 모든 편견에 관여하지 않기는 불가능한 일이다. 둘째는, 만약 그러한 비관여가 가능하다 하더라도, 즉 순수 실천 이성이 독립적으로 존재한다고 해도, 칸트적 이상은 그의 '자율로서의 자유' 개념과 긴장 관계에 있게 된다. 여기서 자율이란 곧 자기-지도, 부정적으로 표현하면 타인에 대한 의존으로부터 벗어나는 것을 의미한다. 그런데 칸트에 따르면 이러한 자유는 오직 그 정체성이 고정되어 있고 이미 주어져 있는 순수 실천 이성이라는 주관을 상정함으로써만 획득할 수 있다. 그렇다면 자유는 어떤 의미에서 자율이라는 이상 자체와 모순 관계에 있게 된다. 사실 내가 누구인가 하는 정체성은 나의 통제를 벗어난 문제다. 나는 내가 자신에 대하여 취하는 어떤 태도와도 무관하게 동일한 존재로 남는다. 내가 이런저런 욕망과 역할, 존재 방식을 추구하든 하지 않든 나의 정체성은 그것에 영향을 받지 않는다. 물론 칸트의 관점에서 보자면 이러한 불변성이 바로 그가 주장하고자 하는 핵심이다. 경험의 토대인 주체는 경험에 의해 바뀔 수 없다는 것이다. 이에 혹자는 이런 식의 자아 개념은 참된 자율적 자아가 행할 수 있는 자기-지도를 부당하게 제한하는 것이라고 주장할지 모른다.

확실히 칸트는 강력한 자율 개념을 제시하고 있다. 즉 자아 외부에 존재하는 모든 영향력으로부터 자유로워야 한다는 것이다. 그러나 이러한 이상은 다음과 같은 점에서 한계를 갖는다. 즉 자율적 자아는 근본적 '변화'를 일으킬 능력, 자신의 정체성을 발달시킬 능력이 없다는 것이다. 더욱이 이러한 결여는 칸트가 '자기-지배', '자기-지도'와 같은 용어로 공식화하고자 했던 자율 자체의 부족한 부분을 드러내는 것이다. 그런데 만약 자기-지도가 지도를 행하는 자아에 대한 통제력을 완전히 결여하고 있다면 자기-지도는 어떤 의미에서 공허한 개념이 아닐까? 물론 자신에게 도덕 법칙을 부과하는 것은 '긍정적인' 자유 개념임에 틀림없다. 그러나 이러한 자기-입법self-legislation도 결코 나의 정체성을 건드리지는 못한다. 그것은 그저 변하지 않는 나의 정체성에 부합하는 자기-존중의 행위로 남을 뿐이다.

　더욱이 칸트가 생각한 자유는 개인성을 희생하고 얻는 것이다. 인간이 자유롭다고 한다면 그는 다른 인간과 구별되지 않는 통일적 주관의 구성원이라고 보는 것이다. 인간은 오직 특정한 욕망을 추구하는 경험적 자아로서만 다른 인간과 구분된다고 본다. 물론 칸트가, 자기만의 방식으로 행복을 추구하는 경험적 자아를 폄하하려 한 것은 아니지만 그렇다 해도 경험적 자아는 '자율적이지' 못하다. 더 정확히 말해, 욕망하고 분투하는 자아는 자신의 모든 욕망과 분투에서 한발 물러나 다른 사람과 공유하는 관점을 획득할 능력을 가진 한에서만 자유롭다고 할 수 있다. 칸트가 모든 이성적 존재들의 통일성을 이야기한 것은 설득력이 있지만, 우리의 개인성이 그저 우연적 충동과 욕망에 있다고 보는 견해는 어딘가 불안정한 면이 있다.

마지막으로 칸트적 의미의 주체는 자신의 정체성을 형성하는 능력 이상을 가리키는 행위를 결여하고 있다. 칸트적 의미의 주체는 사물의 존재 방식을 변화시킬 능력도, 자연에 대한 어떠한 책임도 갖지 않는다. 칸트는 사물의 존재 방식이나 자연을 '필연성의 영역'으로 본다. 더 문제가 되는 것은 칸트가 이러한 필연성이 인식적 주체 자체에 존재한다고 본다는 점이다. 정신 혹은 초월적 주체는 자신의 법칙을 자연에 명령할 수 있지만 주체가 가진 범주가 고정되어 있다면 자연의 범주도 고정된다. 이때 자연은 엄격하게 필연적인 과정을 따르며 그 앞에서 인간은 무력해진다. 칸트적 의미의 주체에서, 자연은 인간의 행위라는 관점에서 볼 때 무언가 생경한 것, 일정한 거리 두기를 통해 극복해야 하는 무엇이 된다. 칸트는, 우리가 자율 능력을 가진 자유로운 존재라고 할 때 그것은 우리가 자연과 '반대되는' 상태로 존재한다는 의미로 파악한다. 칸트는 인간의 행위가 '마땅히 그래야 하는' 것을 추구할 수 있다고 한다면, 그것은 오직 '있는 그대로 존재하는' 것과의 대비를 통해서만 가능하다고 본다.

하이데거의 세계-내-존재 개념은 순수 실천 이성이라는 칸트의 이상보다 더 강력한 행위 개념이라는 것이 나의 생각이다. 세계-내-존재는 칸트적 의미의 주체가 획득할 수 있는 것보다 더 깊은 자기-규정과 개인성을 지향한다. 더욱이 칸트적 의미의 주체는 오직 그 자신과 '마땅히 그래야 하는' 것에만 책임진다면 그와 달리 현존재는 세계, 즉 있는 그대로 존재하는 것에까지 책임을 진다. 행위에 대한 이러한 견해는 편견에 대한 두 번째 반론(편견이 자유에 배치된다는 반론)을 허물어뜨린다. 행위 개념은 비관여적 이성이 아닌 정황적 지성이 참된 자유를 가능케 한다는 점을 보여 준다.

세계-내-존재와 연관시킨 자유 개념은 자유를 곧 '독립'으로 간주하는 전통과도 부합한다. 특히 루소, 칸트, 헤겔, 마르크스 등에 의해 형성된 이 전통은, 자유를 곧 자신의 욕망에 따라 행위하는 능력으로 간주한 토머스 홉스, 존 로크John Locke, 데이비드 흄 등의 전통과 구별된다. 독립으로서의 자유는 그저 자신의 행동에 대한 방해물이 존재하지 않는 것만을 의미하지 않는다. 거기에는 자기 바깥에 있는 모든 것으로부터 독립하는 것까지 포함된다.

이러한 자유 개념을 전개한 사상가들은 우리가 독립을 성취하는 방법에 관해 크게 두 가지 답을 내놓았다. 첫 번째는 칸트의 답으로 그는 우리가 우리 외부에 존재하는 모든 것으로부터 거리를 둠으로써, 그리고 합리적 추론을 통해—다시 말해 자신의 '내면에서 출발해'—독립을 성취할 수 있다고 보았다. 그러나 칸트의 후계자들, 특히 헤겔과 마르크스는 이러한 추상화의 이상이 잘못되었다고 여겼다. 그들은 인간의 삶이란 자연과 사회에 불가분하게 의존할 수밖에 없다고 판단한 것이다. 이러한 의존을 무시하는 것은 우리 자신이 지니고 있는 본질적 차원을 놓치는 것이라고 한다. 비관여적 이성이라는 이상은 실현 불가능할 뿐 아니라, 우리의 욕망과 그 욕망의 실현 무대가 되는 세계를 우리에게 낯선 것으로 만들어 버린다.

헤겔과 마르크스는 비관여의 이상을 대체할 만한 개념으로 '독립'을 제시한다. 여기서 독립이란 객관 세계를 자신의 자아에 '통합'하는 것, 그리고 '타자'가 결국 '자기'임을 이해하는 것이다. 헤겔에게 독립이란 곧 객관 세계가 결국 주체성의 표현이라는 사실을 인식하는 것이다. 다시 말해 객관 세계란 인간의 행동과 이해를 통해 자기 지식을 획득하는 우주적 정신이 정립하는 주관성의 표현인 것이다. 반면 정신에 관한 헤겔의 견해에 동의하지 않는 마르크스에게 인간의 독립이란 자연과 사회를 변혁시켜 인간 종(種)으로서 자신의 존재를 반성하는 것을 말한다. 두 경우 모두, 독립은 주변 세계로부터의 소외를 극복할 것을 요구한다. 헤겔은 이를 두고 "타자 안에서 자기 자신으로 있는 것"이라고 했다.

이러한 다양한 독립 개념에 공통되는 생각이 있다면 자유란 궁극적으로 '주체'에 관한 것으로 본다는 점이다. 자유는 주체가 낯선 '객관' 세계를 변증법적으로 극복하는 것이라고 본다. 자유를 성취한다는 것은 낯선 것으로부터 추상하거나(칸트) 통합하는 것, 그리고 낯선 것을 곧 자아의 표현으로 보는 것(헤겔과 마르크스)을 의미한다. 하이데거는 주체를 '현존재'라는 말로 대체함으로써 자유라는 논제에 의미심장한 변화를 일으킨다. 그것은 자유의 문제를, 우리가 외부적 영향력을 극복하는 문제에서, 우리 가까이 존재하는 것들에 대한 함몰로부터 우리를 해방시키는 문제로 바꿔 놓기 때문이다.

세계-내-존재로서 현존재는 자신이 살고 있는 세계에 '속해 있다'. 그리고 이런 의미에서 현존재는 낯선 것에 직면하지 않는다. 현존재가 독립하는 데 위협으로 작용하는 것은 어떠한 외부적 원천이 아니다. 그것은 전체를 은폐하는 방식으로 삶의 세부에 함몰되려는 현존재 자신의 경향성으로부터 온다. 이때 현존재는 삶의 통일성에 대한 분명한 비전과, 통일성을 명료하게 하려는 목적을 가지고 이해를 통해 자신의 역할을 살아내지 못한다. 대신 그는 정형화된 방식으로 자신의 역할을 수

행하려는 경향을 갖는다. 이때 현존재는 자신이 처한 상황이 요구하는 민감성 없이 그저 '타인들'의 방식을 따르기 쉽다. 하이데거는 이러한 맹목적 추종의 경향성을 현존재의 비본래성inauthenticity이라고 부른다. 그는 현존재가 추종하는 '타인들'이란 나라는 현존재와 별개로 존재하는, 그리고 내가 의식적으로 나 자신과 비교 대상으로 삼는 '확정된 타인들'이 아니라는 점을 강조한다. "결정적인 것은 타인들에 의한, 눈에 띄지 않는 지배이다. 그 지배는 함께-존재Being-with로서의 현존재로부터 타인에게로 이미 넘어가 버렸다. 이렇게 우리는 타인의 자기에 속하게 되고 그들의 힘을 키워 준다."[2] 여기서 타인이란 "이 사람도, 저 사람도, 자신의 자아도, 누군가 다른 사람도 아니다. 또 그들 모두의 총합도 아니다". 타인은 "중성적인 그들(인간)"이다.[3]

하이데거의 '인간' 개념은 '그들'이라고 어색하게 번역되긴 했지만 실은 '그들의 행동 방식' 혹은 '일반적으로 행해지는 방식'에 순종하는 현존재의 경향성을 포착하기 위한 말이다.

> 우리는 그들(인간)이 하는 것과 똑같은 방식으로 기쁨을 취하고 스스로 즐긴다. 우리는 '그들'이 보고 판단하는 대로 문학과 예술을 읽고 보며 그것에 대해 판단을 내린다. 마찬가지로 우리는 '그들'이 움츠러드는 것과 동일한 방식으로 '커다란 무리great mass'로부터 움츠러든다. 그들에게 충격적인 것은 우리에게도 충격으로 다가온다.[4]

하이데거는 현존재가 '인간'에 함몰된다는 것이 전적으로 타인을 바라보며 자기로부터 멀어지는 과정이 아님을 다시 말한다. 그는 이러한 함몰이, 현존재가 모든 설명 가능성으로 자신을 유혹하면서 종종 가장 과장된 '자기-해부'로 몰아간다는 점을 지적한다. 이렇게 현존재는 "스스로에게 꼼짝 못하게 얽히고" 만다.[5] (정신분석의 문화 속에 반영되어 있는) 이러한 과도한 자기 검열은 현존재가 자신의 '참 자아'를 찾아내는 진실한 방식으로 가장된다. 그러나 실제로 그것은 현존재를 더 깊은 자기-망상으로 몰아갈 뿐이다. 왜냐하면 '문화적으로 축조된' 허울 아래 '참 자아' 혹은 핵심이 존재한다고 가정하는 것은 인간 삶의 기본 성격을 완전히 놓치는 것이기 때문이다. 현존재는 자신의 정체성을 스스로 규정하는 주체도, 또 그렇다고 사회에 이리저리 휘둘리는 객체도 아니다.

자기 삶의 세부—즉 이러저러한 역할과 활동, 태도 혹은 그것들의 집합체—속에서 스스로를 잃어버리는 과정에서, 그리하여 '그들'의 행동에 대한 희생양으로 전락하는 과정에서 현존재는 일반적인 '유형'을 지향하게 되는데, 하이데거는 이를 '비본래적 inauthentic' 자기라고 부른다. 이 자기는 두 가지 점에서 참되지 못하다. 첫째, 이 자기는 자기만의 표식을 지니지 못한 채 익명의 '타인들' 속에 흩어져 있다. 이 자기는 동일한 이력을 가진 타인에 의해 언제든 대체될 수 있는 삶을 살아간다. 둘째로, 이것이 더 중요한데, 이 자기는 현존재의 정수를 감추고 있다는 점에서 참되지 못하다. 왜냐하면 현존재는 이러저러한 존재로 규정되는 것이 아니라 세계-내-존재에 의해, 그리고 전체에 대한 정황적 이해에 의해 규정되기 때문이다. 일상적인 일에 몰두해 있는 참되지 못한 현존재는 '존재자들 사이에서' 자신을 잃어버린다. 그럼으로써 존재, 즉 삶의 전체성과의 근본적인 연결성을 망각한다.[6] 이러한 망각은 곧 현존재가 자기다움을 결여하게 되는 근본 원인이라고 할 수 있다. 왜냐하면 전체에 대한 현존재의 인식이야말로 현존재에게 자신의 특정 활동을 평가하고 그것을 적절한 균형을 가지고 보게 해주는 중요한 관점—'인간들'의 피상적 이해에 의해 왜곡되지 않은 관점—을 제공하는 것이기 때문이다.

하이데거는 현존재의 이러한 자기-분산 경향을 세상 속으로 "추락하면서 자기로부터 멀어지는" 것으로 본다.[7] '추락'이라는 말은 좁고 바닥 없는 세상의 구덩이 속으로 떨어지는 자유낙하를 연상시킨다. 그런데 그것은 더 나아가 성경에 나오는 아담의 타락, 즉 신에 대한 원죄를 연상시키기도 한다. 하이데거는 현존재의 추락을 세상에 대해 지은 죄, 즉 존재로부터 "멀어지면서 추락하는 것"으로 해석한다. 적어도 현대에 이러한 추락의 핵심 양식은 특정 종류의 지식, 즉 아담의 원죄가 지닌 특징인 매우 자기의식적인 지식이 발생하는 것이다. 그런데 비관여적 반성으로 얻어지는 '지식'이 세계의 심연에 이르는 방법으로 가장하는 한, 그것은 현존재를 존재에 눈뜨지 못하게 하며 그의 죄를 구성하게 된다.

하이데거는 '추락'이라는 말이 주체가 '세계'라는 객체에 함몰되는 경향을 가리키는 말이 아님을 분명히 한다. 추락은 세계-내-존재가 지닌 하나의 양식으로서, 그것은 말하자면 세계의 '성격' 자체를 감추는 것이다. 추락의 한 가지 방식이 세계에 대한 주체-객체 해석에 함몰되는 것이다. 추락하는 방식 중 하나가, 세계에 대한 여러 입장 가운데 하나에 불과한 '눈앞에 있음'을 곧 세계 자체로 잘못 해석하는 것이다. 어떤 의미에서 현존재의 추락은 낯선 객관 세계에 마주한 주체가 직면하는 곤경과 정반대의 것이다. 낯선 객관 세계에 마주한 주체를 치유하기 위해서는 세계에 대한 일정한 교감을 회복해야 한다면, 현존재의 추락을 치유하기 위해서는 특정한 구분을 획득해야 하기 때문이다. 그러나 두 곤경 모두 일종의 소외, 즉 자기다움의 상실로 볼 수 있다. 하이데거는 추락하는 세계-내-존재는 "소외 중에 있다^{alienating}"고 말한다.[8] 추락하는 세계-내-존재는 현존재가 존재와 맺는 기본적 관련성을 숨기고 있으며, 그럼으로써 '자기다운' 무엇이 될 수 있는 가능성을 은폐하고 있다.

본래성, 불안 그리고 양심의 부름

독립을 얻는다는 것은 곧 본래적으로 존재하는 것, 타락으로 향하는 경향성을 극복하는 것, 그리고 자기를 세계-내-존재로 인식하는 것을 말한다. 이러한 인식은 현존재가 자신을 세계-내-존재로서 '개념화'해야 한다는 말이 아니다. 단지 현존재는 세계-내-존재의 자각을 구현하는 방식으로 자신의 삶을 살면 된다. 이러한 자각의 핵심적인 특징은, 현존재의 정체성이 존재자들과 특정 활동, 역할들에 의해 익사하지 않도록 그것들로부터 일정한 반성적 거리를 유지하는 것이다. 이 거리는 존재자들로부터 분리됨으로써 얻어지는 것이 아니다. 그것은 자기 삶의 전체성 속에서, 그리고 세계 속에서 그것들이 차지하는 자리를 알게 됨으로써 얻어진다. 현존재는 개별 존재자들이 아니라 세계, 즉 존재를 자기 정체성의 근원으로 인식할 수 있어야 한다. 다시 말해 현존재를 규정하는 것은 이러저러한 세부사항이나 그것들의 총합이 아니라 전체에 대한 살아 있는 자각 lived awareness인 것이다.

본래성에 대한 이러한 해석은 존재와 개별 존재자의 구분에 근거하고 있다. 그런데 실은 이러한 해석이, 수동적 삶이 아닌 자기 삶을 스스로 선택하는 현존재를 강조하는, 우리에게 친숙한 설명보다 하이데거가 말하려는 바를 더 잘 포착해 준다. 현존재와 관련해 수동적 삶이 아닌 자기 삶에 대한 주체적 선택을 강조하는 식의 설명은 리처드 폴트에게서 찾아볼 수 있다. 그는 "나의 정체성이 저절로 형성되도록 내버려두는 것이 아니라 진정으로 그것을 선택할 때 나는 참되게 존재한다"고 말한다.[9] 그런데 '선택'과 '내버려 둠'의 이분법은 현존재의 참된 '선택'이라도 거기에는 여전히 일정한 수동성이 내포되어 있다는 점에서 오류의 소지가 있다. 하이데거에 따르면 선택의 원천은 자기 주권적인 주체의 의지에 있지 않다. 현존재의 '선택'은 언제나 세계 안에 있다. 선택의 이러한 수동적 차원은 심지어 현존재의 본래적 삶이라 해도 어떤 의미에서는 '우연히 일어나는' 것이라는 의미를 내포하고 있다. 다시 말해 단순히 '선택'의 관점에서만 본래성을 보는 것은 선택의 '토대'를 드러내 보이지 못한다. 하이데거 해석자들에게는 안 된 일이지만 하이데거는 그 자신, 본래적 선택의 토대에 대해 매우 모호한 태도를 취했다. 그는 본래적 선택의 토대는 불확정적이며 indefinite, "오직 결단(본래적 선택)만이 답을 줄 수 있다"고 했다.[10] 그러나 존재가 개별 존재자들과 맺는 관계성을 분명히 기억한다면 적어도 본래적 행동의 속성에 대한 일반적 해답을 제공할 수는 있을 것이다. 그 해답이란, 본래적 행동의 표징은 존재라는 토대 위에서 명료한 결단을 내리는 것이라는 것이다.

이러저러한 삶의 세부가 아니라 전체에 대한 살아 있는 이해[lived understanding]라는 토대 위에서 결단을 내리는 것이 참된 행동이라는 것이다.

　이런 의미에서 현존재는 일정한 독립을 획득한다. 하이데거의 표현을 빌리면, 현존재는 '아무것에 의해서도' 조건 지어지지 않는다. 그런데 이 '아무것도 없음'을, 존재하는 모든 것을 그저 부정하는 것과 혼동해서는 안 된다. 또 그것을 순수 이성이라는 추상적인 이상과 혼동해도 안 된다. 더욱이 이 '아무것도 없음'은 드레이퍼스가 "아무것도 존재 근거가 없으며 삶에 대한 지침도 없다"고 할 때의 존재의 공허함을 의미하지도 않는다.[11] 여기서 '아무것도 없음'은 존재, 즉 전체가 그것이 탄생시킨 개별 존재자들로 환원될 수 없다는 의미를 드러내고 있다.[12] 다시 말해 존재는 사물 혹은 사물들의 집합체로 이해될 수 없다. 아무것도 없음[nothing]은 말 그대로, 사물이 아니다[no-thing]. 서사로 표현된 현존재의 삶의 이야기는 그것이 관계한 사건이나 계획, 관계 등으로 결코 환원될 수 없다. 현존재의 삶의 이야기가 지닌 모든 세부의 원천이 되는 것은 전체로서의 이야기다. 무엇에 의해서도 조건 지어지지 않은 현존재는 '세계-내-존재로서 개인화'된다.[13]

　하이데거는 이런 개인화가 곧 특정 활동과 헌신으로부터 멀어진 채 '자유롭게 부유하는' 개인, 혹은 새의 눈으로 조감하듯이 자기 삶을 평가하는 개인이 된다는 의미가 아님을 강조한다. "본래적 자기 됨[Being-ones-self]은 현존재를 그가 사는 세계로부터 분리시키지 않는다. 또 현존재를 자유롭게 부유하는 '나'로 분리시키지도 않는다." 본래적 드러남이란 '세계-내-존재' 이외의 다른 것이 될 수 없는데, 현존재가 분리될 수 있겠는가? 참됨은 "자아를 손안에 있는 것에 대한 현재적이고 관여적인 곁존재^{Being-alongside}로 데려가 다른 존재들에 대한 배려적 존재 속으로 밀어 넣는다".[14] 차이점은, 본래적 현존재는 새로운 정신 속에서, 살아 있는 서사, 즉 숙명 혹은 운명의 일부로서 자신의 헌신을 살아낸다는 점이다. 하이데거는 본래성은 가장 가까운 것으로 자신을 드러내는 무한한 다중적 가능성—편안함, 움츠림, 가벼움 등의 가능성—으로부터 하나를 낚아채 현존재를 숙명^{fate, Schicksal}의 단순함으로 데려간다고 말한다.[15] 그리고 이 '숙명'은 현존재가 각각의 모든 경우에 다른 존재와 공유하는 것임을 나타내기 위해 하이데거는 이것을 '운명^{destiny,} ^{Geschick}'이라 부른다.[16]

현존재는 자신의 운명에 비추어 자기의 인간관계, 활동, 목적을 더 이상 일반적 역할이나 광적 헌신의 대상, 전형적 행동으로 보지 않고, 전체로서의 자기 삶이 빛을 발하는 구별 지점으로서 본다. 현존재는 전형적 인간이라는 구렁에서 벗어나 충성을 회복하며 그 충성을 자신의 삶 속에서 다시 포착한다. 현존재는 이렇게 회복한 충성 속에서 개인적 의미를 획득한다. 이 점에서 현존재는 더 이상 '아무렇게 살지 않으며' '다른 존재들에 대한 배려적 존재'로, 다시 말해 자신과 운명을 함께하는 존재들에 대한 명료한 충성심 속으로 밀어 넣어진다.[17]

행위^{agency}는 이런 운명에 대한 자각과 현존재 자신의 책임에 대한 동시적 인식을 수반한다. 현존재가 부속되어 있는 세계, 다시 말해 운명은 다시 그 자체로 현존재에 의존한다. 왜냐하면 앞에서 보았듯이 세계는 현존재가 '위해' 살아가는 가능성들에 의해 형성되기 때문이다. 그리고 현존재는 세계-내-존재를 통해, 그리고 자신의 삶을 살아내는 것을 통해 자신과 자신이 사는 세계를 발전시키면서 자기 존재의 토대를 재형성하거나 명료하게 만든다. 그러므로 현주재와 그가 사는 세계는 결코 일회적, 확정적으로 고정되어 있지 않다. 하이데거가 주장하듯이 세계가 곧 개별 존재자들의 존재인 한, 현존재의 행위는 자기 책임을 넘어 도달한다. 오직 자신의 행동과 마땅히 '그렇게 되어야 하는' 당위에 대해서만 책임을 지는 칸트의 순수 실천 이성이라는 주체와 달리, 현존재는 세계에 대해, 그리고 가장 기본적인 의미에서 지금 '존재하고 있는' 것에 책임을 진다.

하이데거의 정황적 행위 개념을 도출하기 전에 우리는 그가 제기한 물음에 대해 생각해 볼 필요가 있다. 현존재가 추락한 '그들-자기'로서 주변 환경에 매몰된 채 참되지 못하게 존재하는 경향성이 있다면, 그는 어떻게 애당초 자신의 참되지 못함을 인식하고 행위로서 자신의 가능성을 파악할 수 있는가? 이 물음은 참되지 못한 현존재의 결정적 특징이 자기 인식의 결여라는 점을 생각할 때 더욱 어려워진다. 비본래적인 현존재는 '하강 추락'의 구렁에 빠진 채 스스로 '충만하고 진실한 삶'을 영위하고 있다고 믿는다. 모든 것이 이 '충만하고 진실한 삶'을 위한 것이며 모든 문이 그것을 위해 열려 있다고 믿는다.[18] 현존재가 비본래적인 일상성의 근거 없음과 무효성으로 추락할 때도 그 사실은 공적인 해석 방식 때문에 현존재에게 드러나지 않고 숨은 채로 남는다. 오히려 그것이 상승 혹은 올바른 삶의 방식으로 해석되고 만다.[19] 그렇다면 현존재는 어떻게 이러한 고착 상태에서 벗어날 수 있을까?

해답의 뿌리는 '비본래적인' 현존재도 여전히 '현존재'라는 사실에서 찾을 수 있다. 다시 말해 비본래적으로 존재하는 중에도 현존재는 '그밖의 다른' 존재가 되지 않는다는 것이다. 다만 지금 현존재는 특정한 존재 양식, 즉 자신의 참된 본성을 은폐하는 존재 양식에 지배당하고 있을 뿐이다.

> '비본래적', '본래성이 없는'과 같은 용어들이 결코 '진실되지 않은'을 의미하는 것은 아니다. 마치 이러한 존재 양식에 있을 때 현존재가 완전히 자신의 존재성을 상실하는 듯이 말이다. '비본래성'이란 결코 '더 이상 세계-내-존재가 아님'을 의미하는 것이 아니다. 오히려 그것은 매우 특별한 종류의 세계-내-존재를 의미한다. 그것은 '세계'에, 그리고 '그들' 속에 있는 타인들의 현존재에 완전히 유혹당한 세계-내-존재다.[20]

여기서 하이데거는, 어떤 사람은 완전히 본래적이며 어떤 사람은 완전히 비본래적이라고 말하는 것이 아니다.[21] 비본래성은 어느 경우에나 드러날 수 있는 현존재의 경향성이다. 인간의 삶은, 존재와 맺는 본래적인 관계와, 존재로부터 추락해 멀어지는 것 사이에 매달려 있다. 대부분의 경우, 우리는 서로에게 그리고 주변의 사물에 대해 피상적 방식으로 관계를 맺고 있다. 우리는 우리의 삶의 범위 안에 있는 사람들에게 기대되는 바를 그대로 따라 하면서 하루를 보낸다. 우리는 우리와 같은 위치에 있는 사람들이 하는 것과 동일한 방식으로 일한다. 우리는 '그들이' 즐겁다고 여기는 것을 즐기며, '그들이' 힘들다고 느끼는 데서 고통을 느낀다. 그러나 현존재는 극도의 추락에서도 참됨의 씨앗을 그 안에 간직하고 있다.[22] (다시 말해 극도의 순응주의도 결코 완전히 아무 생각 없는 삶은 아니라는 것이다. 그것은 지금 당면한 상황에서 헌신들의 균형을 어떻게 맞출까에 관한 일정한 이해를 언제나 내포하고 있기 때문이다. '완전히' 비본래적인 삶이란 곧 완전히 벙어리인 삶, 납득되지 않는 삶을 사는 것이다. 현존재가 아닌 무엇이 되는 것이다.) 대부분의 경우 현존재는 '그들'의 행동 속에 파묻혀 있지만 현존재의 본래적 자기는 예상치 못한 순간에 표면으로 떠오르는 법을 알고 있다.

하이데거는 자신의 작품에서 그러한 순간들에 관한 다양한 설명을 제시하고 있다. 『존재와 시간』에서 그는 '불안Angst'이라는 근본적 경험에 대해 이야기한다. 그는 불안을 '양심의 부름'이라는 말로 설명한다.[23] '양심의 부름'이라는 말이 정확히 어떤 경험을 의미하는지는 명확하지 않으며, 하이데거는 자신의 후기 저작에서 이 개념을 폐기한 것으로 보인다. 대신 그는 예술작품, 특히 시에 대한 체험이 세계에 대한 본래적 관계성을 현존재에게 드러내는 방식에 주목한다.

그러나 이러한 근본적 경험들에 공통적인 것이 있다면 그것은 이 경험들이, 존재와 맺는 관계성으로 정의되는 현존재를 드러낸다는 점이다. 이러한 기본적 관계성에 대한 인식이야말로 현존재가 '추락'과(『존재와 시간』) '존재의 공적인 피상성'(「형이상학이란 무엇인가?」), 혹은 '존재자들의 감금 상태'(「예술작품의 기원」)에서 해방되는 열쇠다. 예컨대 불안은 현존재로 하여금 세계-내-존재'로서의' 자신과 정면으로 마주하게 만듦으로써 그 안에서 현존재 자신을 잃어버리기 쉬운 실체들의 장악력을 느슨하게 만든다. 공포는 위협적인 대상에 직면하면 언제나 두려움을 느끼는 데 반해, 하이데거가 말하는 특별한 의미의 불안은 특정한 대상 없이도 느껴지는 불안이다. "세계 안에서 손안에 있거나 눈 앞에 있는 어떤 대상도 불안이 그것에 직면해 불안을 느끼는 것(대상)

으로서 기능하지 않는다."[24] 그보다 "우리가 직면해 불안을 느끼는 대상은 그 자체로서의 세계다".[25]

불안은 우리를 우리의 세계-내-존재 앞으로 데려간다. 불안은 우리에게 "세계 내의 개체들이 그 자체로는 아주 미미한 중요성만을 갖기 때문에 세계 내 개체들의 이러한 무의미의 기초 위에서 세속성의 세계가 그 자신에게 끼어드는 모든 것이라는 것이다.[26] 여기서 핵심적인 통찰은, 개체들 자체—즉 전체에서 차지하는 자리로부터 추상되어 생각된 개체—가 무의미하다는 것이다. 일반적인 독법과 반대로, '불안'은 세계-내-개체들을 아무런 본유적 가치도 갖지 않은 것으로—우리의 특정한 충성과 헌신이 더 이상 아무런 중요성을 갖지 않는다는 듯이—드러내지 않는다. 하이데거는 이 점을 분명히 한다. "우리가 (불안 때문에) 관여와 배려를 못한다 해도, 현존재의 이러한 방식들이 현존재의 본래적 자기됨과 단절된 방식이라는 의미는 아니다. 현존재의 이러한 방식은 현존재를 구성하는 데 본질적인 부분으로, 모든 실존의 가능성을 조건 짓는 데 나름의 몫을 하고 있다."[27] 불안이 드러내는 사실은, 현존재는 언제나 관여와 헌신들의 총체 '이상'이라는 점이다. 여기서 '이상'이라고 해서 현존재 자신의 개입들의 총체와 분리된 또 다른 개체를 가리키는 것이 아니다. 그것은 세계 자체, 즉 한 사람의 가족, 친구, 국가, 직업 등이 그 안에서 의미를 갖게 되는 전체 이야기를 말한다.

다시 말해 불안은 현존재를 그 실존의 무無로 데려간다. 어느 것도 그리고 누구도 현존재에게 어떻게 살아야 하는지 가르쳐 줄 수 없다. 오직 현존재 자신의 자아, 현존재 자신의 운명만이 인도할 뿐이다. '양심의 부름', 즉 심연의 불안에서 나오는 본래적 삶에 대한 요청이 아무 말도 하지 않는다는 의미는 바로 이것이다. 하이데거는, 이 부름은 그에 관해 말해질 수 있는 어떤 것도 말하지 않으며, 사건에 관한 어떠한 정보도 제공하지 않는다고 한다.[28] 이 부름은 현재 사용 가능하며 예측 가능한 '행동 취하기'라는 확실한 가능성에 관해 현재 쓸모 있는 어떠한 것도 말하지 않는다.[29] 그러나 이 부름은 공허하고 무의미한 '무'를 전하는 것이 아니다. 드레이퍼스의 말대로, "불안이 모든 행동의 이유를 없애 버리기"[30] 때문에, "아무것도 근거가 없으며 삶의 지침 같은 것이 존재하지 않는다는"[31] 의미가 아니다. 양심의 부름이 아무 말도 하지 않는다는 것은 그것이 현존재를 그의 삶의 전체성을 규정하는 단일한 운명으로 부른다는 의미에서다. 현존재 자체는, 그 존재의 전체성에서의 현존재는 부르는 자이자 '동시에' 그 부름을 받는 자다.[32] 이러한 이유로 그 부름은 "세계 속에 나와 함께 있는 다른 누군가로부터 오는 것이 아니다". 그 부름은 "나로부터 나오며 동시에 나 너머에서 오기도 한다".[33] 그러므로 이 부름은, 타인의 양심과 대비되는 '내 내면의 양심' 깊은 곳에서 나오는 개인적인 부름과도 분명하게 구분해야 한다. 칸트에게 양심이란 '내 내면의 양심' 깊은 곳에서 나오는 것이다. 즉 칸트는 양심을 자연, 사회 등 외적 영향력과 대비되는 순수 실천 이성의 목소리로 해석한다. 그러나 양심을 이런 식으로 해석하는 경우, 세계에 대한 주체-객체 도식의 해석에 빠지기 쉽다. 그 부름이 '나'로부터 나온다는 것은 곧 그것이 '사람들'의 피상적 이해가 아닌 나 자신의 현존재로부터, 존재 자체로부터 나온다는 의미다.

양심의 부름에 호소받은 그들 자아^{they-self}는 이제 본연의 자아^{Self}에 불려간다. 그러나 이때 본연의 자아는 그것 자체에 대해 판단을 내릴 수 있는 '대상'으로서의 자아가 아니다. 유난스러운 호기심으로 내면의 삶을 타성적으로 해부하는 자아도 아니다. 정신적 조건과 그 배후에 놓여 있는 것들을 '분석적으로' 응시할 때 우리의 정신에 나타나는 자아도 아니다. 그들 자아 속에 있는 본연의 자아에 호소한다는 것은, 그 자아가 '외부 세계'로부터 스스로를 닫아 버릴 수 있도록 자신의 내면을 향해 힘을 가하는 것이 아니다. 이 부름은 오직 본연의 자아에 호소기 위해 모든 것을 스쳐 지나가며 또 모든 것을 흩뜨린다. 그럼에도 이 본연의 자아는 세계-내-존재와 다른 것이 아니다.[34]

이 부름은 본질적으로 '나로부터' 나오지만 그것의 초점이나 메시지 전달자는 얼마든지 다른 현존재, 즉 친구나 사랑하는 사람이 될 수 있다. 하이데거는 이 부름을 자기 자신의 현존재 안에 둠으로써 이러한 가능성―부름의 전달자는 내가 아닌 다른 현존재일 수 있다는 가능성―을 그냥 지나치지 않는다. 하이데거에게 자기 자신의 (개인적) 현존재란 타인이나 외부적 영향과 대비되는 것으로서의 자기 자신이 아니라 '전형적 인간들'과 대비된 자신이다. 하이데거의 요점은, 그 부름의 전달자는 그가 누구건 혹은 무엇이건 상관없이 존재의 중재자, 즉 나와 너의 삶을 규정하는 운명의 중재자로 행동한다는 것이다. 하이데거의 부름 개념이 용납하지 않는 것은, 부르는 사람이 '다른 누군가'가 되는 것, 즉 부름을 받는 사람에게 그저 지침을 전달할 뿐인 누군가가 되는 것이다. 마치 부르는 사람의 기능이 그저 부름을 받는 사람에게 뭔가 새로운 통찰을 심어 주는 것인 것처럼 말이다. 이 경우에 그 부름은 정말로 생소한 무언가가 된다. 그것은 나로부터 나오지 않고 다른 누군가로부터 나오는 부름이다.

존재의 부름이 친구 등의 중재자를 통해 나올 수 있다는 것은, 현존재 자신의 운명, 즉 현존재를 인도하는 빛이 '개인적인' 것이 아님을―마치 나는 이 운명을 갖고 너는 그와 다른 운명을 갖는 식이 아니라는 것을―반영한다. "운명은 개별적 숙명의 재료로 만들어지는 무엇이 아니다. 그것은 서로 함께하는 존재Being-with-one-antoher가 단지 몇몇 주관들이 함께 발생하는 것을 의미하지 않는 것과 마찬가지다. 우리의 숙명은 우리가 같은 세계에서 서로 함께하는 것 속에서 이미 인도받고 있다."[35]

불안은 세계가―세계 안의 어떤 것이 아니라 세계 자체가―현존재의 궁극 조건임을 드러냄으로써, 그리고 세계가 모든 의미의 원천임을 드러냄으로써 현존재를 '그들'의 행동에 대한 함몰에서 끌어내 현존재의 자유로운 존재, 존재의 본래성과 대면하게 한다. 가능성으로서의 이러한 참됨은 언제나 존재한다.[36]

현존재의 참됨에는 일정한 행위가 수반된다는 말의 온전한 의미는 현존재가 세계와 맺는 관계에 근거하고 있다. 이 관계는 상호 의존적이다. 한편으로 현존재는 존재에 딸려 있다. 하이데거가 말하듯 "존재의 시詩가 막 시작되었다. 그것은 사람이다".[37] 또 한편으로 존재는 오직 현존재의 행동을 통해서만 펼쳐진다. 이런 의미에서 "인간은 존재의 안내자다".[38] 이러한 인간 행위 개념은 하이데거가 세계-내-존재를 던져진-던짐으로 재공식화하는 데서 가장 잘 드러난다.

운명의 감당자이자 저자인 현존재

언뜻 당황스러워 보이는 '던져진-던짐'이라는 표현은 신중하게 선택된 예술적 용어다. 하이데거가 '던져진-던짐'이라는 말로 무엇을 의미했는지 이해하기 위해서는, 우선 이를 구성하는 부분들을 살펴보아야한다. '던져진다'는 것은 행동을 당하는 것, 예컨대 공이 던져지거나 사람이 뒤에서 밀침을 당하는 것이다. '던져짐'의 수동성은 우리가 스스로 창조하거나 선택하지 않은 의미의 그물망 속에 '언제나 이미' 위치하게 됨을 말한다. 그런데 여기서 '던져짐'은 우리가 일정한 시점에 당하게 되는 사건을 가리키는 것이 아니다. 그것은 출생의 순간 특정 사회에 '던져졌다'는 의미가 아니다. 만약 그런 식으로 말한다면 그것은 사용 가능한 사회적 선택의 범위 내에서 특정한 문화적 '출발점'으로부터 자신의 정체성을 구성해 가는 개인적 주체를 상상하게 된다. 만약 '던져짐'을 이렇게 이해한다면 그것은 한 사람의 정체성에 대한 일종의 표식이나 외부적 영향력―한 사람의 평생에 걸쳐 두드러지게 드러나는 표식이나 영향력―이 된다. 그러나 하이데거가 말하는 '던져짐'은 이런 의미가 아니다. 던져짐은 내가 과거에 경험한 적 있는 사건, 그리하여 계속적으로 나에게 여파를 남기는 사건이 아니다. 던져짐은 모든 순간에 똑같은 힘으로 나의 존재를 규정한다. 현존재는 각각의 모든 경우에 '언제나 이미' 던져진 상태에 있다.[39] '던져졌다'는 것은 자신의 정체성에 행사할 수 있는 주권적 힘이 결여되었다는 의미다. 그것은 자신의 존재에 대해 자유롭게 선택한 어떤 입장도, 그것이 가능하려면 오직 '선택되지 않은 것'과의 관계성 속에, 언제나 이미 주어져 있는 개입들

총체와의 관계성 속에 있어야 한다는 의미다. 우리가 스스로를 생각하고 행동하는 존재로 자각하는 순간, 우리는 이미 공동의 운명에 대한—우리 중 누구도 만들어 내지 않은 운명에 대한—참여자가 된다.

던져진 존재의 의미는 다음 질문에 비추었을 때 더 잘 드러난다. "누가 혹은 무엇이 우리를 던졌는가?" 적절하게 말하자면 이 질문에 대한 대답은 "누구도 그리고 무엇도 우리를 던지지 않았다"이다. 우리는 '세계에 의해' 이 세계로 던져졌다. 하이데거는 현존재라는 존재자는 존재에 의해 던져졌다고 말한다. 다시 말해 현존재라는 존재자는 무無에 의해 던져졌다(왜냐하면 존재는 사물이나 사물의 집합으로 환원될 수 없기 때문이다). 현존재는 무에 의해 무를 향해 던져졌다.

던져짐을 보완하는 개념이 '던짐'이다. 이것은 우리가 포탄을 발사하거나 '프로젝트'를 시작할 때처럼 앞으로 밀고 나가는 것과 관련이 있다. 현존재는 '언제나 이미' 던져진 존재지만 동시에 던지는 자, 자기 운명의 저자이기도 하다. 던짐은 현존재가 지닌 창조적이고 역동적인 차원을 드러내는 말이다. 던지는 힘을 가진 현존재는 열려 있으며, 결코 어떤 정해진 구조에 의해서도 완전히 설명되지 않는다. 왜냐하면 현존재의 던져진 모습은 현존재가 그것을 살아내는 방식에 의해 매 순간 만들어지고 있기 때문이다. 던짐은 현존재가 자신이 사는 세계를 변화시킬 수 있는 해석력을 지녔다는 것을 반영한다.

'던져진-던짐'의 하이픈이 보여 주듯이 '던져짐'과 '던짐'은 동일한 현상의 양면으로 파악해야 한다. 양면의 각각이 모두 현존재의 전체성을 규정하고 있다. 대략적으로 말해 '던져짐'은 현존재의 수동적 차원을, '던짐'은 현존재의 능동적 차원을 가리킨다. 그러나 이러한 구분에는 단서가 따른다. 그것은 비록 현상을 구분하는 것이 분석에는 유리하지만 최종적 해석에 가서 둘은 통합되어야 한다는 것이다. 던져짐도 던짐도 서로가 없이는 제대로 이해될 수 없다. 더욱이 세계-내-존재의 능동적 차원과 수동적 차원을 말한다는 것 자체가 오해의 소지가 있을 수 있다. 나는 던져진-던짐의 온전한 힘이, 현존재가 완전히 수동적이며 동시에 완전히 능동적인 존재라는 사실에 있다고 생각한다. 현존재는 이러한 모순에 의해 정의되기 때문에 각 용어는 온전한 힘을 가지고 언명되어야 하며 오직 서로에 의해서만 부정되어야 한다. 또 부정된 뒤에는 둘을 함께 이해해야 한다. 더욱이 만약 던짐을 단순히 자유나 자유가 결여된 던져짐과 동일시하면 내가 강조하고자 하는 행위 개념도 상실되고 만다. 현존재는 부분적으로 결정되어 있고(던져짐) 또 일부는 자유로운(던지는) 존재가 아니다. 던져짐은 던짐만큼이나 현존재의 행위에 필수적이다. 더욱이 두 용어를 별개로 취급한다면 또 다른 방식으로 행위의 완전한 결여를 의미하게 된다.

행위의 완전히 수동적이거나 완전히 능동적인 성격을 강조함으로써 나는 우리에게 익숙한 양극단을 피하는 방식으로—즉 한편으로 하이데거 사상에 대한 실존주의적 해석과 또 한편으로 공동체주의적 해석을 피하는 방식으로—하이데거를 읽고자 한다. 실존주의적 해석은 던져짐의 의미를 소홀히 하면서 현존재가 자기-창조적self-creative이라고 주장한다. 즉 현존재는 궁극적으로 전통이나 지속적 원천이 아닌 자신의 선택과 행동에 의해 규정된다고 본다.[40] 이런 식의 하이데거 독법이 가장 잘 드러난 곳이 사르트르다. 또 이런 식의 독법은 현대의 영미 문헌에도 현저하게 드러난다. 예컨대 리처드 폴트는 이렇게 주장한다. "하이데거에 따르면 일관된 입장을 취하는 것(다시 말해 결연한 행동을 취하는 것)이야말로 우리가 달성할 수 있는 유일한 항상성이다."[41]

반면 하이데거에 대한 '공동체주의적' 독법은 현존재의 수동적 측면을 강조한다. 그것은 던짐을 간과하면서 던져짐의 특정한 해석에 의존한다. 공동체주의적 독법에 따르면 인간은 거대한 비개인적 힘―당대의 시대정신이라든지 아니면 어떤 신비한 집단 운명―에 의해 움직인다. 특히 하이데거는 자신의 후기 저작에서 이런 운명론적 견해를 채택하고 있는 듯 보인다. 나치스가 자기들의 행동에 책임이 없으며, 단지 인간의 통제를 벗어난 기술 사회와 '자연 정복'이라는 형태로 현대의 삶을 지배하고 있는 '권력 의지'에 휩쓸렸을 뿐이라는 그의 주장에서, 그는 인간 행위를 부정하는 듯 보인다. 그러나 세계-내-존재에 대한 보다 균형 있는 검토를 통해 단지 실존주의적 혹은 공동체주의적 독법보다 더 다채로운 행위의 설명이 드러날 수 있다.

아닌 게 아니라 많은 해석자가 던짐과 던져짐을 통합하는 듯 보이는 현존재 개념을―일부 자유롭고 일부 제약당하는 존재로서의 현존재 개념을―제기하고 있다. 이런 맥락에서 폴트는 내가 말한 실존주의적 독법을 주장한다. 그는 "우리는 자유롭지만 우리의 자유는 필연적으로 제약을 받고 있다. 우리의 가능성은 우리 자신의 유산으로부터 끌어내야 한다"고 주장한다.[42] 이와 유사하게 호프만은 현존재는 선택의 자유를 갖고 있지만 오직 일정한 가치와 전통의 스펙트럼 안에서만 자유롭다고 말한다.[43] 현존재에 대한 해석 가운데 일부 자유롭고 일부 제약받는 현존재라는 견해는 던짐과 던져짐 모두를 승인하는 듯하나 실제로는 실존주의적 독법이나 공동체주의적 독법과 동일한 실수를 범하고 있다. 즉 그것은 던짐과 던져짐이 삶의 모순적 측면이 아니라 동일한 현상의 양 측면임을 인식하지 못하고 있는 것이다. "우리는 자유로운 존재지만 오직 우리의 유산이나 전통 안에서만 자유롭다"고 말하는 것은 던져짐을 자유의 원천이 아니라 자유에 대한 제약으로 해석하는 것이다. 내가 제안하는 해석에 따르면 던져짐과 던짐은 특정 상황에 처한 현존재의 행위가 지닌 상보적 차원이다.

던져짐은 현존재가 "존재하고 있으며 존재할 수밖에 없다"는, 세계-내-존재의 수동적 차원을 가리킨다.[44] 특정 존재자로서 나는 내가 자신에 대해 취하는 어떠한 입장보다 우선적으로 결정된다. 내가 취하는 행동, 내가 맡은 역할, 내가 갖는 믿음 등 내가 하는 어떤 것도 나의 정체성을 바꾸지 못한다. 던져진다는 것은 "자신의 가장 근원적인 존재에 대해 아무런 힘을 갖지 못함"을 의미한다.[45] "존재하고 있으며 존재할 수밖에 없다는" 현존재의 이러한 사실성은 일반적 의미에서, 자아는 그것이 추구하는 목적보다 우선한다는 칸트적 의견—즉 개인의 정체성은 어떤 가능한 혁신이나 선택 행동보다 우선한다는 의견—을 상기시킨다. 그러나 우리가 염두에 두어야 하는 중요한 차이점이 있다. 그것은 현존재의 정체성과 그것의 구조는 현존재가 주체라는 사실과 아무런 관계가 없다는 점이다. 하이데거의 설명에 따르면 세계는 경험을 통합하는 자로서, 주체를 대신한다. 던져짐은, 나의 정체성을 실현하는 어떤 방법이라도—관여적 주시든, 배려적 함께-존재든, 아니면 명시적 자기반성이든—그것은 나의 세계-내-존재를 상정한다는 기본적 사실을 드러내고 있다. 이를 이해의 관점에서 다시 말하면, 나 자신을 이해하는 어떤 방법도 세계에 대한 이해, 내가 창조하거나 선택한 적 없는 삶의 방식에 대한 이해를 이미 상정하고 있다는 것이다. 나의 삶은, 다시 말해 내가 관여하고 있는 세계는, 필연적으로 내가 그것을 변화시키기 위해 행하는 모든 것에 우선하며 그것을 조건 짓는다. 이처럼 던져짐은 곧 현존재의 숙명 혹은 운명을 가리킨다. 이것이 나의 현존재, 즉 세계-내-존재를 나의 삶의 이야기로서 재구성해야 하는 이유이다.

이런 이유로 던져짐은 문화적, 역사적 환경 속에서 한 사람에게 주어진 선택사항으로 제약하는 것과 명확히 구분되어야 한다. 던져짐을 제약으로 보는 견해에 따르면 개인은, 예컨대 21세기의 미국 같은 '세계'에 던져진다. 다시 말해 그 세계 속에 태어난다. 그런 다음 일정한 활동들을 재료로 자신의 정체성을 만들어 간다. 처음에는 습관과 관습의 영향력이 개인의 선택을 인도하지만 궁극적으로 개인은 특정한 삶의 선택사항에 대한 선호를 스스로 갖게 된다. 나아가 그 개인은 새로운 선택을 창조함으로써 조금씩 자신이 살고 있는 문화를 변화시킬 수도 있다. 문화적 제약에 의해 가능해지는 이런 자유가 바로 인간의 삶을 일부 자유롭고 일부 결정된 것으로 보는 개념인데, 하이데거가 거부한 것도 바로 이런 자유였다. 현존재는 '눈앞에 있는' 문화 속으로 던져진, '눈앞에 있는' 개인 또는 자기의식적 중심이 아니다. 인간 실존은 결코 문화와 개인이라는 두 개체의 상호 작용이나 절충이 아니다. '개인 대 문화'라는 견해 자체가, 그러한 구분이 의미를 갖는 세계에 던져진 존재를 이미 상정하고 있다.

던져짐은 현존재가 자신이 살고 있는 세계에 기탁됨submission을 의미한다. 현존재가 곧 세계이며, 의미의 통일체로서 현존재가 사는 세계가 곧 자신의 운명이다. 모든 의지와 행동, 만듦은 이미 존재하고 있는 대로의 현존재 이상을 실현할 수 없다. 우리는 다음과 같은 사례를 통해 이러한 수동성의 본질을 표현할 수 있다. 책의 마지막 챕터 혹은 '2부'를 집필해야 하는 사람이 있다고 하자. 그런데 이 사람 자신이 '1부'를 쓰지 않았는데도 이 책이 어쨌든 그의 수중에 떨어졌다고 하자. 이때 만약 이 사람이 그 책의 저자로서의 자격을 받아들일 것인지, 아니면 거부할 것인지 자유롭게 선택할 수 있다면 이것은 적절한 사례라고 할 수 없다. 그러나 자신이 통제할 수 없는 이유로 그 사람이 다음 챕터를 집필해야만 한다면 이는 적절한 사례가 될 것이다(그는 책의 아름다움에 매혹되어 그것을 반드시 계속 집필해야 한다고 생각한다). 이런 상황에서 그 저자는 분명히 자신이 원하는 어떤 내용이든 자유롭게 집필할 수 있다고 할 수 없다. 이야기를 계속 진행해야 하는 상황에서는 그가 추가한 새로운 부분과 새로운 창작 내용이 이야기 자체라는 기준에 의해, 그 텍스트가 표현하는 의미의 통일체에 의해 결정될 것이다. 그가 새로 추가한 내용이 훌륭한 발전이라 하더라도 그것은 결국 이야기 '자체'와 다른 무엇이 아니다. 다시 말해 각각의 연속적인 부가 내용을 창조적 행동으로 보는 것은 잘못이다. 하나의 새로운 내용이 다음 내용에 부가되어 그 이야기를 형성하고 결국 원작을 그 자신이 아닌 다른 무엇으로 왜곡시키는 것은 창조적 행동이 아니다. 첫 번째 부가 내용이든, 열 번째든 아니면 백 번째든 그것은 동일한 의미 통일체를 낳는다.[46]

'던져졌다'는 것은 현존재가 매 순간 이처럼 조건 지어진 저자라는 의미다. 그러나 근본적인 차이점은, 이때 미완의 텍스트는 현존재의 모든 행위 속에서, 삶의 방식 속에서 표현되는 현존재 자신이라는 점이다.

우연히 발견한 책을 거부할 수 있는 가상의 저자와 달리, 현존재는 어제나 이미 존재하는 텍스트로서 살아가는 것 외에 다른 선택권이 없다. 어떤 순간에도 현존재는 자기 삶의 텍스트를 선택하지 않았다. 현존재가 무언가를 선택할 수 있다면 그것은 이 텍스트라는 토대 위에서 가능하다(자신이 의식하든 못하든). 자신을 이야기로부터 단절시키려는, 그리고 자신의 삶을 '삶 외부에서' '합리적으로' 재단하고 판단하려는 모든 시도는 '그 자체로' 이야기의 일부다. 왜냐하면 일단 객관적 관점이라는 것을 합리성의 주요한 실현 방법이 아니라 단순히 그것의 한 가지 양식으로 본다면 우리는 그것을 삶의 일부로 고려하지 않을 수 없기 때문이다. 삶의 한 부분은 그 밖의 모든 부분과 마찬가지로 전체에 비추어 의미를 얻는다. 모든 특정 '이야기' 행위와 모든 행동 혹은 새로운 통찰도―그것이 현존재의 이야기를 바꿀 의도를 명시적으로 갖는가 여부와 상관없이―전체 이야기, 즉 '그 모든 것의 의미'를 미리 상정하지 않을 수 없다. 이는 현존재의 행동이 적절하지 않은 경우, 즉 현존재가 지금과 다른 완전히 새로운 삶의 양식을 채택해 자신의 정체성을 변화시키고자 할 때 특히 두드러지게 드러난다. 그러한 행동의 '두드러진' 성격, 즉 충격치shock value는 현존재가 지녔던 '이전의' 정체성과 대비되어 나타난다. 이렇게 되면 '이전의' 것은 전혀 '이전 것'이 아니게 된다. 그것은 '새로운 것'의 존재 자체를 구성하는 일부가 된다. 새로운 것은 이제 낡은 것―완전히 새로운 모습으로 나타난 낡은 것―의 거울 이미지일 뿐이다. 현존재가 자신을 새롭게 다시 창조하려는 이러한 시도는 던져짐을 더욱 전면에 드러나게 한다. 이러한 시도는 행위가 단순히 의지의 실행이 아님을 가리킨다. 행위자가 된다는 것은 자기에게 이미 주어져 있는 운명을 받아들이는 것이다.

이러한 '받아들임'은 무엇에 존재하는가? 그것은 자신의 운명에 직면하는 동시에 그것을 자신의 것으로 만드는 것을 의미한다. 던져짐은 현존재가 오직 이미 (내포적으로) 되어 있는 그 자신만이 될 수 있음을 의미한다. 그러나 현존재가 가진 이러한 필연적 구조에도 불구하고 현존재는 미결정 존재이기도 하다. 즉 현존재는 '존재함에 대한 잠재성'을 지녔다는 점에서 그렇다. 현존재는 자기 운명의 주인이다. 현존재가 지닌 이러한 '존재함에 대한 잠재성'은 던짐, 즉 세계-내-존재의 능동적이고 창의적인 차원에 뿌리를 두고 있다.[47]

던짐을 해석하기 위해 다시 한 번 앞의 가상의 저자 사례로 돌아가 보자. 텍스트에 대한 저자의 충성심(던져짐)을 정의할 때 우리는 '2부', '부가 내용', '창조' 같은 단어를 사용해야 했다. 이 단어들은 모두 무언가 새로운 것을 일으킬 수 있는 능력, 즉 '던짐'의 능력을 함축하고 있다. 전체로서 주어진 텍스트가 저자의 집필 내용에 제약을 가하는 것은 맞지만 그 의미는 계속해서 열려 있다. 부가 내용이 따라야 하는 기준이나 전체의 의미는, 책의 결말을 미리 지시하거나 정해진 범위의 결말을 예단하는 일련의 규칙에 의해 결코 포착될 수 없다. 텍스트의 권위는 계속해서 저자에게 '무한의 책임'을 지운다. 그 책의 운명은 완전히 그의 손에 달려 있다. 이는 아무리 감지하기 어렵다 해도 각각의 부가 내용이 불가피하게 전체를 변화시키기 때문이다. 물론 부가된 내용은 전체의 지시에 따라 방향을 잡아야 하지만 내용이 부가됨으로써 이제 전체는 새로운 방식의 울림을 갖게 된다. 드라마틱한 플롯의 변화나 클라이맥스, 대단원이 지닌 성격은 이러한 부분-전체의 상호 의존성과 특정 변화가 일으키는 급진적 성격을 드러내 보여 준다. 정상에 서면 모든 것이 다르게 보인다. 특정 사건은 모호함 속으로 희미해지고 또 다른 사건이 중요한 것으로 떠오르면서 그 모든 것의 의미가 마침내 전면에 드러난다. 마치 지금까지 그 행위를 가리고 있던 커튼이 갑자기 벗겨지는 것처럼 말이다. 이러한 사례들은 저자가 지닌 변화의 힘을―비록 저자가 주어진 텍스트에 충실해야 함에도 불구하고―더 부각시킨다.

어느 순간에라도 던져진 대로의 현존재는 또한 던지는 존재이기도 하다. 현존재는 언제나 이미 되어 있는 대로의 텍스트가 되는 것 외에 다른 선택이 없지만 동시에 그것은 그다음 챕터를 쓰지 않으면 안 되는 상황에 있다.[48] 현존재는 일상의 삶을 사는 덕택에 끊임없이 텍스트를 '집필하고' 있다. 그런데 이 집필은 대부분 '무엇을' 쓸 것인가(다시 말해 어떻게 잘 살 것인가)와는 아무 관련이 없다. 이런 의미에서 현존재를 가상의 저자와 비교하는 것은 오해의 소지가 있다. 현존재가 자신이 의식하든 그렇지 못하든 언제나 던지고 있는 한, 던짐은 던져짐에 속해 있다. "현존재는 '던짐'이라는 종류의 존재에 던져져 있다."[49] 던져진 존재로서의 현존재는 자신이 속해 있는 살아내는 이야기(세계)에 딸려 있다. 현존재가 어떠한 존재의 방식이라도 그것을 위하여 취하는 모든 행동은 세계에 의해 조건 지어진다. 그러나 세계는(그리하여 현존재는) 저자의 사례에서 말한 미완의 텍스트와 동일한 열려 있음의 성격을 갖는다. 현존재는 자신을 특정한 존재 방식에 '던짐으로써' 전체를 변화시킨다.

하이데거는 모든 이해가 던짐이라는 점을 보인다. 이해의 본질은 스스로를 발전시키고, 자신이 달성한 바를 넘어서며, 자신이 처한 조건(세계)을 새롭게 규정하는 것이다. 가장 기본적인 이해—그 밖의 다른 이해는 단지 그것의 변형일 뿐인 이해—는 '무언가를 다룰 줄 알고', '무언가에 대응할 수 있으며', '무언가를 할 수 있는 능력'과 관련된 실천적 지혜이다.[50] 하이데거는 이러한 이해는 언제나 특정한 존재 방식—현존재가 그것을 '위하여' 다루고 조종하며 사용하는 존재 방식—과 관련되어 있음을 보인다. 하이데거는 이러한 종류의 이해는 '가능성'의 성격을 지닌다고 말한다. "현존재는 어느 경우에나 그것이 될 수 있는 존재, 즉 그 자신의 가능성이다."[51] 이러한 의미의 가능성은 우리에게 익숙한 의미의 가능성과 구분되어야 한다.

> 현존재는 어떤 경우에나 가능함[Being-possible]으로 존재하는데, 이것
> 은 내용 없는 논리적 가능성, 이것 혹은 저것이 지나간다는 의미에
> 서의 '눈앞에 있음'이 지니는 우발성과 분명하게 구분되어야 한다. 가
> 능성은 '눈앞에 있음'의 양식적 범주의 하나로서, '아직' 실재하지 않음
> 또는 어느 순간에도 필요하지 않음을 의미한다. 그것은 '단지' 가능할
> 수 있는 것의 특성이다.[52]

하이데거의 '단지 가능할 수 있는' 것의 예는 다음과 같은 것이다. "나는 오늘 경선 투표를 할 수도 있고, 아니면 투표하지 않고 마트에 가거나 중국 여행을 갈 수도 있다." 이러한 가능성들은 나의 눈앞에 있는 가능성으로서의 행동들이다. 이것들은 의미에서 서로 아무런 차이를 갖지 않는 선택일 뿐이다. 그것들은 'x, y, z' 같은 선택사항이다. 더욱

이 그 가능성이 실제로 실현되었는가 판단하는 기준은 내가 의식적으로 자각하며 알고 있다고 생각하는 기준이다(투표함에 표를 넣는다든지, 마트 입구에 발을 들여놓는다든지, 아니면 중국 땅에 발을 들여놓는 등). 그런데 이 모든 가능성은 나에 앞서, 즉 나보다 먼저 존재하고 있기 때문에 내가 그것들을 실현시켜야 할 필연성은 없다. 이런 의미에서 그것들은 '단지 가능할 수도 있을' 뿐이다.

반면 현존재의 다양한 존재 방식은 이와 전혀 다른 의미의 가능성들이다. 한편으로 이 가능성들은 자유롭게 부유하지free-floating 않는다. 그것은 다른 가능성들과의 관계 속에서 현존재에게 일정한 요청을 한다. 그 가능성들은 현존재가 무심하게 감당하거나 놓아 버릴 수 있는 가능성들(마트에 쇼핑하러 가는 대신 경선 투표를 하는 것)이 아니다. 다른 한편으로 현존재의 가능성들은 공허한 논리적 가능성들보다 훨씬 열려 있다. 어떠한 고정된 기준도, 하이데거의 표현을 빌리면 어떤 '계획'도 현존재가 지닌 가능성이 실현되었다고 규정할 수 없다. 가능성들을 이해한다는 것은 자신이 생각해 낸 계획을 달성하기 위해 행동하거나 그와 일치되게 현존재가 자신의 존재를 배치하는 것과는 아무 관련이 없다.[53] 가족이 되는 법이나 자신의 소명을 실현하는 법을 아는 것은, 내가 어느 시점에 완벽하게 파악한 뒤 그다음부터 나의 행동에 적용할 수 있는 무엇이 아니다. 그것이 무엇인지 알았으니 이제 그것을 실행할 것인지 여부를 정하기만 하면 되는 것이 아니다. 가족이 되는 것이나 자기 소명의 실현에 관한 '인식'은 그 자체가 오직 자신의 삶에 적용됨으로써만, 살아짐으로써만 얻어지는 인식이다. 그 앎의 '타당성'은 행동 자체로부터 나온다. 아리스토텔레스에 따르면 미덕을 판별하는 기준이 실천을 통해서 나오는 것과 같다.

던져짐은 어떠한 존재 방식도 기준에 의해, 즉 그 존재 방식을 다른 존재 방식과 구별시켜 주는 특정 구조에 의해 정의된다는 의미를 내포하고 있다. 그 기준은 세계에 의해, 가능성들의 관계성 총체에 의해, 그리고 그 가능성들이 서로 연결되어 있는 이용 가능한 맥락에 의해 주어진다. 그 기준이 명시적 반성의 주제인 경우는 별로 없지만, 그리고 결코 일정한 규칙으로 환원될 수도 없지만, 그것은 말속에서 나타낼 수 있다. 예컨대 헤겔이 보여 주듯이, 우리는 시민 사회의 유대와 분명히 구별되는 즉자적 단일체라는 유대를 이야기함으로써 가족이 된다는 것의 의미에 대해 이성적이고 로고스^{logos}적인 정의를 내릴 수 있다. 또 우리는 가족으로서의 역할을 훌륭히 수행하는 사람들의 사례를 통해 그 정의를 더 심화시킬 수도 있다. 그들은 소위 '가정적인 사람들'로서 가족 이외 영역에서 요구하는 역할과 가족 구성원으로서의 역할을 잘 조화시키는 사람들이다. 이처럼 헤겔의 분석은 가족이 일정한 형식이나 기본적 성격을 갖고 있음을 보여 준다.

그러나 하이데거의 설명에 따르면 형식 자체는 결코 한 번에 확정적으로 고정되는 것이 아니다. 그것은 적응을 필요로 하는 새로운 상황에 비추어 늘 다시 고려해야 하는 가능성을 갖고 있다. 그러한 적응은 불가피하게 형식을 다시 형성한다.[54] 그러므로 어떤 의미에서 특정 역할을 수행한다는 것은 이미 주어진 이해를 구체적인 환경에 적용시키는 것이지만 그러한 적용을 통해 이해 자체가 더 풍성해지기도 한다. 그렇게 풍성해진 이해는 어쩌면 이전과 다른 '새로운' 이해일 수도 있다. 그리고 이 새로운 이해는 다시 더 발전할 가능성이 열려 있다. 그런 의미에서 이해는 던지는 것이다. 그것은 완전히 소진되지 않는 가능성에서 일하는 것이며, 이미 실현된 경우라도 가능성으로서 계속 열려 있다. "던짐은 던지는 행위 속에서, 가능성으로서의 가능성을 자기 앞에 던지며, 그것이 가능성으로 존재하도록 한다."[55]

던짐은 근본적으로 변형된 이해를 발생시키는 특수한 상황에서 가장 분명하게 드러나지만 현존재는 지극히 평범해 보이는 순간에도 언제나 '던지고' 있다. 하이데거가 항상 강조하듯이 가장 틀에 박힌 방식으로라도 하나의 가능성을 지속시키는 단순한 행위는 그 밖의 다른 가능성들이 자신 곁을 '지나가게 하는' 것이다. 현존재는 "언제나 하나의 가능성 또는 다른 가능성 안에 서 있다. 그것은 끊임없이 다른 가능성들이 '아닌' 상태에 있으며 실존적(개인적) 던짐 속에서 다른 가능성들을 포기하고 있다."[56] 그러한 '지나가게 함'은 단순히 다른 선택을 위해 하나의 선택을 포기하는 것이 아니다. '지나가게 하는' 바로 그 행동이 그가 취한 가능성을 다시 규정한다. 이제 그가 취한 가능성은 현존재가 무엇인가에 대면해 계속 보유하는 그 무엇이 된다. 이 같은 새로운 관점은 필연적으로 지금까지와 다른 색깔을 그 가능성에 부여하면서 그것의 존재 자체를 새롭게 규정한다. 어쩌면 이제 그것은 더욱 보유해야 하거나 거부해야 하는 그 무엇이 된다.

현존재는 던짐을 통해 자신의 가능성들―현존재가 그것이 될 수 있는 다양한 방식들―을 발전시킨다. 그런데 그 과정에서 현존재는 동시에 자신의 세계를 발전시키기도 한다. "그 이해는 현존재의 존재를 똑같은 시원성^{primordiality}으로 현존재의 '위함'에 던지기도 하고…… 현재 세계의 세속성에 던지기도 한다."[57] 의미 있는 변화라는 관점에서 볼 때 현존재의 삶 전체(세계)는 이제 새로운 목소리를 낸다. 특정한 변화가 불을 밝히며 그것이 모든 본질적인 사건들과 관계들을 한데 모은다. 이렇게 되면 그저 우연적인 것은 모두 사라진다. "우리의 존재 자체와 관계된 역사의 결정들이 우리에 의해 내려지고 실행되며 방기되는 곳이라면 어디에서나, 그리고 그것들이 인식되지 못하고 새로운 탐구에 의해 재발견되는 곳이라면 어디에서나 세계는 세계로서 모습을 드러낸다."[58]

그런 순간에 세계는, 그리고 전체로서의 현존재는 분명하게 변화한다. 그것은 현존재가 그저 새로운 소유물을 손에 넣어 그것을 자신의 능력이라는 그릇에 담은 다음 이전과 완전히 동일한 '하나 더'의 존재자로 이동시키는 정도의 변화가 아니다. 가다머가 말하듯 현존재는 "갑자기 그리고 하나의 전체로서 이전과 다른 무엇이 된다…… 이전의 존재자는 새로운 존재자와 비교할 때 아무것도 아니게 된다".[59] 이러한 근본적 변화는 현존재의 정체성, 즉 '지금의 그'가 결코 '과거의 그'에서부터 연역되거나 '과거의 그'를 가지고 예측할 수 없다는 자각과 함께 일어난다. 이 변화는 어떠한 '이전', 어떠한 과거도 지금의 현존재를 규정하는 용어를 가지고 있지 않았다는 사실을 드러낸다. 이처럼 던짐은 현존재의 존재가 지닌 혁명적 차원, 뒤따르기보다 앞서 이끌면서 자신의 정체성을, 그리고 세계 자체를 다시 형성하는 능력을 표현한다.

그런데 이때 새롭게 변화한 세계는 실은 현존재가 이미 항상 알고 있던—흐릿하게라도—것 외의 다른 것이 아니다. 다시 말해 한 행동이 진정으로 혁신적이고 창의적이라는 것은 그 행동이 우리가 사는 세계에 내재한, 지금까지 인식되지 못한 차원을 드러내는 능력에 의존하고 있다는 말이다. 우리는 특정 행동을 우리에게 익숙한 전체 정향定向 안에 위치시킨 다음, 그것이 어떻게 새로운 빛으로 전체를 드러내는지 보이기 전까지는, 그것이 창의적인 행동인지 아닌지 말할 수 없다. 던짐을 통해 던져짐에 대한 새로운 이해가 일어난다. "던짐은 역사적 인간이 이미 그 속에 던져져 있는 것을 열거나 닫는 행위이다."[60] 이 언술에서 던짐과 던져짐이라는 두 용어가 하나로 드러난다. 던져짐은 던짐을 인도하며, 이제 던짐은 던져짐을 다시 드러낸다. 이런 이유로 현존재의 던져짐 혹은 운명은 현존재를 뒤에서 밀어붙이는 조건이 아니다. 세계의 의미는 오직 현존재가 세계를 집필하는 것을 통해서만 드러난다.

우리는 이제 현존재가 어떻게 완전히 수동적인 동시에 완전히 능동적일 수 있는지 알게 되었다. 던져짐과 던짐 모두가 그것의 세계-내-존재 전체를 특징짓는다. 던져짐이 현존재의 제약받는 부분을, 그리고 던짐이 현존재의 자유로운 부분을 가리키는 것이 아니다. 만약 그렇게 생각한다면 그것은 던져짐을 문화적 선택의 범주 정도로, 그리고 던짐을 그 범주 안에서 행동하고 적응하는 능력 정도로 잘못 받아들이는 것이다. 던져짐과 던짐의 근본적 통일성을 간과하는 많은 해석가가 이런 방식으로 이해하고 있다. 예컨대 호프만은 던져짐을 인식하는 것은 "오직 특정 가치와 전통의 스펙트럼 안에서만 나의 삶이 스스로를 드러낼 수 있음을(다시 말해 던질 수 있음을) 인정하는 것"이라고 말한다. 또 그는 "나는 나의 삶이 이러저러한 역사적 뿌리에 매여 있기 때문에 이제 내가 그 무엇도 될 수 없음을, 모든 것이 될 수 없음을 깨닫는다"고 말한다.[61] 그러나 우리가 세계를 끝이 열린 텍스트로, '이러저러한' 제약 요소를 갖지 않은 비종결적인 의미의 통일체로 간주한다면, 던져짐은 행위에 대한 제약이 아니라 무한한 창조성의 원천이 될 수 있다. 던져짐은 현존재의 던짐을 평가할 수 있는 궁극적 기준이자 자유의 원천이다. 이처럼 던짐은 단지 주어진 것을 전복하기 위해 고투^{苦鬪}하는 창의적 능력이 아니라 이미 진행 중인 운명을 드러내는 저작 능력authorship이다.

다시 말하면, 운명에 대한 인간 삶의 급진적 의존은 오직 현존재의 '창의성'이라는 빛 속에서만 나타난다. 창의적 배우는 이러한 의존을 외부의 영향력에 의해 왜곡된 자신의 의지나 고투의 빛 속에서 발견하게 되는 것이 아니다. 그것은 진정으로 창의적인 행동은 독창적original이며, 현존재를 본연의 자신으로 회복시키는 것임을 아는 것을 통해 가능하다.

던져짐과 던짐의 통일성은, 주어진 것을 극복하고 자신의 설계에 따라 세계를 창조하려는 시끄러운 자기 주장적 의지에서는 자신의 현존재와 세계 자체에 행사할 수 있는 진정한 창의성과 힘이 발견될 수 없음을 의미한다. 현존재의 던져짐은 이러한 시도가 실패하도록 운명 짓는다. 이러한 시도가 '창조하는' 것이라고는 우리에게 익숙한 것과 반대되는 충격적인 것들뿐이다. 이 시도들은 세계 자체를 본질적으로 변화시키지 못한다. 그러한 시도는 의지의 무력함과, 앎―'해석'이라는 앎―의 필요성을 드러낼 뿐이다. 일반적인 '그들'의 존재 방식과 다른, 자신의 참된 창의성과 자기 소유감은, 세계를 인정하는 것, 즉 이미 진행 중인 자신의 운명을 분별하면서 그 빛에 따라 사는 것이다. 그것이 양심의 부름, 참된 삶의 부름이 오직 하나의 말, 즉 "유죄!"라고 말하는 이유다. 칸트의 양심이 오직 의지의 잘못된 조치를 통해서만 유죄가 된다면, 현존재의 양심은 본질적으로 유죄다. 왜냐하면 현존재는 삶의 모든 단계에서 세계에 대해 완전한 책임을 져야 하기 때문이다. 현존재는 자신이 창조하지 않았으나 끊임없이 대면해야 하는 운명에 책임을 져야 한다. 현존재는 오직 이런 방식으로만, 즉 세계 자체에 진실한 '새로운' 해석을 집필함으로써만 세계를 '창조한다'고 말할 수 있다.

> 모든 창조는 끌어 올리는 것이다. 마치 샘에서 물을 길어 올리듯이 말이다. 분명히 근대 주관주의는, 자립적 주관이 특별한 재능을 발휘하는 것을 가리켜 창조라고 잘못 해석하고 있다…… 순수한 던짐(창조)은 자신의 재능을 결코 평범하고 전통적인 것에서 얻지 않는다는 점에서 무無로부터 나온다. 그러나 이때 던져지는 대상은 사람 자체라는 역사적 존재의 보류된 소명뿐이라는 점에서 순수한 던짐은 결코 무에서 오는 것이 아니다.[62]

던짐은 사람의 '보류된 소명withheld vocation'을 드러냄으로써 어떤 과거 사건이나 일련의 세속사보다 깊은 곳에 가닿는, 현존재 안의 기억을 증명한다. 그것은 현존재가 수행하는 동시에 발견하는 운명을 증언한다. 이런 의미에서 그것은 역사적인 운명이다.

존재와 시간

하이데거는 던져진-던짐을 현존재의 역사성historicity으로 재해석한다.[63]

214

즉 현존재는 매 순간 자신을 운명(던져짐)에 내놓고(던지고) 있다. 여기서 존재와 시간 사이의 근본적 관련성이 나타난다. 전체에 대한 우리의 정황적 이해(이는 곧 전체 자체이다)를 표현하는 세 가지 방식인 존재, 세계, 현존재는 '시간'의 관점에서 이해되어야 한다. 하이데거는 존재 자체가 곧 시간이라고 결론짓는다. 이 주장은 매우 급진적이라고 할 수 있다. 왜냐하면 적어도 서구 전통에서 존재는 일반적으로 시간과 대치되는 것으로 이해되어 왔기 때문이다. 우리는 '있다'는 것은 곧 '항상 존재하는 것', 어떠한 변화도 허용되지 않는 항상적인 것으로 간주하는 경향이 있다. 그렇다면 어디에서 그처럼 항상적인 존재를 찾을 수 있을까? 돌이나 다이아몬드가 그것일까? 그러나 수백만 년이 지나면 돌이나 다이아몬드도 바스라지지 않을까? 눈에 보이는 세계의 지속적인 구성 부분들도 궁극적으로는 부서질 것이다. 인간의 삶은 더욱 그러하다. 오늘이 곧 지나간 어제가 될 것이라는 자각, 지금 나의 행동이 곧 과거가 될 것이라는 인식은 인간 행동의 철저한 무용함, 생성becoming이 갖는 주권성, 그리고 시간의 지배력과 탐욕스러움을 증명하는 듯하다. 그러므로 우리는 이와 다른 곳에서 존재를 찾아야 한다. 눈에 보이는 가시적 세계나 인간사의 영역과 절연된 장소, '세계 역사'라고 하는 일련의 사건들로부터 떨어진 장소에서 찾아야 한다. 존재는 세계와 떨어져 있는 신이나 불변의 자연법칙, '사물 자체'의 영역에서 찾아야 한다. 존재 자체가 곧 시간이라는 하이데거의 주장은 전통적 존재 관념에 도전하는 것이었다. 그것은 존재를 변화하지 않는 자기 정체성이나 무시간성으로 보는 방식에 대한 도전이었다. 또 하이데거의 주장은 우리의 전통적 시간관념에 대한 도전이기도 하다. 그것은 시간을 과거에서 미래로 이어지면서 사물들이 일어나고 사라지는 순차적 순간들로 보는 방식에 대한 도전인 것이다. 하이데거는 존재를 세계로, 그리고 세계를 현존재의 역사성으로 해석함으로써 존재와 생성, 영원과 시간을 합의시키려는 시도를 하고 있다.

존재 자체가 시간이라는 하이데거의 주장은 인간의 행위에 대한 그의 비전에 필수적이다. 그것은, 시간이 현존재가 부속되어 있는 외래적 힘이 아님을 드러낸다. 시간은 현존재의 기본적 존재 방식이라는 관점에서 이해되어야 한다. 다시 말해 시간은 "현존재는 무엇이고 어떻게 존재하는가?"라는 질문에 대한 답을 제공한다. 앞에서 보았듯이 현존재의 '무엇'과 '어떻게'는 던져진-던짐 속에서 합쳐진다. 하이데거는 시간을 이러한 용어들에 대한 재해석으로 이해한다. 이 재해석은, 시간은 거역할 수 없이 우리를 과거에서 미래로 실어 나른다고 보는 익숙한 견해를 바로잡기 위한 것이다. 만약 익숙한 견해에 따라 이해한다면, 시간은 궁극적으로 우리의 행위에 대한 장애물이 된다. 왜냐하면 우리가 시간의 흐름에 저항하려고 애쓴다 하더라도 시간은 우리를 앞으로 밀어낼 것이기 때문이다. 시간은 우리를 마모시키며 우리를 노년으로 데려간다. 그리고 마침내는 우리를 죽음에 이르게 할 것이다. 이처럼 시간의 흐름은 인간의 행위에 대한 최종적 도전으로 보인다. 그러나 하이데거는 그렇지 않음을 보이고자 시도한다. 그런데 그의 방법은 시간의 흐름을 부정하는 것이 아니라 시간을 피상적인 것으로 해석하는 것이다. 하이데거는 시간이 과거에서 미래로 흐르는 것은 오직 현존재가 존재하며 현존재가 지닌 '시간성' 때문에 가능하다는 점을 보인다. 시간을 현존재의 '시간성' 속에 위치시킴으로써 하이데거는 시간을 인간 행위의 한 가지 표현으로 재해석한다.

아마도 존재를 규정하며 시간의 '흐름'을 추동하는 시간인, 현존재의 시간성을 이야기하는 최선의 방법은, 현존재는 곧 자신의 과거라는—명시적으로 드러나든 그렇지 않든—하이데거의 주장을 살펴보는 것이다.[64] 현존재는 곧 자신의 과거라는 주장은 우리의 일반적 시간관념으로는 역설적으로 보인다. 왜냐하면 우리가 '과거'라고 말할 때 그것은 한때 존재했지만 지금은 더 이상 존재하지 않는 무엇을 의미하기 때문이다. 물론 과거가 기억 속에 저장되어 있을 수 있지만 우리는 그것이 현재의 사태, 지금 여기에 실제로 존재하는 것과는 별개의 무엇으로 여긴다.

우리는 과거 개념에 비추어 하이데거의 새로운 주장을 인간 삶에 대한 익숙한 발생론적^{genetic} 설명—현존재의 현재 정체성은 과거에 일어났던 일련의 변화의 최종 결과물이라는 상징적 의미에서만 현존재가 자신의 과거라는 설명—으로 잘못 받아들이기 쉽다. 이 설명에 따르면 현존재에게 일어나는 각각의 변화는 현존재를 자신의 기원으로부터 한 단계 더 멀리, 그리고 자신의 현재 정체성으로 한 단계 더 가까이 데려간다. 이러한 유전적 설명은 인간 삶의 이해에서 '역사'에 커다란 강조점을 두지만 그것은 '역사'를 지금 여기에 존재하는 것과는 다른 별개의 무엇, 즉 현재에 이르게 한 일련의 과거 사건들로서 그러나 현재와 결코 동일하지 않은 무엇으로 간주하는 것이다. 다시 말해 이러한 설명은 역사를 과거의 것, 죽은 것으로 간주한다. 물론 우리는 역사를 기억하며 심지어 상징적 의미에서 역사를 '다시 살지만' 역사는 과거에 존재했던 것이지 지금 존재하는 것은 아니라고 본다. 역사는 기억이나 상상 같은 희미한 허구적 형태를 제외하고는 아무런 존재성을 갖지 않는다는 것이다. 이러한 사고에 따르면 인간의 삶은 과거의 산물이지만 엄격하게 말해 과거와 동일한 것은 아니다. 여기서 '과거'는 현존재의 지금에 계속 영향을 미치고 있는, 과거에 일어났던 일련의 사건들로 이해되지만, 이러한 관념은 여전히 현존재가 그 전체 존재 속에서 과거에 의해 규정된다는 의미를 제대로 포착하지 못한다. 왜냐하면 과거를 지금까지 영향을 미치고 있는 사건으로 이해한다면 적어도 원칙적으로 과거에서 벗어나는 것이 가능하기 때문이다. 우리가 언제라도 하루를 새롭게 시작할 수 있는 것처럼 특정 사건이 지금까지 미치고 있는 영향력을 뛰어넘는 것도 가능하기 때문이다.

과거가 매 순간 현존재의 존재를 규정한다는 의미에서 과거에서 벗어나는 것이 불가능하다는 점을 이해하기 위해서는 과거를 "운명의 재해석" 혹은 "한 사람의 전체로서의 삶의 텍스트"로 간주해야 한다. 하이데거가 보기에 과거란, 던져짐을 시간의 관점에서 재해석한 것이다. "현존재는 곧 자신의 과거"라는 말은 현존재가 곧 자신이 속한 세계라는 말이다. 과거는 운명이라는 움직일 수 없는 돌이며, 존재의 필요한 구조다. 이런 의미에서 현존재는 "존재하고 있으며 존재할 수밖에 없다". 던져짐에 대한 하이데거의 초기 설명에서 과거는 다음과 같은 구절에 함축되어 있다. "현존재는 이미 항상 존재하고 있었다."[65] 여기서 '이미'라는 말은 현존재의 이전 상태—지금은 더 이상 그러하지 않은 상태—를 가리키는 것이 아니다. 그것은 현존재가 지금 여기에서 행하는 어떤 것도 그가 지금까지 만들어 왔고 선택해 왔던 세계를 이미 상정하고 있다는 사실을 표현하고 있다. 과거는 현존재의 현재 행동의 전제조건이다. 과거가 현존재에 '앞서 있다precede'는 말은 현존재가 과거 뒤에 질질 끌려다닌다는 의미가 아니다. 그것은 과거가 현존재의 모든 혁신과 새로운 경험을 앞서 결정한다는 의미다.

하이데거의 특수한 '과거' 개념은 과거를 '미래'와 통합하는 데서 잘 드러난다. 현존재가 과거에 질질 끌려다니는 무엇이 아니듯, 미래도 아직 일어나지 않은 무엇이 아니다. 과거와 현재 모두 현존재가 존재하고 있는 순간Augenblick, 즉 현재present를 규정한다. '미래'는 하이데거가 던짐에 대한 임시적 재해석을 드러내는 말로서 "자기 자신에 앞서 있는 존재being-ahead-of-itself"라는 말에 암묵적으로 나타나 있다.[66] 이 중요한 구절을 통해 하이데거가 의미하는 바는 '앞서ahead'라는 말의 일반적인 이해와 대비시켜 볼 때 잘 드러난다. 우리는 통상적으로 '앞서'라는 말을 '시간적으로 앞에 있으나 아직 존재하지 않는' 정도의 의미로 해석한다. 예컨대 우리는 "너무 앞서 나가지 마라"라고 말하는데, 이는 미래의 희망이 실현되지 않을 수 있음을 경고하는 것이다. 이런 의미에서 우리는 미래를 현재와 분리시킨다. 우리는 미래를, 현재를 구성하는 요소로 보지 않고 훗날 실현될 수도 있는 희망이나 기대로 본다.

이와 대조적으로 현존재는 "자기 자신에 앞서 있다ahead of itself" 혹은 미래에 의해 규정된다고 할 수 있다. 그것은 현존재가 "본질적으로 완결되지 않은 존재"라는 급진적 의미에서다. 현존재는 질문에 열려 있으며 언제나 '길 위에' 있다. 이 비완결성은 행동의 창조적 차원과도 연결된다. 내가 지금 여기에서 하는 어떤 행동도 필연적으로 그 특정한 과제 혹은 성취를 넘어 도달한다. 그럼으로써 전체로서의 나의 정체성—나의 과거, 즉 던져짐—을 새롭게 규정한다. 여기서 대부분의 행동이 상대적으로 중요성을 갖지 않지만, 모든 순간이 잠재적으로 변화의 가능성을 가지고 있다. 그러므로 하이데거적 의미에서 '미래적futural'이라는 것은 매 순간 발현하고 있는 가능성의 상태로 있는 것이다. 그것은 내가 알고 보고 자각할 수 있는 것 너머에 있다. "현존재가 지닌 가능성을 지속적으로 유지하는 것, 그것이 내가 '미래적'이라고 부르는 것이다."[67]

그러나 과거를 뛰어넘는 현존재의 움직임은 동시에 과거를 향한 움직임이기도 한다. 모든 '새로운' 창조물은 과거의 반복이다. 즉 과거를 새로운 목소리로 울려 내는 것이다. 미래는 과거에 근거하고 있으며, 과거도 미래에 근거를 두고 있다. 하이데거는 후자의 공식을 더 선호하지만 그의 시간관념에 따르면 두 공식은 똑같이 진실이다. 그러나 후자의 공식이 지닌 이점이 있다면 그것은 '역사적'이라는 말의 일반적이고 발생론적인 의미—즉 현존재의 현재 조건과 미래 가능성은 과거에 일어난 일련의 사건들(각각이 그 이전의 것과 구분되는)에 의해 결정되고 형성된다는 것—를 피할 수 있다는 것이다.

현존재의 과거가 미래에 근거를 두고 있다고 말하는 것은 세계-내-존재를 규정하는 '과거'와 '역사'라는 말의 특수한 의미를 명료하게 해준다. 미칼스키Krzysztof Michalski에 따르면 우리는 이 '과거'를 한 번도 일어나지 않은 과거로서 이해할 수 있다. 그 과거는 미래를—결코 일어나지 않을 미래를—필수적 구성 요소로 갖는 과거다.[68] 과거와 현재의 통일체로서의 현존재는 '역사적'이다. 현존재는 끊임없이 움직이고 있지만 자기 자신 이외의 어떤 외부적 목적을 향해 움직이는 것이 아니다.

현존재의 역사적 존재 방식은 현존재를 유한한 존재인 동시에 영원한 존재로 규정한다. 또 '영원'을 변하지 않으며 인간적 관심과 독립된 것으로서 보는 전통적 견해에 대해 하이데거는 현존재의 유한성finitude을 강조한다. 현존재는 '되어 가는' 존재라는 점에서 유한하다는 것이다. 여기서 '되어 감'은, 존재 전체를 아우르는 단일한 정체성에 현존재가 결코 도달할 수 없음을 의미한다. 현존재는 언제나 각각의 모든 경우 존재에 대해 열린 관점을 취한다. 이 관점은 전체에 대한 정황적 이해로서 결코 전체 자체는 아니다. 더욱이 현존재가 지닌 특수함은 채워 넣어야 하는 결함 같은 것이 아니다. 미래─현존재 자신이 가능성을 향해 던짐으로써 열어젖힌 미래─를 담지하고 있는 현존재는 언제나 특수한 '빈자리clearing'이자 전체를 향해 열린 창window이다. 현존재가 던질 때마다, 가장 미미하게 전통을 보전할 때조차(이는 다른 가능성들에 맞서 보전하는 것이므로 변화적이다) 현존재는 스스로를 넘어서고 있다. 그리고 넘어설 때마다 현존재의 던짐의 모든 단계는 엄청난 가능성을 품는다. 이는 구름 사이로 햇살이 눈부시게 비칠 때 한 번 눈을 깜빡거리는 것만으로 갑자기 새로운 세상이 시작되는 것과 같다. 현존재는 이런 방식으로 자신의 유한성을 만들어 가는 동력이다. 현존재의 되어 감은 일종의 힘이지, 그가 겪어야 하는 운명이 아니다.

그러나 현존재의 되어 감, 즉 그것의 유한성은 '영원'이 없으면 가능하지 않다. 현존재는 과거 덕분에, 즉 언제나 자신이 된다는 사실 때문에 영원하다. 현존재의 어떠한 변화도, 어떠한 정체성의 바뀜도 단지 드러남revelation으로서의 변화다. 자신의 '이전' 세계의 구조를 부순다는 것은 언제나 '새로운' 전체 속에서 그것을 다시 포착하는 것이다. 이렇듯 '새로운' 것은 그 안에 낡은 것을 담고 있다. "새로운 것은 낡은 것"

이라고 말할 수 있다면, 그것은 낡은 것이 결코 실제로 '사라져 버리지' 않는다는 점에서다. 아무리 낡은 것이라도 우리의 생각 속에서 우리 뒤를 따르며 우리와 만날 준비를 하고 있다.[69] 과거에서 벗어나는 것은 불가능하다. 과거는 미래의 가능성을 규정한다. 현존재는 되어 감의 매 순간, 그리고 급격한 변화의 순간 가장 분명하게 자신을 새롭게 '반복한다'. 이 순간에, 그리고 모든 순간에, 과거는 다시 돌아온다. 그런데 여기서 돌아오는 것은 특정 사건 혹은 일련의 사건들이 아니다. 세계가 자신의 예정된 운행을 계속하다가 다시 한 번 시작하는 것이 아니다. 내가 오늘 한 일이 언젠가 그리고 끊임없이 동일한 순서로 반복되는 것이 아니다. 만약 '돌아옴'을 이런 방식으로 해석한다면 그것은 하이데거의 특수한 시간 개념, 존재를 규정하는 과거와 미래 개념을 잘못 이해하는 것이다. 그것은 과거를 우리 뒤에 끌려다니는 것으로, 또 미래를 우리 앞에 놓여 있는 것으로 해석하는 것이다. 그러나 과거와 미래는 무엇보다 일직선상에 놓여 있는 시간적 지점이 아니다. 과거와 미래는 각각의 모든 가능한 시간 지점들을 규정한다. 현존재는 언제나 그것의 과거이자 동시에 미래다. 과거가 돌아온다고 할 때 그것은 특정 사건이나 일련의 사건들이 돌아온다는(반복된다는) 의미가 아니다. 그것은 일어나는 모든 일이 지닌 기본적인 무엇이 돌아온다는 의미다. 영원히 돌아오는 것, 언제나 새롭게 돌아오는 것은 바로 존재의 운명이다. 운명은 곧 사건과 순서들이 그 속에서 나타나는 이야기다.

죽음: 본래적 삶에 이르는 열쇠

유한성과 영원성의 통합은 현존재의 정황적 이해의 본질인 가멸성 mortality을 규정한다. 현존재는 죽는다는 점에서 가멸적이다. 그러나 그것은 어떤 의미에서인가? 분명 '죽음'은 특수한 방식으로 현존재에게 '닥칠' 수 있을 뿐이다. 현존재가 죽으면, 그리고 현존재가 세계-내-존재 이외의 아무것도 아니게 되면 세계 자체가 어쨌든 '죽는' 것이 된다. 우리는 세계가, 현존재가 자신의 독립된 삶의 여정을 가지고 통과해 가는 중간 기착지가 아니라는 사실을 기억해야 한다. 현존재는 출생 시에 이 세계에 들어왔다가 잠시 동안(출생부터 사망까지) 세계에 존재한 뒤 다른 영역으로 떠나가는 존재가 아니다. 현존재는 '곧' 세계다. 그리고 현존재가 죽으면 그가 살던 세계도 죽는다. 죽음이라는 현상은 이러저러한 인간 삶의 사례들을 단순히 특징짓는 것이 아니다. 죽음은 본래부터 세계에, 세계의 역사적 움직임에, 세계의 되어 감에 내재되어 있다. 하이데거의 죽음 분석은 던져진-던짐에 대한 그의 분석의 연장이다. 그것은 현존재가 자기 운명의 감당자이면서 동시에 저자라고 하는 의미를 연장시킨 것이다. 죽음을 현존재의 기본적 구조 속에서 발견함으로써 하이데거는 죽음을 삶 안에서 재발견한다. 하이데거는 언젠가 우리에게 닥칠 사건으로서의 죽음 개념을 거부한다. 그에 따르면 죽음은 하나의 사건이 아니라 하나의 존재 방식이다. 현존재는 매 순간 세계-내-존재로서 죽어 가고 (그리고 삶으로 돌아오고) 있다.

죽음을 이해하는 데는 유한성과 영원성이라는 두 용어가 모두 필요하다. 인간의 삶이 순전히 영원하다면 ─ 인간의 삶이 변치 않는 자기 정체성을 매 순간 유지한다는 의미에서 영원하다면 —그것은 죽는다고 말할 수 없다. 변화되지 않고 죽는다는 것이 어떤 의미를 가질 수 있겠는가? 그리고 만약 이와 반대로 인간의 삶이 순전히 유한하다면 —매 순간 무언가 다른 것이 된다는 의미에서— 그것 역시 죽는다고 말할 수 없을 것이다. 끊임없는 변화는 안정의 거울 이미지이기 때문이다. 이때 매 순간의 변화는 동일하고 단절된 의미 없는 무의 끊임없는 반복이 될 것이다. 현존재가 죽을 수 있는 것은 오직 현존재 구조가 변화를 통해 지속되기 때문이다. 오직 현존재가 영원성과 유한성을 동시에 지니기 때문이다.

세계-내-존재로, 던져진-던짐으로, 그리고 영원한 동시에 유한한 것으로 존재하는 과정에서 현존재는 죽음을 향하는 존재Being-toward-Death, Sein-zum-Tode가 된다. 현존재가 그것을 '향하여' 움직이는 죽음은 어느 날 발생하는 사건이 아니다. 그것은 단지 육신이 부서져 현존재가 특정한 사람의 눈과 몸짓에서 더 이상 빛을 발하지 않게 되는 순간이 아니다. 하이데거가 '종말Ableben'이라고 부르는 이러한 죽음은 근원적 의미의 죽음, 즉 현존재가 '언제나' 죽어 가고 있다는 사실을 표현한 것이다.

그렇다면 이러한 근원적 의미의 죽음은 죽음이라는 현상을 추상적인 무엇 —거기에 대비시켰을 때 일상의 죽음 경험이 구체적인 죽음으로 드러나는 무엇— 으로 변화시키는 것은 아닌가? 하이데거는 그렇지 않다고 말한다. 우리가 이런 식으로 보는 이유는 오직 "그 가장 구체적인 것"이 매우 깊숙이 우리의 것이어서 그것이 대부분 우리의 시각 범위 아래에 자리 잡고 있기 때문이다. 실제로 오직 '죽음을 향한 존재'라는 토대 위에서만 '종말'로 여겨지는 죽음이 구체적인 것, 우리가 경험할 수 있는 무엇이 된다. "현존재는 그것이 죽어 가는 한에서만 종말을 맞을 수 있다…… 종말이 '경험되는' 조건이 가진 특성으로서, 그리고 죽음이 경험되는 방식이 가진 특성으로서 '죽어 감'의 모든 유형학에서 죽음이라는 개념이 이미 상정되어 있다."[70] '죽음을 향한 존재'는 종말이라는 가능성을 위한 조건이 된다. 그렇기 때문에 그것은 우리가 통상적으로 '죽음'이라고 부르는 것과 대등한 것이 아니다. 그것은 죽음을 이해 가능한 것으로 만들어 주는 원천이다. 하이데거는 주체-객체 관계를 세계-내-존재의 한 가지 양식(현존재가 '눈앞에 있는' 사물과 맺는 관계)으로 드러냄으로써 주체-객체 관계를 해체하는 것과 마찬가지로, 우리의 익숙한 죽음 해석에 대한 해체를 시도한다. 죽음에 대한 우리의 익숙한 해석이 틀린 것은 아니지만 부분적이다. 우리는 전체적 해석이 깊은 차원에서 우리 본연의 것이라는 이유로 부분적 해석을 전체적 해석으로 잘못 이해하고 있다. 우리는 전체적 해석을 우리의 삶의 방식에서 '알고' 있으나 그것을 명시적으로 확인하는 능력은 그에 미치지 못한다.

현존재가 '죽음을 향한 존재'라는 사실과 관련지어 볼 때 종말이라는 사건은 그 독특성을 잃어버리는 동시에 의미를 획득한다. 내가 어느 날 맞닥뜨릴 종말은 원칙적으로 내 삶의 모든 순간과 전혀 다르지 않다. 왜냐하면 잠재적으로 모든 순간이 변화의 단계이며, 나의 상상과 예견을 뛰어넘는 도약이자, 세계가 새로운 빛 속에서 빛을 발하는 전환점이 되기 때문이다. 나의 종말이 이것을 넘어 그 밖의 무엇이 될 수 있을까? 종말을 나의 의식의 절멸로, 그리고 새로운 세상에서 의식이 부활하는 것으로, 혹은 꿈을 꾸지 않는 잠으로 간주하는 것은 종말을 우리에게

'지나치게 익숙한 무엇'으로 만드는 것이다. 종말은 이들 중 무엇이라도 될 수 있지만, 그 모든 것을 넘어 종말은 죽음이다. 죽음을 오직 주어진 것의 관점에서만 생각한다면 그것은 우리가 세계를 향해 취하는 특정한 입장이 부재한다고 보는 것으로, 이는 죽음의 급진적 성격을 퇴색시키는 것이다. 죽음은 우리의 삶 전체에 스며들어 있다. 우리의 익숙한 죽음 설명이 간과하는 것은 삶 전체, 바로 그것이다.

더욱이 죽음을 우리 앞쪽에 놓여 있는 것으로 생각한다면 그것은 죽음의 확실성을 부정하는 것이다. 하이데거는 죽음이 확실하다고 말한다. 상식으로 보더라도 죽음에는 '확실성'이 있지만 상식만으로는 죽음의 확실성을 충분히 정당화시킬 수 없다. 모든 사람이 죽음은 확실하다는 것을 직감으로 안다. 그러나 상식에 따르면 죽음은 오직 '경험적으로만' 확실할 뿐이다. 타인의 죽음 사례를 경험함으로써 우리는 죽음을 '피할 수 없는 것'으로 간주한다. 그러나 모든 경험적 주장에서처럼 이러한 이른바 확실성이라는 것은 오늘 관찰된 '객관적' 질서가 다음에도 지속될 것이라고 가정하는 것이다. 확실성은 내일이 어제와 같을 것이라고, 미래가 과거와 같을 것이라고 가정하는 것이다. 그러나 일단 현존재가 미래를 과거와 '분리된' 것이라고 여기면 그것은 확실성이라는 가정의 기초를 무너뜨리는 것이 된다. 당신과 내가 아는 모든 것에도 불구하고 어쩌면 우리는 몸이 결코 썩지 않고 종말을 경험하지 않는 최초의 사례가 될 수도 있다. 아직 오지 않은 무엇으로서 간주되는 '죽음'은 불확실하다.

현존재는 자신의 죽음을 확신하기 위해 '이미' 죽고 있어야 한다. '나는 언젠가 죽을 것이다'라는 미래가 '지금' 일어나야 한다. 매 순간이(아직 알려지지 않은 한 순간만이 아니라 다음 금요일도 혹은 지금으로부터 100년 후도) 그 안에 잠재적 종결, 한계, 가장자리, 지금 존재하는 세계의 종말을 감추고 있다. 그리고 새로운 시작과, 현재 존재하며 알 수 있는 대상의 경계를 넘어 출발하는 것, 그리고 완전히 새로운 세계에 대한 잠재성을 감추고 있다.[71]

죽음은 사건이 아니라 하나의 존재 방식이다. 그것은 현존재가 존재하는 순간 떠안게 되는 존재 방식이다.[72] 죽음은 이처럼 하나의 가능성이다. 다가올 수도 있고 그렇지 않을 수도 있는 먼 가능성—실제적인 것과 대비되는 잠재적인 무엇—이 아니라 이미 진행 중인 가능성—현존재가 삶의 매 단계 던지는 가능성—이다. 죽음은 현존재의 기본적인 존재 방식으로, 그것은 현존재의 전체 삶을 규정한다.

이런 의미에서 죽음은 특수한 가능성이다. 그것은 이것 혹은 저것이 될 수 있는(아버지가, 노동자가, 철학자가, 시민이 될 수 있는) 가능성이 아니다. 죽음은 가능성 자체라는 본질이다.[73] 죽음은 현존재가 어떻게 세계의 움직임을 추동하는지, 어떻게 현존재가 세계를 열어 놓은 상태로 담고 있는지 표현한다. 이렇게 죽음은, 죽음 안에서 현존재의 세계-내-존재가 가장 커다란 이슈가 되는 가능성이다. 죽음은 "더 이상 거기에 존재할 수 없음"이라는 가능성이다. 왜냐하면 죽음은 언제나 다른 어디에 속하기 때문이다. 죽음의 '거기'는—혹은 현재 상황은—자신의 구조를 넘어 움직이면서 언제나 진행 중이다.[74]

하이데거의 특수한 죽음 관념은 죽음을 우리에게 다가오는 하나의 사건으로 축소시키는 익숙한 해석과 구분되어야 한다. 물론 하이데거가 죽음(혹은 그의 용어로 종말)이라는 사건의 중요성을 부정하는 것은 아니다. 이런 의미에서 한 사람의 임박한 죽음은 그를 '일반적 인간^{das} ^{Man}'의 족쇄로부터 해방시키는, 본래적 삶의 기회가 될 수도 있다. 리처드 폴트는 이러한 가능성에 대해 이야기한다. "임박한 죽음이 갖는 의미는, 지금까지 살아온 삶이 자신의 눈앞에서 주마등처럼 스치고 지나간다는 것이다. 이 순간에 그는 자신의 삶의 이야기를 전체로서 돌아보게 된다."[75] 그러나 종말이라는 사건은 그것이 아무리 의미 있다 하더라도 '죽음을 향하는 존재'에서 '죽음'의 의미에는 미치지 못한다. 폴트는 '죽음을 향하는 존재'를 마치 내일 죽을 것처럼 매일을 사는 것으로 해석함으로써 '죽음을 향하는 존재'를 종말의 의미로 축소시키고 있다.

> 오늘이 당신 삶의 마지막 날이라는 것을 안다면 당신은 무엇을 하겠는가? 쾌락을 탐할 것인가? 이웃집 물건을 훔칠 것인가? 가족과 함께하는 시간을 보낼 것인가? 기도를 할 것인가? 시를 쓸 것인가? 하이데거를 읽을 것인가? 이 질문에 대한 대답은 당신이 누구인가에 관하여―당신이 무엇을 가장 중요하게 여기며 정말로 어떻게 살고 싶은지에 관하여―많은 것을 말해 준다…… 독자들이 가멸성에 직면하는 이런 현상을 염두에 두는 한 그들은 하이데거의 꼼꼼한 죽음 분석을 따라올 수 있다.[76]

위 글이 가멸성과 그것이 지닌 의미를 아무리 잘 기술했다 하더라도 그것은 하이데거의 죽음 개념을 두 가지 중요한 점에서 놓치고 있다. 첫째, 위 글은 삶의 핵심, 즉 당신이 무엇을 가장 중요하게 여기며 정말로 어떻게 살고 싶은가를, 가상의 시나리오에 마주해 당신이 내놓는 명시적 '설명'으로 축소시킨다(이러한 축소는 현존재가 자신의 명시적 자각으로 규정되지 않는다는 폴트의 설명과도 배치된다). 둘째, 위 글은 '죽음'을 다가오는 사건으로 간주한다. 폴트에 따르면 '죽음을 향하는 존재'란 어느 순간에라도 죽음이 구체화될 수 있다는 가능성에 직면하는 것을 의미한다. '저기 바깥에' 잠복하고 있는 가능성이 지금 여기에서 실현될 수 있는 가능성에 직면하는 것이다. 그러나 그의 독법은 죽음은 사건이 아니라는 하이데거의 주장,[77] 그리고 현존재는 자신이 의식하고 있건 없건 존재하는 한 죽어 가고 있다는 하이데거의 주장을 간과하고 있다.[78]

나아가 '죽음을 향하는 존재'에 대한 폴트의 이해는 세계-내-존재와 던져진-던짐에 대한 하이데거의 앞선 분석에서 그 표현을 찾지 못한다. 그리고 하이데거가 주장하듯이 '죽음을 향하는 존재'란 세계-내-존재나 던져진-던짐 같은 용어들을 재해석한 것 외에 다른 것이 아니다.[79] 폴트의 독법에 따르면, '죽음을 향하는 존재'는 삶을 향한 여러 태도 가운데 단지 하나일 뿐 그것이 매 순간 현존재의 핵심은 아니다. 그러나 하이데거에 따르면 죽음은 세계-내-존재의 전체에 스며들어 있다.

표트르 호프만도 이와 비슷하게 하이데거의 죽음 개념을 현존재에 '앞서' 잠복해 있는 사건으로 해석한다. 그의 해석은 하이데거의 죽음 개념을 데카르트의 악마와 연관시킨다는 점에서 충격적이다. "두 철학자(데카르트와 하이데거) 모두에게 있어 인간 개체는 궁극적 위협(즉 데카르트에게는 악마, 하이데거에게는 죽음)에 직면해 완전한 무력감과 취약성으로 자신의 자아에 되던져진다."[80] 호프만은 하이데거의 죽음 개념을 데카르트의 악마와 연결시키는 과정에서 죽음을 현존재에게 지극히 '낯선' 무엇으로 간주한다. 그리고 호프만은 이러한 죽음 개념으로부터 현존재의 '완전한 무력함'을 끌어낸다. 죽음을 무력함과 관련지은 호프만의 해석은, 하이데거에게 죽음은 '본래성과 자유의 본질'이라고 하는 나의 해석과 분명한 대조를 이룬다.

하이데거의 의미에서 죽음의 가능성은 '불안'에서 나타난다. 죽음은 '본질적으로 불안'이다. 불안은 현존재의 역동을 드러내 보여 준다.[81] 죽음은 '소진되지 않는' 한 사람의 삶이 전체로서 빛을 발하는 순간의 섬광이다. 그것은 그 사람이 알 수 있는 것을 넘어서 있다. 이렇듯 죽음은 참된 삶에 이르는 열쇠다. 죽음은 현존재를 존재자들에의 함몰에서 끌어내 존재, 전체, 무無와의 근본적 연결성을 드러낸다.

죽음을 향하는 존재는 실존의 무에 들어선다는 의미다. 하이데거의 무 개념은 단순히 특정한 구조가 존재하지 않음을 뜻하는 것이 아니다. 그것은 우리 주변 사물의 총체를 제거할 때, 또 칠흑 같은 어둠을 상상하거나 꿈을 꾸지 않는 잠, '모든 소가 새까맣게 되는 밤'을 상상할 때 인식되는 텅 빈 '아무것도 없음'을 의미하는 것이 결코 아니다. 무를 이런 식으로 생각한다면 그것은 '눈앞에 있는' 모든 사물이 없어지는 사태—실제로는 사물이 존재한다는 것의 거울 이미지 혹은 형식적 반대일 뿐인 사태—를 상상하는 것이다. 죽음을 정의하는 '무'는 무엇인가가 있거나 없음 혹은 비어 있음을 말하는 것이 아니다. 무는 존재와 개별 존재자 사이의 관계성을 반영한다. 무는 우리의 운명과 그것의 특수한 드러남 사이의 관계성을 반영한다. 이처럼 무는 어떤 설명으로도 그것을 완벽하게 밝힐 수는 없지만 그것에 관해 말할 여지가 존재하는 무엇이다.

자신의 자아를 본래적인 태도로 죽음에 던진다는 것은 곧 현존재가 존재의 운명—현존재 자신의 행동을 통해 전개되는 운명—에 책임을 진다는 것의 의미를 자각하고 그에 따라 삶을 사는 것을 말한다. 하이데거는 우리가 대부분의 경우, 죽음에 대해 참되지 못한 관계를 맺고 있다고 지적한다. 우리는 죽음을 지금이 아니라 '언젠가' 우리에게 닥칠 사건으로 다룬다. 죽음을 현재와 절연된 미래로 지연시킴으로써 우리는 죽음을 경원시한다. 우리는 죽음이 우리가 대비할 수 있는 여느 다른 사건('눈앞에 있는' 사건)과 마찬가지인 듯이 행동한다. 죽음을 연기하거나 그것의 도착에 대비해 적절한 준비를 갖추려고 시도하는 가운데 우리는 죽음에 대한 과도한 염려에 빠진다. 이 염려는 겉으로는 '책임 있는 행동'으로 가장하지만 근본에서는 세계에 대한 책임—온전히 '자기 것인ownmost' 책임—을 회피하는 것이다. 즉 그것은 존재의 운명과 그것의 무한한 가능성에 대한 책임을 회피하는 것이다. 죽음을 '지금이 아닌 나중 어느 때'로 연기할 때 우리는 오늘 계획한 일의 의미가 눈 깜짝할 사이 세계의 역사적 소용돌이에 휩쓸려 사라질 수 있다는 사실을 망각하고 있는 것이다.

본래적인 '죽음을 향하는 존재'는 불안에 대한 참된 반응 외에 다른 것이 아니다. 그것은 현존재로 하여금 그 자신이 될 것을 주문하는 양심의 부름에 대한 응답 외에 다른 것이 아니다. 양심의 부름은 현존재로 하여금 이러저러한 역할이나 관계가 아니라 전체로서 자신의 삶을 통해 지지받을 것을 주문한다.

참된 '죽음을 향하는 존재'는 그들-자기they-self 속에서 자신의 길 잃음을 현존재에게 드러낸다. 그것은 현존재로 하여금 그 자신이 될 수 있는 가능성과 정면으로 마주하게 한다. 죽음을 향하는 존재는 현존재가 관여적 배려에 의해 지지받는 것이 아니라, **죽음을 향한** 강렬한 **자유** 속에서 그 자신이 되는 것으로 지지받도록 한다. 이 자유는 '그들'이라는 환상에서 벗어난 자유로서, 사실적이고 자신을 확신하는 그러면서도 불안해 하는 자유다.[82]

죽음은 우리가 빠져 있는 일반적 '그들'의 산만하고 정형화된 행동 방식에서 우리를 구해 준다. 그렇게 우리가 존재와 맺는 관계, 그리고 본래적 행동의 기준과 맺고 있는 관계를 드러내 보여 준다. "자신의 죽음을 '위해' 자유로워질 때 그는 우발적으로 자신에게 강요된 가능성들 안에서 길 잃음으로부터도 벗어난다. 이렇게 벗어나는 과정에서 그는 처음으로 참되게 이해하고 선택한다.[83]

하이데거는 이처럼 혁명적인 죽음 개념을 제시한다. 우리가 종국에 겪어야 하는 사건으로 간주되던 죽음, 우리의 자기 소유감에 대한 궁극적인 제약으로 간주되던 죽음이 실제로는 우리의 행위의 표현, 참된 삶의 가능성의 표현인 것이다. 후기 에세이에서 하이데거는 죽는다는 것을 가리켜 "죽음으로서의 죽음을 죽을 수 있는 것to be capable of death as death"이라고 말한다. 죽음은 단순히 우리가 겪어야 하는 사건이 아니라 하나의 능력인 것이다. "가멸적인 인간이 산다는 것은, 죽음으로서의 죽음을 죽을 수 있는 능력인 자신의 본성을 일으켜 그것을 사용하고 연습하며 산다는 의미다."[84] 죽음은 단순히 끝이 아니라 추락으로부터 구원받는 순간, 재탄생의 순간이다. '죽음을 향하는 존재' 속에서 "현존재는 자신이 스스로에게 뒤처지지 않도록 방어한다…… 현존재는 자신이 '자신의 승리에 비해 너무 연로해지지 않도록'(니체) 방어한다."[85]

스스로에게 뒤처져 세계 속으로 추락하는 것은 현존재가 감당해야 하는 지속적인 고통이다. 여기서 '뒤처져 추락한다'는 것은 한때 세계 자체를 반영했던 순간들이, 그리고 우리를 존재의 장엄함에 무릎 꿇게 했던 순간들이 일련의 차례 속에서―우리가 자신의 일대기로 착각하고 있는 차례 속에서―일어난 과거의 사건으로 쪼그라드는 것이다. '뒤처진다'는 것은 오늘이 어제가 되는 것을 겪는 일이다. 시간의 흐름 속에서 우리가 자신의 승리에 비해 '너무 연로해진다'는 의미다. 우리는 과거의 그런 순간들이 다시 돌아오기를 바라지만, 그리고 기억 속에서 그 순간들을 '다시 살고자' 하지만 그것들은 더 멀리 달아나고 만다. 우리의 바람 자체가 더 강렬해지고 감정적이 될수록 열의는 더 식어 버리고 텅 비게 된다. 왜냐하면 우리가 기억하는 것들, 회복되기를 바라는 것들은 이제 그저 원래 존재의 그림자만 가지고 있기 때문이다. 우리는 그것들을 살아 있는 가능성이나 과거 한때와 마찬가지로 빛을 발하는 순간으로서가 아니라 빛바랜 재현으로서 '회복시킨다'. 그것은 우리 뒤에 남아 생명을 잃은 과거의 유물이나 다름없다. 죽음은 우리를 이런 곤경에서 구원해 준다. 섬광처럼 죽음은 우리를 전체로서 우리 삶의 무無와 직면하게 해준다. 죽음은 시간 속에서 자신의 길을 가는 사건들의 영원한 근원을 드러냄으로써 과거를 회복시킨다.

그 순간이 바로 지금이다

하이데거는 참된 '죽음을 향하는 존재' 속에서 우리는 시원적 시간성primordial temporality에 닿을 수 있다고 말한다. 여기서 시원적 시간성이란 세계의 역사성을 규정하는, 과거와 미래의 통합성을 말한다. 그러나 우리는 대부분의 시간을 이와 다른 방식으로 경험한다. 즉 '미래', '현재', '과거'라는 서로 분절된 시간을 경험하는 것이다. 우리는 '오늘'을 살면서도 '내일'에 먼저 눈이 가 있는가 하면, 또 뒤로 눈을 흘기면서 '어제'를 돌아본다. 현재 순간인 오늘만이 '실제로' 존재하는 것인데도 우리는 아직 실제로 일어나지 않은 내일을 준비하는 와중에 오늘을 허비한다. 오늘 우리의 행동을 인도하는 것(미래에 대한 우리의 비전)은 오늘과는 결정적으로 분리된 무엇이다. 그것은 직접적이 아니지만 우리의 관심을 끄는 무엇이다. 오늘은 미래에 대한 '투자'지만 그렇다고 오늘이 미래 자체는 아니다. 미래는 아직 오지 않았으며 투자한 것은 그 결실을 거둘 수도 있고 그렇지 않을 수도 있다.

이와 마찬가지로 오늘은 어제와도 절연되어 있다. 미래에 대한 계획 속에서 우리가 바로 지금 몰두하고 있는 일은 어제의 행위에 의해 제약을 받지만(혹은 가능해지지만) 과거에 계속해서 머무는 것은 무익한 일이다. 과거는 이미 지나가 버렸다. 다시 오지 않는 과거에 대해 계속 곱씹으면서 우리의 현재 계획을 마비시켜서는 안 된다. 우리는 미래에 대한 영감의 원천으로서 과거를 돌아보거나 과거에 대해 잊어버리고 계속 앞으로 나아간다. 이처럼 우리는 시간의 흐름을 기대, 성취, 망각의 순환으로서 경험한다. 그리고 마침내 자신의 일대기에서 최종적 사건인 죽음과 함께 이 순환은 종결된다.

본래적인 '죽음을 향하는 존재'는 이러한 순차적 시간 이해가 피상적이라는 사실을 드러낸다. 우리는 시간이 그저 한 순간에서 다음 순간으로의 단순한 경과인 것만은 아님을 깨닫게 된다. 물론 이러한 시간 흐름은 그것과 다른 종류의 '실제적' 시간을 그 안에 감추고 있는 환영에 불과하다. 시간은 실제로 흐르고 있으며, 우리는 그러한 시간의 흐름을 의미 있는 것으로 경험한다. 예컨대 야구 시합에서 1이닝이 끝나고 2이닝으로 넘어가는 것은 분명 차이가 있다. 또 달리기 경주에서 옆 사람보다 앞서서 완주하는 것, 우리의 승리에 비해 너무 '연로한 것' 역시 시간의 흐름이 일정한 의미를 갖는다는 것을 보여 준다. 하이데거는 우리에게 시간을 기록하는 일을 멈추라거나 시간의 흐름에 주의를 기울여서는 안 된다고 말하지 않았다. 하이데거가 가리키고자 하는 바는 '깊은' 의미에서의 시간―대부분 숨겨진 채로 있는 시간―이 없이는 통상적인 시간의 흐름도 존재할 수 없다는 것이다. 우리는 "존재의 운명이 어떻게 펼쳐지는가?"라는 물음에 대한 답으로서, 과거, 현재, 미래의 통일성으로서 시간을 이해하지 않고는 미래를 내다볼 수도, 과거를 돌아볼 수도 없다.

하이데거는 과거, 현재, 미래의 이러한 시간적 통일성을 지적함으로써 우리의 실행practice의 정향定向을 다시 놓고자 한다. 그는 우리의 관심을 기대, 계획, 망각이라는 익숙한 순환으로부터 그것의 기초, 즉 우리가 그 저자author이자 감당자sufferer로서 책임지고 있는 존재의 운명으로 돌리고자 한다. 하이데거는 시간이 우리와 독립적으로, 즉 우리가 자기 삶을 사는 방식과 별개로 흐르는 것이 아님을 상기시킨다.

현존재가 시간의 흐름을 추동한다는 점은 인간 행위의 궁극적 표현이다. 그것은 우리가 오직 하나뿐인 이 순간, 지금 여기에서 오늘을 어떻게 사느냐가 가장 긴급한 질문임을 의미한다. 그리고 이 질문에 대한 사려 깊은 대답—언제나 잠정적이고 비확정적이며 개선의 필요가 있는 대답—의 토대 위에서만 우리는 내일에 대비해 현명한 계획을 세울 수 있다.

현존재를 규정하는 시간을 가리키면서 하이데거는 특히 오늘날 우리에게 익숙한 일정한 태도에 이의를 제기한다. 그 태도란 바로 미래에 대한 계획에의 집착, 청사진 마련에의 강박, 내일을 위해 오늘을 사는 것 등이다. 이러한 태도는 생명 연장에의 열렬한 시도에서 잘 드러난다. 우리는 신체의 노화를 지연시킬 '젊음의 샘'을 구하며, 수명을 20년 연장시킬 수 있는 새로운 음식을 찾으려고 한다. 마치 호흡, 날과 달, 해로 삶을 측정할 수 있기라도 한 것처럼 말이다. 우리 삶의 시계를 이런 시간적 용어들로 정의하게 되면 '죽지 않는 것'이 우리의 목표가 된다. 순간들의 연속인 시간은 원칙적으로 무한하다. 시간의 이러한 무한성에 비춰 볼 때 10년, 100년, 100만 년이 얼마나 큰 차이가 날까? 무한에 한참이나 미치지 못하는 시간을 얼마 정도 부가시키려는 바람은 궁극적으로 무용하다. 또 '무한'에 대한 바람 자체도 합리적 근거를 갖지 못한다. 왜냐하면 과거와 미래를 분리시킨다는 것은 오늘 나의 삶을 유지시켰던 질서가 내일도 계속되리라는 보장을 무너뜨리는 것이기 때문이다(우리가 아무리 많이 알아도 예상치 못한 사건, 예컨대 유성이 지구를 산산조각 낸다든가 하는 사건으로 우리가 확실하다고 여겼던 모든 것이 파괴될 수 있다). 이처럼 생명 연장에 대한 바람은 자기기만적이다.

그런데 생명 연장에 대한 바람은 이보다 더 깊은 의미, 즉 위의 설명과 전혀 다른 의미에서도 잘못되었다고 할 수 있다. 하이데거가 우리에게 깨우침을 준다면 그것은 바로 이 의미에서다. 우리의 신체가 각종 위해나 심지어 지진, 번개, 유성 등에도 영향을 받지 않는다는 의미에서 '영원히 살 수 있다'고 가정하더라도 우리는 죽음을 능가할 수 없다. 왜냐하면 죽음은 삶 전체를 규정하기 때문이다. 종말이라는 사건을 연기하려는 가열 찬 시도 속에서 우리는 스스로를 '죽음을 향하는 존재'로부터 멀어지게 만든다. 이렇게 우리는 온전히 자기 것인 가능성과 만나 그것을 이해해야 하는 필요성에서 도망치고 만다. 하이데거는 삶은 그렇게 연기시키기에는 너무 짧다고 말한다. 삶이 짧은 것은 "시간이란 것이 존재하지 않기" 때문이다. 시간을 현명하게 보내든 낭비하든 적어도 측정 가능하다는 의미에서의 시간은 존재하지 않는다. "시간은 가까이에 있다.The time is at hand."[86] 바로 지금, 과거와 미래가 일어나고 있다. 운명이 부르고 있으며, 그것을 선택하든 하지 않든 우리는 운명을 그 다음으로 넘겨주고 있다.

한 걸음 물러나 우리는 현존재를 규정하는 시간과, 우리가 일상적으로 이해하는 시간을 다음과 같이 구분해 볼 수 있다. 우리가 일반적으로 '현재'라고 부르는 것은 시간상의 일정한 간격을 말한다. 예컨대 '2012년' 같은 식이다(원칙적으로 그 시간 간격은 무한히 분할 가능하지만 연 단위를 일반적 시간 개념의 사례로 들 수 있다). 이 시간 간격의 뒤에는 '과거'에 있었던 무한한 간격들이 순서대로 존재하고 있다(2011년, 2010년……). 또 이 시간 간격의 앞쪽에도 앞으로 오게 될 무한한 차례들이 놓여 있다. 이런 의미로 우리가 '오래전'이라고 말할 때 그것은 햇수를 여러 번 거슬러 올라감을 의미한다. 여기서 '오래'라는 말은 상당한 시간이 흘렀음을 가리킨다. 이렇게 하여 우리가 사는 사회와 고대 아테네 사이에 '2,500년의 시간 간격'이 존재한다고 말할 수 있다.

이와 반대로 현존재를 규정짓는 시간은 '시간은 가까이에 있다'거나 '시간이란 것은 존재하지 않는다'와 같은 표현들에서 포착되는 시간이다. 이런 의미의 시간은 무한의 차례 속에서 측정 가능한 시간 간격을 말하는 것이 아니라, 상황의 일정한 성격을 가리키는 말이다. 현존재의 구조를 이루는 요소로서 과거, 현재, 미래는 정황적situational 의미의 시간 차원이라고 할 수 있다. 하이데거는 세계-내-존재를 이해할 때 궁극적으로 이러한 시간 차원에서 이해해야 한다고 본다.

우리는 정황적 시간이 어떻게 그 나름의 '시간적 거리'를 갖는지 생각해 볼 필요가 있다. 예컨대 우리가 '세계적 변화' 혹은 '혁명'이라는 말을 쓸 때 그것은 지금의 세계(현재)와 한때 그랬던 세계(과거) 사이의 일정한 간극을 전제하는 말이다. 이 거리는 확실히 양적으로 측정할 수 없으며, 측정 가능한 시간의 경과를 인식하지 않고도 경험할 수 있다. 우리는 급격한 변화가 '눈 깜짝하는 사이에' 일어난다는 표현을 쓴다.[87] 더욱이 시간이 '흘렀다'는 생각은, 그리고 '얼마만큼' 시간이 흘렀는지 측정할 수 있다는 가능성은 오직 정황적 시간 안에 존재하는 무한한 틈에 비추었을 때만 드러난다. '세계적 변화'를 인식하는 순간, 나는 과거를 마음에 떠올린 뒤 그로부터 경과한 시간 간격을 측정하는 데 착수할 수도 있다. 그러나 만약 내가 그 변화를 잘못 알았다면, 실제로 세계가 변하지 않았다면 나는 시간이 흘렀다고 주장할 수 있는 근거를 더는 갖지 못할 것이다.

던져진-던짐에 대한 하이데거의 시간적 해석은 '정황적 시간'이라는 특수한 개념으로, 그것은 다시 말해 어떤 순간이라도 규정할 수 있는, 과거와 미래의 통합성이다. 현존재의 역사성—모든 순간을 과거와 현재의 통일로 규정하는 인간 삶의 기본적 운동성^{being-in-motion}—은 '과거'를 재현하는, 다시 말해 일련의 사건들을 정신에 떠올리는 가능성에 대한 조건이 된다. 하이데거가 말하듯이 현존재의 '역사성'은 "역사에 우선한다…… 현존재의 역사성이라는 토대 위에서만 '세계 역사'라는 것이 가능하며, 무언가가 세계 역사에 역사적으로 속할 수 있다".[88] 다시 말해 오직 현존재의 운명과 그것이 전개되는 방식에 비추어서만 어떤 일이 '일어났다'고 상상할 수 있으며, 사건들 사이에 구분을 짓고 그것들을 순서대로 배열할 수 있다는 것이다. 또 그럼으로써 '세계 역사'라는 것을 말할 수 있다는 것이다. 더욱이 그러한 역사는 언제나 불안정한 상태에 있어서, 현존재의 본질적으로 일시적인 실존에 비추어 언제든 다시 배열할 수 있다. 미칼스키의 용어로 말하면 인간의 삶이라는 동력은 끝없이 자기 추진적인^{self-propelled} 움직임 속에서 과거를 미래로부터 언제나 새롭게 벗겨 낸다. 매 순간 현존재는 지금까지의 질서를 다시 배열하며 지금부터 새롭게 될 수 있는 가능성을 다시 정의 내리고 있다.

던져짐과 던짐의 통일성, 과거와 미래의 통일성은 하이데거 자신의 세계 해석에서 나타난다. 한편으로 하이데거의 철학적 언명은 그 의미가 이미 주어져 있는 것, 즉 세계 자체에 의존하고 있다. 여기서 세계란 현존재의 일상생활에서 '전_前존재론적으로^{preontologically}' 경험되는 세계를 말한다. 현존재는 이러한 실제적 인식의 토대 위에서만 의미 있는 관계라는 관점에서 세계에 관해 말할 수 있다. 실제 세계와 동떨어진 추상 속에서라면 '~을 가지고with-which', '~을 위하여in-order-to, for-the-sake-of' 같은 말은 아무 의미를 갖지 못한다. 이 말들에 대한 해석은 세계 자체라는 현상에 의해 미리 결정되어 있다.

하이데거의 해석이, 이미 주어져 있는 것에 대한 간략한 스케치 정도일 수 있지만, 그 이상일 수도 있다. 즉 하이데거는 세계를 가리킬 때 그것을 최선을 다해 재현할 뿐 아니라 동시에 세계를 변혁시키기도 한다. 하이데거의 해석은 세계와 개별 존재자들의 존재를 특징짓는 적합한 단어 — 이제까지 사람들이 한 번도 말하지 않은 단어 — 를 찾음으로써, 사물에 대한 새로운 입장을 취하는 길을, 세계를 변혁하는 길을 열었다고 할 수 있다. 예컨대 그의 철학이 비관여적 이성이라는 틀에 갇혀 있는 사람의 실행을 어떻게 변화시킬 것인지 생각해 보자. 우리는 유용성utility이라는 기준이나 칸트적 의미의 도덕률을 기준으로 세상을 사는 사람, 또는 자신의 동기를 계산하고 헤아리며 분석하는 데 대부분 시간을 할애하는 사람을 상상해 볼 수 있다. 그런 사람이 하이데거를 읽고 자신의 일상적 충성이 맹목적 습관에 의해 형성된 감정이 아니라 세계의 이해 가능한 일부임을 깨닫는다면 그는 지금까지와 다른 새로운 정신으로 일상을 추구하지 않을 수 없을 것이다. 그는 일상적 충성을, 판단을 내리는 데 방해되는 편협한 장애물이 아니라 자신을 인도하는 잠재적 원천으로 여길 것이다. 이처럼 삶에 대한 새로운 태도를 취하는 과정에서 그는 전체에 대한 새로운 관점, 즉 세상을 지금까지와 다른 새로운 빛으로 보는 전환점에 이른다. 이런 식으로 하이데거 자신의 철학적 해석은 던져진-던짐에 의해 결정된다. 그 해석은 해석이 가져오는 이해를 미리 상정하고 있다.

던져짐과 던짐의 통일성은 인간 행위human agency에 대한 하이데거의 설명을 이해하는 데도 열쇠가 된다. 인간의 삶이 던짐과 던져짐 가운데 하나의 성질만으로 특징지어질 때 행위가 상실된다는 점을 생각해 볼 필요가 있다. '순수한 던져짐'은 말하자면 별들에 새겨진 운명에 완전히 복종하는 것이다. 이 경우 인간 존재자들은 의미 있는 삶을—어쩌면 특별한 삶을—살겠지만 이때의 인간 존재자들은 신의 장난감에 불과하다. 이런 삶을 결코 자유롭다고 말할 수 없을 것이다.

한편 '순수한 던짐'은 그와 반대의 문제를 일으킨다. 즉 그것은 완전한 혼돈의 세계를 의미하는 것이기 때문이다. 그곳에서는 인간이 세계의 모든 질서를 부여하는 존재가 된다. 이런 세계에서 인간 존재자는 어떠한 초월적 행동 기준으로부터도 자유롭지만 그의 삶은 완전히 무의미한 것이 된다. 의지와 창조를 인도하는 어떠한 기준도 없다면 인간의 삶은 동일한 행동이 반복되는 끝없는 나락으로 빠져들 것이다. 여기서 각각의 행동은 그다음 행동만큼이나 덧없고 무의미한 것이 된다. 이런 세계에서 인간 존재자는 어떠한 자기 소유감도 결여하게 될 것이다. 인간은 임의적 행동의 중심이 될 것이며 그것은 어떤 의미에서도 주체적 행위라고 할 수 없다.

던져진-던짐으로서의 현존재 개념은 이러한 양극단을 피하게 한다. 던져진 존재로서 모든 현존재는 확정적 세계, 즉 자신이 사는 세계에 사실적으로 기탁되었다.[89] 그러나 이 기탁은 현존재가 스스로를 인도하는 빛, 운명, 행동의 기준을 가지고 있다는 것을 의미한다. 그리고 운명은 오직 그것을 채우려는 현존재의 시도를 통해서만 드러난다. 인간의 삶은 만들어 가는 동시에 발견해 가는 것이다. 현존재는 자신의 행동을 통해 자기 존재의 근원을 밝게 밝힌다. 이런 의미에서 현존재는 진정으로 자기 지도적인self-directed 존재다.

하이데거와 정황적 이해

하이데거는 다양한 방식으로 세계-내-존재를 표현한다. '던져진-던짐', '죽음을 향하는 존재', '과거와 미래의 통일' 등이 그 표현들이다. 그리고 이런 다양한 표현들 속에서 정황적 이해가 탄생한다. 우리가 이해하고 판단하고 행동하는 배경이 되는 '삶의 환경'은 우리 자신과 결코 분리될 수 없는 '정황'이다. 그것은 특정 공동체나 문화, 혹은 관습을 의미하는 것이 아니라 곧 '세계'를 말하는 것이다. 앞에서 보았듯이 여기서 '세계'는 '사회적 배경' 같은 개념—우리는 이를 '정황'과 쉽게 혼동한다—을 훨씬 넘어서는 개념이다. 세계는 곧 개별 존재자들의 존재이다. 세계는 "왜 아무것도 없지 않고 무언가가 존재하는가?"라는 질문에 대한 답을 준다. 왜냐하면 우리가 다루고 반추하는 사물들은 오직 세계를 구성하는 일부로서만 지금대로의 사물로 존재하기 때문이다. 세계는 개별 존재자들의 근원으로, 그 존재자들 중 어떤 것으로도 환원되지 않는다. 세계는 어떤 의미에서 무無이다. 세계는 우리가 의식적 응시를 통해 보고 만지고 경험할 수 있는 것이 아니다. 세계는 우리가 고향에 온 것처럼 그 안에 편히 거주하고 있다고 믿는, 만지고 인식할 수 있는 영역이 아니다.[90] 그보다 세계는 우리가 살아가는 방식을 통해 표현되는 운명이다. 세계는 무이지만 '의미 있는' 무이다. 그것은 우리가 해석할 수 있는(해석해야 하는) '무'이다. 그리고 우리가 말과 행동으로 세계를 해석하는 바로 그 행위를 통해 세계는 존재하게 된다. 우리의 해석을 통해 우리는 세계가 별들에 새겨진 고정된 운명이 아니라 우리가 '펼쳐 가는' 운명이라는 사실을 알게 된다. 세계의 펼쳐짐이 곧 본질적 의미에서의 '역사'다. 역사는 하나의 사건 다음에 또 다른 사건이 이어지는 일련의 연속이 아니다. 역사는 존재와 개별 존재자들이, 그리고 우리의 운명과 그것의 특별한 표현들이 원을 그리며 도는 순환적 움직임이다. 오직 이러한 움직임의 일부로서만 사건들과 차례들이 나타날 수 있다.

하이데거의 세계 해석에 비춰 볼 때 우리가 처한 상황은 이상한 장소로 비쳐질 수도 있다. 그가 기술하는 세계는 3차원 공간에 위치한 장소가 아니다. 그것은 우리가 보고 만지고 상상할 수 있는 무엇이 아니다. 그것은 특정한 실행이나 관습, 전통이 아니다. 그것은 시간상에서 펼쳐지지만 결코 지나가 버리지 않는다. 그렇다면 하이데거는 우리 삶의 증언에 반하는 이러한 개념을 어떻게 옹호할 수 있는 것일까? '실제 세계'는 공간 속에서 연장된 세계가 아닌가? 그것은 우리가 눈으로 보고 손으로 붙잡을 수 있는 세계가 아닌가? 실제 세계는 우리의 일상적 일과 역할, 계획들이 그 속에서 이루어지는 세계가 아닌가? 그것은 우리의 몸과 그 한계—특히 종말에 이를 수밖에 없는 몸—의 세계가 아닌가? 우리의 신체가 점진적으로 쇠약해 가는 현상은 시간의 흐름을 증명하지 않는가? 그것은 세계가 측정 가능한 순간들로 이어진 차례 속에서 펼쳐진다는 것을 증명하지 않는가? 우리의 경험이 지닌 이러한 부정할 수 없는 특징들에 비추어 우리는 자칫 하이데거가 말하는 세계가 추상화된 세계라고 생각하기 쉽다. 그러나 이렇게 결론 내리는 것은 그의 주장을 잘못 이해하는 것이다. 하이데거는 인간이 감각할 수 있는 '세계', 일상의 활동이 지닌 의미, 우리 신체의 존재, 시간의 흐름 같은 것을 부정하려는 것이 아니다. 이것들은 모두 세계의 일부다. 그러나 그것들은 '그저' 일부에 지나지 않는다. 그렇기 때문에 전체를 상정하지 않을 수 없다. 하이데거는 만약 이 일부들이 세계로부터 떨어져 나온다면 그중 어느 것도 존재할 수 없다고 말한다. 이것은 급진적인 주장이다. 이것이 '눈앞에 있는' 사물과 같은, 세계를 구성하는 부분들을 전체로 착각하는 우리의 잘못된 해석에 비교해 볼 때 급진적이라고 할 수 있다. 하이데거의 세계 개념은 이러한 혼동을 떨쳐 내려는 시도다. 그는 우리가 전체로 여기고 있는 것 ― 부분들의 총합으로 간주되는 전체 ― 이 실제로는 그보다 더 포괄적인 의식의 일부임을 보여 줌으로써 이러한 혼동을 떨쳐 내고자 한다. 하이데거의 설명은 다른 설명들보다 부분을 더 잘 이해하게 한다는 점에서 '더 포괄적이다'. 하이데거의 세계 개념은 언뜻 보이는 것처럼 추상적인 개념이 결코 아니다. 그것은 우리가 '구체적'이라고 부르는 삶의 다양한 표현들을 이해하도록 해 준다.

한발 물러서서 우리는 '정황적 이해' 개념을 이렇게 설명할 수 있다. 망치와 신발 같은 가장 기본적인 도구 사용에서부터 우리 '눈앞에 있는' 사물들에 대한 엄정한 과학적 분석에 이르기까지 인간의 어떠한 행동이라도 그것은 그 자신을 넘어 특정한 삶의 방식 ― 즉 세계와, 우리가 처한 정황―을 가리킨다고 할 수 있다. 삶의 방식은 대부분 무의식적으로, 다시 말해 그것의 궁극적인 도달점에 대한 명시적 반성 없이 살아내는 것이지만, 그럼에도 그것은 일정한 이해를 구현하고 있다. 우리가 가진 이해는 다음과 같은 방식으로 드러난다. 즉 삶에의 몰입이 방해받았을 때, 예컨대 무언가가 잘못되어 가거나 누군가가 우리에게 무엇을 하고 있느냐고 물었을 때 우리는 기능(~을 하기 위하여)과 목적(~을 위하여), 그리고 궁극적으로 우리의 이야기(우리의 세계)라는 관점에서 그 질문에 답한다는 점이다. 이 설명은 결코 우리가 실제로 사는 이야기가 지닌 미묘한 뉘앙스를 온전히 재현하지는 못하지만 그곳에 있는 사람들, '우리와 함께' 사는 이들, 그리고 우리와 비슷한 구체적 경험을 하는 이들에게 의미 있는 것으로 다가간다. 세계-내-존재가 갖는 기본적인 함의는, 삶에 대한 우리의 포괄적 이해는―우리의 특정 행동이 그것에 비추어 의미를 갖는 이해는―주관적이거나 인지적인 이해가 아니라 삶 속에서 구현되는 이해라는 점이다.

　우리의 모든 특정 행동이 전체에 대한 이러한 비전을 가리킨다는 점에서 어떠한 행동도 그 비전에 비추어 질문하고 수정하고 발전시킬 수 있다. 그리고 어떠한 특정 이해라도 그것을 수정하고 발전시킨다면 우리는 처음에 우리를 인도했던 전체에 대한 이해를 향상시킬 수 있다. 던져진-던짐에 대한 하이데거의 설명에 따르면, 우리는 매 순간 우리의 특정한 이해를 발전시키고 있다. 그것은 우리가 매 순간 특정한 존재 방식으로 살고 있으며, 동시에 그 밖의 다른 존재 방식은 스쳐 지나가게 하고 있다는 점에서 그렇다. 그러한 '던짐'을 통해 우리는 우리가 (언제나 이미) 그 속에 '던져져 있는' 포괄적 이해를 계속해서 생산해 낸다. 이러한 발전은 좋은 방향으로 향할 수도 있고 나쁜 방향으로 향할 수도 있다. 그것은 우리의 지평을 확장하는 것일 수도, 반대로 축소시키는 것일 수도 있다. 신중하게 말하면 우리는 특정 지평 혹은 관점이 그 밖의 다른 지평이나 관점보다 우월하다고 확실하게 알 수 없다. 고정된 기준을 갖고 있지 않으면 이에 대한 판단은 어려워진다. 그러나 자신의 지평이 특정 이야기를 구현하고 있으며 그 이야기가 본질적으로 열려 있는 것임을 인식할 때 우리는 어떠한 변화라도 그것은 전체를 표현하고 있다는(좋은 쪽이든 나쁜 쪽이든) 관점에서 이해해야 함을 깨닫는다. 이런 깨달음의 빛 속에서 우리는 세계에 대한 다양한 해석 가운데 우리에게 더 큰 깨달음을 주는 해석을 현명하게 분별해 내어 스스로에게 제공하는 위치에 서게 된다.

던져진-던짐이 갖는 함의는, 어떠한 세계 변화라도 그것은 동일한 것을 드러내거나 감추는 것이라는 점이다. 모든 진리는 인간의 창작물이며, 모든 세계관은 지평을 폐기하고 허물어 버리려는, 권력에의 의지가 자의적으로 축조한 것이라는 니체의 말에 대응해 하이데거는 진리를 비은폐성非隱蔽性, Unconcealement으로 본다.[91] 하이데거는 이해가 지닌 창의적인 '던짐'의 차원을 인정함으로써 진리는 단지 말이라는 고정된 질서 속에 반영되어 있지 않다는 점을 인정하면서도, 창조는 내재적 진리가 드러날 수 있도록 해주는 산파라고 주장한다. '진리'는 이중적 의미를 지니고 있다. 특정 존재자being의 진리와 존재Being의 진리가 그것이다. 하이데거가 '비은폐성'이라는 말을 그리스어 알레테이아aleitheia와 연결시키고 있다는 점을 주목할 필요가 있다. '알레테이아'는 일반적으로 진리truth를 가리키는 말이지만 그것은 잊지 않음un-forgetfulness 혹은 기억에 떠올림^{recollection}이라는 의미도 갖는다.⁹² 던져진-던짐은, 사고가 그보다 앞서 일어난 일을 고수한다는 점에서 기억이라는 것을 의미한다. 이러한 통찰은 정황적 이해가 보편적 진리와 일관될 수 있음을 가리키고 있다. 가다머는 이러한 생각을 발전시켰다. 우리는 다음 장에서 이에 대해 다루고자 한다.

04

역사 연구에서
편견의 역할

과거와 현재에 관한 가다머의 생각

The Place of
PREJUDICE

가다머의 『진리와 방법Truth and Method』(1960)이 지닌 가장 현저한 특징은 편견의 옹호일 것이다. 편견을 그간의 폄하된 지위에서 구해 내려는 시도에서 가다머는 에드먼드 버크의 뒤를 따르는 것처럼 보인다. 표면적으로, 두 사상가의 유사점은 분명하다. 두 사람 모두 '편견'을 전통의 영향력을 의미하는 단어로 사용한다는 것이다. 또 두 사람 모두 편견의 적법성에 의문을 제기했던 계몽사상가들에 맞서 편견을 옹호한다. 그러나 가다머는 버크와 다르게 편견을 이성과 연결시킨다. 가다머는 편견을 이해를 위한 조건condition of understanding이라고 여긴다. 그리고 어떤 편견은 '지식을 생산할' 수 있다고 본다.[1] 버크가 '감정'과 '즐거운 환상'의 차원에서 편견을 옹호하는 데 비해 가다머는 '진리'의 관점에서 편견을 옹호한다.

편견을 진리와 연결시킨다는 점에서 가다머의 진짜 선배는 버크가 아니라 하이데거다. 비록 하이데거가 '편견'이라는 용어를 자주 사용하지도 않고 힘주어 강조하지도 않지만, 그는 이것을 긍정적인 의미로 사용하고 있다. 즉 하이데거는 편견을 '상정presupposition'과 같은 의미로 사용한다. 그리고 가다머는 이 의미를, 특히 하이데거의 던져진-던짐에 대한 설명을 통해 받아들이고 발전시킨다. '던져진 존재'로서 현존재는 언제나 자신을(혹은 다른 개체를) 해석하는데, 그것은 현존재의 '선이해preunderstanding(이미 갖추고 있는 앎)'나 '이미 가진 것fore-having'에 비추어서 가능하다. 가다머가 '편견'이라는 말을 사용할 때는 바로 이러한 선이해나 이미 가진 것을 가리킨다. 그러나 이러한 '선이해'나 '편견'은 현존재가 자신을 그것에 던짐으로써 끊임없이 새롭게 구성된다. 주제적 해석(예컨대 하이데거의 존재 연구)을 통한 명시적 방법을 통해서든, 아니면 일상생활을 통한 암묵적 방법을 통해서든 말이다. 하이데거가 세계와 세계-내 개체들을(즉 존재성과 개별 존재들을) 서로 구분한 것과 마찬가지로 가다머도 '편견'이라는 말을 두 가지 의미로 사용한다. 즉 가다머가 말하는 편견은 한 사람의 포괄적인 편견, 즉 시야 혹은 지평을 의미하는 것일 수도 있고, 한 사람의 특정 '편견'을 의미하는 것일 수도 있다. 어떠한 이해의 행위도 편견의 두 가지 층위―특정 개체에 대한 선이해와 전체로서의 삶에 대한 선이해―를 모두 사용한다. 우리의 이해가 사물 자체와 분리될 수 없는 것과 마찬가지로 가다머에게 '편견'은 존재론적 개념이다. 특정 편견과 전반적 편견(지평)의 교호交互적 움직임은 실재 자체의 놀이다. 하이데거는 이 놀이를 현존재의 역사성이라 부른다.

이러한 근본적 움직임을 가다머는 '해석학'이라는 말로 표현한다. 해석학은 전통적으로 텍스트(특히 성경)의 해석적 이해에 국한되어 사용하던 용어였다. 가다머가 요약한 문헌 해석학의 익숙한 원칙은 "텍스트의 전체 의미가 특정 문단의 이해를 인도하는 동시에 각 문단에 대한 개별적 이해를 통해서만 전체에 이를 수 있다"는 것이다.[2] 의미에 대한 예측―그 안에서 전체에 대한 조망이 이루어지는―은 전체에 의해 규정되는 부분이 다시 전체를 규정할 때 비로소 실현된다.[3] 가다머는 텍스트를 이해하는 방법론에 관심을 갖고 있었지만 그의 주된 목표가 문헌 해석학의 방법론을 발전시키는 것은 아니었다. 그의 목표는 인간 존재의 '해석학'을 가리켜 보이는 것이었다. 가다머에게 해석학은 '삶 자체'가 존재에 대한 특정한 이해의 펼쳐짐이란 의미를 표현하고 있다.

나는 현존재에 대한 하이데거의 시간적 분석이, 이해가 주관의 여러 행동 가운데 하나에 불과한 것이 아니라 현존재 자체의 존재 양식임을 설득력 있게 보여 주었다고 생각한다. 여기서 '해석학'이란 용어를 이런 의미에서 사용하고 있다. 그것은 현존재의 유한성과 역사성을 구성하고, 그럼으로써 세계에 대한 경험 전체를 포괄하는 기본적인 동작성being-in-motion을 가리킨다.[4]

인문학과 현존재의 자기 이해와의 관계

『진리와 방법』에서 가다머는 현존재에 대한 해석학이 인문학, 특히 역사적 전통에 관한 연구에서 어떻게 드러나는지 보여 준다. 그의 기본적 질문은 이렇다. "역사 연구는 현존재를 규정하는 근원적 '역사성'과 어떻게 관계를 맺는가? 역사 연구는 세계에 대한 우리의 경험의 총체를 어떻게 사용하고 또 거기에 영향을 주는가?"[5] 더 구체적으로 말해, 특정한 역사적 사건과 예술작품, 텍스트의 의미에 대한 이해는 어떻게 우리의 삶으로부터 끌어낸 편견, 그리고 궁극적으로는 전체로서 우리의 삶을 규정하는 광범위한 편견이나 지평을 포함할 수밖에 없는가?

이 질문의 이면에는 현대의 역사 연구가 우리 자신의 삶과의 연결성을 은폐하고 있다는 가다머의 인식이 깔려 있다. 현대의 역사 연구는 우리의 세계-내-존재를 규정하는 살아 있는 역사, 우리가 '세계 역사'라고 부르는 일련의 사건들의 근거가 되는 살아 있는 역사와의 관계성을 소홀히 하고 있다는 것이다. 가다머는 과거에 대한 우리의 태도가 두 가지 의미에서 "기이하게 격리되었다strangely detached"고 본다.[6] 첫 번째는 실천적인 의미에서, 두 번째는 방법론적 의미에서다. 가다머는 우리의 현재 역사 연구가 실천적인 의미에서나 방법론적 의미에서나 제대로 이루어지지 않고 있음을 보여 준다.

여기서 실천적 의미의 격리란 역사와 우리 자신과의 관계성과 관련된 부분이다. 이것은 역사적 전통을 우리 자신의 실행을 인도하는 지침이 아닌 한 무더기의 유물로 취급하는 경향을 말한다. 가다머는 과거 사람들은 지금의 삶과 관련한 진리를 배우기 위해 커다란 개인적 관심으로 철학과 문학, 예술의 고전들을 공부했다고 말한다. 이런 의미에서 과거 사람들은 자신들의 연구 대상에 참여하고 있었다고 할 수 있다. 어떻게 보면 그들의 연구 '대상'은 그들의 자기 이해와 연결되어 있었다는 점에서 그것은 대상이 아니었다고 말할 수 있다. 그러나 오늘날에는 고고학적 방식으로 고전을 연구하는 경향이 나타났다. 이 방식은 삶의 지침을 터득하기 위한 욕구가 아니라 '옛날 옛적 사람들은 어떻게 살았는지' 알기 위해 고전을 공부하는 방식이다. 고고학적 접근 방식은 우리가 일반적으로 박물관 전시품에 대해 취하는 태도와 비슷하다. 우리는 오래된 위대한 문명을 경험하고자 하면서도 그것으로부터 삶의 지침을 얻으려고는 하지 않는다.

가다머는 이러한 태도가 아무리 깊이 정착되어 있더라도 그것을 완전히 고고학적 방법론으로 간주하는 것은 잘못이라고 말한다. 우리가 오래된 예술작품이나 절터, 고문서 같은 역사 유물을 떠올릴 때 그것은 '그들'의 삶의 방식에 대한 어렴풋한 통찰을 제공한다. 그리고 이렇게 하는 한 그것이 우리 자신의 삶에 대해 내는 목소리를 우리는 결코 완전히 잠재울 수 없다. 제어할 수 없을 정도로, 우리는 그 의미에 대한 체험을 '우리의 총체적인 자기 이해'에 통합시키게 된다.[7] 우리가 그저 유물일 뿐이라고 생각하는 것도 우리 자신의 헌신과 관심을 이해할 수 있게 해주는 새로운 관점을 불가피하게 제공한다. 역사적 유물이 우리에게 미치는 영향을 고려하지 않는다면 역사에 대한 우리의 관심을 이해하기는 어려워진다.

'방법론적' 의미의 분리는 학자들이 역사를 이해하는 방식과 관련된 것이다. 그것은 '정확하고 과학적인' 역사 연구라는 견해와 연계되어 있다. 이 견해에 따르면 역사적 사건, 텍스트, 예술작품의 의미를 제대로 이해하기 위해서는 우리 자신의 이해(즉, 우리 자신의 관심)에서 한 걸음 물러나야 한다. 과거의 사고방식이 '아닌' 것으로 과거를 해석하는 일을 피하기 위해서 뒤로 물러서야 한다. 이런 관점에 따르면, 과거의 작품은 무엇보다도 그 시대의 산물로, 그것이 만들어진 맥락의 산물로 이해되어야 한다. 과거의 작품이 무엇에 관한 것인지 파악하기 위해서 우리는 '현대의' 역사적 상황에서 빠져나와 과거의 사고방식으로 회귀해야 한다. 우리 자신의 생각을 보류한 채 대신 작가의 '세계관'으로 사고해야 한다. 작가가 사용하던 언어와 당시 유행하던 문헌 형식 등을 재구성해야 한다. 그렇게 함으로써 텍스트의 '본래' 의미―즉 작가가 처한 역사적 상황에서 텍스트가 처음으로 형태를 갖추었던 당시에 지녔던 의미―를 되찾을 수 있다.

가다머는 이러한 비관여적 역사 연구 개념을 역사주의historicism라고 부른다. 가다머는 역사주의라는 지적 움직임이 낭만주의 시기(프리드리히 슐라이어마허Friedrich Schleiermacher)에 그 기원을 두고 있으며, 이후 19세기 독일 사상(빌헬름 딜타이Wilhelm Dilthey)에서 꽃을 피웠다고 본다. 역사주의는 우리가 처한 '현대의' 상황, 즉 '편견'에서 벗어나 비개입적uninvolved 방식으로 과거로 '회귀할' 것을 가르친다는 점에서 비관여를 요구한다. 이러한 회귀를 통해, 편견에서 벗어난, 예술작품의 '고유한' 의미―현대의 편견에 물들지 않으며 한번 고정되면 바뀌지 않는 단 하나의 '참된' 의미―를 드러낼 수 있다는 것이다.

역사주의, 즉 '방법론적' 비관여는 역사 연구와 우리 자신 사이에 놓여 있는 극단의 간격을 고고학적 태도보다 더 잘 보여 준다. 역사주의에 따르면 역사, 예컨대 고전 텍스트의 의미에 바르게 접근하는 유일한 방식은 그것이 오늘날 우리 삶과 맺는 연관성을 유예하는 것이라고 보는 것이다. 고고학적 태도가 단순히 역사가 우리에게 주는 가르침에 대하여 명시적으로 생각하는 일을 게을리하는 것이라면, 역사주의는 우리가 역사로부터 무언가를 배울 수 있다는 가능성 자체를―적어도 비관여적 역사 연구를 통해 역사의 '참된' 의미가 드러나기 전까지는―부정한다. 역사주의는 현재와 과거를 서로 완전히 다른 것으로 보며 그 간격을 극복하기 위해서는 특별한 방법론적 노력이 필요하다고 본다.

간단히 말해 역사주의는 우리에게 과거를 '죽은 것'으로 다루도록 명한다. 과거가 가진 듯 보이는 '생명'도 실은 예외 없이 '현대의 편견'일 뿐이라는 것이다.

가다머는 역사주의가 문제를 거꾸로 파악하고 있다고 말한다. 우리는 오직 자신이 서 있는 지평에 비추어서만 역사적 시대 혹은 '세계관'들을 서로 구분할 수 있고, 그럼으로써 과거 작품의 참된 의미를 알아낼 수 있다는 것이다. 역사주의는 역사에 대한 '객관적' 분석을 제공한다고 주장하지만 사실 역사주의의 연구 대상 자체가 해석자의 편견—해석자가 서 있는 지평에서 끌어낸 이해—에 의해 구성된다.

가다머는 자신의 '해석학'을 역사주의 반대편에 위치시킨다. 그의 해석학은 역사 연구에서 편견이 일정한 역할을 할 수밖에 없음을 드러내 보이고자 한다. 가다머가 보기에 역사적 사건, 예술작품, 텍스트의 '고유한'—우리 자신의 편견에 기대지 않고 발견할 수 있는 무엇이라는 뜻에서의 고유한—의미 같은 것은 존재하지 않는다. 과거를 이해하려고 시도할 때마다 우리는 지금 서 있는 지평에서 과거를 이해하는 수밖에 없다. 구체적으로, 우리 자신의 이해—우리 자신의 편견—는 우리의 역사적 탐구에 활기를 불어넣고 우리의 연구 주제를 선택하도록 할 뿐 아니라, 그러한 주제들의 해석 방식을 결정한다. 어떻게 보면 역사적 객관 대상에 대한 우리의 선입견과 별개로 존재하는 역사적 '객관 대상'이란 없다.

그러나 그렇다고 해서 이것이 우리가 애초의 이해—그것이 무엇이든—에 의해 완전히 제약을 받는다는 의미는 아니다. 가다머는 특정 편견이 과거 작품의 의미를 왜곡시킬 수도 있지만 반대로 어떤 편견은 그것의 의미를 밝게 밝혀 줄 수도 있다고 말한다. 이때 의미를 밝혀 주는 편견이라면 그것은 '지식을 생산하는' 편견이라고 할 수 있다. 우리가 역사에 대한 비관여적 이해를 얻고자 할 때, 우리 자신의 관점에서 벗어나 오직 '당시' 사람들이 생각했던 대로만 생각하고자 시도할 때 우리는 실패할 뿐 아니라 실제로 존재했던 것의 절반가량을 망각하게 된다. 어쩌면 그것은 현상의 진실 전체를 놓치는 것일 수도 있다.[8] 가다머는 그 '현상'이 어떤 의미에서 과거 작품의 고유한 의미—현대의 편견(왜곡시키는 편견)에 때 묻지 않은 의미—일 수 있다고 말한다. 그는 발견되는 진리—해석자 자신의 바람과 결부되지 않은 진리—가 있다고 말한다. 그러나 역설적으로 들리겠지만, 가다머에 따르면 우리는 단지 과거의 '그들'이 어떻게 생각했는지 생각함으로써가 아니라, 그 텍스트(예술작품 혹은 사건)가 우리 '자신의' 삶과 어떻게 연결되는지 고민함으로써 그 고유한 의미를 회복하게 된다.

물론 가다머는 우리 자신의 삶이 지닌 특성과 현대의 일정한 편견 때문에 과거 텍스트에 대한 이해가 방해받을 수 있다는 점을 알고 있다. 그러나 그는 텍스트에 대한 이해를 가능하게 해주는 편견이 있다고 말한다. 우리 자신의 관점 내에서 텍스트를 숙고함으로써 우리는 저자와 최초의 수용자들이 명시적으로 인식하지 못했던 고유한 의미의 층위들을 드러낼 수도 있다. 가다머의 견해에 따르면 텍스트의 고유한 의미는 어느 곳의 누구라도 이해할 수 있는 단일한 설명으로 포착되는 것이 아니다. 텍스트의 고유한 의미는 오직 특정 편견에 비추어서만 펼쳐진다. 그러나 고유한 의미가 '펼쳐진다'고 말해도, 그리하여 결코 그것이 일회적, 확정적으로 고정되는 것이 아니라 해도 그것은 '자기 자신 속으로' 펼쳐진다. 그렇게 그것은 변화 속에서 자신의 정체성을 구현한다. 그러므로 비판적 이성의 임무는 무조건 편견에서 도망가는 것이 아니라 우리가 무엇인가를 이해하도록 해주는 '참된' 편견과 오해하게 만드는 '잘못된' 편견을 분리시키는 것이다.[9] 가다머의 해석학은 이런 분리의 과정을 이야기하고 있다.

  가다머의 편견 복권復權은 이해의 '정황적', '관점적', '관여적' 성격에 대한 철저한 옹호로 보일 수도 있다. 이 말들은 모두 가다머가 도달하고 있는 지점을 말하고 있으며, 가다머 자신도 이 용어들을 종종 사용한다. 그러나 그가 말하는 '편견'은 그저 그 밖의 다른 단어로 표현할 수 있는 의미를 충격적으로 공식화한 것이 아니다. 앞에서 보았듯이 저명한 계몽사상가들 역시 우리의 이해와 행위를 예정하는 관습, 전통, 특정한 헌신, 관점을 가리키는 말로 '편견'이라는 용어를 사용하고 있다. 가다머는 계몽사상이 불신하는 바로 그것을 옹호하고자 한다. 가다머는 계몽사상에서 사용하는 '편견'이라는 용어를 채택해 그것을 재해석함으로써 이성의 한 특징으로서의 편견을 드러낸다. 그의 편견 옹호가 충격적으로 보이는 이유는 오직 우리가 '편견에 대한 편견'[10]과 '이성의 절대적 자기 구성력'이라는 이상에 지나치게 젖어 '편견'[11]이라는 단어가 극도로 경멸적인 의미를 띠게 되었기 때문이다.[12]
  가다머는 계몽기 이전에는 '편견'이라는 말이 오늘날과 같은 '부정적인 의미'를 갖지 않았다는 점을 지적한다. 그 당시에는 편견이 그저 "상황을 구성하는 모든 요소를 최종적으로 검토하기 이전에 내리는 판단"을 의미할 뿐이었다. 예컨대 독일의 법률 용어에서 '편견vorurteil'이란 최종 판결에 이르기 전에 내려지는 예비 판결을 가리키는 말이었다. 그것은 판례가 지닌 가치와 유사하게, '선판단으로서의 예비적 결정'이라는 가치를 담은 긍정적 유효성을 지닌 말이었다. '편견'은 오직 비관여적 성찰이라는 이상에 비추었을 때만 근거 없는 판단—이성이 아니라 전통, 습관, 관습에 영향을 받은 판단—을 의미했다.[13] 가다머가 복권시키려고 했던 편견은 오직 '선판단'이나 '판례(선례)'와 연관된 '편견'의 오래된 의미였다. 물론 그가 새롭게 기여한 부분도 있다. 그것은 '편견'에 존재론적 의미를 부여한 뒤, 그것을 역사적 이해와 연결시켰다는 점이다.

가다머의 역사주의 비판

가다머가 비판하는 역사주의의 전제를 살펴보자. 역사주의에 따르면 모든 사상이 특정한 '역사적 상황' 혹은 '세계관'에 속한다. 여기서 역사적 상황 혹은 세계관이란 해당 시대에 주어진 포괄적인 의미 배경이나 기술記述 용어를 가리킨다. '세계관' 개념의 핵심은 그것이 단지 일련의 신념이나 제안 혹은 진리 주장—여기서 '진리'란 곧 언술과 언술 대상의 일치를 의미한다—만을 가리키지 않는다는 것이다. 세계관의 결정적 특징은 그것이 진리의 경계를 설정한다는 데 있다. 더 정확히 말해 세계관은 무엇이 '적합한' 진리로 간주될 수 있는지, 무엇이 해당 시대의 관심을 받는지 결정한다. 이런 점에서 세계관은 곧 대문자 T로 표현되는 최고 진리와 동등한 것이다. 그것은 최고 진리가 발생시키는 다양한 진리들과 구별된다. 하나의 '세계관'이 사라지면 그 세계관이 발생시킨 '진리들'도 사라진다. 그 진리들은 그것이 가리키는 대상과 합치한다는 점에서 '옳은' 것일 수 있지만 세계관이 사라질 때 이 옳음은 무의미한 것이 되고 만다. 그것은 더 이상 지각 있는 사람이 의지할 수 있는 전체의 일부가 아니다.

역사주의에 따르면 역사는 우리에게 일련의 세계관을 제시한다. 그것은 곧 서로 다른 시대를 규정하는 진리의 기준들이 부침浮沈하는 것을 의미한다. 이렇듯 역사는 우리에게 초超역사적 진리, 모든 시대에 통하는 진리, 과거의 사고방식에 직접적으로 접속할 수 있게 하는 진리가 존재하지 않는다는 사실을 가르쳐 준다. 엄밀히 말해 하나의 세계관이 지속되는 동안에는 과거―현재와 분명하게 구분되는 시기로서의 과거―가 존재하지 않는다.[14] 역사는 일련의 연속된 세계관으로 구성되기 때문에 역사적 이해에는 특별한 종류의 노력이 요청된다. 그것은 우리 자신의 세계관―'단지' 하나의 편견일 뿐인―을 뛰어넘어 우리의 연구 대상으로 삼은 시대의 세계관 속으로 우리 자신을 이동시켜야 한다는 것이다. 우리는 '그 시대의 이념과 사상'의 관점에서 생각하면서 역사적 '객관성'―'그들'의 사고 내용에 대한 결정적 언술―을 향해 나아가야 한다.[15]

가다머가 역사주의를 인정하는 부분도 있는데, 그것은 사상이 '세계관' 혹은 '지평'에 속한다고 보는 역사주의가 사상의 정황적 성격을 인정한다는 점에서다. 그러나 그는 또한 역사주의의 잘못된 가정을 바로잡는다. 여기서 잘못된 가정이란 우리 자신의 '현재의' 지평이 '과거'의 지평과 분리될 수 있다는 가정, 그리고 인간의 삶을 개별 '지평들'의 연

속으로 완전히 분해할 수 있다는 가정이다. 가다머는 수사적으로 이렇게 질문한다.

> 정말로 서로 다른 두 개의 지평이 존재하는 것일까? 삶을 이해하고자 하는 자가 속한 지평과 그가 자신을 그 안에 위치시키는 역사적 지평이 별개로 존재하는 것일까? 역사적 이해라는 기술에서, 우리가 스스로를 낯선 지평으로 이동시킨다는 것이 정확한 표현일까? 이런 의미에서 닫힌 지평이라는 것이 존재하기나 할까?

이에 대한 가다머의 대답은 "아니요"다. 역사주의는 일련의 지평들을 상정하고, 지평들을 '닫힌' 것으로 이야기하며, '현재'를 '과거'로부터 떼어 낸다는 점에서 '지평'의 의미 자체를 잘못 이해하고 있다. 역사주의는 '자신의' 지평이 비관여적 인식의 대상이 될 수 있다고, 그리하여 충분한 명료성으로 그것을 '과거'의 '지평들'과 분리시킬 수 있다고 가정한다. 그러나 이렇게 분리하는 것은 가능하지 않다. 왜냐하면 특정 상황에 처한다는 것은 곧 "우리가 그 상황 바깥에 서 있지 않으며 따라서 그 상황에 대한 객관적 지식을 지닐 수 없다는 것"을 의미하기 때문이다.[16] 우리가 획득할 수 있는, 우리 지평에 대한 지식은 부득불 관여적이며 언제나 부분적일 수밖에 없다. "그것(우리의 지평)을 밝히는 것은 결코 완전히 종결될 수 없는 과제다."[17] 우리 자신의 지평, 다시 말해 포괄적인 자기 이해는 그 지평의 한계를 드러내는 모든 시도를 인도하며, 그것을 '과거의' 지평과 분리시키려는 모든 시도를 인도한다.

'역사적이 된다'는 것은 자신에 대한 지식이 결코 완결될 수 없다는 의미다. 자기에 대한 지식은 무엇이든 역사적으로 이미 주어져 있는 것으로부터 생겨난다. 헤겔은 이것을 '실체 substance'라고 부른다. 왜냐하면 그것이 모든 주관적 의도와 행동 아래에 자리 잡고 있으며, 역사적 이형(즉 차이)을 지닌 전통들을 이해하는 모든 가능성을 규정하는 동시에 제한하기 때문이다.[18]

시대를 분리시키는 생각, 예컨대 우리의 세계관과 고대 그리스의 세계관을 구분하는 생각은 '그 자체가' 우리 자신의 포괄적 세계관에 이미 심어져 있으며, 우리 자신의 포괄적 세계관에 비추어 의심의 대상이 된다. 그러한 구분은 실제로 정당화될 수 없는 것으로 판명날 수 있다. '우리의' 세계관이라고 생각했던 것이 가만히 살펴보면 고대 그리스인들의 세계관과 기본적으로 동일한 것일 수 있다. 그리고 '그들의' 세계관으로 간주했던 것이 우리 자신의 세계관을 '더 명료하게' 표현해 주는 것일 수 있다. 우리가 '우리 자신'이라고 여기는 것, 그리고 우리가 '그들'이라고 여기는 것은 어쩌면 피상적인 재단일 수 있다. 그것은 당장 우리의 주의를 끌어당기는 비본질적인 관심에 기초한 구분일 수 있다. 가다머가 말하고자 하는 핵심은, 우리는 결코 미리 그리고 확정적으로 알 수 없다는 것이다. 역사주의는 세계관들을 서로 근본적으로 분리시키려고 하는데, 이는 정당화될 수 없다. 역사주의는 우리 자신의 이해가 우리의 연구 대상인 역사적 전통의 의미를 새롭게 밝힐 수 있는 가능성을 부정하며, 반대로 역사적 전통에 대한 이해가 우리 자신의 삶을 밝힐 수 있는 가능성도 부정한다.

우리가 현재와 과거 사이에 짓는 구분은 어떤 것이든 우리 자신의 포괄적 지평에 비추어 의심의 대상이 된다는 것이 가다머가 말하려는 핵심 포인트다. 그러한 구분이 어떻게 의심의 대상이 될 수 있는지 보여주는 사례로 가다머 자신이 '계몽 시대'와 '신화 시대'의 분리에 대해 폈던 반론을 살펴보자. 가다머가 이러한 분리에 특히 관심을 갖는 이유는 다음과 같다. 그는 시대를 분리하는 것이 현대의 사상에 계속해서 부당한 영향력을 행사하고 있는 잘못된 방법이라고 여길 뿐 아니라, 그러한 분리를 곧 '역사의식의 기원'으로 보는 것이다. 그에게 역사의식은 현재와 과거, '오늘'과 '그때'의 사이를 틀어지게 하는 데 익숙해 있는 의식이다. 이러한 숙명적 시대 구분이 잘못되었음을 보임으로써 가다머는 두 가지를 성취한다. 그것은 그러한 구분에 대해 우리가 의심을 품을 수 있다는 것, 그리고 그러한 구분을 무비판적으로 수용하는 우리의 경향성을 이야기하고 있다는 것이다.

가다머는 '계몽 시대'와 '신화 시대' 사이의 구분이 이성과 편견이라는 잘못된 구분에 기초하고 있다고 주장한다. 우리는 앞에서 그러한 구분이 어떻게 계몽 시대의 자기 이해를 규정하는지 살펴보았다. 계몽 시대 사람들은 자신들을 새로운 시대―편견이 아닌 이성이 권위의 궁극적 원천이 되는 시대―를 구성하는 일부로 보았다. 사람들은 더 이상 전통, 습관, 관습이 자신들의 앎을 형성하도록 허용하지 않았다. 이제 모든 문제는 '이성의 법정에서' 판결될 것이었다.[19] 앞 장들에서 우리는 편견에 저항하는 운동이 17세기 자연철학(베이컨, 데카르트)과 계몽기 윤리학(스미스, 흄, 칸트)에서 특징적으로 나타난 사례를 살펴보았다. 그런데 그와 동일한 사고방식이 전통 텍스트, 특히 성경 연구에서도 지배적으로 나타났다. 가다머는 이렇게 말한다. "근대 계몽사상의 진정한 급진성은 그것이 성경과 그것의 독단적 해석에 맞서 자기주장을 펼쳐야 했다는 점이다." 여느 진리 주장과 마찬가지로 성경의 가르침도 이제 비관여적 분석을 통해 실증되어야 했다.

> 다른 모든 역사적 문헌과 마찬가지로 성서의 기록 전통도 절대적 권위를 주장할 수 없다. 전통의 진리성은 이성이 그것에 부여하는 신뢰성에 의존한다. 모든 권위의 궁극적 원천이 되는 것은 전통이 아니라 이성이다.[20]

그러나 가다머는 '전통'과 '이성'의 구분 자체가 잘못된 것이라고 주장한다. 또한 그가 보기에 '이성'과 '편견' 같은 보다 일반적인 구분도 잘못되었다. 계몽사상이 '이성'으로 정의하는 것은 단지 협소한 이해일 뿐이다. 이성을 방법론으로 한정시킴으로써 계몽사상은 일상생활에서 구현되는 실천적인 이해 — 하이데거는 이를 세계-내-존재라고 한다 — 을 등한시하고 있다. 가다머는 하이데거가 이성이라는 현상 혹은 이해라는 현상을 그 참된 균형에서 제시한다고 말한다. "이해는 그것을 실용적 관심이나 이론적 관심 등 다양한 방향에서 구분하기 이전에, 이해는 '존재할 수 있는 잠재성'과 '가능성'이라는 점에서 곧 현존재의 존재 방식이라고 할 수 있다.[21] 계몽사상에서 '편견'의 원천으로 간주하는 것들 — 전통, 관습, 자신에 대한 몰두 — 은 실제로는 현존재가 지닌 '가능성들', 즉 질문에 열려 있고 끊임없이 진화하는 이해이다. 그러나 계몽사상은 이러한 이해를 '감정'이나 '기계적 습관'으로 격하시킨다.

가다머는 전통—전형적인 편견—과 관련해 이 점을 다시 말한다. 가다머에 따르면 전통에 대한 계몽기의 이해를 결정짓는 것은 전통을 이성과 대립하는 것으로 본다는 점이다. "혁명을 원하든 아니면 혁명에 반대하거나 보존하고 싶어 하든 상관없이, 전통은 자유로운 자기 결정과 추상적으로 반대되는 것으로 여겨진다. 왜냐하면 전통의 유효성은 이성을 전혀 요구하지 않으며, 우리가 그 유효성에 의심을 품는 일 없이 우리를 조건화시키기 때문이다."[22] 그러나 가다머는 이러한 견해가 잘못되었다고 본다.

> 전통과 이성 사이의 그러한 무조건적 대립 관계는 존재하지 않는다 …… 사실은, 전통 안에도 언제나 자유의 요소와 역사(즉 움직임 혹은 진화)의 요소가 있다는 것이다. 가장 참되고 순수한 전통이라도 그것이 한때 존재했던 타성 때문에 지속되는 것은 아니다. 전통도 확증되고 포용되며 계발되어야 한다. 전통은 본질적으로 보존을 의미하며 모든 역사적 변화에서 활동하고 있다. 그런데 보존은 이성의 행동이다. 비록 눈에 잘 띄지는 않지만 말이다. 이런 이유로 (보존이 아니라) 오직 혁신과 계획만이 이성의 결과물인 것처럼 보인다. 그러나 이것은 환상이다.[23]

전통은 그 외양에도 불구하고, 그리고 '혁신과 계획' 없이도 끊임없이 움직이고 있다. 낡은 것의 맹목적 영속화 혹은 기계적인 습관처럼 보이는 것도 거기에는 언제나 '던짐'의 차원이 존재한다. 전통을 전수한다는 것은 전통을 다른 가능성들에 맞서 유지하면서 현재의 상황에 맞게 변용시키는 것을 말한다. 그리고 그러한 보존을 통해 전통은 끊임없이 다시 정의된다. 말하자면 '확증되고 포용되며 계발되는' 것이다. 이런 과정은 대부분 무의식적으로 진행되지만 그럼에도 비판적인 성격을 지닌다. 전통과 이성의 구분은 궁극적으로 근거를 갖지 못한다.

그럼에도 우리는 그러한 구분을 무비판적으로 받아들여 그 결과로 현재와 과거 사이, '이성의 시대'와 '미신의 시대' 사이에 거대한 심연이 놓여 있다고 생각한다. 그러나 가다머는 이러한 시간상의 균열은 이전에는 상상하기 어려운 것이었다고 말한다. 계몽기 이전 수 세기 동안 사람들은 역사적 전통을 그들이 살고 있는 현재에 상응하는 것으로 여겼다. 이 점은 토마스 아퀴나스Thomas Aquinas 같은 신학자들이 아리스토텔레스와 플라톤의 텍스트를 어떤 방식으로 공부했는지 살펴보면 분명히 드러난다. 당시 신학자들은 고전을 단순히 과거 시대의 유물로 치부하지 않았다. 그들은 고전을 깊은 개인적 관심을 가지고 역사적 문헌으로서가 아니라 좋은 삶을 사는 데 도움이 되는 지침으로서 읽었다. 당시 사람들은 고전이 일반적으로 현재와 동일한 기본적인 문제에 관심을 갖고 있는 것으로 이해했다. 가다머의 말을 빌리면 서양의 철학 전통은 역사적 의미를 결여한 '지속적 흐름'이었다. 때로 본류에서 벗어나기도 했지만―그리스 개념을 라틴화하거나 라틴 개념어를 현대어로 번역한 것 등―그 흐름은 비교적 끊이지 않고 이어져 왔다.[24]

전통에 의문을 제기함으로써 계몽사상은 역사주의를 예비했다. 그러나 계몽사상은 스스로 지식의 절대 기준으로서 '이성'을 발견했다고 자처했다는 점에서 그것이 가진 자기의식은 여전히 비역사적인 것이었다. 계몽기 사람들은 이제 이성이 변치 않는 기준이 될 것이라 믿었다.

그러나 시대의 상대성relativity of epochs 개념이 나타나기 위해서는 계몽사상의 이성에 대한 신뢰를 흔들지 않으면 안 되었다. 19세기에 이러한 대변동이 일어났다. 19세기는 '낭만주의'가 이성의 기준에 도전하는 동시에 이성-미신의 구분을 더욱 공고히 하면서 전통의 부활에 대한 관심을 환기했다.

이성의 도래를 환대하는 대신 낭만주의는 전통, 습관, 감정을 부활하려고 시도하면서 이성을 폄하했다. 낭만주의 운동의 초기에 이를 잘 보여 주는 사례가 바로 에드먼드 버크의 편견 옹호다. 그런데 계몽사상에 대한 낭만주의적 비판도 여전히 '이성과 신화의 구분'이라는 계몽사상의 기본 전제와 그에 상응하는 역사철학―'이성에 의한 미신 정복'―을 그대로 따르고 있었다.[25] 낭만주의는 이러한 역사에 의문을 제기하여 '이성'과 '신화'를 모두 아우르는 비전을 마련하지 못한 채 단지 그 가치들을 뒤집을 뿐이었다. 즉 오래된 것의 효용을, 단지 그것이 오래되었다는 사실에 근거해 확립하고자 했던 것이다.[26] 전통에 대한 낭만주의적 이해를 결정지은 것은 계몽사상의 원칙과 추상적으로 반대되는 것이었다.[27] 이제 '신화의 세계, 의식으로 분석하지 않은 무분별한 삶, 자연에 가까운 사회에서, 기독교 기사도의 세계 등 모든 것이 낭만적 마법의 색채를 띠게 되었다. 심지어 진리보다 우위에 서는 경우도 있었다.[28]

이러한 '낭만적 재평가'는 역사가 서로 완전히 이질적인 시대들로―나름의 서로 다른 권위 기준을 가진 시대들로―이루어진다고 보는 생각을 정착시켰다. '이성의 시대'라고 해서 충성보다 우월한 위치에 설 수 없었다. 이성의 시대는 비관여적 성찰이나 자유로운 사유 등의 가치에는 호소할 수 있었을지 모르나 이러한 가치를 높이 평가하지 않는 시대―대신 감정적 헌신이나 전통적 권위에 대한 존중을 중요하게 여기는 시대―에 반박할 수는 없었다. '이성의 시대'는 새롭게 등장한 자연과학의 예측력을 이용할 수 있을지 모르나 '자연의 정복'에 무관심한 시대, 목적론적 과학을 통해 인간의 형상으로 자연을 이해하고자 했던 시대의 신빙성을 떨어뜨릴 수 없었다. 땅과 하늘에 대한 지식에서 예측력이라는 기준이 결정적인 기준이 되어야 하는 이유는 무엇인가?

이성에 대한 이러한 도전들은 낭만주의적인 부활의 열정을 가지고 발굴해 낸 다량의 역사 지식―"노래를 통한 사람들의 목소리 발견, 요정 이야기와 전설의 모음…… 언어에 내재한 세계관의 발견"[29] 등―에 비추어 보았을 때 더욱 설득력을 지닌 것처럼 보였다. 이제 사람들은 계몽 시대를 더 이상 우월한 시대로 여기지 않았다. 그것은 역사의 광대한 바다 위에 떠 있는 하나의 섬처럼 여러 세계관 가운데 하나에 지나지 않았다.

이어서 계몽 시대를 포함한 모든 시대를 오직 역사적으로만 이해할 수 있다는―각 시대는 오직 자신의 기준으로만 정의될 수 있다는―견해가 대두했다. 사람들이 자기가 사는 시대의 상대성을 인정하기 시작하면서 사람들의 관심은 역사 연구로 옮겨 갔다. 이제 역사 지식은 '최고의' 지식으로, 독단―이성이라는 독단을 포함해―의 구속에서 벗어난 정신으로 여겨졌다.[30] 이렇게 하여 우리 자신을 잊고 과거의 시선으로 돌아갈 것을 가르치는 19세기 역사주의가 탄생했다.

이성과 편견―즉 비관여적, 방법론적 사고라는 권위와, 전통·관습·

습관이라는 권위—을 서로 구분시킨 계몽사상이 모든 것의 시발점이었다. 이러한 구분의 토대 위에서 서로 완전히 다른 두 시대라는 개념이 생겨났다. '이성'이 그 기준인 현재 시대와, '미신'이 그 기준인 과거 시대가 그것이다. 그리고 이러한 구분의 토대 위에서, '오늘'과 '그때' 사이에는 시간적 균열이 존재한다고 보는 역사의식이 생겨났다. 이후의 역사 연구는 이러한 균열을 전제로 했으며, 이것이 곧 자명한 출발점이 되었다. 우리는 현대의 기준, 즉 그저 현재 시대의 '편견'에 지나지 않는 것을 유예함으로써만 '그때' 사람들이 어떻게 생각했는지 알 수 있다고 보는 것이다.

가다머는 '편견에 대한 편견'에 비추어 계몽사상과 낭만주의, 역사주의를 해석하는데, 이는 그것 자체로 역사가歷史家 자신의 편견이 역사의 의미를 밝혀 주는 예가 된다. 가다머의 편견이라고 한다면, 편견과 이성을 구분하는 것은 잘못되었으며 그것이 현대인의 삶에 부당한 영향력을 행사한다는 점을 그가 알고 있다는 것이다. 어떤 의미에서 이 편견은 가다머 자신이 처한 역사적 상황에 속한 것이다. 이러한 그의 편견은 예컨대 하이데거를 공부함으로써, 그리고 독일의 철학 전통에 익숙해지면서 만들어진 것이다. 그럼에도 가다머 자신의 편견은 사상사思想史에서 일어난 몇 가지 전환점을 명료하게 보여 준다. 그의 편견은 계몽사상, 낭만주의, 그리고 역사주의에 대하여 다른 역사 분석에서는 간과했던 점을 이해하게 해준다.
역사주의의 태동을 '편견에 대한 편견'의 관점에서 설명함으로써 가다머는 역사주의가 지닌 근본적인 모호성을 드러내 보여 준다. 그 모호성이란 이런 것이다. 즉 역사주의는 모든 사상이 특정한 역사적 상황에 처해 있으며, 따라서 '편견을 지닐 수밖에 없다고' 상정한다. 그럼에도 역사주의는 그와 모순되게 우리에게 역사 해석자로서 '우리 자신이 처한' 상황에서 뛰쳐나와 '다른' 상황 속으로 들어갈 것을 요구한다. 또 이 과정이 적합한 역사 연구의 방법론이라고 주장한다. 역사주의는 혼돈에 처할 수밖에 없는데, 그것은 역사주의가 '상황'이나 '지평'의 성격을 잘못 이해하고 있기 때문이다. 계몽사상에 대한 낭만주의적 반응에 치우친 역사주의는 '이성'과 '편견'을 엄격히 구분함으로써 '특정 역사 상황에 처한 사상'을 '모순된 사상 기준', '일탈한 세계관', '대안적 어휘', '닫힌 지평' 등과 혼동하고 있다. 이렇게 생각하는 사람에게는 다른 관점을 이해하기 위해서 자신의 관점, 즉 일련의 '편견'을 유예하는 법을 가르치는 것이 타당하다.

그러나 이런 방식으로 생각하는 것은 특정 상황에 처한 사상이 지닌 참된 의미를 놓치게 만든다. 우리가 처한 상황에서 뛰쳐나와야 한다고 주장하는 역사주의는 "근대 계몽사상의 토대 위에 서게 되고, 그럼으로써 계몽사상이 지녔던 편견을 자신도 모르게 공유하는 것이 된다".[31] 특히 "계몽사상의 본질을 규정하는 편견······ 편견 자체에 대한 편견을 공유하는 것이 된다".[32] 합리주의와 자연법 철학에 대한 역사주의의 비판 이면에는,[33] 그리고 모든 세계관—역사주의 자신의 세계관을 포함하여—의 상대성에 대한 관대한 선언 이면에는 자신을 정복했다고 여기는 현재 시대의 자만심, 즉 자신의 지평을 완벽하게 알고 있으며 그것을 이전 시대의 지평과 확연히 구분할 수 있다는 자만심이 가득하다. 그러나 가다머가 우리에게 상기시키듯이 우리는 "현재의 지평이 일련의 고정된 의견과 가치 평가로 구성된다고 생각하는 오류, 그리고 과거의 지평을 현재의 지평과 분명하게 구분할 수 있다고(즉 분리할 수 있다고) 생각하는 오류에서 벗어나야 한다".[34]

적절하게 파악할 때, 우리의 역사성, 즉 우리의 세계-내-존재는 자기에 대한 완전한 지식을 인정하지 않는다. 따라서 '우리 자신의' 지평에서 멀어져 우리와 '다른' 지평들을 추상적으로 분석하는 일도 불가능하게 된다. '다른' 지평들에 대한 우리의 생각은 언제나 '우리 자신의' 지평에 대한 의문에 찬 해석에 의존하는 수밖에, 그리고 이런 의미에서 편견을 수반하는 수밖에 없다. 이렇듯 우리가 자신의 편향에 의해 왜곡되지 않은 채 '다른' 시대를 온전히 이해하기 위해서는 '우리 자신'에 대한 적합한 이해를 가져야 한다. (이것은 하이데거가 현존재 사례들에 대한 이해와 관련해 가르치는 기본 원칙과 동일하다. 하이데거는 이렇게 말한다. "현존재의 자신을 향한 결연함, 즉 본래성이야말로 그와 함께 있는 다른 현존재들이 가장 자기다운 존재-잠재성 속에 있도록 해준다.") 자기에 대한 지식self-knowledge은 언제나 불완전할 수밖에 없지만, 즉 언제나 바뀔 수 있는 편견이지만 우리는 다양한 방식으로 그 지식을 심화시킬 수 있다. 가다머가 제안하는 한 가지 방식은 우리의 역사 전통에서 나온 텍스트를, 우리에게 낯선 시대의 낡은 유물 혹은 우리가 생각하는 자기 모습의 거울 이미지가 아니라, 우리 자신의 편견에 대한 꼭 필요한 반향판으로 해석하는 것이다.[35] 오직 이러한 자기 검토를 통해서만 우리는 이른바 과거 시대에 대해 우리가 어떤 관계를 맺고 있는지 가늠할 수 있다.

다시 말해, 우리의 생각이 가진 정황적 성격으로 인해 과거는—그것을 과거로 알아볼 수 있는 한—어떤 의미에서 언제나 현재에 '속하는'

것일 수밖에 없다. "이해는 언제나 그 작품이 속하는 과거 '세계'를 단순히 역사적으로 재구성하는 것 이상이다. 우리의 이해에는 언제나 우리도 그 세계에 속하는 존재이며, 상호 관계적으로 그 작품도 우리가 사는 세계에 속한다는 의식이 따른다."[36] 그러므로 고전 텍스트, 예술작품, 행위 등 우리의 역사 전통에서 나온 작품들을 우리에게 낯선 시대의 일부로 파악하는 것은 잘못이다.

그럼에도 역사의식은 다음과 같은 의미에서 우리에게 깨달음을 줄 수 있다. 그것은 과거 작품이 우리의 관점과 다른 관점에서 말하고 있다는 점을 역사의식을 통해 인식할 수 있다는 것이다. 역사의식은 과거 작품의 의미와, 우리가 무비판적으로 그것에 부여하는 의미 사이에 존재하는 긴장을 너무나 또렷하게 상기시킨다. 역사의식은 우리 스스로 묻어 두었던 편견을 텍스트에서 다시 긁어내는 성향으로부터 우리를 지켜 준다. 우리는 언제나 편견을 가지고 텍스트에 접근하고 있으며 만약 그 텍스트의 의미를 발견하고자 한다면 그 텍스트가 가진 '다름'에 대한 일정한 인식―그것이 우리에게 익숙한 의미와 부합하지 않을 수 있다는 인식―을 지녀야 한다. 그런데 이러한 인식이 텍스트 내용과 관련해 중립성을 지켜야 한다거나 자아를 완전히 소멸시키는 것을 의미하지는 않는다. 그것은 "자신이 미리 가지고 있는 의미fore-meaning나 편견"을 인식하는 것을 말한다.[37] 이처럼 역사의식은 우리로 하여금 "진정한 역사적 해석학을 위한 근본적인 인식론적 질문"을 던지게 한다. "편견이 지닌 적법성은 무엇을 토대로 하는가? 무엇이 적법한 편견과 그렇지 못한 수많은 편견―비판 이성은 이러한 편견들을 극복해야 하는 부정할 수 없는 임무를 갖는다―을 구분해 주는가?"[38]

가다머 이론의 실천: 적법한 편견과 위법한 편견을 구분하는 법

어떤 의미에서 여기에 대한 대답은 간단하다. 그것은 '적법한 편견'
이란 '사물 자체'의 전체적 의미를 최선으로 이해하게 해주는 편견이라
는 것이다.[39] 문학 해석에서 '물자체'란 곧 텍스트를 의미한다. 더 정확
히 말하면 그 텍스트가 말하고 있는 바, 즉 텍스트를 통해 제시하는 주
제다.

예컨대 플라톤의 『국가』에서 '물자체'란 정의, 선善, 시詩 등에 대한
그의 설명이다. 이때 해석자는 자신의 이해, 특정한 편견, '사물 자체'에
관해 '선의미'로부터 일정한 의미를 도출하려는 기대를 갖고 텍스트에
접근할 것이다.

이러한 편견은 분명하게 드러날 수도 있고 그렇지 않을 수도 있다.
예컨대 해석자가 『국가』라는 텍스트에 접근할 때 그는 이전의 플라톤
연구에서 보였던 정의에 대한 설명을 가지고 접근할 수도 있고, 아니면
단순히 '정의'라는 말의 일상적 용법에 익숙해 있을 수도 있다. 어느 경
우에나 "이 해석자의 의식을 점유하고 있는 편견과 선의미에 대해 그
는 자유로운 재량권을 갖고 있지 않다". 그는 "텍스트에 대한 이해를
가능하게 하는 생산적 편견과, 텍스트의 이해를 방해하여 오해를 낳는
편견을 미리부터 구분"할 수 없다.[40] 이러한 구분은 텍스트를 이해하는
과정 중에 일어나야 한다.[41] 이때는 그 편견들을 텍스트의 표현에 비추
어 검증함으로써 그 편견이 텍스트의 모든 구성 부분을 이해 가능하게
만들어 주는지 살펴야 한다.

텍스트 이해를 시도하는 사람은 언제나 무언가를 내던지고 있다. 그는 텍스트에서 최초의 의미가 나타나는 순간, 전체로서의 텍스트에 대한 의미를 내던진다. 다시 최초의 의미가 나타나는데, 그것은 그가 특정 의미와 관련한 특정 기대를 가지고 텍스트를 읽고 있기 때문이다. 이렇게 미리 내던짐fore-projection을 만들어 나가는 과정 — 이 과정은 그가 그 의미 속으로 뚫고 들어갈 때 드러나는 것에 비추어 끊임없이 수정된다 — 을 통해 거기 존재하는 것을 이해하게 된다…… 이해를 시도하는 사람은 물자체에 의해 확증되지 않은 선의미에서 벗어나게 된다. '물자체'에 의해 확증되는 적절한 내던짐 — 본질상 예기적인 — 을 만드는 것은 끊임없는 이해의 과제다. 여기서 유일한 '객관성'은, 선의미가 만들어지는 과정에서 그것이 주는 확증이다. 부적절한 선의미의 자의성을 특징짓는 것은 바로 그것(부적절한 선의미)이 만들어지는 과정에서 무화無化된다는 것이다. 그런데 이해는 오직 그것이 처음에 가지고 시작하는 선의미가 자의적이지 않을 때 그 온전한 잠재력을 실현한다.[42]

이러한 순환 운동은 실제에서 어떻게 이루어지는가? 깨달음을 주는 편견(혹은 '자의적이지 않은 선의미')과 잘못된 편견의 두 가지 경우를 모두 생각해 보자. 해석자는 어떻게 전자를 정당화시키고 후자를 극복할 수 있는가?

우리의 목표가 고대의 텍스트, 예컨대 플라톤의 『국가』를 해석하는 것이라 하자. 우리는 이 책에 소개된 대화에 관해 여러 가지 질문을 던질 수 있을 것이지만 논의의 편의를 위해, 우리가 알고 싶은 것이 시詩

에 대한 플라톤의 견해라고 하자. 특히 모방(미메시스)과 진실의 관계에 관심이 있다고 하자. 대화 10권에서 소크라테스는 기만을 일삼는 시는 저열한 예술이라고 말한다. 호메로스^{Homeros}와 아이스킬로스^{Aeschylos}가 덕과 악덕, 신성한 것에 대한 환영만을 창조했다는 것이다. 마치 거울로 세상을 비추는 자는 거울에 반사된 동물과 식물의 환영만을 만들어 내듯이.[43]

많은 사려 깊은 독자들에게 시에 대한—오늘날 우리가 '예술'이라고 부르는—이러한 비난은 지나치게 가혹한 것처럼 보인다. 분명 시는 덕과 악덕을 표현하는 새롭고 깨달음을 주는 용어를 제공함으로써 덕과 악덕에 대한 우리의 이해를 풍부하게 해줄 수 있다. 호메로스의 아킬레스는 인상적인 말로 전사戰士 윤리의 고귀함과 협소함을 모두 드러내지 않는가? 아이스킬로스의 오레스테스는 운명에 마주한 인간 의지의 무력함—마치 삶이 우리가 마음대로 할 수 있는 것인 양, 삶을 정복하려고 하는 어리석음—을 보여 주지 않는가? 우리는 이 모든 것을 깨닫는 것과 더불어, 낭만주의에서 나온, 언어에 대한 심오한 성찰에 비추어 시가 가진 일반적인 힘도 깨닫는다. 예컨대 우리는 요한 고트프리트 폰 헤르더^{Johann Gottfried von Herder}와 빌헬름 폰 훔볼트^{Wilhelm von Humboldt} 같은 사상가들로부터, 언어는 단지 독립적 실재에 이름을 붙이거나 그것을 거울처럼 비춰 주는 기능만 하는 것이 아니라 언어가 표현하는 대상을 구성하는 데 함께 참여하기도 한다는 점을 배운다. 우리는 이러한 설명과, 이후에 이어지는 언어에 대한 표현적 개념들을 통해 시와, 그것이 진리와 맺는 관계에 대해 더 깊은 이해에 도달하게 된다. 예컨대 우리는 니체^{Nietzsche}의 이런 말을 떠올린다. "예술은 인간의 진실로 형이상적인 행동이다."⁴⁴ 이 모든 것이, 시를 옹호하는 편견을 구성한다고 말할 수 있다. 우리가 시에 대한 소크라테스의 격렬한 비판과 마주할 때 그 편견(시를 옹호하는 편견)은 우리에게 잠시 멈추어 생각하도록 한다. 플라톤이 실제로 시를 거울에 비유하려 했던 것일까?

10권을 자세히 살펴보면 그 텍스트는 우리가 생각하는 것보다 복잡한 설명을 제공하고 있다. 우리의 편견에 비추어 보면, 10권의 텍스트는 시에 대한 거울 이미지적 해석을 약화시키는 것과 함께 시와 진리의 밀접한 관계를 말하는 특징이 더 부각되고 있다. 예컨대 우리는 소크라테스가 결코 거울 이미지적 설명을 승인한 적이 없으며 단지 그것을 가능한 하나의 비유로 제안했을 뿐임을 알게 된다. 특히 596a에서 598c까지 그가 제시한 세 가지 중 첫째가 그렇다. 이 비유들이 거울 이미지 설명을 자세히 이야기하는 것처럼 보여도 실은 그것에 의문을 던지고 있다. 우리는 그 비유들을 다음과 같이 요약할 수 있다.

(1) 시인은 거울을 들고 있는 사람과 같다(『국가』, 596c-e).

거울을 들고 있는 사람은 장인이 만드는 모든 물건을 '만든다'. 그리고 땅과 하늘의 모든 사물도 '만든다'. 그것은 그가 거울에 사물을 반영시킨 결과다. 만약 그가 거울에 비춘 대상이 그 자체로 '이데아'의 불완전한 이미지에 불과하다면 그 사람은 이미지의 모방자에 지나지 않을 것이다. 예컨대 그 사람이 긴 의자에 거울을 들이댄다고 할 때, 그는 장인이 만들어 낸 긴 의자에 대한 이미지 — 그 자체로 긴 의자의 '이데아'(참되고 자연스러우며 신이 내린 의자)에 대한 이미지 — 를 만들어 내고 있는 것이다.

  (2) 시인은 긴 의자를 그리는 화가와 같다(『국가』, 596e–598b).

  화가는 장인이 만든 긴 의자를 그린다. 그리고 그 과정을 통해 필연적으로 옆이든 앞이든, 아니면 다른 어느 곳이든 일정한 관점에서 그 의자를 만든다고 할 수 있다. 이처럼 화가는 장인이 만든 의자—그 자체로 의자의 '이데아'에 대한 하나의 사례일 뿐인 의자—를 불완전하게 모방한다. 이 점에서 화가는 진리로부터 멀찍이 떨어져 있다. 소크라테스는 이를 두고 "자연으로부터 세 번째 세대에 있다"는 표현을 썼다.

  (3) 시인은 장인을 그리는 화가와 같다(『국가』, 598b–c).

  소크라테스는 화가의 모방작이 "진리로부터 멀리 떨어져 있다"는 점을 강조하기 위해 다음과 같이 덧붙인다. "화가는 우리를 위하여 신발 제조공, 목수를 비롯한 다른 장인들을 그릴 수 있다. 비록 자신이 이들 기예에 대해 알지 못하더라도 말이다. 그런데 만약 그가 뛰어난 화가라면, 목수를 그린 다음 그 그림을 멀리서 보여 주었을 때 아이들이나 사람들에게 그 목수 그림이 진짜 목수라고 착각하도록 만들 수도 있다."
  이러한 비유들 모두 비극적 시인은 덕과 악덕, 신성한 것에서 "왕과 진리로부터 세 번째로 떨어져 있다"는 의미를 드러내고 있다. 시인은 단지 이미지의 모방자일 뿐이라는 것이다. 그러나 우리는 시에 관한 자신의 편견에 비추어 각각의 연속된 비유가 실제로 '거울 비추기^{mirroring}'에서 멀어지는 한편으로 '밝게 비추기^{illuminating}'에 더 가까워진다는 것을 알 수 있다. 거울을 든 사람이 길을 가면서 수동적이고 아무렇게나 의자를 거울에 비추는 것과 달리 화가는 의자의 특정한 부분을 생략하면서 다른 부분을 부각시켜야 하는 것이다. 다시 말해 화가가 그린 의자에는 일정한 해석이 수반되어 있다. 소크라테스는 화가가 일정한 관점으로 그림을 그려야 하는 점을 지적함으로써 이 점으로 우리의 주의를 끌고 있다. 소크라테스와 대화를 나누는 글라우콘은 화가의 관점이 무언가 열등한 것으로 가정하지만, 소크라테스는 독자들로 하여금 이와 정반대의 결론에 이르도록 안내한다. 즉 화가는 특정 각도와 빛에서 해석한 의자를 만듦으로써 실제로 의자의 본질, 즉 '의자다움'을 밝히는 데 참여하고 있다는 것이다. 그러므로 최고의 화가란 의자의 '이데아'를 끌어내도록 도와주는 사람이라고 할 수 있다. 어쨌든 화가의 그림은 단지 거울에 비친 의자 이상의 것이다.

소크라테스는 장인의 그림을 그리는 화가에 대해 생각해 보는 것으로 이 점을 강조한다. 의자를 그리는 행위가 일종의 해석 행위라면 신발 제조공이나 목수를 그리는 것도 마찬가지로 일정한 해석을 동반한다. 장인을 정의하는 것은 우리 눈에 보이는 그의 외모나 겉모습이 아니라 목수의 특징적인 '활동'에 있기 때문이다. 화가가 장인을 잘 그리기 위해서는—아니, 장인을 그리기 위해서는—장인의 일과 태도 등을 어떤 방식으로든 포착해야 한다. 아무렇게나 찍은 스냅 샷이나 거울에 그대로 비친 이미지로는 되지 않는다. 화가가 장인을 제대로 그리기 위해서는 장인의 기예에 대한 일정한 이해—장인의 전문적인 노하우가 아니라(소크라테스의 말은 자칫 이렇게 오해될 소지가 있다) 그 직업에 대한 지식―가 요구되는 것이다. 다시 말해 그 직업과 관련된 태도와 관심, 그 직업의 활동을 다른 활동과 구분시켜 주는 것, 또 그것이 전체로서의 삶에 어떻게 맞물리고 있는지 알아야 한다. 숙달된 화가라면 누구나 이러한 포괄적인 이해를 이용하지 않는가? 장인의 특징을 독특하고도 적절한 방식으로 표현함으로써 화가는 장인이 '무엇인지' 그 본질을 드러내지 않는가? 이처럼 그림이 진리를 드러내고 있다면 그 그림은 '실제' 살아 있는 장인과, 그것의 예술적 표현 사이의 분명한 구분을 무화시킨다. 그 그림이 아이가 보기에, 또 멀리서 보기에 장인처럼 보이지 않더라도 그것이 그 그림의 진리 주장을 약화시킨다고 말할 수는 없다.

이러한 비유들은 실제로 모방적 시詩가 세계에 대한 기만적 거울 이미지라고 하는 소크라테스의 처음 주장과 대치되는 것처럼 보인다. 우리가 가진 편견에 비추어 해석할 때 이 비유들은 시가 해당 주제의 존재성, 즉 진리를 끌어낸다는 생각에 점점 근접하고 있다. 우리를 이러한 결론으로 유도하려는 듯, 소크라테스는 시의 진리에 대해 다음과 같이 새롭게 해석한다. 소크라테스가 글라우콘에게 묻는다. "시를 찬양하는 자들이 말하듯, 훌륭한 시인들은 사물에 관해 참되게 알고 있다는 말이 일리가 있는 것이오?"[45] 만약 이 질문에 대한 대답이 분명한 "아니요"였다면, 그리고 이 질문이 앞의 비유들을 그대로 답습하고 있다면 소크라테스가 이 질문을 다시 던질 이유가 있었을까? 그가 이 질문을 다시 던진 것은 시와 진리의 잠재적 관계성을 가리키기 위한 것이었다.

그리고 소크라테스의 시에 대한 마지막 분석은 거울 이미지 비유를 내려놓고 이제 시가 영혼에 미치는 영향 쪽으로 향한다. 소크라테스가 시인들에게 의심의 눈길을 보내는 이유는 그들이 거짓말을 하기 때문이 아니라, 영혼의 욕망을 일깨워 무법성^{lawlessness}을 진작시키기 때문이다. 이러한 비난에 따르면 시는 진리가 아니라 법^{nomos}과 갈등 관계에 있게 된다. 적어도 영혼의 특정 측면과 관련해, 혹은 '인간적인 것'의 중요한 범주와 관련해─'에로스와 기백', 그리고 '영혼의 모든 욕망과 고통, 기쁨'과 관련해─시는 단지 그것들을 거울에 비추는 것만이 아니라 생명력을 갖게 만들어 준다.[46] 더 정확히 말하면 시는 욕망을 "함양하고 거기에 물을 준다".[47] 시는 그 본성을 일깨워 그것을 특정 목적으로 향하게 하며 이렇게 인간의 행동에 영향력을 미친다. 이러한 시의 표현적이고 구성적인 힘이 바로 시가 법과 갈등 관계에 놓이게 되는 지점이다. 그러나 만약 영혼의 냉철하고 준법적인 성향이 아닌 열정적인 측면이 철학의 출발점이라면(소크라테스가 늘 암시하듯이) 시는 진리 추구에서 잠재적인 동맹군이 될 것이다.

이 사례의 요점은 결코 플라톤의 시 개념의 문제를 해결하려는 것이 아니다. 그것은 '오늘날의' 특정한 편견으로 고대 텍스트를 읽을 때 그것이 우리가 모든 편견을 유예시킨 채 읽었다면 간과하고 말았을, 그 텍스트에 대한 깨달음을 줄 수 있다는 것을 보이려는 것이다. 시가 진리와 한데 엮여 있다는 편견 혹은 선입관이 실제로 플라톤의 설명을 제대로 이해하고 있다. 그것은 이 대화의 전개 방식과도 맞아 떨어진다.

이것이 가다머가 편견을 '실험해' 그것을 정당화시킨다고 할 때의 의미다. 우리는 전체로서의 텍스트에 대한 선입관, 전체로서의 텍스트에 대한 일정한 주제를 가지고 시작하며, 그런 다음 그것이 각 부분들과 맞아 들어가는지 살핀다. 만약 그렇다면 우리는 잠정적으로 그 편견이 '지식을 생산하는' 편견이라고 말할 수 있다.

지식은 언제나 두 부분으로 구성된다. 우리는 플라톤의 시 개념을 더 명확히 이해하는 동시에 우리 자신의 시 개념에 대해서도 알게 된다. 우리 자신에 대한 이해가 아니라 플라톤에 대한 이해가 역사적 연구의 명백한 목표라는 점에서 나는 플라톤에 대한 이해를 강조했다. 그러나 가다머의 해석학에 따르면 이해는 양방향으로 진행된다. 즉 시에 대한 우리의 이해는 시에 대한 플라톤의 이해를 드러내 주며, 이는 다시 시에 대한 우리 자신의 이해를 드러내 준다. 특히 플라톤은 '이데아' 사상과 연결시킴으로써 시와 진리의 연관성에 대해 독특한 버전을 제공한다. 여기서 이 연관성에 대한 논의를 시작할 수는 없다. 그러나 다음과 같이 간략하게 말할 수는 있을 것이다. 만약 플라톤이 말하는 것처럼 '이데아'가 어떤 의미에서 영원한 진리라면 시는 이데아가 끌어내는 것에 종속되어 있다. 다시 말해 시는 순수히 창조적이 아닌 것이다. 이러한 통찰은 시에 대한(보다 넓게 예술에 대한) 현대의 주류적 설명―시와 예술의 창조적 차원을 강조하는, 다시 말해 시는 실재, 즉 '진리'를 반영하는 것이 아니라 구성한다고 보는 설명―을 조정하는 데 도움을 줄 수 있다. 요점은, 시와 진리의 연관성에 대한 플라톤의 독특한 공식화가 그 연관성에 대한 우리 자신의 설명―처음에 우리의 플라톤 읽기에 영향을 미쳤던 설명―에 대해 중요한 공명판 역할을 할 수 있다는 것이다. 이 둘은 서로 결합해 보다 포괄적인 통찰을 드러내며, 가다머는 이를 "과거와 현대 삶의 사려 깊은 매개"라고 불렀다.[48]

그러므로 해석의 해석학적 혹은 편견적 성격을 단지 "우리 자신의 의미를 그 텍스트에 집어넣어 읽는 것"이라고 말하는 것은 잘못이다. 우선 우리의 편견이 플라톤이 제기한 문제를 실제로 이해하는 한 그것(우리의 편견)은 텍스트 자체 혹은 시에 대한 플라톤 자신의 개념에 속한다고 말할 수 있다. 아무리 많은 역사적 발견도 이것을 부인할 수 없을 것이다. 아이디어가 풍부한 역사가라면 고전 아테네에서 나타나는 '시'와 '진리'에 대한 일탈적 용례를 많이 수집할 수 있을 것이다. 그리고 플라톤이 시가 엄밀히 말해 진리와 갈등 관계에 있다고 믿었음을 보여 주는 광범위한 전기적傳記的 증거를 수집할 수도 있을 것이다. 그러나 그렇다고 해도 그 증거가 전체로서의 텍스트를 더 잘 이해함으로써 주어지는 해석을 뛰어넘는 텍스트 해석으로 조직되기까지 그것은 플라톤의 대화에 대한 역사적으로 정확한 의미에 도달하는 데 결정적인 역할을 할수 없다.

둘째로 우리가 자신의 의미를 텍스트에 집어넣어 읽는다고 말하는 것은 우리가 텍스트를 읽는 과정에서 우리 자신의 의미를 수정한다는 의미를 놓치고 있다. 우리의 편견이 매우 정확하게 텍스트와 맞아 떨어진다 하더라도 편견을 정당화시키는 바로 그 과정, 다시 말해 편견을 다른 편견의 의미와 대조해 가늠하는 그 과정 자체가 지식이 늘어나는 과정인 것이다. 우리는 '자신의 것' 안에서 '다른' 것을 이해한다는 점에서 처음에 가지고 들어온 것보다 더 많은 것을 가지고 나간다. 앞의 예와 관련해, 우리 '자신'의 시 개념은 플라톤의 시 개념 없이 만들어질 수 없다.

우리에게 깨달음을 주는 편견과, 그것이 어떻게 정당화될 수 있는지 살펴보았으니, 이제 우리를 잘못된 길로 이끄는 편견과, 그것을 어떻게 극복할 수 있는지 알아보자. 이 질문에 대한 분명한 대답은, 우리가 깨달음을 주는 편견을 정당화한 것과 동일한 방식으로, 잘못된 편견도 극복할 수 있다는 것이다. 즉 그 편견들을 텍스트에 비춰 검증하는 방식이다. 그런데 여기서 우리는 난관에 봉착한다. 그것은 대부분의 경우 우리의 편견은 무의식적인 것이라는 점이다. 이는 우리가 그 편견들을 명시적으로 검증할 수 없음을 의미한다. 따라서 만약 그 편견들이 오해를 일으킨다면 우리는 자신의 실수를 어떻게 인식할 수 있을 것인가? 가다머는 묻는다. "어떻게 하면 우리는 우리 자신의 선의미의 영향력에서 벗어날 수 있는가?"[49] 주의 깊게 읽으면 선의미는 저절로 사라질 것이다.

> 우리가 한 단어의 의미에 대해, 그것이 전체의 의미에 영향을 미치지 않고는 그것을 지속적으로 오해할 수 없는 것과 마찬가지로 우리는 자신의 선의미에 대해서도, 우리가 다른 것의 의미를 이해하고자 한다면 계속해서 거기에 눈감을 수 없다⋯⋯ 만약 한 사람이 다른 사람이 실제로 말하는 것을 듣지 않는다면 그는 자신이 오해한 바를 자신의 다양한 의미 예측 범주 안에 집어넣을 수 없을 것이다.[50]

예컨대 의견doxa과 지식episteme에 대한 플라톤의 비교를 잘못 해석하게 만드는, 익숙한 편견을 살펴보자.[51] 현대의 독자로서 우리는 플라톤의 '의견'이라는 용어를 '주관적 신념'으로, 그리고 '지식'을 '객관적 진리'로 잘못 이해하기 쉽다. 이 지점에서 작동하고 있는 편견은 주체-객체 구분의 편견으로, 이것은 플라톤의 철학에는 생소하지만 현대 사상에 강력하면서 무의식적인 영향력을 행사하고 있다. 원래 현대 철학자들이 '내적 의식'에 의해 만들어진 것을 '외부 세계'의 실제 대응물과 구분하기 위해 만든 새로운 이론적 구분이었던 이것이 이제는 일상 담화의 익숙하면서도 암묵적인 일부가 되었다. 우리는 무비판적으로 '주관적' 대 '객관적'이라는 용어를 사용한다. 이는 종종 '근거 없는' 대 '정당화된' 혹은 '편견에 치우친' 대 '공정한'이라는 의미의 대체어로 사용된다. 우리가 플라톤을 읽을 때도 주체-객체 편견은 우리가 알아차리지 못하게 우리의 해석을 형성하는 경향을 가질 수 있다. 이때 우리는 '의견'과 '주관적 신념'의 의미 차이를 전혀 자각하지 못할 수도 있다. 그렇다면 우리는 어떻게 플라톤 자신이 의미했던 바를 인식할 수 있는가?

특정 지점에서 우리는 텍스트에 의해 '갑자기 중단하게 된다'. 그리고 우리의 편견이 명시적으로 드러난다. 우리는 더 이상 그 텍스트를 우리의 잘못된 해석과 화해시킬 수 없다. 예컨대 우리는 '의견'은 '무지'와 '지식' **사이에** 일정한 공간을 점유한다는 플라톤의 아리송한 주장과 만나게 된다.[52] 이러한 해석은 '의견'과 '주관적 신념'을 동일한 것으로 보는 방식과 충돌하는 것처럼 보인다. 왜냐하면 우리가 '주관적 신념'을 말할 때 그것은 (잠재적으로) 지식과 '아무런' 관련이 없다는 것을 의미하기 때문이다. 이 충돌로 인해 우리는 플라톤의 '의견'이라는 용어가 우리의 최초의 예상에서 벗어날 수 있다는 가능성에 관심을 갖는다.

이러한 분기分岐는 의견이 어떤 의미에서 실재, 즉 존재하는 것을 포착한다고 하는 소크라테스의 주장에 비춰 더 분명하게 드러난다. 의견은 지금 존재하는 것을 '조건 없이' 파악하는 지식에 미치지 못한다고 말할 수도 있지만 의견은 '어떤 방식으로 보나 존재하지 않는 것'에 대한 단순한 환상을 붙잡는 것도 아니다. 앎과 무지 사이에서 중간적 입장을 취하는 의견은 '존재하는 것과 존재하지 않는 것을 동시에' 파악한다.[53] 더 정확하게 말해 의견은 닮음, 즉 '이데아'의 불완전한 한 가지 사례를 포착하는 것이라고 할 수 있다. 이처럼 텍스트는 플라톤이 '의견'이라고 부른 것이 곧 '주관적 신념'을 의미한다는 우리의 편견을 무너뜨린다.

자신의 편견을 인식하는 과정에서 우리는 플라톤이 의미한 바를 왜곡에서 자유롭게 해줄 뿐 아니라 플라톤의 주제 의식, 즉 의견의 본질에 대해 잠재적으로 더 깊은 이해를 얻게도 된다. 의견이 진리를 직감적으로 안다는, 다시 말해 그의 용어대로 하면 '이데아'를 가리킨다는 플라톤의 주장을 발견한 우리는 더 이상 의견이 주관적일 뿐이라는 우리 자신의 견해를 무비판적으로 받아들일 수 없게 된다. 어쩌면 플라톤의 말이 맞을 수도 있다. 어떤 경우든 플라톤 텍스트와의 만남은 우리 자신의 이해에 의문을 가지도록 자극한다. 앞의 사례에서처럼 역사적 연구는 동시에 자기에 대한 지식을 연습하는 것이기도 하다.

여기서 플라톤 해석에 관해 논의하는 것은 우리 자신의 '현대의' 편견과 역사적 텍스트의 의미 사이에 이루어지고 있는 순환적 움직임을 드러내기 위한 것이다. '현대의'라는 말에 따옴표를 붙인 것은 우리 자신의 편견이 실제로 역사적 작품의 의미를 이해할 수 있고, 그런 의미에서 그것이 과거의 것일 수 있는 가능성을 보이려는 것이다. 작품을 이해한다는 것은 그것을 구성하고 있는 부분들을 조화롭게 만든다는 의미다. "모든 세부사항들이 전체에 대해 이루는 조화야말로 정확한 이해의 기준이 된다."[54]

첫 번째 사례에서 우리의 편견, 즉 전체에 대한 예측은 다음과 같은 질문에 대한 우리의 (예비적) 대답이 된다. "플라톤이 시를 논한 이유는 무엇인가?" 그것은 대략 다음과 같이 말할 수 있다. 모방적 시는 실제로 그것이 모방하는 대상을 구성하는 데 참여한다는 점에서 세계에 대한 거울 이미지라고 할 수 없다. 전체에 대한 이러한 선개념에 비추어 볼 때 텍스트의 특정 부분이 두드러지게 부각된다. 이 부분들이 선개념을 인증할 수도, 아니면 그것과 충돌할 수도 있다. 어느 경우든 우리는 부분에 비추어 전체에 대한 선개념을 수정하게 된다. 이 둘이 명백하게 충돌하는 경우에 우리는 기존의 선개념을 버리고 다른 것을 선택해야 할 것이다. 둘이 조화롭게 부합하는 경우에도 우리는 전체를 더 적절하게 반영하기 위해 우리의 선개념을 더 분명하게 만들어야 한다. 이처럼 "앎이라는 움직임은 전체에서 부분으로, 그리고 다시 부분에서 전체로 순환하며 움직이고 있다."[55]

그러나 우리가 텍스트를 구성하는 부분들에 부합하도록 자신의 편견을 수정한다 해도 우리의 이해는 여전히 불완전한 것으로 남는다. 왜냐하면 여기서 작동하고 있는 근본적인 순환은 전체 텍스트에 대한 우리의 선개념과 텍스트를 구성하는 부분들의 의미 사이의 순환이 아니기 때문이다. 가다머는 이 특정한 순환은 역사적 텍스트와 사건 등에 대한 우리의 해석과, 우리가 그것들을 해석하는 기반이 되는 전체 지평 사이에 놓여 있는 광범위한 순환의 일부라는 점을 상기시킨다.

가다머의 편견 옹호는 궁극적으로 인간 삶의 편견적 혹은 '던져진' 성격으로 회귀한다. 『진리와 방법』의 요점은 하이데거의 현존재 존재론을 인간이라는 종과 관련시켜 펼쳐 보이는 것이다. 우리는 역사적 전통을 해석할 때 언제나 우리 자신의 지평 혹은 세계 안에서 해석한다. 우리 자신의 지평 혹은 우리 자신의 세계는 "무엇이 탐색할 가치가 있는지, 그리고 무엇이 탐구 대상으로 드러나는지를 미리 결정한다".[56] 예컨대 우리가 시에 대한 플라톤의 관점을 이해하려고 시도하는 것은 시라는 문제가 어떤 방식으로든 우리와 관련이 있기 때문이다. 그것은 우리의 지평 안에서, 특정한 빛 속에서 그렇게 보인다. 그런데 우리는 시에 대한 플라톤의 관점을 해독함으로써 혹은 어떤 역사적 작품이든 그것의 의미를 발견함으로써 애초에 우리의 탐구를 인도했던 지평까지 확장하게 된다. 이러한 포괄적 원은 결코 최종적으로 종결되는 법이 없다는 점에서 텍스트의 참된 의미도(혹은 어떠한 해석의 주제도) 결코 최종적으로 종결되지 않는다. 우리의 지평이 펼쳐지면서 새로운 해석적 편견이 생겨나는 것과 마찬가지로 우리는 텍스트와 관련해 예상하지 못했던 의미의 층을 발견할 수도 있다.[57] 실제로 텍스트의 해석 행위는 우리가 속한 지평을 새롭게 형성하며, 이로써 새롭게 형성된 지평은 다시 그 텍스트에 대한 더 깊은 해석을 가능하게 할 수 있다. 이처럼 편견은 여전히 이해의 본질적 특성이라고 할 수 있다. "텍스트에 대한 이해는 언제나 선이해라는 예측적 움직임에 의해 결정된다."[58]

언뜻 추상적으로 보이는 이러한 논지는 사실 매우 구체적인 모습으로 나타난다. 가다머가 말하는, 본질적으로 편견을 가질 수밖에 없는, 혹은 지평에 종속될 수밖에 없는 이해의 성질은 우리가 전에 읽었던 책을 다시 읽거나 과거에 보았던 영화를 이후에 다시 보면서 더 심오한 의미를 얻게 되는 익숙한 경험에서 잘 드러난다. 예컨대 고등학교 시절 읽었던 소설을 10년이 지나 다시 읽는 경우를 생각해 보자. 그 소설에 대한 이해가 향상된 것을 무엇으로 설명할 수 있을까? 그것은 성인이 된 우리가 그 텍스트를 더 정독했기 때문인가, 아니면 어른이 되면서 인지 능력이 더 향상되었기 때문인가? 둘 다 만족한 설명이 되지 않는 것 같다. 학교 다닐 때도 우리는 그 소설을 글자 하나 빼놓지 않고 읽었으며, 고등학교 시절의 인지 능력이 어떤 점에서는(셈이나 기억력 등) 더 좋았다고 할 수도 있기 때문이다. 이에 대한 단순하면서도 더 깊이 있는 설명은, 10년 후 우리는 더 넓고 성숙한 관점에서 그 책을 읽게 되었다는 것이다. 우리가 과거나 지금이나 '그대로인' 그 소설을 더 주의 깊게 읽거나 지력이 더 좋아진 것이 아니라 그때와 '다르게' 소설을 읽기 때문이다. 전에는 알아보지 못했던, 즉 경험과 계발을 통해 습득되는 적절한 표현들이 없었기 때문에 알아보지 못했던 주제들이 더 두드러져 보인다.

성인이 되면서 일어난 관점의 획득은 다음과 같은 가다머의 전반적 요점을 분명하게 보여 주는 예이다. 우리의 지평은 매 순간 진화하면서 잠재적으로 더 깊은 해석적 통찰을 낳고 있다. 이런 이유로 "텍스트와 예술작품의 참 의미에 대한 발견은 결코 종결되지 않는다. 그것은 실제로 끝이 없는 무한의 과정이다".[59] 이 무한성은 이해가 지닌 던짐의 성질, 스스로를 발전시키는 끝없는 가능성을 보여 준다. "새롭게 나타난 오류의 원천을 끊임없이 배제하면서 참 의미를 모호하게 하는 모든 종류의 것이 걸러진다. 그와 동시에 이해의 새로운 원천이 끊임없이 드러나면서 예상하지 못했던 의미 요소를 드러내게 된다."[60] 텍스트에 대한 어떠한 설명도 최종적일 수 없지만 최선의 해석은 그것이 '보편적'이라는 의미에서 언제나 참되다. 다시 말해 최선의 해석은 텍스트에 다양한 방식으로 빛을 던졌던 다양한 해석에 상관없이 동일한 것으로 존재해 왔던 텍스트 자체에 새로운 빛을 던진다. 동일한 주체라도 "시대에 따라 또 자신이 처한 다양한 관점에 따라 자신의 서로 다른 측면을 보여준다".[61]

05

도덕 판단에서
편견의 역할

아리스토텔레스에 대한 해석학적 독법

The Place of
PREJUDICE

이해에 관한 정황적 개념이 단지 20세기 사상의 성취인 것만은 아니다. 어떤 의미에서 우리는 언제나 자신이 '특정 상황에 처해 있다는' 것을, 그것을 말로 표현하기 전에도, 알고 있었는지 모른다. 하이데거와 가다머의 위대한 성취는, 이해에 관한 정황적 개념을 우리의 암묵적 인식으로부터 꺼내 주었다는 점이다. 이러한 성취에 비추어 볼 때 하이데거와 가다머는 횃불을 든 선구자라고 할 수 있다. 해석가들은 하이데거를 이런 방식으로, 즉 추상화된 이론이 난무하던 사상 전통과 세계와 유리된 사상 전통에 반기를 든 혁명가로 보는 경향이 있다. 드레이퍼스는 다음과 같이 말한다.

> 　우리는 그리스인들로부터 모든 영역 — 인간의 활동을 포함해 — 에서 이론적 지식을 얻을 수 있다는 가정뿐 아니라, 실제 세계로부터 일정한 거리를 둔 이론적 관점이, 실제 세계에 참여하는 실천적 관점보다 우월하다는 가정까지 함께 물려받았다. 이러한 철학 전통에 따르면 — 합리론자든 경험론자든 — 우리가 실재를 발견하는 것은 오직 실재로부터 일정한 거리를 둔 비관여적 관조를 통해서다.[1]

드레이퍼스는 하이데거를 '그리스인들로부터' 시작된 잘못된 '철학 전통'을 바로잡는 사람으로 읽는데, 이것은 잘못이다. 왜냐하면 그런 관점은 그의 사상의 뿌리와 그의 비전의 온전한 폭을 간과하는 것이기 때문이다.

하이데거가 우리는 언제나 우리 자신이 특정 상황에 처한 존재라는 점을 암묵적으로 이해하고 있다고 주장했다 하더라도 우리는 이러한 통찰이 서양 철학 전통 내의 다른 순간에 모습을 나타냈을 것이라고 예상할 수 있다. 그리고 어떤 의미에서는 실제로 그랬다. 이 장에서 나는 그러한 순간 한 가지를 살펴볼 것이다. 그것은 바로 아리스토텔레스의 철학이다. 아리스토텔레스와 20세기 해석학 사상의 거리는 얼핏 보기보다 그리 멀지 않다. 하이데거와 가다머 모두 아리스토텔레스의 사상에 깊은 영향을 받았던 것이다. 가다머는 아리스토텔레스의 도덕 판단 개념이 역사적 이해에 관한 자신의 정황적 개념의 모델이 되었다고 말한다(『진리와 방법』에서 '아리스토텔레스의 해석학적 적절성' 참조). 이 목적을 위해 가다머는 아리스토텔레스 윤리학의 기본적인 문제를 다음과 같이 해석한다. "사람이 언제나, 자신이 처하게 되는 특정한 실제 상황이라는 형태로 좋음the good(선)과 만난다고 한다면 도덕 판단의 과제는 그 구체적인 상황이 그에게 요구하는 것을 정하는 일이다."[2]

또 「해석학과 역사주의Hermeneutics and Historicism」(1965)라는 에세이에서 가다머는 멋진 말로 자신의 아리스토텔레스 인용이 실은 하이데거가 프라이부르크에서 보낸 초기 시절—그가 신칸트학파에 반대하여 사실성(즉 주어진 것)의 해석학에 관심을 가졌던 시기—에 시작했던 노선을 그대로 따르고 있다는 점을 인정한다.[3] 이 말은 하이데거가 『존재와 시간』에서 종종 비판적으로 아리스토텔레스를 인용했던 일이 실은 아리스토텔레스의『윤리학』에 깊은 빚을 지고 있음을 감추는 일이었다는 것을 의미한다. (하이데거의 가장 친한 제자 중 한 사람이었던) 가다머가 보여 주듯이, 아리스토텔레스 철학은 하이데거의 세계-내-존재 개념의 출발점이 되었다. 아리스토텔레스 철학은 "(하이데거) 자신의 철학적 목표의 참된 옹호자"였다. 특히 하이데거는 아리스토텔레스가 선과, 행동의 상황에서 요구되는 선에 대한 지식에 대해 유비적 구조를 보여 준 것에 의존했다.[4] 우리는 하이데거와 가다머가 아리스토텔레스의 행동, 도덕 판단, 선에 관한 개념을 인용해 자신들 나름의, 이해에 대한 정황적 개념을 발전시켰음을 알 수 있다. 이처럼 이해의 정황적 개념은 20세기 독일의 산물이 아니라 고대 그리스의 산물이기도 한 것이다.

확실히 아리스토텔레스와 하이데거 사이에는 중요한 차이점이 존재한다. 하이데거와 달리 아리스토텔레스는 '이해의 정황적 개념'에 대해 언급하지 않는다. 이해가 '정황적'이라고 말하는 것, 그리고 이성에서 '편견'의 역할에 대해 이야기하는 것은 아리스토텔레스 시대 한참 이후에 발전한 사상 전통을 이미 전제하는 것이다. '정황적' 이해라는 용어 자체가 '비관여적' 이해라는 용어와 대비되어서만, 그리고 베이컨, 데카르트, 스미스, 칸트, 그리고 그 밖의 현대 사상가들이 말하는 추상화라는 이상과 대비되어서만 온전한 의미를 획득한다. 물론 아리스토텔레스는 이 전통과 겨룬 적이 없다. 그러므로 그는 '정황적 이해'를 하이데거의 용어로 정의하지 않았다(정의할 수 없었다).

그럼에도 아리스토텔레스는 정황적 이해에 대해 자기 나름의 견해를 이야기하고 있다. 그가 말한 바―행위(프락시스), 좋은 삶to eu zein, 그리고 실천적 지혜(프로네시스)의 개념에 암묵적으로 내포된―를 살펴봄으로써 우리는 하이데거와 가다머가 명시적으로 전개시킨 내용을 더 분명하게 파악할 수 있다. 우리는 20세기 사상이라는 횃불을 손에 들고 아리스토텔레스의 『윤리학』으로 돌아감으로써 그것의 핵심적인 내용을 이해할 수 있다. 나는 '오늘날의' 편견(해석학적 전통)이 어떻게 실제로 아리스토텔레스를 더 잘 이해하게 해주는지 보여 줌으로써 편견이, 가다머의 표현을 빌리면 어떻게 "지식을 생산할 수 있는지" 보여 주려 한다.

아리스토텔레스는 우리가 처한 포괄적 '상황' 혹은 '삶의 관점'을 '좋은 삶'이라는 견지에서 파악한다. 그는 선$^{\text{to agathon}}$은 우리가 그것에게 인도를 원하는 추상적 형식이 아니라, 우리의 행위(프락시스)에서 표현되는 구체적인 목적인 目的因, telos이라고 했다. 우리가 무언가를 만들고, 그것을 사용하며, 특정한 역할을 수행할 때마다 우리의 행위는 선을 지향한다(우리가 선을 우리의 목적으로 인식하든 그렇지 않든). 왜냐하면 아리스토텔레스에게 선은 모든 목적이 가진 목적―다른 모든 일이 그것을 위하여 행해지는 목적―이기 때문이다.[5] 이처럼 선은 우리가 행하는 행위의 목적이자 동시에 행위를 할 수 있는 조건이 된다. 선은 우리가 그것을 향해 분투하는 궁극적 목적이자 동시에 모든 분투의 출발점(아르케^{arche})이 된다.

이러한 독특한 선개념을 이해하기 위해 우리는 이 말이 그리스어에서 일상적으로 어떤 의미로 쓰이는지 알 필요가 있다. 선 혹은 '좋음(아가토스^{agathos})'이라는 개념은 '유용한', '들어맞는', '특정 목적에 적합한'

등의 의미와 밀접하게 관련되어 있다. 이런 의미에서 '아가토스'는 우리가 '좋은 고삐'나 '좋은 마부'라고 할 때의 '좋은'과 유사하다. 핵심은, 여기서 '아가토스'는 영어에서처럼 도덕적 의미의 선함이라는 뜻을 지니지 않는다는 점이다. 아가토스의 반대말은 '나쁨'('도덕적으로 타락한'이나 '사악한'의 의미가 아니라 '쓸모없는', '들어맞지 않는'의 의미에서)이다. '아가토스'는 '좋은 사람agathos anthropos'의 의미로도 사용될 수 있으나 대개는 '자신의 일을 잘 처리하는 사람' 혹은 '한 사람에 걸맞은 탁월함을 보여 주는 사람'을 가리킨다. 이처럼 좋은 사람이란 가장 적합하고 정돈된 삶 혹은 일관된 삶을 사는 사람이다.

이러한 '좋음' 개념에 비추어 볼 때 우리는 선이 모든 인간 행위의 근원이 된다는 말의 의미를 조금이나마 이해할 수 있다. 아리스토텔레스는 모든 사람이 소위 '도덕적으로 선한' 삶을 목표로 삼아야 한다고 말하지 않았다. 이러한 주장은 불공정하고 사악한 목적을 추구하는 많은 사람을 생각하면 그리 타당해 보이지 않는다. 선의 우선성으로 아리스토텔레스가 무엇을 의미했는지 이해하기 위해서는 '좋음'을 '유용함'으로 보다 폭넓게 해석할 필요가 있다.

인간의 모든 행위는 '모종의 선agathou tinou'을 지향한다고 아리스토텔레스는 말한다. 그것은 특정한 목적을 위한 행위이다.[6] 목적들 가운데도 서열이 존재한다. 우리는 몇 개의 추구들이 단일한 목적에 종속되어 있는 사례에서 이를 분명히 알 수 있다. 예컨대 말의 고삐를 만드는 작업은 승마술에 종속되어 있고, 승마술은 전쟁에서 좋은 장군이 되는 목적에 종속되어 있다. 아리스토텔레스는 이제, 보다 고차원적인 목적까지 포함해 모든 목적—그것 자체로 목적인 듯 보이는 목적—을 이해하기 위해서는 그것 자체로 선이며 전체인 단일한 최고의 목적을 상정해야 한다고 말한다. 왜냐하면 전체로서의 선에 비추어서만 특정 목적이 의미를 갖기―다시 말해 그것의 '좋음'을 획득하기―때문이다. 전체로서의 좋음이 없다면 모든 행위는 '무의미한pointless, mataia' 것이 되고 만다[7](여기서 핵심 단어는 '사악함'이 아니라 '무의미함'이다). 우리의 행동이 의미를 갖는 한, 그것이 타당하게 여겨지는 한 우리는 단일한, 최고의 선을 상정하지 않을 수 없다. 이런 의미에서 전체로서의 선은 '최고의 선'이다. 그것은 모든 좋은 것들에 존재를 부여한다.

여기서 행위에 대한 아리스토텔레스의 설명이 어떻게 하이데거의 설명을 예비하는지 눈여겨볼 만하다. 하이데거에게서처럼 아리스토텔레스에게서도 모든 행위는 특정 목적을 '위한' 것이다. 그리고 이 목적은―그것이 무엇이든―목적의 일정한 위계 안에서, 궁극적으로 목적들의 전체, 다시 말해 최고의 선 안에서 자신의 자리를 갖고 있다. 우리는 아리스토텔레스의 선개념에서 하이데거의 세계 개념의 일단을 엿볼 수 있다.

선의 실제적, '정황적' 특성을 강조하기 위해 아리스토텔레스는 이데아 사상에 도전한다. 이데아 사상에 따르면 최고의 '선'은 '좋음'이라 불리는 실제의 사물과 별개로 존재하는 추상적 통일체다[8](여기서 아리스토텔레스가 이데아 이론을 '플라톤'이 아니라 피타고라스학파의 것으로 간주했다는 점을 주목할 만하다). 플라톤을 비판에서 제외시킴으로써 아리스토텔레스는 자신의 최고선the Good, summum bonum 개념이 실제로 자기 선생의 그것과 유사하다는 가능성을 유지시킨다. 아리스토텔레스는 최고선은 추상적 형식이 아니라 '삶의 방식ergon zoein tina'이라고 결론 내린다.[9]

그것이 곧 '실제적인 선^{practon agathon}'이다.[10]

아리스토텔레스가 말하는 '실제적'의 의미는, 최고선은 오직 실천을 통해 표현되며, 실천의 관점에서만 인식 가능하다는 것이다. 다시 말해 최고선에 대한 우리의 지식은 선에 대한 우리의 살아 있는 인식과 동떨어진 채로 존재할 수 없으며, 선에 대한 우리의 살아 있는 인식은 또한 최고선 자체와 분리시킬 수 없다는 것이다. 그러므로 최고선을 파악한다는 것은 단지 이론이나 책을 통한 배움 이상을 요구한다. 그것은 삶의 경험^{emperia}을 요구한다.[11] 비록 emperia라는 단어—여기에서 영어의 empirical(경험적)이라는 말이 나왔다—가 우리가 '저기 바깥'의 세상을 살핀 다음 그 데이터를 우리의 정신으로 처리해서 얻는 경험을 가리킨다 하더라도, 그것은 아리스토텔레스가 말한 의미가 아니다. 근대의 주관주의에 의해 만들어진 이러한 불운한 연관을 피하기 위해, 나는 emperia를 그냥 '경험'이 아닌 '삶의 경험^{life experience}'으로 번역했다. 나는 '삶의 경험'이란 표현이 아리스토텔레스가 의미한 바를 더 잘 드러내 준다고 믿는다. emperia는 우리의 관심과 동떨어진 세계 속 사물에 대한 경험이 아니다. 그것은 우리가 세계와 우리 자신을 이해하는 기본적인 경험 양식이다. 그것은 우리가 특정 사회에서 성장하면서 올바른 습관을 기르고 올바른 행동 방식에 대해 숙고하면서 도덕 판단을 내리는 과정에서 얻게 되는 '경험'이다. 이 모든 활동이 최고선에 대한 우리의 이해와 그것에 대하여 성찰하는 우리의 능력에 기여한다.

최고선에 대한 우리의 이해가 '정황적인' 것으로 간주될 수 있다는 말의 의미는, 선을 파악하는 데는 신중 혹은 실천적 지혜로 번역되는 '프로네시스'가 요구된다는 아리스토텔레스의 주장에서 가장 명확하게 드러난다. 프로네시스의 가장 분명한 특징은 "자신에게 무엇이 좋고 유리한가에 대하여 잘 숙고하는 능력"이다. 이것은 예컨대 건강이나 체력에 좋다는 식의, 삶의 일부에 관한 것이 아니라, 전체로서의 삶을 잘 사는 문제다.[12] 아리스토텔레스는 이런 숙고의 능력은 규칙이나 원칙으로 단순화할 수 없다고 말한다. 이 점에서 프로네시스는 과학적 지식(에피스테메episteme)과는 다르다(아리스토텔레스에게 에피스테메의 모형은 수학이다). 에피스테메와 달리 프로네시스는 주어진 상황에서 중요한 특정 선을 파악한 뒤 그것들을 서로 잘 조화시킬 줄 안다.[13] 그것은 "적절한 때와 적절한 경우에 적절한 사람을 향하여 적절한 목적과 적절한 방식으로" 행동할 줄 아는 것이다.[14] 이 점에서 프로네시스는 정황적이다. 그것은 이 대상 혹은 저 대상에 대한 지식이 아니라 자신이 관여하고 있는 상황에 대한 지식이다.

프로네시스의 정황적 성격은 아리스토텔레스가 프로네시스를 기술적 지식인 테크네와 대비하는 지점에서 분명하게 드러난다.[15] 프로네시스를 이해하는 데서 프로네시스와 테크네의 대비는 프로네시스와 에피스테메(지식)의 대비보다 더 중요하다. 프로네시스와 테크네의 대비가 갖는 중요성은 언뜻 보기에 이 둘이 서로 유사하다는 점과도 관련이 있다. 프로네시스와 테크네 둘 다 단지 생각에 머무는 것이 아니라 무엇인가를 행하고 행동에 옮긴다는 의미에서 우리가 느슨하게 '실천'이라고 부르는 것을 겨냥한다. 아리스토텔레스가 보기에 프로네시스와 테크네 모두 '지금과 다르게 될 수 있는 사물들'을 다룬다. 이 사물들은 자연물과 다르게 인간의 선택과 작용의 영향을 받는다.[16] 이런 의미에서 프로네시스와 테크네는, 이미 존재하고 있는 사물 혹은 필연적으로

존재하게 되는 사물에 관심을 갖는 에피스테메와 다르다.[17]

그러나 프로네시스와 테크네는 다음과 같은 중요한 지점에서 갈라진다. 즉 제작과 관계있는 테크네가 가시적인 기술을 수반한다 하더라도 그것은 여전히 추상적 지식이다. 테크네는 제품의 사용으로부터 추상된 형상(에이도스)에 대한 지식을 요구한다. 직공은 의식적인 응시를 통해 제품의 형상을 미리 파악할 수 있다. 그런 다음 그것과 별개의 과정으로, 이용 가능한 재료를 가지고 그 이미지를 구체화한다(직공은 자신이 만든 제품을 사용하는 법에 대해서는 알 필요가 없다). 반면 프로네시스는 어쩔 수 없이 정황적이다. 그것은 정형화된 지식 이상을 수반한다. 그것은 특정 상황에 대한 작용자의 관여적 이해 ─ 행위자의 정신에서 재현되는 이해가 아니라 그의 행위(프락시스)에서 구체화되는 이해 ─ 를 수반한다.

아리스토텔레스의 프로네시스와 테크네 구분을 부각시키는 것이 가치 있는 이유는 근대의 독자들이 이 부분을 간과하는 경우가 많기 때문이다. 근대의 독자들은 프로네시스를 실천에 '적용된' 일종의 비관여적, 논리적 지식으로 해석하는 경우가 많다. 예컨대 애덤 스미스도 이런 실수를 범한다. 그의 아리스토텔레스 해석에 따르면 우리는 우리의 행동이나 습관과 별개로 도덕적 지식을 가질 수 있으며, 그런 다음 그것과 별개의 과정으로 그 지식을 실제에 적용한다. 이처럼 프로네시스와 테크네의 구분을 허물어 버린 스미스는 도덕 판단의 정황적 성격을 놓치고 있다.[18]

테크네와 프로네시스의 구분을 인식하는 현대 철학자 중에 한나 아렌트와 가다머를 특별히 눈여겨볼 만하다. 두 사람 모두 이 구분을 통해 이해와 행위의 정황적 개념을 이야기하고 있다. 아렌트는 아리스토 텔레스의 테크네와 프로네시스의 구분을 자신의 '작업'과 '행위'의 구분을 통해 더 발전시킨다. 하이데거에게 영향을 받은 용어로 아리스토텔레스 철학을 표현하는 아렌트는, 행동은 "말해지는 이야기들의 그물 망web of enacted stories" 속에서 언제나 정황적일 수밖에 없다고 말한다.[19] 작업은 그것이 이 그물망 속으로 들어오는 한 의미를 갖는다. 아렌트는 행위의 세계에서 유리되어 있다면 사물을 조작하고 제조하는 우리의 능력은 무용하다고 말한다. 이 경우에 우리의 형성력plastic capacity은 더 이상 인간 작위자의 표현이 되지 못한다. 그것은 일종의 맹목적인 노하우가 되어 버린다.

가다머는 테크네와 프로네시스의 구분을 이용해 자신의 해석학의 정황적 개념을 발전시킨다. 이에 따라 가다머는 아리스토텔레스를 "인간은 자신이 처한 특정한 실제적 상황에서 언제나 선들과 맞닥뜨린다"고 가르치는 것으로 해석한다.[20] 특정 상황에서 중요해지는, 서로 상충하는 선들 사이에 균형을 잡는 것을 통해 우리는 최고선에 대한 더 깊은 이해를 얻는다.

아리스토텔레스가 보기에 우리는 특정한 성품의 덕성들을 훈련함으로써—여기에는 프로네시스의 계발이 요구된다—최고선을 분별할 수 있게 된다. 덕성들(용기, 겸손, 영혼의 위대함, 정의감, 관대함 등)에 대한 아리스토텔레스의 설명은 판단의 정황적 개념을 구체적인 용어로 밝혀 준다. 특히 그의 설명은 도덕적 숙고와 판단이 '편견'을 수반한다는 말의 의미를 밝혀 준다. 덕성을 발휘하기 위해서는, 혹은 판단을 잘 내리기 위해서는 성품(헥시스)의 덕스러운 기질을 지녀야 한다. 다시 말해 헥시스는 프로네시스를 계발하기 위한 조건이 된다.[21] 나아가 아리스토텔레스는 프로네시스의 본성은 성품의 관점에서 이해되어야 한다고 말한다. 왜냐하면 특정 상황을 평가하는 능력에는 그 상황이 요구하는 특정한 역할들과 활동들의 상대적 중요성을 파악하는 것이 수반되기 때문이다. 프로네시스는 지성의 '가치 개입적' 덕성이다. 좋은 성품을 갖는다는 것과 프로네시스를 갖는다는 것은 궁극적으로 같은 말이다.

아리스토텔레스의 헥시스 개념은 내가 옹호하고자 하는 편견의 의미와도 부합한다. 사람의 성품 기질은 그가 지닌 특정한 삶의 관점—다른 관점으로는 무가치한 것으로 보였을 행동이 그 관점에서 보았을 때 바람직해 보이는 관점—이라는 의미에서 일종의 '편견'으로 이해할 수 있다. 그런데 아리스토텔레스에 따르면 성품의 특수성은 도덕 판단을 제약하는—우리가 판단을 내릴 때 판단을 내리는 조건들로부터 자유롭다면 더 나은 판단을 내릴 수 있는 것처럼—요소가 아니다. 성품은 기계적이거나 감상적 기질이 아닌, 이해의 한 양식으로서 더 나아지거나 나빠질 여지를 품고 있다. 덕스러운 성품은 관점의 폭을 넓혀 주어 자신이 처한 상황을 더 분명하게 보고 더 나은 판단을 내리게 한다.

성품을 일종의 편견으로 이해할 수 있다는 생각은, 훌륭한 성품의 기준은 언명(로고스) 하나만으로는 온전히 파악할 수 없다고 한 아리스토텔레스의 말에서도 드러난다. 만약 로고스를 통해 훌륭한 성품을 구성하는 것이 무엇인지 파악할 수 있다면 그것을 어느 장소의 누구에게도 가르칠 수 있어야 할 것이다. 그렇다면 그것은 이 경우에 더 이상 편견이 아니다. 덕스러운 성품의 기준은 그것의 적용 문제, 즉 성품이 한 사람으로 하여금 특정 상황에 문제 되는 선들을 분별하고 그것들을 능숙하게 조화시킬 수 있느냐 하는 문제와 분리시켜 생각할 수 없다. 이러한 덕성의 기준을 인식하는 능력은 그가 이미 그것과 만나고 있다는 점을 전제로 하지 않으면 안 된다. 다시 말해 훌륭한 성품에 관한 능숙한 판단자라면 그 자신이 덕스러운 사람이어야 한다. 그 자신 올바른 관점과 올바른 '편견'을 갖춘 사람이어야 한다.

이러한 고찰은 아리스토텔레스의 헥시스(성품) 개념을 편견의 관점에서 이해할 수 있는 길을 열어 준다. 나아가 아리스토텔레스의 성품 개념은, 편견에 영향을 받은 판단은 주변 환경의 노예가 되는 것이라는 가정을 허문다. 우리의 성품은 교육(파이데아paidea)에 의해 형성된다고 해도 그것이 출생 순간부터 주어져 있거나 수동적으로 습득되는 것은 아니다. 아리스토텔레스는 우리의 성품은 '우리 자신'에게 달려 있다고 말한다. 즉 우리는 숙고하고 판단하는 행위를 통해 성품을 형성해 간다. 올바른 판단을 내리고 덕스러운 행동을 지속적으로 행함으로써 우리는 덕스러운 성품을 계발하게 된다. 이것이 덕스러운 성품은 습관(에토스)에 의존하고 있다는 말의 의미다.

베이컨, 데카르트, 스미스, 칸트가 습관을 일종의 기계적 행동으로 이해하는 반면, 아리스토텔레스는 그렇지 않다고 말한다. 습관은 동일한 것의 기계적 반복이거나 관습에 대한 맹목적 추종이 아니다. 왜냐하면 우리가 '반복적으로 행하는' 덕스러운 각각의 행동은 모두 그것과 유사하지만 결코 동일하지 않은 상황에 대응되어야 하기 때문이다. 각각의 '반복적' 행동은 새로운 취사선택을 고려해야 하고, 서로 상충하는 선들 사이에 균형을 이루어야 하며, 본질적인 것과 덜 긴박한 것을 구분해 내야 하기 때문이다. 이런 의미에서 습관은 우리의 행위를 동원하는 일이다. 올바르게 숙고하고 판단하는 것을 통해 우리는 우리가 중요하게 생각하는 성품을 계발하게 된다. 이를 통해 우리의 성품은 보다 현명한 관점이 된다. 이것이 아리스토텔레스가 행복 혹은 좋은 삶(유다이모니아eudaimonia)에는 단지 덕성을 발휘하는 능력(뒤나미스dunamis)뿐 아니라 덕성을 실제로 실현하는 능력(에네르게이아energeia)까지 요구된다고 말한 이유다.[22] 이것은 덕성의 실현이 덕성의 능력보다 더 큰 만족을 주기 때문만이 아니다. 덕성을 온전히 자기 것으로 지니기 위해서는 그것을 현실에 실현시켜야만 하기 때문이다. 각각의 도덕적 숙고와 판단은 우리의 성품을 계발하여 우리의 판단 능력을 키워 준다. 이처럼 습관은 덕성을 얻기 위해 꼭 필요하다. 그리고 아리스토텔레스가 지적하듯이 arete ethike(도덕적 덕성)이라는 말이 ethos, 즉 습관이라는 말에서 유래한 것은 우연이 아니다.

아리스토텔레스의 정황적 선개념과 철학

아리스토텔레스의 정황적 도덕 판단 개념을 자세히 살펴보기 전에 우선 그의 정황적 선개념과 철학에 대해 알아보자. 아리스토텔레스에게 선의 철학적 연구는, 그것이 윤리의 실천과 결부되어 있다는 의미에서 정황적이다. 무엇보다 선은 원칙이나 계율이 아니라 우리가 실제로 삶을 사는 방식 속에서 드러난다. 우리는 이론적 연구가 아니라 실제로 덕성들을 실행함으로써 선에 대해 이해하게 된다.

그렇다고 해서 아리스토텔레스의 선개념이 그가 덕에 대한 '관조'를 거부하거나 폄하한다는 의미는 아니다. 우리는 아리스토텔레스의 글이 선에 대한 설명을 제공하기 위한 것이라는 점을 기억해야 한다. 더욱이 아리스토텔레스는 철학 혹은 이론(테오리아theoria)이 영혼의 최고 활동이라고 주장한다. 그럼에도 아리스토텔레스에게 이론은 실천과 결부되어 있다(즉 이론은 실천을 전제로 하지 않을 수 없다). 아리스토텔레스는 윤리학을 공부하는 학생은 선에 관한 설명을 이해하기 위해 '좋은 습관'을 교육받아야 한다고 주장한다.[23] 선에 관한 지식이 완전해지거나 적어도 그 온전한 발달에 이르더라도 이러한 성취를 실천에 옮기는 일은 여전히 남는다.

이론이 실천에 결부되어 있다는 말은 실천이 이론―실제 생활과 유리된 추상 원리로서의 이론이 아니라 철학에 의해 표명되고 개발될 수 있는 특정한 이해라는 의미에서의 이론―을 구체화한다는 뜻이다.

아리스토텔레스에게 선은 이론의 최고 관심사다. 선은 인간 행동의 목적일 뿐 아니라 (플라톤에게처럼) 우주의 토대이기도 하다. 이러한 이유로 윤리학과 철학은 함께 간다. 아리스토텔레스의 선을 자세히 살펴보면 언뜻 보기보다 더 큰 우주적 중요성이 나타난다. 선이 실천 속에서 구체화되며 인간의 행위에 의해 유지되지만 그것은 결코 인간의 창조물이 아니다. 아리스토텔레스는 선을 인간 행위의 산물이 아니라 오히려 그것의 조건 혹은 원인(아이티오스aitios)이라는 점을 분명히 한다.[24] 선에 대한 실천적 인식, 다시 말해 우리의 성품 기질에서 구체화되는 인식을 지닌 한에서만 우리는 숙고하고 판단하며 행동할 수 있다.

특정 인간 행위에 대한 선의 우선성은 아리스토텔레스가 선을 유다이모니아(일반적으로 '행복' 혹은 '좋은 삶'으로 번역되는 핵심 용어)로 규정하는 데서 잘 드러난다. 그러나 행복이나 좋은 삶이라는 말도 '유다이모니아'의 본래 의미에는 미치지 못한다. '행복'은 유다이모니아의 일반적 용례에 근접하나, 아리스토텔레스가 드러내려고 했던 '축복'의 의미를 온전히 전하지는 못한다. eudaimonia를 분석하면 eu-daimonia로 나눠지는데, 이는 '좋은 데몬(수호신)을 둔다', 즉 평생토록 수호신의 인도를 받는다는 뜻이다. 유다이모니아는 인간 행위의 궁극 목적인 선이 단지 인간의 것을 넘어 지향함을 의미한다. 거기에는 일정한 신성이 깃들어 있으며, 아리스토텔레스는 이것을 '고결하며 신과 같은 것'이라고 칭한다.[25]

아리스토텔레스는 선이 신성을 지녔다고 보는 근거로서 선이 인간 행위(아리스토텔레스에게 '인간 행위'는 곧 '인간 생명'과 같은 말이다)의 원인(아이티오스) 혹은 출발점(아르케)이 된다는 점을 든다. "앞에 말한 것으로 볼 때 유다이모니아가 고결하고 완벽하다는 것은 우리에게 분명해 보인다. 유다이모니아는 출발점이 된다는 점에서 그렇게 보인다. 모든 인간이 온갖 것을 행하는 이유는 선을 위해서다. 모든 좋은 것의 출발이자 원인이 되는 것은 고결하고 신성한 것이라고 말할 수 있다.[26] 여기서 아리스토텔레스가 말하는 '원인'이라는 것은 인간 행위에 유효한 원인이 아니라 그것의 궁극적 원천이다. 아리스토텔레스는 인간 행위의 유효한 원인에 대해서는 '선택(프로하이레시스 prohairesis)'이라는 용어를 사용한다.[27] 선은 인간이 선택을 내릴 수 있도록 해주는, 선택되지 않은 조건이다. 인간이 선택을 통해, 특별한 숙고와 자신이 내리는 결정을 통해 자기 본연의 존재가 된다는 점에서 선택의 조건으로서 선은 또한 인간 삶의 조건이기도 하다. 이런 의미에서 선은 단지 인간의 것을 초월한다.

선의 신성은 우리가 오늘날 윤리, 신학, 형이상학으로 서로 구분 짓고 있는 것들 사이의 근친성을 암시한다. 아리스토텔레스는 이것들을 서로 구분 짓지 않는다. (플라톤과 마찬가지로) 아리스토텔레스에게는 자신이 '지혜(소피아 sophia)의 추구'로 정의하는 철학만이 있을 뿐이다. 아리스토텔레스는 지혜를 '가장 고귀하고 고결한 것들에 대한 완전한 지식'으로 정의한다. 이 지식이 '완전한' 것인 이유는, 이 지식이 출발점으로부터 따라 나오는 사물들을 이해할 뿐 아니라 출발점 자체까지 참되게 파악하고 있기 때문이다.[28] 지혜에 대한 이러한 정의는 변증법이 기하학과 달리, 일정한 전제 혹은 '출발점'으로부터 따라 나오는 일련의 유효한 결론들(예컨대, 삼각형에 대한 기하학적 정의)뿐 아니라 출발점 자체(기하학적 삼각형의 존재 양식)를 파악하고 있다는 플라톤의 주장을 떠올리게 한다.

아리스토텔레스는 지혜를 '학문(에피스테메)과 결합된 지성(누우스 nous)'으로 칭한다는 점에서 플라톤과 공명하고 있다.[29] 여기서 아리스토텔레스가 말하는 '지성', 즉 누우스란 제1원인들, 즉 출발점들에 관한 포괄적 앎을 뜻한다. 또 그가 말하는 '학문', 즉 에피스테메란, 불변하는 사물들을 파악하는 지식, 예컨대 주어진 전제로부터 필연적으로 따라 나오는 언술들을 의미한다. 이 점에서 소피아는 에피스테메와 누우스를 결합시킨다. 그런데 소피아는, 의심하지 않은 출발점 혹은 가정에 의존하며 그 가정으로부터 도출되는 것들만 파악하는 에피스테메와 달리, 출발점 자체를 파악하는 누우스를 사용한다. 이 점에서 소피아는 가장 고귀한 것들에 대한 지식, 불변하는 제1원인들에 대한 지식이다.

이제 아리스토텔레스의 설명에 따르면 선은 이러한 '제1원인'이다. 적어도 인간의 행위와 관련해서는 그렇다. 인간 행위의 제1원인 혹은 원천으로서 선은 '가장 고결한 것들'에 속한다.[30] 어쩌면 선은 단 하나의 가장 고결한 것인지도 모른다. 어쨌든 선은 인간의 것들을 '넘어서' 있으며 '가장 고결한 것들 가운데 하나'라는 점에서 선은 철학의 주요 목표가 된다고 할 수 있다.

물론 어려운 질문은, 선이 변하지 않는다는 것이 무엇을 의미하느냐 하는 것이다. 또 선이, 있는 그대로의 우주와 관계된다는 말의 의미는 무엇인가? 아리스토텔레스의 『윤리학』은 첫 번째 질문에 대한 암묵적인 답을 주고 있으며, 두 번째 질문에 대해서는 힌트만 주고 있다. 선이 불변하다는 의미는 아리스토텔레스의 자연권natural right ─이에 대해서는 이 장 후반에 설명할 것이다─에 대한 설명에서 드러난다. 그의 기본적 가르침은, 인간의 삶이 끊임없이 변화하는 다양한 관습과 관행들을 보여 주고 있지만 그것은 언제나 동일한 선을 목표로 하고 있다는 것이다. 다시 말해 이때 선은 다양하게 드러나는 모습들 속에서도 자신의 정체성을 유지하고 있다는 것이다.

아리스토텔레스에게 선이 우주와 관계된다는 말의 의미는 다소 모호하다. 선이 정말로 우주와 동일한 것이라면, 선에 대한 지식은 그것 자체로 철학의 유일한 목적이 되어야 할 것이다. 그렇다면 철학은 본질적으로 정황적이 될 수밖에 없다. 아리스토텔레스의 관점에서, 선에 대한 우리의 실제적인 혹은 체험된 이해는 우리가 우주에 대해 알 수 있는 조건이 된다. 선에 대한 이해라는 기초 위에서만 우리는 천체의 본질에 대해 정의를 내릴 수 있으며 천체들의 진화에 관한 질문에 답할 수 있다.

『윤리학』이 선과 우주의 관계를 직접적으로 다루고 있지는 않지만 그것은 몇 가지 중요한 힌트를 제공하고 있다. 우선 아리스토텔레스는 선과 우주를, "인간보다 신성하다"고 하는 동일한 표현으로 묘사한다.[31] 이 표현이 선과 우주의 정체성을 규정하는 것은 결코 아니지만 적어도 둘 사이의 근친성을 암시한다고 볼 수는 있다.

아리스토텔레스가 선과 우주를 동일한 것으로 보고 그럼으로써 정황적 철학 개념을 세웠다고 볼 수 있는 가장 결정적 근거는, 그가 '소피아'와 '프로네시스'가 미묘하지만 근본적인 방식으로 서로 연결되어 있다고 파악했다는 점이다. 이 둘의 연결성은 아리스토텔레스가 둘 사이의 차이점으로 드러낸 것에 의해 어느 정도 약화되고 있다. 그는 프로네시스가 자연물과 달리 변화를 인정하는 인간사와 관계된 것으로 보았다. 실천적 지혜를 가진 사람(프로니모스[phronimos])의 특징은 숙고하는 탁월성[euboulia], 즉 언제나 특정 행동을 목표로 한다는 것이다. 이는 인간의 행위에 의해 실현될 수도 있고 무시될 수도 있는 부분이다. 왜냐하면 "어느 누구도, 그것과 다르게 될 수 없는 사물에 대해서는 숙고하지 않기" 때문이다.[32] 프로네시스가, 서로 다르며 따라서 '어느 곳에나 항상' 존재한다고 말할 수 없는 인간사를 다룬다는 점에서 그것은 지혜(소피아)보다 '열등한[cheiron]' 종류의 지식이다.[33]

그러나 아리스토텔레스는 프로네시스의 열등성을 제한된 의미로 이야기한다. 즉 그는 중요한 측면에서 프로네시스와 소피아를 연결 짓고 있다. 그는 프로네시스와 소피아 모두 누우스―시작 혹은 제1원인에 대한 포괄적 인식―를 사용한다고 말한다. 프로네시스와 소피아 모두 누우스와 연결되어 있다는 것은 이 둘이, 근원이 되는 제1원인에 대해 생각하지 않고도 나름의 목적을 달성할 수 있는 에피스테메나 테크네보다 고차원의 기능이라는 것을 말하고 있다.

아리스토텔레스의 '누우스' 개념의 정확한 특징을 구분하기는 어렵지만 그는 다음과 같은 정도로 분명히 하고 있다. 누우스는 추상적 직관이나 추상적 사고의 능력이 아니다. 그것은 삶의 실제 경험(엠피리아emperia)과 관련된 것이다. 다음과 같은 인상적인 글에서 아리스토텔레스는 말한다. "자연에 대한 연구의 출발점은 추상적 원리가 아니라 삶의 실제 경험에서 나온다."[34] 이처럼 아리스토텔레스는 누우스를 엠페리아와 연결시키면서 그것을 자연phusis 연구의 기초로 간주한다. 이런 이유로 그는 아이들은 수학자는 될 수 있어도 철학자는 될 수 없다고 덧붙인다. 수학 공부는 용어(숫자)들이 가리키는 것에서 추상화된, 그것들 사이의 관계성을 다룬다. 아주 명민한 아이라면 그러한 추상적 관계성을 터득할 수 있다. 그러나 이와 반대로 철학은 사물 자체에 대한 파악을 요구한다. 철학은 아이들에게 부족한 삶의 실제 체험을 요구하는 것이다.[35]

바로 다음에 이어지는 문단에서 아리스토텔레스는 누우스가 소피아뿐 아니라 프로네시스의 기초가 된다고 본다. "프로네시스는 누우스 바로 맞은편에 놓여 있다. 누우스가 단순히 합리적 추론만으로는 도달할 수 없는 최초의 정의를 파악하듯이, 프로네시스는 누우스를 이용하여 (특정 상황에서) 궁극적인 것eschaton을 파악한다.[36] 아리스토텔레스는 누우스가 특별한 종류의 '지각aisthesis'이라고 말한다. 그것은 신체감각을 통한 지각이 아니라, 우리가 수학에서 궁극의 도형(혹은 가장 기본적인 평면)이 삼각형이라고 인지하는 것과 같은, 일종의 직관에 더 가깝다.

왜냐하면 여기에는 멈춤(혹은 분석의 제약)이 있기 때문에."[37] 그러나 누우스는 수학적 직관과 또 다르다. 왜냐하면 누우스는 특정한 구체적 상황이 전체로서 요구하는 것을 파악하기 때문이다. 다시 말해 누우스는 구체적 상황—그것이 어떤 것이든—에서 드러나는 선을 파악한다. 이렇듯 프로네시스가 인간의 행위, 즉 지금과 다르게 될 수 있는 것들을 다루지만 그것은 '어디에나 항상' 존재하는 것에 대한 신성한 자각을 사용하고 있다. 이 과정에서 프로네시스는 자신의 특정 목표(해야 하는 행위)를 달성하는 동시에 모든 행위의 조건이 되는 선을 암묵적으로 분명하게 드러낸다.

프로네시스와 소피아가 어떻게 누우스를 사용하는지에 대한 아리스토텔레스의 설명에 기초해 그의 가르침을 다음과 같이 정리할 수 있다. 선에 대한 우리의 포괄적 각성이야말로 도덕 판단과 자연(존재하는 모든 것)에 관한 연구의 원천이 된다. 다시 말해 어떻게 행동할 것인가 하는 질문과, 자연은 무엇인가라는 질문은 오직 인간의 행위라는 영역 안에서, 선에 대한 포괄적 관점 안에서만 답할 수 있는 문제다. 이렇듯 철학적 이해는 일종의 '정황적' 이해라고 할 수 있다.

그러나 이러한 모호함에 함몰되지 않기 위해 우리는 아리스토텔레스에게 철학이 현실과 유리된 것이 아니라 정황적이라고 하는 말의 의미를 좀 더 분명하게 이해할 필요가 있다. 이것은 철학이 의견—즉 문제에 대하여 '일반적으로 말해지는 것'—에 대해 맺는 관계와 관련이 있다. 아리스토텔레스는 철학의 출발점(아르카이)은 오직 의견(doxa)과 관련해서만 신빙성 혹은 정당화를 얻는다고 말한다. 또 그는 "출발점은 전

체의 절반 이상이다. 출발점은 탐구의 대상에 커다란 빛을 던지기 때문이다"고 반복해서 말한다.[38]

이에 따라 아리스토텔레스는, '선은 유다이모니아'라고 하는 의견에서 출발하는 우리의 사례에 대해서도 "우리는 특정 가정들에서 도출되는 결론으로서가 아니라, '그 문제에 관해 말해지는 것'에 비추어 이 출발점을 검토해야 한다"고 말한다. 왜냐하면 "참된 출발점이라면 이후의 모든 것이 그것과 일관될 것이며, 잘못된 출발점이라면 이후 모든 것이 그로부터 벗어날 것이기" 때문이다.[39] 의견은 현상에 대한 탈맥락적, 객관적 분석에 비춰 그것을 인정하거나 거부해야 하는 외래적인(무관한, 이질적인) 고려가 아니다. 우리는 선이 실제로 무엇인지 배우고 난 다음, 그것과 별개의 문제로 선에 관한 어느 의견이 참이고 어느 의견이 거짓인지 판단하는 것이 아니다. 아리스토텔레스는 의견은 '그 자체로' 철학적 지식의 불가결한 기준이 된다고 말한다.

의견이 어떻게 철학적 앎의 불가결한 기준이 되는가? 우리가 주체-객체라는 관점에서 생각한다면 아리스토텔레스의 주장은 명백히 잘못된 것으로 보인다. 왜냐하면 주체-객체 구분이라는 사고방식에 따르면, 한 의견(선에 관한 것이든 아니면 어떤 주제에 관한 것이든)이 '진리이다'라는 것은 그것이 객관 대상, 사실과 일치한다는 의미이기 때문이다. 따라서 이 사고방식에 따르면 하나의 의견은 '객관적'이거나, 즉 사실과 일치하거나, 그렇지 않으면 '주관적', 즉 사실과 다르며 우리의 주관적 잘못을 반영하는 것일 수밖에 없다. 하나의 의견이 '객관적'인지 '주관적'인지 판단하기 위해서는 (확실한 방법으로) 객체에 대해 알아야 한다. 객체 자체가 지식의 유일한 기준이다. 그러나 아리스토텔레스는 이러한 사고 프레임으로 생각하지 않는다. 그에게는 의견 '자체가' 지식의 적법한 기준—주장의 진리성을 가늠할 수 있는 기준—이 된다. 의견에 대한 아리스토텔레스의 신념은, '시살' 혹은 그의 용어대로 하면 현상 자체는 우리가 그것에 대하여 말하는 바와 서로 분리될 수 없다는 생각을 보여 준다. 그러므로 선에 관한 모든 의견이 적어도 어느 정도 통찰을 가지고 있다는 아리스토텔레스의 확신은, 그러한 의견들이 어떤 방식으로든 '선'이라고 하는 독립적이고 추상적인 실체에 대응한다는 그의 믿음에서 온 것이라고 할 수 없다. 아리스토텔레스는 애초에 선의 본질을 규명하려면 의견에 관한 고찰이 필요하다고 본다. 의견에 대한 그의 확신은 선 혹은 모든 현상은 로고스에 의해 구성된다고 보는 이해에서 나온다. 선은 의견 속에서 구체화된다. 그렇다고 이것이 어떤 의견이라도 완전한 진리를 반영하고 있다거나 모든 의견이 똑같은 정도의 통찰을 지닌다는 의미는 결코 아니다. 대부분의 의견은 협소하며 정치하지 못하다. 그럼에도 모든 의견은 희미하게나마 통찰의 빛을 모두 가지고 있다.

　이런 선상에서 아리스토텔레스는 선에 관한 견해들을 타당하게 주장할 수 있다. "어떤 의견은 많은 사람, 연로한 사람들이 갖는 의견이며, 또 어떤 의견은 소수의 뛰어난 사람들이 갖는 의견이다. 이 의견들 중 어느 것도 완전히 잘못되었다고 할 수 없다. 적어도 부분적으로는, 아니 대부분 그 의견들은 정확하다."[40] 그저 권위에 복종하는 것처럼 보이는 의견도 실제로는 그 안에 철학적 통찰을 담고 있다. 진리에 대한 예견으로서의 의견들은 선에 관한 설명에서 끊임없이 고려해야 한다. 이런 이유로 아리스토텔레스는 자신의 유다이모니아 개념을 당시의

314

지배적 견해에 비춰 계속 시험하고 입증하며 개선시킨다. 예컨대 영혼의 선이 육체의 선보다 우월하다는 일반적 견해에 관하여 아리스토텔레스는 다음과 같이 말한다. "이 의견은 오래된 의견, 철학자들이 동의하는 의견으로서 우리가 (행복에 관해) 말한 바를 지지하고 있다."[41]

그런데 분명한 것은, 이처럼 의견을 신뢰했다고 해서 아리스토텔레스가 인습에 굴복하거나 평판 있는 사람의 말을 맹목적으로 수용한 것은 아니다. 그는 모든 적절한 의견은 철학적 분석을 통해 숙고해야 한다고 말한다. 만약 의견이 출발점과 일관된다면 그 의견은 신뢰성을 갖는다. 그렇지 않고 출발점과 충돌하는 의견이라면, 출발점을 수정하거나 그 의견을 제대로 이해할 때 실제로는 출발점을 입증하고 있다는 것을 보임으로써 그 의견을 출발점과 일관된 것으로 만들어야 한다. 의견에 대한 아리스토텔레스의 호소는 지극히 비판적인 성격을 지녔다. 그는 결코 의견을, 즉 자신의 출발점을 곧이곧대로 받아들이지 않는다. 가다머의 관점에서 볼 때 아리스토텔레스가 철학의 해석학적 개념을 제시했다고 말할 수 있다.

도덕 지식의 조건으로서의 성품

아리스토텔레스의 정황적 윤리적 철학 개념과 정황적 철학 일반 개념을 살펴보았으니, 이제 그의 도덕 판단으로 관심을 돌려 보자. 아리스토텔레스는 『윤리학』의 시작에서부터 도덕 판단의 정황적 성격을 이야기한다. 심지어 자신의 가르침(즉 『윤리학』의 내용 자체)조차 행위의 안내서가 되기에 충분하지 못하다고 말한다. 그는 '훌륭함과 공정함'을 배우려는 유능한 학생이라면 '이미' '훌륭한 습관을' 함양한 상태여야 하며, 덕스러운 성품을 미리부터 지니고 있어야 한다고 말한다.[42] 이론은 실천을 필요로 한다. 오직 덕성을 함양한 사람만이 그것으로부터 무언가를 배울 수 있는 출발점(아르케)을 가질 수 있다.

아리스토텔레스에게 그리스어 arche, 즉 출발점은 핵심 단어다. 라캄Rackham은 이것을 '제1원칙first principle'으로 번역하나 내가 보기에 '기본적인 출발점' 정도가 아리스토텔레스가 말하고자 하는 의미를 더 잘 표현하는 것 같다.[43] '원칙'은 한 사람이 마음에 새기고 있는 계율이나 규칙을 의미할 수 있다는 점에서 오해의 소지가 있어 보인다. 아리스토텔레스는 윤리학의 아르케, 즉 출발점은 지식의 대상이 아니라 올바른 행위에 대한 실천적 이해—즉 행위를 통해 표현되며 경험으로 함양되는 이해—라는 점을 분명히 한다. 이렇듯, 훌륭한 습관을 함양한 사람은 "이미 출발점을 가졌다"고 말할 수 있다.[44]

아리스토텔레스는 아이들이 윤리학을 공부할 자격이 되지 않는다는 자신의 주장에서 윤리학의 실천적 성격에 대해 다시 이야기한다.[45] 그 이유는 인지 능력이나 정신적 명민함에서 아이들이 어른에 미치지 못하기 때문이 아니다(아리스토텔레스가 지적하듯 아이들은 수학을 능숙하게 학습할 수 있다). 그것은 또 아이들이 자신의 무모한 열정에 이끌리거나, 학교에서 배운 도덕률을 실천하려는 규율이 부족하기 때문만도 아니다. 아리스토텔레스는 이런 부분을 이야기하면서도 보다 근본적인 원인을 강조한다. 그것은 아이들은 올바른 성품 기질을 얻는 데 필요한 '경험'이 부족하다는 점이다. 아이들은 어떤 행위를 해야 하는지 알 수 있는 기본 조건이 결여되어 있다. "아이들은 삶의 여러 가지 활동에 대한 경험이 부족하다^apeiros." 윤리적 철학의 추론 행위가 "가능하다면 그것은 삶의 다양한 활동들로부터 나오며, 또한 그 추론 행위는 삶의 다양한 활동들에 관한 것이다".[46] 다시 말해 아이들은 적절한 '삶의 관점'—그로부터 윤리적 가르침이 타당성을 갖는—이 결여되어 있다. 이러한 삶의 관점이 바로 아르케, 즉 시작이다. 이 시작은 이어지는 탐구의 과정에서 매우 큰 중요성을 가지며 어쩌면 '전체의 절반보다 큰 무엇'이라고 할 수 있다.[47] 아리스토텔레스는 실제 삶에 뿌리박지 않고는『윤리학』의 가르침이 아무런 의미를 갖지 못한다고 말한다. 그것은 똑같은 말을 계속 반복하면 말이 아니라 소리가 되는 것처럼 어떤 울림도 일으키지 못하는 단순한 설교에 지나지 않는다. 아리스토텔레스는 말하기를, 아이들이 철학 원칙을 어른과 똑같이 따라 할 수 있으나 그것은 자신들의 말이 진리라는 진정한 확신이 결여된 채로 이루어지는 것이다.[48]

그런데 윤리적 철학을 이해하는 데 '어떻게 하면 잘 사는가'에 대한 실천적인 이해가 요구된다고 해서 철학 자체가 불필요하다는 뜻은 결코 아니다. 실제로 아리스토텔레스는 우리에게 전하는 도덕적 지혜를 가지고 있다. 그것은 실천과 관계된 지혜, 우리의 성품을 향상시켜 주는 지혜다. 만약 그렇지 않다면 그의 시도는 무용한 것이 되고 만다. 그것은 그의 제자인 우리가 이미 알고 있는 것을 그저 반복하는 것에 지나지 않을 것이다. 훌륭한 습관을 갖춘 사람에게 철학은 그가 이미 알고 있는 바에 대해 '더 분명한' 비전을 갖도록 해준다. 이것이 바로 아리스토텔레스가 목표하는 바다. 그는 좋은 판단을 내리는 지침으로서 덕성에 대한 설명(로고스)을 제시한다. 그런데 이와 동시에 아리스토텔레스는 그러한 모든 지침이 '불충분하다는' 점을 이야기하고자 한다. 이론적 통찰로서, 그리고 우리가 그 안에 사는 영혼으로서 덕성에 대한 로고스적 설명과 그것의 불충분함이라는 두 가르침은 똑같은 중요성을 갖는다.

아리스토텔레스가 주는 첫 번째 교훈은 두 번째 가르침을 가리킨다. 윤리적 가르침은 단지 '진리에 대한 대강의 윤곽'을 제공할 뿐이라는 점이다.[49] 아리스토텔레스는 『윤리학』 서두에서 이 점을 몇 번씩 되풀이하여 말하는데, 이는 그가 교사로서 자신의 결점을 인정하는 것이 아니다. 윤리적 가르침이 진리에 대한 대강의 윤곽을 제공할 뿐이라는 말은 윤리적 지식에 관한 하나의 진실, 즉 도덕 지식에는 실천적 지혜가 수반되기 때문에 그것을 규칙의 체계로서 가르칠 수 없다는 점을 말하려는 것이다. 그의 목표는, 윤리적 지식이 본질적으로 실천적인 성격을 지녔음을 드러내고, 윤리학을 수학이나 기하학과 똑같은 방식으로 가르칠 수 있는, 순전히 이론적인 학문으로 보는 잘못된 해석을 방지하려는 것이다.

이처럼 도덕철학의 부정확성은, 윤리적 철학을 연구하는 우리의 학문적 엄정성이 부족하기 때문이 아니라 윤리적 철학이 다루는 문제[hule] 자체에 기인한 것이다. 아리스토텔레스가 말하는 요점은, 인지 혹은 추상적 사고만으로는 덕성이나 훌륭한 삶에 가닿지 못한다는 것이다. 우리는 실천을 통해 덕성과 훌륭한 삶에 대해 알게 된다. 더욱이 우리의 실행은 이론에 의해 추동되는 역동적 성격도 갖고 있다. 어떻게 행위할 것인가에 관한 어떠한 설명이라도 그것은 불가피하게 우리의 실행을 인도한다. 우리가 그 설명을 명시적으로 인정하는가, 아니면 거부하는

가 하는 문제와 별개로 말이다. 그저 묘사할 때 사용하는 용어를 변경하는 것만으로도 설명 자체가 묘사 대상을 새롭게 드러낼 수 있는 것이다. 윤리적 현상은 우리가 그에 대해 말하는 방식에 의해 완전히 고정되어 있는 것이 결코 아니다. 우리가 자신의 실천에 관하여 던지고자 하는 어떠한 묘사나 개념의 그물도 그 실천을 온전히 거기에 담을 수 없다. 왜냐하면 이때 그물은 불가피하게 실천 속으로 녹아들기 때문이다. 학식 있는 사람은 이것을 안다. 그는 각각의 연구에서 연구 대상의 본성이 부여하는 만큼의 정확도를 추구해야 함을 안다. 예컨대 수학자는 확실성 없이 단지 개연성만 있는 결론을 받아들여서는 안 되며, 연설가는 정해진 공식과 똑같이 연설할 수 없다[50](우리는 '모든 지식은 확실하고 분명한 지각이다'라는 데카르트의 주장에 아리스토텔레스가 어떤 반응을 보였을지 상상해 볼 수 있다. 아리스토텔레스의 관점에서 볼 때 데카르트의 주장은 과학[에피스테메]이 파악하는 진리와 실천적 지혜[프로네시스]가 파악하는 진리를 구분하지 못하는, 과학적 정확도에 대한 과도한 욕망을 나타낸다).

이렇게 아리스토텔레스는 자신의 도덕 가르침은 행동의 가이드라인에 지나지 않으며 그것 자체가 어떻게 행동해야 하는지에 관한 구체적 지침은 될 수 없다고 이야기한다. 이 주장 자체가 첫 번째 교훈으로 의도된 것이다. 그것은 우리의 관심을 윤리적 판단의 실천적 성격으로 향하게 하려는 것이다(누군가의 실제 판단과 행위가 이러한 통찰을 드러내고 있다 해도 자신이 내린 판단의 성질에 관한 설명은 그렇지 못할 수 있다. 예컨대 그는 자신이 원칙 한 가지에만 의존해 행동한다고 주장하지만 실제로 그의 판단은 실천적 지혜를 수반한 것일 수 있다. 그런 사람에게 아리스토텔레스의 가르침은 그의 판단이 실천적 지혜를 수반한 것임을 보여 준다).

이어지는 글에서 아리스토텔레스는 실천적 판단에는 어떤 것이 수반되는지에 대한 보다 온전한 이해와, 제자들의 행동에 대한 더 분명한 설명을 제자들에게 제공한다. 즉 용감하게, 관대하게, 정의롭게 행동한다는 것이 무엇을 의미하는지, 또 전체로서 좋은 삶을 산다는 것은 어떤 의미인지 이야기한다. 이러한 온전한 이해는 학생들이 출발점으로 삼게 되는 기질을 계발하기 위한 것이다. 성품과 철학의 관계는 성품과 행동의 순환적 움직임을 그대로 반영한다. 즉 성품이 행위를 형성하며 행위(즉 덕스러운 행동)에 의해 형성되는 것과 마찬가지로, 성품은 철학적 이해를 형성하며 그것에 의해 형성된다(아리스토텔레스의 마지막 분석에서, 실제로 철학적 이해는 특별한 유형의 행위, 즉 영혼의 가장 고귀한 행위로 간주된다). 따라서 『윤리학』 서두에서 아리스토텔레스는 올바른 행위를 하는 것은 덕스러운 성품—어떻게 하면 잘 사는가에 관한 실천적 이해—을 이미 전제하고 있다는 점을 분명히 한다. 그는 이러한 주장을 자신의 윤리학 설명에 적용하는 데 주저함이 없다. 윤리적 지침은 성품을 향상시킬 수 있어도 결코 성품의 대용품이 될 수 없다.

본성(퓌시스)과 습관(에토스)의 통일체로서의 성품

우리가 습관(에토스)을 통해 덕스러운 성품을 기르는 것이라고 할 때, 그렇다면 우리의 덕성은 본성(퓌시스)에서 나오는 것이 아닌 것처럼 보인다. 적어도 여기서 '본성'이 그 생물 종에 고정된 어떤 것 혹은 이미 주어진 어떤 것을 의미한다면 말이다. 이러한 생각에 따르면 본성상 특정 방식대로 존재하고 있는 것은 그 무엇도 습관에 의해 바뀌지 않는다.[51] 예컨대 우리가 아무리 돌을 위로 던지더라도 돌이 아래로 떨어지지 않고 위로 올라가는 습관이 돌에 붙지는 않는다. 땅을 향해 떨어지는 것이 돌의 본성이다.[52]

그러나 이러한 의미에서 덕성이 본성으로부터 나오는 것은 아니라 해도 덕성이 '본성과 대치되는para phusin' 것으로 볼 수도 없다.[53] 왜냐하면 아리스토텔레스에게 본성은 단지 특정 생물 종에 고정된 무엇, 미리 주어진 무엇이 아니기 때문이다. 또 본성은 인간의 행위가 부재한 자리에 생겨나는 무엇도 아니다. 아리스토텔레스는 사물의 본성은 그 사물이 가진 목적, 혹은 그 목적이 향하는 본질적 성격에 의해 결정된다고 가르친다. 그는 인간의 경우 그 '목적'은 에르곤ergon, 즉 특징적 활동의 관점에서 이해되어야 한다고 말한다.[54] 이 활동은 영혼의 활동, 보다 구체적으로는 영혼을 결정짓는 덕성, 성품과 사고라는 덕성의 활동이다. 그러나 이 덕성들은 오직 습관을 통해서만 실현될 수 있다. 이런 이유로 습관과 본성은 서로 엮여 있다. 아리스토텔레스는 인간은 본성상 덕성을 함양하는 능력을 부여받았지만 이 능력은 '습관에 의해 성숙에 이른다'고 본다.[55]

습관과 본성의 연결성은 아리스토텔레스가 '본성적 덕성phusike arete'과 '참된 덕성kuria arete'을 구분하는 토대가 된다.[56] 여기서 본성적 덕성이란 우리가 태어나면서부터 가지고 있는 덕의 능력 혹은 잠재력을 가리킨다. 그런데 그것은 덕을 실현할 것이라는 보장을 지니고 있지 않다. 반면 참된 덕성이란 그 온전한 의미에서, 즉 습관과 프로네시스(실천적 지혜)를 통해 완성된 의미에서의 덕성을 가리킨다. 언뜻 보기에 아리스토텔레스의 이러한 구분은 그가 날것의 '자연적, 본성적' 덕성과 정제된 '참된' 덕성이라는 두 가지 덕성을 이야기하고 있는 것처럼 보인다. 그러나 아리스토텔레스는 곧이어 자연적 덕성은 결코 덕성이라고 할 수 없다는 것을 분명히 한다. 아리스토텔레스는 자연적 덕성을 신체 건장하나 시각을 잃은 맹인이 크게 몸을 비틀거리는 것에 비유한다. 이 맹인의 어설픈 몸짓에 덕스러운 것은 아무것도 없다. 그런데 만약 그가 시력을 회복한다면 그는 자신의 건장한 체격으로 힘과 균형을 갖춘 채 움직일 수 있을 것이다. 다시 말해 '덕스럽게' 움직일 수 있을 것이다.[57] 이처럼 '참된' 덕성은 '자연적' 덕성과 완전히 다른 것이다. 다시 말해 땅에서 방금 뽑은 채소에 묻은 흙을 털어내는 것처럼, 우리가 더러워진 덕성을 지니고 태어난 다음 습관과 프로네시스를 통해 그 더러움을 닦아 내는 것이 아니다. 습관과 프로네시스는 단지 우리가 태어나면서부터 가지고 있던 것을 분명하게 드러내 주는 세척제가 아니다. 오직 습관과 프로네시스를 통해서만 덕이, 따라서 영혼 전체가 그 모습을 갖춘다. 본질적으로 인간은 자신의 행동을 통해 되어 가는 존재다.

그런데 만약 그렇다면 '본성'은 우리의 논의에서 완전히 탈락된 것이 아닌가? 만약 인간의 '본성'이 인간의 행위에 의해 형성되고, 인간의 행위가 선택prohairesis에 의해 인도되며, 단지 주어진 것에 제약을 받지 않는다면 어떤 의미에서 '본성'이라는 용어가 인간을 설명한다고 할 것인가? 아무런 본성을 갖지 않은 것이 곧 인간의 '본성'이라면, 그리고 만약 그것이 사실이라면, '본성'이라는 용어는 쓸모없는 것이 아닌가? 그러나 아리스토텔레스는 인간은 본성이라는 것을 가지고 있다고 강하게 주장한다. 여기서 그가 말하는 '본성'이라는 말의 의미는 '태어날 때부터 가진 것'과 '교육에 의해 획득한 것'을 서로 대비시키는 것으로는 분명히 포착되지 않는다.

아리스토텔레스가 말하는 바를 이해하기 위해서는 '본성'을 교육, 습관, 행위의 반대말이 아니라 '관습(노모스^{nomos})'의 반대말로 파악해야 한다. 아리스토텔레스는 본성적^{phusikon} 정의와 관습적^{nomikon} 정의를 설명하는 부분에서 이 구분을 더 전개시킨다.[58] 인간이 본성을 가지고 있다는 것은, 그 영혼에 자의적 결정으로 만들어지지 않는 본질적인 성질이 있다는 것이다. '본성' 개념은 인간이 자기 창조적이지 않은 존재라는 사실을 보여 준다. 인간이 습관, 프로네시스, 선택, 행위를 통해 영혼의 모습을 갖춰 간다 하더라도, 어떤 의미에서 동일한 모습으로 계속 존재하는, 구분 가능한 성질도 있다는 것이다. 이런 의미에서 영혼은 '본성'을 가진다고 말할 수 있다. 영혼이 본성을 가질 수 있는 토대는, 영혼이 선, 즉 자신의 정체성을 규정하는 판단들의 선택되지 않은 원천이라고 할 수 있는 선을 인식할 수 있다는 점에 있다. 선이 변화의 와중에도 자신의 정체성을 유지한다면 인간의 삶 또한 변화 속에서도 자신의 정체성을 유지해 나간다고 할 수 있다.

아리스토텔레스의 특별한 '본성' 개념은 계몽기에 생겼던 인간 존재의 기본적 차원으로서의 본성과는 완전히 다른 것이다. 계몽기의 본성은—그것이 본능이든 감정이든 행동이든—우리의 이성이나 선택과 별개로 존재하는 것이다. 소박한 '생물학주의' 혹은 '자연주의'를 주장한 사람은 아리스토텔레스가 아니라 데이비드 흄이다.

아리스토텔레스의 견해는 스미스와 흄의 도덕 사상의 핵심에 자리 잡고 있는, 인간 본성과 습관을 대조시켜 보는 것에 반대한다. 앞에서 보았듯이 스미스와 흄 모두 도덕 판단은 궁극적으로 습관이나 관습과 반대되는 것으로 이해되는, 인간의 타고난 동정심을 토대로 한다고 주장한다. 그들이 습관을 옹호한다면 그것은 오직 좋은 습관이 나쁜 습관을 상쇄시킴으로써 우리가 자연에 따라 일관되게 행동하도록 해주는 한에서다. 다시 말해 스미스와 흄은 습관이 우리를 인류 전체와 동정적으로 동일시하게 해주는 한 그것을 옹호한다. 그런데 그들은 인간의 이러한 타고난 성향은 습관과 별개로 이미 주어져 있다고 말한다. 좋은 습관이 나쁜 습관을 변화시킬 수 있지만 인간의 본성까지 바꾸지는 못한다는 것이다. 그들은 좋은 습관은 본성의 하인이라고 하면서, 본성을 해치는 비본성적인 사회적 성향에 대해 본성의 존엄성을 옹호한다. 좋은 습관이 나쁜 습관을 상대로 싸움을 벌이면서 결국 본성이 순수하게 남는다는 것이다.

그러나 아리스토텔레스는 이와 반대로 인간의 습관이나 관습, 실천과 별개로 존재하며 모든 인간이 공통으로 소유하는 감정으로서의 '인간 본성'을 부정한다. 우리가 어떻게 느끼고 무엇을 원하는가는 언제나, 우리가 지닌 목적과 그 목적을 어떻게 표현하는가에 의해, 그리고 궁극적으로는 좋은 삶에 대한 우리의 이해에 의해 만들어진다. 습관과 교육을 통해 그러한 이해를 만들어 가는 과정에서 우리의 감정도 발달한다. 아리스토텔레스는 "욕망하는 지성 orektikos nous"이라는 구절을 통해 이성과 욕망의 이러한 연결성을 드러낸다. 이성과 욕망의 통일성을 강조하기 위해 그는 또한 이 구절을 뒤집어 "알고자 하는 욕망 orexis dianoetike"이라고 말하기도 한다.[59] 아리스토텔레스의 설명에 따르면 습관이나 관습과 별개로 존재하는 '순수한' 욕망 혹은 '타고난 본성'으로서의 감정은 '순수한' 이성만큼이나 허구적이다.

인간의 본성적인 측면은 언제나 습관이나 관습과 연결되어 있다. 이리하여 아리스토텔레스는 "인간은 '본성적으로' 정치적 동물"이라는 유명한 주장을 펼친다.[60] 언뜻 보이는 것과 달리, 이 언술은 정치적 결사체[polei]가 주거와 안전 같은 인간의 기본적 필요에서 자연스럽게 발현된다는 의미가 아니다. 아리스토텔레스에 따르면 주거와 안전 같은 필요는 비정치적 협의, 즉 도시 간 평화와 상업을 보장하는 협의를 통해 충족시킬 수 있다. 인간이 본성상 정치적인 것은, 인간은 오직 폴리스의 구성원으로서만 자신의 본성을 실현할 수 있다는 점에서다. 인간은 함께 모여 살고 특정한 공동체 안에서 성장함으로써, 그리고 숙고하고 판단하는 법을 배움으로써 자기 영혼의 특징인 덕성을 계발할 수 있다.

이처럼 아리스토텔레스의 사고는 현대의 익숙한 이분법들, 예컨대 '본성 대 교육', '본질 대 인간의 선택', '주어진 것 대 사회적으로 구성된 것' 등에 도전을 가한다. 아리스토텔레스는 이러한 이분법이 잘못되었음을 드러낸다. 이들 이분법은 본성이 인간의 주체적 작용을 수반한다는 점을 놓치고 있다. 인간의 주체적 작용과 자연이라는 이분법은, 인간이 자신을 자신이 속해 사는 세계와 완전히 별개로 존재하는 것으로 파악했을 때만 가능하다. 또 인간이 '자연(본성)'을 인간의 '주관성'과 별개의 법칙에 따라 움직이는 '객관적' 힘의 장으로 파악했을 때만 그러한 이분법이 가능하다. '자연(본성) 대 인공'이라는 구분은 이러한 세계상에 기초했을 때 타당성을 갖는다. 또 인간의 행동(혹은 인간 존재의 어떤 특성이라도)이 단지 '주어진 것'이냐, 아니면 자신에게 달린 것이냐 하는 문제를 제기하는 것도 이러한 세계상 위에서 타당하다. 어쨌든 이러한 본성 개념, 즉 인간 '외부'에서 인간의 삶을 이끄는 힘으로서의 본성 개념은 아리스토텔레스가 보기에 현대의 편견이다. 그것은 세계를 주체와 객체로 양분하는 오늘날 우리의 편향적 성향에 불과하다.

아리스토텔레스에 따르면 인간의 본성은 인간의 행위에 의해 실현되기 때문에 인간의 성품은 자신이 통제할 수 없는 타고난 기질의 결과물이 아니다. 이처럼 좋은 판단을 생산하는 편견으로서의, 아리스토텔레스의 성품 개념을 이해하기 위해서는 흄이나 스미스가 말하는 타고난 감정과 구분해야 한다.

성품 습득의 조건으로서의 성품, 그리고 도덕 판단의 편향성

인간의 성품 기질이 획득되는 것이며 단지 타고난 것이 아니라 하더라도, 그것은 또한 우리가 스스로 만든 결과물도 아니며 '처음부터' 얻을 수 있는 것도 아니다. 성품을 얻기 위해서 우리는 어떤 의미에서 이미 그것을 지니고 있어야 한다. 우리가 행하는 모든 덕스러운 행동, 그리고 덕스러운 성품을 얻기 위해 우리가 밟는 모든 단계는 그 자체로 그러한 성품을 이미 전제하고 있다. 다시 말해 덕스러운 행동 기준을 달성하기 위해서는, 우리가 어떤 의미에서 '이미' 덕스러운 사람이어야 하는 것이다. 이처럼 성품은 성품의 획득의 조건이 된다는 점에서 일종의 편견이라고 할 수 있다. 그것을 갖기 위해서는 이미 그것을 지니고 있어야 하니 말이다.

이러한 역설의 의미는 아리스토텔레스가 덕성과 기술 지식(테크네)

을 비교하는 부분에서 잘 드러난다. 일반적 의미에서, 우리가 덕성을 습득하는 방식과 기술 지식을 습득하는 방식은 똑같다. 그것은 단지 생각에 그치는 것이 아닌, '행동'이라고 하는 실행을 통해서다. 예컨대 사람은 집을 지음으로써 건축가가 되고, 하프를 연주함으로써 하프 연주자가 되는 식이다. 마찬가지 방식으로, 우리는 정의로운 일을 행함으로써 정의로운 사람이 되며, 겸손한 일을 행함으로써 겸손한 사람이 된다. 또 용감한 일을 행하는 것이 곧 용감한 사람이 되는 방법이다.[61] 한 사람이 정의의 원리를 알았다고 해서 정의로운 사람이 되지 않는 것은, 견습공이 건축 원리만 파악했다고 해서 건축가가 될 수 없는 것과 마찬가지다. 두 경우 모두 배우는 사람은 실제 행동에 자신의 손을 담가야 한다. 시행착오를 거쳐야만 그는 제대로 된 '촉', 즉 자신의 역할에 요구되는 탁월함을 얻는다.

그런데 중요한 지점에서, 덕성을 습득하는 방식과 기술 지식을 습득하는 방식이 차이를 나타낸다. 그것은 덕스러운 행위를 판별하는 기준과 생산·제조 행위를 판별하는 기준이 서로 다르기 때문이다.

> 기예는 진실로 덕성과 같지 않다. 기예에 의해 만들어지는 사물은 그 자체로 자신의 선(유용함)을 갖는다. 그러므로 그것이 자신의 특정한 성질을 갖도록 제작되었다면 그것으로 충분하다. 그러나 덕성에 따른 행동은 그 행동이 특정한 성질을 지녔다고 해서 덕스러운 행동이 되지 않는다. 그 행동이 덕스러운 행동이 되기 위해서는 그 행동을 행하는 사람 자신이 특정한 성품 기질을 지니고 행동해야만 한다.[62]

여기에 중요한 차이점이 있다. 아리스토텔레스가 기예는 "그 자체로 선을 갖는다"고 했을 때 그것은 좋은 신발, 좋은 소파, 좋은 의자의 기준을 완성된 제품 자체에서 읽어 낼 수 있다는 의미다. 우리는 완성된 제품을 보고 그것이 자신의 기능에 적합한 형상(에이도스)을 구현하고 있는지 알 수 있다. 우리는 그 제품을 만든 제조공이 누구인지, 그가 어떤 환경에서 제품을 만들었는지, 그가 제조 과정에서 기쁨을 느꼈는지 알 필요가 없다. 이런 배경 지식은 그 제품이 좋은가 여부와 전혀 무관하다.

그러나 덕스러운 행위의 경우에 우리는 그 행위가 행해진 조건과 별개로 '완성된 제품'(즉 행해진 행동)만으로 그 행위의 가치를 판별할 수 없다. 왜냐하면 그 행위의 의미, 그 행위가 무엇이며 그것이 덕스러운가 여부는 그 행위를 행한 사람이 지닌 내면의 근본적 '태도'에 의해 결정되기 때문이다. 아리스토텔레스는 한 행위가 덕스러운 행위로 간주된다면 그 행위를 행한 자는 "의식적으로, 그 행위 자체를 위해, 그리고 확고하고 흔들림 없는 성품 기질의 토대에서 그 행위를 선택해야 한다."[63] 만약 그가 이런 점에서 그렇지 못하다면 그 행위 자체는 백 퍼센트 칭찬할 만한 것이 못 된다. 예컨대 어떤 사람이 친구에게 돈을 후하게 주면서도 내심 그 돈을 아까워한다면 그 행위 자체는, 그것이 아무리 친구에게 도움이 되었다 하더라도 진정으로 후한 행위라고 할 수 없다. 이 사람은 훌륭한 행위보다 돈을 더 중요하게 여기기 때문이다.

구두 수선하는 일을 불평하면서도 곧잘 구두를 수선하는 수선공이 있다고 하자. 그렇다고 해서 이러한 수선공의 태도가 제품(수선된 구두) 자체의 성질을 떨어뜨리지는 않는다. 마찬가지로 아리스토텔레스는 탁월함에 이르지 못한(아직 실수를 많이 저지르는) 견습공이라 하더라도 그가 때로 과녁을 명중하는(제대로 된 제품을 만드는) 경우가 있다는 점을 지적한다. 이때 제품의 품질이 견습공의 불안정한 실력 때문에 더 나빠지는 것은 아니다. 그러나 도덕적 덕성의 경우, 그가 우연히 과녁을 달성하는 일은 있을 수 없다. 왜냐하면 이때는 '과녁' 자체가 올바른 기질을 포함하고 있기 때문이다. 아리스토텔레스는 덕스러운 행위를 판별하는 특수한 기준에 대해 다음과 같이 요약한다. 덕스러운 행위이기 위해서는 그 행위가 덕스러운 '사람'이 행하는 것처럼 행해져야 한다.[64] 행위는 성품의 덕스러운 기질을 미리 전제해야 한다고 보는 것이다.

이처럼 덕스러운 성품과 덕스러운 행위는 상호 순환하는 관계에 있다. 우리는 덕스러운 행위를 통해서만 덕스러운 성품을 습득한다. 그런데 덕스러운 행위는 이미 우리가 덕스러운 성품을 지닌 사람임을 전제하고 있다. 이처럼 우리는 태어나는 '처음부터' 덕스러운 성품을 지닐 수 없다. 우리는 완전한 도덕적 무지 상태에서 덕의 상태로 도약할 수 없다.

반면 테크네의 경우, 어떠한 제작 행위도 '덕스러운' 기질, 즉 탁월함을 향한 기질을 미리 전제하지 않는다. 그 제품은 '그 자체로 자신의 선을 지니고' 있다. 이런 이유로 테크네는 처음부터 습득하는 것이 가능하다. 우리는 제품의 형상(에이도스)을 눈여겨보고, 재료를 만지는 법을 시행착오를 통해 배움으로써 이전에는 없었던 테크네를 습득할 수 있다. 그러나 덕성은 이런 식으로 습득할 수 없다. 단 하나의 덕스러운 행위라도 그것을 행하기 위해서는 우리 자신이 이미 덕스러운 사람이 되어 있어야 한다.

아리스토텔레스는 도덕 판단에는 덕스러운 성품 기질이 수반된다고 말한다. 이 말의 의미를 온전히 이해하기 위해서는 덕스러운 행위의 기준^{horos}에 대한 그의 설명을 면밀히 살펴볼 필요가 있다. 테크네에 대한 비유에 이어 아리스토텔레스는 덕스러운 행위와 성공적인 제조 행위 모두 '적합한 이유에 따라', 즉 그 행위자가 원칙적으로 설명할 수 있는 기준에 따라 행해진다고 말한다.[65] 덕스러운 행위라 해도 그것은 아무 생각 없는 본능이나 '직감^{eustochia}'에 기초를 둘 수 없다.[66]

그렇다면 그 기준의 본질은 정확히 무엇인가? 제조품의 경우 '올바른 이유'에 대한 기준은 비교적 분명하다. 그것은 그 제품의 용처에 적합한 형태를 갖추었느냐 하는 점이다. 제조공의 임무는 그 형태를 파악해 그것을 올바른 재료로 구체화시키는 것이다. 그러나 덕스러운 행위의 경우 '올바른 이유'에 대한 기준은 확실히 더 복잡하다. 덕스러운 행위의 '올바른 이유'라고 하는 것은 단지 그가 특별한 형태를 따르거나 자신이 품고 있는 원칙을 따라가는 것을 의미하지 않는다. 왜냐하면 그 행위가 덕스러운 행위로 되게 만드는 것은 행위자가 올바른 정신으로—즉 올바른 시간과 올바른 경우에 올바른 사람에게 올바른 목적을 가지고 올바른 방식으로—그 행동을 행했는가 여부에 달려 있기 때문이다. 아리스토텔레스는 말한다. 그는 "언제나 그 상황에 올바른 것을 눈여겨보면서 행위해야 한다".[67] 다시 말해, 특정 행위를 덕스러운 행위로 만드는 것은 그것이 '그 상황'이 요청하는 것을 충족시키느냐 하는 것과 관련 있다.

행위자가 자기 행위의 목적을 이해하기 위해서는 자신이 처한 특정 상황에 대해 이해해야 한다. 그러나 이 경우에 이해는, 제조공이 자기가 만들 제품의 형태를 마음으로 그려 보는 것처럼 어떤 고정된 형식을 바라보는 것과 전혀 다른 의미다. 이것은 작용자 자신이, 그가 이해하고자 하는 상황에 이미 관여되어 있기 때문이다. 가다머는 이렇게 말한다. "아리스토텔레스가 말하는 도덕 지식은 분명히 대상에 관한 지식이 아니다. 즉 도덕 지식의 앎 주체는 단지 자신이 관찰하는 상황을 곁에서 지켜보는 것이 아니라 자신이 보는 대상과 직접적으로 마주하게 된다."[68] 도덕 지식이 이처럼 비대상적 성격을 지녔다고 해서 그것이 주관적이라는 의미는 아니다. 요점은, 주체-객체의 이분법으로는 행위하는 자와 그가 처한 상황 사이의 관계를 제대로 포착할 수 없다는 것이다. 아리스토텔레스가 말했듯이 그 환경 혹은 '상황'은 '개인적인' 것이다. 그 상황을 이해한다는 것은 자신의 자아를 이해한다는 말이기도 하다. 다시 말해 그것은 잘 사는 법을 안다는 의미이고, 특정 역할과 활동의 상대적 중요성을 이해한다는 의미이며, 또한 여러 가지 해야 할 일들을 능숙하게 조화시킨다는 의미다. 확실히, 좋은 제품에 대한 제조공의 이해는 위와 같은 정황적 성격을 갖지 않는다. 좋은 신발 한 짝을 만들기 위해 신발 제조공이 어떤 상황에서 신발을 만들어야 하고, 누구를 위해 만들어야 하며, (발을 감싸는 것 외에) 어떤 목적으로 신발을 만들어야 하는가에 대해 이해할 필요는 없다(심지어 그는 어떻게 신발을 사용하는지에 대해, 즉 언제 어떤 신발을 신어야 하는지에 대해 알 필요가 없다). 그가 알아야 하는 것이라고는 형상(에이도스)뿐이다. 신발 제조공은 그 형상을 염두에 두고 신발을 만든다. 그리고 그렇게 만들어진 신발은 정해진 기준을 충족시키느냐 여부에 따라 그 자체로 좋은 신발이 되기도 하고 나쁜 신발이 되기도 한다.

아리스토텔레스가 도덕 판단의 실제와 기예의 실제를 대비시킨 것을 가다머는 다음과 같이 명료하게 요약한다.

> 자신이 마땅히 그래야 한다는 당위에 관해 한 사람이 갖는 이미지 — 옳음과 그름, 우아함, 용기, 위엄, 충성심 등(아리스토텔레스의 덕성 목록에 상응하는 것이 있는 모든 개념들) — 는 확실히 어떤 점에서는 자신의 행위를 인도하는 데 사용하는 감각 이미지다. 그러나 이러한 당위에 대한 이미지와, 제조공이 사용하는 이미지 — 그가 만들고자 하는 대상에 대한 설계도 — 사이에는 기본적인 차이점이 있다. 예컨대 무엇이 옳은가 하는 문제는, 나에게 옳은 행위를 요구하는 상황과 별개로 판별될 수 없는 반면 제조공이 만들고자 하는 물건의 형상은 그 물건이 의도하는 용도에 의해 완전히 결정된다.[69]

윤리적 관점에서 볼 때 행위는 결코 '그 자체로' 훌륭할 수 없으며 상황에 따라 그 가치가 달라진다. 이는 좋은 농담의 사례를 통해 확인할 수 있다. 농담이 재미있기 위해서는 적합한 때 농담을 해야 한다. 아무리 재미있는 농담이라도 경건한 침묵의 시간에 발설한다면, 그것은 더 이상 농담이 아니라 부적절한 발언일 뿐이다. 이처럼 상황이 행위의 성격을 결정한다. 아리스토텔레스는 모든 덕스러운 행위도 이와 마찬가지라고 주장한다.

농담을 하는 적절한 상황을 자세히 묘사할 수는 있지만 그렇게 설명한다 해도 '그곳에' 우리와 함께 있지 않은 사람을 상대로 그 상황을 온전히 재현해 내기는 무척 어렵다. 아무리 적확한 설명이라도 그 설명이 묘사하고자 하는 실제 상황과 분리되면 날카로움을 잃을 수밖에 없다. (친구들과 보낸 파티, 정치 캠페인, 진행 중인 프로젝트 등) 사건의 생생한 분위기를, 그곳에 없었던 사람을 상대로 설명하기란 어려운 일이다. 이 어려움은 그 장소에 없었던 사람에게 정보가 부족하기 때문에만 생기는 것이 아니다. 만약 그에게 필요한 것이 오직 정보라면 그에게 그 정보를 제공하면 될 것이다. 이 작업이 그토록 어려운 이유는 지금 문제가 되는 정보의 '성격'에 있다. 지금 필요한 정보는 지극히 실제적인 성격을 지녔다. 그 자리에 없었던 사람에게 부족한 정보는 어떤 것일까? 거기에 참가한 사람들에 대한 느낌, 그들의 율동적인 발걸음에 표현된 그들의 성격, 그들의 목소리 톤, 그들의 행동 타이밍 등일 것이다. 우리와 함께 있었던 사람들이 풍기는 온갖 다양한 뉘앙스는 파티에 오지 않는 사람에게는 공허한 말에 지나지 않는다. 이처럼 상황에 대한 이해는 언제나 '정황적일' 수밖에 없다. 아리스토텔레스의 표현으로, 그것은 프로네시스(실천적 지혜)를 수반한다.

이 사례가 보여 주듯, 특정 상황에 대한 한 사람의 설명은 그 상황에 새로운 빛을 던져 주어 다른 사람의 (정황적) 이해에 기여할 수도 있다. 한 사람이 특정 상황의 뉘앙스를 다른 사람(함께 그곳에 있었던 사람)에게 가리켜 보이면, 그 사람은 사건을 바라보는 새로운 관점을 얻을 수도 있다. 어쩌면 더 깊은 이해에 도달할 수도 있다. 아리스토텔레스는 어떤 행위가 (어떤 상황에서) 용감하고 절제된 행위이며 정의로운 행위인가에 관한 자신의 분석에서 이러한 가리켜 보이는 행동을 하고 있다. 상황에 대한 통찰력 있는 설명을 제공하는 능력—아리스토텔레스는 이를

'숙고하는 탁월성euboulia'이라고 부른다─은 사실 프로니모스, 즉 실천적 지혜가 뛰어난 사람의 특징이다. 그럼에도 불구하고 그 사람의 설명혹은 아리스토텔레스 자신의 설명조차, 우리가 어떻게 행동해야 하는가에 대한 완벽한 모형은 되지 못한다. 프로니모스와 아리스토텔레스의 설명은 그 설명이 묘사하고자 하는 상황에 의존해 있다. 실제 상황'바깥에' 있었던 사람, 지금 문제 되는 일에 대한 기본적이고 실제적인파악이 없는 사람에게 그 설명은 그다지 정보를 주지 못한다.

아리스토텔레스는 그 이유에 대해 두 가지 설명 방식으로 이야기한다. 첫째, 특정 행위가 일어날 수 있는 조건을 파악하기 위한 설명은 언제나 예외를 인정하기 마련이다. 아리스토텔레스는 '법적 정의nomimos dikaios'에 관한 자신의 논의에서, 예외의 문제와 그것의 불완전성을 이야기한다. 법은 모든 불법 행동이 이루어지는 조건을 상술하도록 시도해야 한다. 그러나 훌륭한 법도 일정한 오류를 수반할 수밖에 없는데, 이는 법이 언제나 일반 언술이기 때문이다. 즉 법은 특정 사례를 모두 커버하는 데 충분하지 않은 일반적 언술인 것이다. 그러나 이러한 불충분성 때문에 법이 (법으로서) 열등해지는 것은 아니다. 왜냐하면 이때 오류는 법이나 법 제정자에게 있는 것이 아니라, 사태의 성격에 오류가있기 때문이다. 여기서 주제는 인간의 행위로, 이것은 본질적으로 불규칙적일 수밖에 없다.[70] 법이 진정으로 공정하기 위해서는 어떤 경우에는 통치자의 판단에 의해, 아리스토텔레스의 표현으로는 '공평성equity'혹은 '적절함appropriateness'에 의해 다루어져야 한다. 공평성은 통치자가구체적 상황에 대응하는 법령으로 법을 보완하도록 요청한다. 왜냐하면 상황은 본질상 비확정적이며, 비확정적인 것은 비확정적인 기준─레즈비언 자(직선 자와 다르게 휘어지는 자. 그리스의 레스보스 섬에서 생겨났기 때문에 '레즈비언 자'라고 부른다. 그리스 시대 이 섬에서는 대리석을 파내 신전의 기둥을 만들었는데 그때 레즈비언 자가 사용되었다─옮긴이) 같은 기준─으로밖에 가늠할 수 없기 때문이다. 뻣뻣하지 않아서 돌의 모양에 따라 자유롭게 휘어지는 레즈비언 자와 마찬가지로, 특정 사태에 적합한 특수한 법령을 만들 필요가 있다.[71] 법에 대한 아리스토텔레스의 가르침은 원칙적으로 행동거지에 대한 어떠한 언명에도─덕에 대한 아리스토텔레스 자신의 설명에도─적용될 수 있다. 법이 항상 예외를 수반할 수밖에 없는 것처럼 올바른 행위에 관한 언명도 언제나 예외가 따른다.

예컨대 용기andreia에 대한 아리스토텔레스의 설명을 보자. 아리스토텔레스는 용기 있는 사람의 특징은 고귀함을 위하여 고귀한 죽음을 내거는 것이라고 한다.[72] 임박한 죽음에 닥쳐 두려움을 느끼지 않는다고 해서 용감한 것이 아니다. 가난이나 고통을 피하기 위해 죽음을 불사하는 것 역시 용감한 행동이 아니다. 왜냐하면 이런 경우에 그 사람은 고귀함을 목표로 하는 것이 아니라, 일정한 악에서 벗어나는 것을 목표로 하고 있기 때문이다.[73] 나아가 용기 있는 사람은 고귀한 죽음을 내걸 때도 적절한 방식으로 해야 한다. 즉 그는 임박한 위험의 중압감을 온전히 자각해야 하며, 그에 수반되는 잠재적 상실에 대해서도 인식해야 하고, 그럼에도 앞으로 나아가야 한다. 지나치게 낙관적인 사람은 진실로 용감한 것이 아니다. 그들의 두려움 없음은 확신에서 나오는 것이 아니라 자신이 처한 상황의 위험성을 제대로 파악하지 못한 결과이다.[74] 이는 분노thumos에 휩쓸린 사람의 경우에도 그대로 적용된다. 분노에 휩쓸린 사람은 때로 결연하게 싸움에 나서지만 자신이 잃을 수 있는 것에 대해 적절한 자각을 갖지 못하고 있다.[75]

그러나 용감함에 대한 이처럼 구체적인 정의에도 예외가 존재한다. 아리스토텔레스는 용감한 사람은 "자신의 방패를 던지고 돌아서서 도망갈 줄도 안다"고 말한다.[76] 예컨대 싸움의 대의는 고상하나 승리의 가망이 없는 경우, 또 자신이 잃을 것이 너무 많은 싸움의 경우가 그렇다. 자신의 방패를 버리고 돌아서 도망가는 행위는 그리스 전사戰士 윤리로는 비겁한 행위지만 아리스토텔레스는 이 행위가 실제로 용감함과 일관될 수 있다고 말한다. 그 사람이 싸움으로 잃을 것이 너무 많다면, 또 그가 다른 많은 덕성을 갖추고 있어서 "생명이 그에게는 가장 가치 있는"것이라면, 그리고 싸움을 통해 가장 소중한 것들을 잃을 것이 뻔하다면 그 싸움은 용감한 것이 아니라 무모한 싸움이다.[77] 그런 사람은 오직 위대한 대의를 위해서만 자신의 용감함을 발휘할 것이다. 가장 용감한 그가 평상시에는 겁쟁이로 보일 수도 있다. '위대한 영혼을 지닌' 사람ho megalopsuchos은 소소한 위험을 감수하는 사람도, 위험을 일반적으로 즐기는 사람도 아니라고 아리스토텔레스는 말한다. 위대한 영혼을 지닌 사람은 오직 커다란 위험을 감수하려는 사람, 그리고 그 경우 자신의 생명까지 희생할 준비가 된 사람이다. 그는 삶이 모든 경우에 살 가치가 있는 것이 아님을 깨달았기 때문이다.[78]

무엇을 용기로 볼 것인가에 관한 규칙에도 예외가 있다는 것은, 특정 행동을 일으키는 상황에 대한 설명은 어느 것이나 불완전할 수밖에 없음을 보여 준다. 아리스토텔레스가 했던 것처럼 예외에 관해 말하면 설명을 더 명료하게 해주는 데 도움이 되지만, 어느 지점이 되면 예외 목록은 불필요한 것이 되고 만다. 왜냐하면 언제나 예외에 대한 예외가 있어서, 그것들 중 많은 것은 예측할 수 없기 때문이다.

아리스토텔레스가 도덕 판단의 정황적 성격을 드러내는 두 번째 방식은 도덕 판단이 '특정한 것^{ta kath' hekasta}'에 대한 파악을 수반한다는 점이다. 아리스토텔레스는 프로네시스가 '궁극적이고 특정한 것'에 대한 이해를 수반한다고 말한다. 그러한 특정한 것을 파악하려면 멀리서 그것들을 보아서는 안 된다. 우리의 삶이라는 맥락 속에서 그것들과 관여되어야 한다. 이러한 종류의 이해는 과학적 지식(에피스테메)도 아니고 이성(로고스)에 의해 획득되는 것도 아니다. 그것은 특정한 유형의 인지이다. 그렇다고 신체 감각적 인지도 아니다. 모든 숙고의 기본이 되는 것을 이해한다는 점에서 그것은 우리가 수학에서, 기본이 되는 평면 도형이 삼각형이라는 것을 인지하는, 일종의 직관에 더 가깝다. 여기에도 멈춤(분석의 제약)이 있을 것이기 때문이다. 그러나 프로네시스의 직관은 이것과 또 다르다.[79] 아리스토텔레스는 이 직관을 누우스 혹은 '영혼의 눈'이라고 부른다. 누우스는 신비롭다는 뜻이다. 아리스토텔레스는 누우스에는 경험이 요구된다는 점을 분명히 한다. 오직 경험을 쌓은 사람만이 누우스를 갖는다고 아리스토텔레스는 말한다. 그는 초심자에게 없는, 특정한 것을 보는 눈을 가지고 있다. 우리는 오직 '누우스' 덕분에 특정한 것들을 눈으로 포착할 수 있으며, 따라서 경험이란 것을 쌓을 수 있다. 아리스토텔레스가 이해하는 누우스는 전체로서 우리의 산 경험과 우리의 성격 기질, 그리고 선에 대한 우리의 근원적 인식을 표현하는 방식이다. 이런 의미에서 누우스는 특정한 것에 대해 설명하

는 우리의 능력이 성립하는 조건이라고 할 수 있다.[80]

　윤리적 통찰이 누우스를 필요로 한다는 것을 알기 위해서 우리는 너그러움이라는, 우리에게 친숙한 덕성에 대해 생각해 볼 수 있다. 아리스토텔레스에게 너그러움이란 적절한 사람에게 적절한 양을 적절한 시간에 적절한 목적으로 주는 것이다.[81] 너그러운 사람은 이런 특정한 것들을 모두 파악해야 한다. 그런데 어떻게? 우선 '적절한 사람'에 대해 생각해 보자. 너그러운 사람은 무분별하게 아무에게나 막 퍼주지 않는다. 그는 몇몇 사람에게 다른 사람보다 조금 더 준다. 예컨대 그는 모르는 사람이 아니라 친구에게 조금 더 혹은 적어도 여러 가지 물건을 다른 방식으로 줄 것이다. 그렇다면 그는 누가 친구인지 알아야 한다. 누가 친구인가에 대한 확실성은 단지 친구 일반에 대해 성찰하는 것으로는 확립되지 않는다. 왜냐하면 한 사람을 친구로 만드는 핵심 부분은 공통의 경험과 활동을 통해 그가 나의 삶의 중요한 일부가 되는 데 있기 때문이다. 친한 친구의 표식은 서로 관계를 맺는 특정한 방식에 있다. 그것은 그의 행위에서 표현되는 '인식'이자, 오랜 기간 함께 같이 살았던 경험에서 나오는 이해의 양식이다.

　특정 사람으로 친구가 되는 이유에 대해 설명하기가 어렵다는 것은 곧 우정의 실제적 성격을 두드러지게 보여 준다. 묘사(예컨대 '충직하다', '너그럽다', '재미있다' 같은)를 통해 친구의 아무리 많은 성격 특징을 이야기한다 해도 우리는 두루뭉술하게 설명할 뿐이다. 저 사람이 아니라 이 사람을 친구로 만드는 요인이 무엇인지 파악하기란 결코 쉬운 일이 아니다. 그 사람을 한 번도 만나지 못한 청자라면 그 설명만으로 그를 그와 똑같은 특징을 지닌 다른 사람과 구분할 방도가 없는 것이다. 무엇이 그 사람을 친구로 만드는가를 이해시키기 위해서는 우정의 전형이 되는 사건과 상황, 나의 삶 전체에서 그 친구가 특별한 위치를 차지하고 있음을 보여 주는 실제 사건과 상황에 관한 이야기를 들려줄 필요가 있다.

그 이야기는 일련의 원칙이나 서술어와 달리 친구의 전형적 특징들을 전달하려 ─ 이야기가 그 사람과 거기에서 함께 보냈던 실제 경험을 대신할 수 있다는 듯이 ─ 하지 않는다. 이야기의 요체는, 청자를 나의 실제 삶으로 데려와 친구의 성격을 더 깊이 있게 전달하는 데 있다. 그런데 여기서 초대받은 청자가 보게 되는 삶은 '그들'의 삶을 통해 보이는 자신의 삶이다. 다시 말해 그 이야기는 비록 청자 자신의 것은 아니지만 청자를 청자 자신의 것과 비슷한 경험으로 데려가는 만큼 효과를 발휘할 것이다. 이처럼 특정한 것(친구 혹은 다른 관계)에 대한 청자의 이해는 언제나 정황적 이해일 수밖에 없다. 그들의 실제 삶의 특정한 것들에 계속적으로 관여하는 것이다. 이런 이유로 덕성을 판별하는 기준은 설명만으로 파악할 수 없다.

덕성의 역동성:
어떻게 선을 향해 나아가는 우리의 길이 목적을 형성하는가

도덕 판단은 정황적이다, 혹은 도덕 판단은 한 사람의 성품이라는 관점에서 나온다는 말은 도덕 판단이 불가피하게 '개인적인' 성격을 지닌다는 의미다. 도덕 판단은 언제나 '자신의' 삶에서부터 나온다. 아리스토텔레스는 프로니모스를 '자기 스스로' 선을 판단할 수 있는 능력을 가장 잘 갖춘 사람으로 정의하는 부분에서 도덕 판단의 이러한 개인적 성격을 보여 주고 있다.[82] 비슷한 맥락에서 아리스토텔레스는 도덕적 평균mesotes, 즉 올바른 행위의 기준은 수의 평균처럼 고정적이거나 보편적이지 않으며 그것은 한 사람이 처한 특정한 상황에 따라 상대적이라고 말한다.[83] 그러므로 아리스토텔레스는 자기 본위self-interest의 윤리를 옹호한다고 말할 수 있다. 도덕성을 일종의 자기 부정, 즉 자신의 특정 관심사로부터 초연한 태도로 규정하는 스미스나 칸트와 대조적으로 아리스토텔레스는 도덕성을 자기만족과 연결시킨다. 그는 도덕적 의무도 오직 당사자 자신의 선, 그러니까 그 자신의 유다이모니아의 관점에서만 정당화될 수 있다고 말한다. 그런데 여기서 '자신의'라는 말에 관하여 아리스토텔레스는 매우 포괄적인 견해를 갖는다. '자신의'라는 말을 '주관적이고 개인적인' 것으로 해석한 칸트나, 이 말을 '개인적이고 특수한' 것으로 보는 흄과 달리 아리스토텔레스는 '자신의'라는 말을 공공의 것, 타인과 공유하는 삶의 방식의 일부, 즉 공공선으로 본다. 프로니모스는 '다른 모든 사람'에 반대되는 의미로서의 '자신'에 관심을 갖지 않는다. 스스로 선을 고려할 때 프로니모스는 자신의 집안일과 정치를 향하며, 궁극적으로는 이들 활동이 속해 있는 삶의 방식 전체, 즉 좋은 삶 자체를 지향한다.[84]

우리가 내리는 판단의 원천이 되는 성품의 기질 혹은 관점은 개인적 사고와 느낌 혹은 양심의 동굴이 아니다. 그것은 해석에 열려 있는 삶의 양식이다. 그리고 우리 곁에서 우리와 함께 지내는 사람들은 모두 잠재적 해석자이다. 우리의 성품 기질이 이해력 있는 관점이며 해석에 열린 해석이라는 것은 성품 기질의 전체적 윤곽이 결코 고정되어 있지 않다는 의미다. 더욱이 우리의 성품을 형성하는 특정한 실천과 역할들은 끊임없이 바뀌고 있으며, 이 과정에서 우리의 성품도 변화하게 마련이다. 이러한 변화 과정은 물론 결코 중립적인 발달 과정이 아니다. 왜냐하면 우리의 역할과 행위는 언제나 역할과 행위의 가치에 대한 해석을 표현하고 있기 때문이다. 기질의 변화에는 언제나 향상된 관점 혹은 악화된 관점, 즉 좋은 삶에 대한 깊은 이해 혹은 얕은 이해가 수반된다. 우리는 특정한 관여에 참여하는 한편, 그 외의 다른 관여에는 소홀히 대함으로써 매 순간 그러한 이해를 습득하고 있다. 특정한 역할을 계속 유지하는 것처럼 보이는 경우에도 그것은 똑같은 것을 단순히 지속하는 것이 아니다. 왜냐하면 특정 활동을 지속한다는 것은 곧 그 외의 다른 가능성들에 직면해 그것을 유지한다는 의미이기 때문이다. 이처럼 그 활동은 매 순간 새로운 형식으로, 즉 다른 가능성들에도 불구하고 우리가 그것에 매달릴 수 있는 무엇으로서 지속된다. 우리가 누군가가 자신의 태도나 관점에 '고착되어' 있다고 말할 때도 이 고착성마저 어쩌면 그 사람의 살아 있는 체험을 통해 획득되는 발전 과정—좋은 방향으로든 나쁜 방향으로든—일 수 있다. 그 고착성은 인정받거나 도전을 받는 과정에서 더 고정화된다.

그런데 우리가 끊임없이 자신의 성품을 습득하는—종종 자신도 모르게—과정에 있다 하더라도 성품의 형성 과정에서 다른 순간들보다 더 큰 중요성을 갖는 순간들이 있다. 그러한 순간들 가운데 하나가, 중요한 도덕 판단을 내려야 할 때다. 우리가 처한 상황을 평가하고 서로 상충하는 주장들 사이에 균형을 맞춘 뒤 어떻게 행동할 것인지 결정해야 하는 때가 그런 경우다. 이 경우에 현명하게 숙고하고 판단하는 과정을 통해 우리는 해당 사안의 핵심을 파악할 뿐 아니라 자신의 성품을 발달시키기도 한다. 즉 모든 경우에 있어 '핵심'을 밝혀 주는 원천 자체를 명료하게 하는 것이다.

덕스러운 행위를 반복함으로써 우리는 덕스러운 성품을 발달시킨다. 이런 의미에서 우리는 '습관'을 통해 성품을 획득한다고 할 수 있다. 이때 '획득'이란, 이전에 우리에게 결여되어 있던 무엇을 얻게 된다는 의미가 아니다. 왜냐하면 우리가 내리는 모든 판단은 언제나 이미 우리 성품의 인도를, 그리고 주변 환경이 요구하는 것에 대한 우리의 정황적 파악의 인도를 받기 때문이다. 이런 의미에서 도덕 판단에는 편견이 수반된다.

그럼에도 우리는 올바른 판단을 지속적으로 내림으로써 자신의 성품을 다시 정의 내리게 되며, 이 과정에서 우리가 지닌 기본적인 편견을 개선시킨다. 그러므로 어떤 의미에서 정황적 판단이란 것은 초월적 차원을 지닌다(하이데거의 '던짐'과 유사한). 정황적 판단은 우리를 '현재의 우리' 너머로 데려가는 것이기 때문이다. 그런데 이 초월은 우리의 구체적 삶과 유리된 추상적인 곳으로 우리를 데려가는 것이 아니다. 여기서 우리 자신을 '초월한다'는 것은 내포적으로 항상 그렇게 해왔던 자신의 모습을 더 분명히 보게 해준다는 의미다. 그것은 우리 정체성의 특정 부분—특정한 활동, 목표, 역할 등—을 우리가 이전에 인식했던 것보다 더 참되게 우리 자신의 것으로 인식하게 해준다는 의미다.

예컨대 용감하게 싸우려는 열의에 불타는 군인이 있다고 하자. 전쟁 한가운데서 그는 앞으로 진격할 것인지 무기를 버리고 퇴각할 것인지 결정해야 한다. 그 순간 자신의 행동을 결정하는 과정에서, 즉 고결한 명분과 잠재적인 명예가 죽음을 무릅쓸 만한 가치가 있는지 숙고하는 과정에서 그는 전체로서 자신의 삶에서 의미 있는 것들에 대해 생각해 보지 않을 수 없다. 지금 자신이 처한 상황에 비추어 자신의 삶에서 의미 있는 것들에 대해 생각해 봄으로써 그는 특정한 충성심이 이전에 생각했던 것보다 큰 중요성을 갖는다는 것을 알게 될 수도 있다. 그가 어떤 결정을 내리든 그 순간의 특정한 판단은 그가 지금까지 맺어 왔던 관계의 의미를 새롭게 정의하게 된다. 사랑의 대상이 되어 있는 나라와, 자신의 모든 것을 건 나라가 같을 수 없다. 평소 친하게 지내던 친구와, 내가 그를 위해 명예를 버리고 집으로 돌아오게 되었던 그 친구가 같을 수 없다. 이제 병사는 지금까지 자신이 맺어 온 관계들을 새로운 관점에서 바라보게 됨으로써 성품까지 변한다. 이처럼 지금까지와 다른 느낌이 일어나고 더 큰 충성심이 생기며 더 깊은 의미를 획득한다.

이해가 지닌 초월적 혹은 기투적 성격에 관한 아리스토텔레스의 설명은 가족, 친구, 국가를 향한 우리의 충성심에 대한 애덤 스미스의 설명이 얼마나 깊이가 얕은지를 보여 준다. 스미스는 가족, 친구, 국가에 대한 우리의 충성심을 '속박된 동정심'이라고 부른다. 동일한 사람들을 끊임없이 돌봐 주어야 하는 데서, 혹은 동일한 사람들의 기쁨과 슬픔을 곁에서 목도해야 하는 데서 생기는 동정심이기 때문이다.[85] 그런데 스미스의 설명은 우리의 충성심이 우리가 그것(충성심)을 해석하는 관점에 의해, 그리고 그러한 관점을 낳게 한 상황들에 의해 만들어진다는 점을 간과하고 있다. 그리고 그 상황들은 우리가 마음으로 그리며 더 깊이 품는 사람들이 실제로 존재하는 곳에서 떨어져 있을 수도 있다.

아리스토텔레스와 하이데거의 도움을 받아 우리는 스미스의 오류를 다음과 같이 요약할 수 있다. 스미스는 우리가 자신의 것에 헌신한다고 할 때, 그것을 '서로 곁에 있음'에 대한 피상적 분석의 토대 위에서 '속박된 동정'으로 해석한다. 특히 스미스는 그러한 서로 곁에 있음을, '몇몇 주체들이 함께 존재함' 혹은 우리의 원 안에 그들이 언제나 '곁에 있음'으로 (암묵적으로) 해석한다. 동일한 사람을 계속 봄으로써 우리는 '그들에게 동정을 품는 데' 익숙해진다.[86] 따라서 스미스는 우리가 가족에게 느끼는 충성심이 사촌에 대해 느끼는 충성심보다 강하며, 사촌에 대한 충성심이 그 밖의 다수 사람들에게 느끼는 충성심보다 크다고 본다.[87] 이때 충성심을 재는 기준은 얼마나 자주 서로의 얼굴에 나타난 웃음과 눈물을 보느냐이다. 계속해서 서로를 봄으로써 집착이 형성된다. 주체-객체 세계관에 사로잡힌 스미스는 우리가 갖는 충성심의 실제 원천을 인식하지 못했다. 그는 가족, 친구, 국가에 대한 우리의 헌신이 주로 공통의 삶의 양식을 공유하는 데서 비롯한다는 점을 간과하고 있다. 많은 경우, 특히 우리의 함께 있음이 가장 심오한 성격을 지닐 때, 그리고 친구와 친척의 영혼이 우리의 상황을 규정할 때 그러한 친밀감이 반드시 얼굴을 맞대고 함께 있는 것을 의미하지 않는다. 그것은 서로를 의식적인 반성의 눈길 앞에 두는 것이 아니다.

아리스토텔레스의 윤리학으로 돌아가 보자. 판단의 순간에 우리가 숙고를 통해 얻는 것은 단지 우리가 그때 그 장소에서 어떤 용감한 행위를 해야 하는지 아는 것이 아니다. 그보다 우리는 숙고를 통해 특정한 관계와 목적이 갖는 의미를 더 분명히 파악하게 된다. 각각의 부분이 한 사람의 삶 전체를 구성한다는 점에서 이때 우리는 선에 대한, 즉 용감한 행위의 기준에 대한 보다 분명한 이해를 얻게 된다.

　이상의 고찰은 도덕 판단에서 습관이 갖는 의미를 드러내 준다. 덕스러운 행위의 반복은 단지 우리가 올바른 행위에 익숙해지는—마치 무엇이 옳은 행위인지 우리가 이미 알고 있으니 이제 그것을 지속적으로 반복하는 훈련만 하면 된다는 듯이—수단이 아니다. 그보다 습관은 도덕 '지식'이 형성되는 조건이 된다. 오직 덕스러운 행위를 행하는 것을 통해서만 우리는 옳은 행위가 무엇인지 밝혀 주는 실천적 이해를 계발하게 된다.

　아리스토텔레스는 습관에 내포된 이러한 이해를 우리에게 가리켜 보이면서, 습관을 단지 기계적 행동으로 간주하는 오늘의 경향을 바로잡고 있다. 주로 흄과 스미스 같은 계몽사상가들에 의해 형성된 오늘날의 견해에 따르면, 습관은 기껏해야 사람을 옳은 것—습관과 별개로 '옳은 것'이 무엇인지 알 수 있다고 간주되는 곳—으로 향하게 만드는 수단에 불과하다. 이러한 익숙한 설명에 따르면 습관은 기껏해야 도덕 지식의 그럴싸한 보완에 지나지 않는다. 왜냐하면 도덕 지식만으로 우리가 덕스러운 행위를 하는 동기에 갈음하기에는 부족하기 때문이다. 스미스와 칸트에 따르면 무엇이 옳은 행위인지 아는 경우에도 우리는 그와 반대되는 욕망으로 인해 악덕으로 이끌릴 수 있다. 이때 우리가 좋은 습관을 획득함으로써 그러한 욕망을 상쇄시켜 대부분의 경우에 덕스러운 행위를 할 수 있다고 본다. 앞서 보았듯이 스미스는 습관과 관습은 기껏해야 덕스러운 사람이 되는 수단에 불과하다고 본다. 덕을 판단하는 기준은 공평무사한 관찰자—우리의 습관과 동떨어진 채 존재하는 원천―로부터 나온다고 보는 것이다.

　이러한 사고방식의 영향을 받은 스미스는 이를 아리스토텔레스에게 투사한다. 스미스의 아리스토텔레스 독법에 따르면, 습관은 옳은 행위에 관한 지식과는 별개의 것이다. 한 사람이 완벽하게 덕스러운 '마음의 동기와 기질'을 지니고 있다 해도, 그리하여 한 차례 덕스러운 행위를 했다 해도 그것은 습관이나 '지속적이며 항상적인 성품'과 별개로 그렇게 할 수 있다는 것이다. 스미스는, 아리스토텔레스가 일시적 관대함에서 비롯한 행위는, 비록 그 행위를 행한 사람이 반드시 관대한 사람이 아니라 해도, 의심의 여지없이 관대한 행위로 간주할 수 있다고 한다며 확실히 잘못된 해석을 내리고 있다.[88]

　이처럼 아리스토텔레스에게서 습관에 대한 견해를 오독하는 것은, 도덕 습관(에토스)의 성격을 기술적 지식(테크네)과 관련된 일종의 '습관'과 혼동하게 만든다. 기예의 경우 제조공은 목적을 달성하기 이전에 실제로 그것을 파악하고 있다. 더욱이 제품의 형상(에이도스)인 그 목적은 제작 과정 내내 동일한 상태로 존재한다. 이 경우 '습관'은 단지 목적을 이루기 위한 수단에 불과하다. 제조공이 '습관'을 통해 터득하는 것은, 어떤 재료를 사용할지, 어떻게 하면 그 재료를 가지고 성공적으로 물건을 만들어 낼지에 관한 것이다. 그러나 그가 적합한 수단을 생각해 낸다 하더라도 그것이 목적에 대해 어떤 깨달음을 주지는 못한다.

　반면 실천(프락시스)의 경우, 용감함이나 겸손, 정의의 기준이나 목적은 우리가 그것을 미리부터 완전히 알고 난 다음에 그것과 별개의 문제로 그에 적합한 수단을 가지고 실현할 수 있는 무엇이 아니다. 아리스토텔레스는 '우리가 숙고하는 대상은 수단이 아니라 목적'이라고 말했지만 그는 수단과 목적이 상호 의존적이라는 점을 분명히 한다.[89] 가다머는 이렇게 말한다.

> 여기서 수단과 목적의 관계는, 적합한 수단을 먼저 알 수 있는 그런 것이 아니다. 그것은 적합한 목적이 단지 지식의 대상에 불과한 것이 아니기 때문이다. 전체로서의 좋은 삶이란 무엇을 지향하는가와 관련해 선행적 확실성이란 존재하지 않는다. 프로네시스(실천적 지혜)에 대한 아리스토텔레스의 정의는, 프로네시스가 어떤 경우에는 목적과 관련되고 어떤 경우에는 목적을 위한 수단과 더 많이 관계된다는 점에서 확실하지 않다.[90]

수단과 목적은 서로 분리할 수 없다. 우리는 처음부터 목적(즉 용감하고 공정하게 행동하는 법)에 관한 기본적인 이해를 가지고 시작한다. 그 이해는 우리의 성품에 영향을 받으며, 성품은 곧 우리의 삶의 관점, 혹은 선에 관한 우리의 기본적인 인식으로 볼 수 있다. 목적을 실현하는 방법에 관해 숙고하는 행위를 통해 우리는 목적과 선을 더 명료하게 이해하게 된다.[91]

수단과 목적의 구성 관계는 덕이 인간의 자연스러운 본성이라는 것을—비록 덕이 갖는 의미는 열려 있는 관점으로부터 도출된다 하더라도—보여 준다. 덕의 자연적 성격은 도덕 판단이 지닌 정황적 성격을 고려하지 않고는 이해하기 어렵다. 우리의 삶의 방식에서 도출되는 자연적인 덕의 기준이라는 생각은 습관, 관습, 교육과 대비되는 의미의

'자연' 혹은 '자연 권리' 개념과 확실한 차이를 보인다. 예컨대 흄과 스미스에 따르면 '자연'은 우리의 삶의 환경과 무관하게 존재하는, 도덕 판단의 조건이 되는 기본적 감정을 가리키는 말이다. 그리고 칸트도 '자연'을 필요의 영역으로 이해하지만, 그리하여 도덕 판단의 원천으로서의 자연 개념을 거부하지만, 그는 '자연 권리'라는 견해를 인정하고 있다. 특정 상황이나 관점과 무관하게 모든 이성적 존재가 가지고 있는 보편적 판단 기준으로서의 자연권 개념을 인정하는 것이다.

아리스토텔레스의 특수한 자연 권리 개념은 자연과 편견을 대비시키는 익숙한 사고방식에 도전한다. 더욱이 도덕 판단의 정황적 혹은 '편견적' 성격은 도덕 판단의 자연성—단순한 관습성과 대비되는 자연성—의 기초가 된다. 왜 그런지 알기 위해 도덕 판단의 기준에 대해 한 번 더 생각해 보자. 이번에는 단순히 관습적인 기준에 대한 아리스토텔레스의 정의와 대비시켜 생각해 보자.

처음부터 임의적으로 일정한 방식으로 확정해 둔다면 그것은 관습적인 기준이라고 할 수 있다. 예컨대 한 사람의 몸값이 1미나(고대 그리스의 화폐 단위)라거나 제물은 양 두 마리가 아니라 염소 한 마리라든가 하는 식이다.[92] 오늘날 자동차는 도로의 좌측이 아닌 우측으로(혹은 그 반대로) 운행해야 한다는 등의 사례를 들 수 있을 것이다. 이러한 기준들은 임의적으로 그렇게 확정되어 있다. 그것은 그 확정을 인도하는, 그보다 상위 차원의 무선택적 기준이 존재하지 않기 때문이다. 이때 자동차가 도로 좌측이 아닌 우측으로 다니는 것이(혹은 정지등이 녹색이 아니라 적색인 것이) 적절한가라는 의문을 제기하는 것은 그다지 의미가 없다.

아리스토텔레스는 덕의 기준 역시 이처럼 임의적인 방식으로 결정된다고 생각하는 사람이 있다고 말한다. 그들은 예컨대 "어떤 사람은 모든 정의로운 것은 단지 관습적인 것일 뿐이라고 생각한다. 왜냐하면 자연의 법칙은 변하지 않으며 어느 곳에서나 동일한 효력을 갖는 데 반해—예컨대 불은 이곳에서나 페르시아에서나 모두 탄다—정의로운 것은 지역에 따라 달라지는 것처럼 보이기 때문이다".[93] 이러한 '관습주의적' 견해는 근대에 들어 더욱 성행했는데, 그것은 토머스 홉스의 지대한 영향 때문이다. 홉스는 정의를 비롯한 모든 기준이 인간의 자의적 창조의 결과물이라고 주장한다. 그러나 아리스토텔레스는 이 점을 부인한다. 교통 법률과 달리, 정의를 비롯한 덕성을 판별하는 기준은 처음부터 자의적으로 확정될 수 없다. 누군가가 특정 행위를 정의롭다, 용감하다, 혹은 관대하다고 하더라도 그 주장은 언제나 다음과 같은 질문에 열려 있다. 이렇게 행위함으로써 우리는 그 상황에서 요청되는 모든 헌신이 갖는 온전한 의미에 동의하는가? 이러한 질문을 던질 때 우리가 참고하는 것은 그 문제에 대한 특정한 의견으로는 환원되지 않는 덕의 기준이다. 이 덕의 기준은 우리의 헌신 자체에서 표현되는, 그리고 궁극적으로는 그 헌신들이 지향하는 전체적인 삶의 방식에서 표현되는 기준이다.

이 기준은 인간의 행위에서 드러나지만 그럼에도 그것은 자연적(본성적)이다. 왜냐하면 그 기준은 인류가 명한 것이거나 특정인의 행위에 의해 창조된 것이 아니기 때문이다. 우리가 숙고하고 판단하고 행위할 수 있다고 할 때, 그것은 우리가 모든 행동의 판단 기준이 되는 기준을 어렴풋이나마 이미 이해하고 있어야 한다는 의미다. 우리의 숙고와 판단, 행위에 의해 그 덕의 기준은 더 밝게 드러난다. 그리고 밝게 드러나는 과정에서 그 기준은 변화에도 불구하고 일정한 정체성을 지속한다. 이런 의미에서 덕의 기준은 실제로 어느 곳에서나 동일한 힘을 갖는다고 말할 수 있다.[94]

선은 아리스토텔레스가 『윤리학』의 서두에서 제기한 다음과 같은 기본적인 질문에 대한 자연스러운 답이 된다. 도덕 탐구는 출발점에서 시작하는가, 아니면 그것을 향해 나아가는 것인가? 이에 대한 답은 둘 다다. 즉 우리는 덕에 대한 최초의 이해에서 시작한다. 즉 우리의 역할과 활동이 갖는 상대적 의미에 대한 기본적이고 실제적인 파악과 함께 삶에서 발생하는 다양한 상황들 속에서 그것들의 균형을 잡는 법에 대한 이해로부터 출발한다. 그리고 이러한 이해에 대해 숙고함으로써, 그리고 특정 역할과 활동에 대해 다른 역할과 활동들에 비추어 질문을 던짐으로써 우리는 그것들의 상대적 의미에 대한 더 깊은 이해와, 전체로서의 더 폭넓은 관점, 그리고 특정 상황의 요구에 대한 더 예민한 감각을 얻는다. 결과적으로 우리는 더 큰 통찰을 갖고 처음으로 돌아간다. 그러므로 경험을 통해 계발되는 영혼의 눈인 '누우스'는 출발점인 '동시에' 종착점이다. 그것은 "출발점이자 보여 주어야 하는 주제"가 된다.[95]

우리는 덕성이 지닌 정황적 성격을 염두에 두고, 좋은 삶이란 축복이며, 따라서 그것은 칭찬이 아니라 영예로움의 가치가 있다는 아리스토텔레스의 주장을 이해할 수 있다. 통상 '좋은 삶' 혹은 '행복'으로 번역되는 '유다이모니아'라는 단어는 실제로 '좋은 신을 곁에 둔다'는 의미다. 즉 그것은 평생토록 수호신의 안내를 받는다는 것이다. 축복받은 삶이 좋은 삶이라고 하는 이유는 좋은 삶은 어느 정도 우연에 의존한다는 명백한 이유 때문이다. 아무리 덕을 갖춘 사람도 곁에 신이 있을 필요가 있다. 신이 없다면 그는 결국 오레스테스Orestes나 오이디푸스Oedipus와 같은 운명을 맞이할 것이다.

그러나 축복받은 삶이 좋은 삶인 이유는 더 깊은 데 있다. 그것은 덕의 근원 자체와 관련이 있다. 아리스토텔레스는 용감함, 너그러움, 정의로움, 관대함 같은 것은 우리 스스로 만든 것이 아니라고 가르쳤다. 어떤 의미에서 우리가 덕스러운 사람이 되는 것은 우리가 행하는 행위에 의해서다. 즉 우리가 내리는 판단, 우리가 행하는 행위, 우리가 실행하는 활동에 의해 우리가 덕스러운 사람이 되는 것이다. 그러나 또 다른 의미에서 덕은 우리가 행사할 수 있는 힘의 범위 바깥에 있다고 할 수 있다. 애당초 올바른 판단을 내리려면 우리는 우리의 삶의 방식에서 표현되는, 덕에 대한 기본적인 이해를 이미 갖추고 있어야 하기 때문이다. 궁극적으로, 덕의 습득은 이미 주어진 기준, 즉 선에 대한 우리의 살아 있는 인식에 의존하고 있다. 이처럼 도덕적 이해에는 포괄적 의미의 편견이 필수적이다.

06

편견과 수사

The Place of
PREJUDICE

편견이 정말로 판단의 불가결한 특성이라면 그것이 정치에 대해 갖는 함의는 무엇인가? 마지막 장에서 나는 정황적 판단 개념이 정치적 주장의 성격과 그것의 전개 과정에 관한 익숙한 견해를 다시 생각해 보게 한다는 점을 살펴볼 것이다. 특히 정황적 판단 개념은 '정치적 수사修辭는 저급한 담론'이라는 익숙한 가정에 대해 다시 생각해 보게 한다. 이 가정에 따르면 정치적 수사는 사람들의 이성이 아닌 정념과 흥미, 충성심을 이용하는 것이라고 본다. 이러한 가정은 현대의 정치 담론에서 두드러지게 나타난다. 우리가 흔히 정치인의 말을 '단순한 수사', 실질이 빠진 오만한 웅변술, 일종의 사기, 현란한 말로 허술한 논리를 위장하려는 시도로 폄하하는 것에도 이러한 가정이 깔려 있다.

수사에 대한 의심을 드러내는 방법 중 하나가 수사가 사람들의 '편견'에 호소한다는 것이다. 최고의 웅변가가 사람들을 설득할 때 특정인과 무관한 추상 원리에 대해 말하는 경우는 거의 없다. 그는 서로 다른 사람들에게 서로 다른 이야기를 함으로써—그들이 누구이고 어디에 살며 무엇을 중요하게 생각하는지에 따라—사람들을 설득한다. 가장 설득력 있는 연사는 종종 이야기를 잘하는 재담꾼이다. 그들은 대상 청중에 꼭 맞는 이야기와 이미지, 은유를 능숙하게 사용한다. 간단히 말해 뛰어난 웅변가란 사람들이 처한 특수한 삶의 관점을 통해 그들을 설득하는 기술을 가졌다. 이런 점에서, 뛰어난 웅변가는 사람들이 가진 편견에 호소하는 기술을 가졌다고도 말할 수 있을 것이다.

바로 이런 이유로 수사는 의심의 눈초리를 받는다. 혹자는, 정책과 원칙은 특정 청중의 관점과 별개로 정당화될 수 있어야 한다고 주장한다. 즉 어느 곳의 누가 보아도 이해할 수 있는 관점에서 정책과 원칙이 정당화되어야 한다고 말한다. 존 롤스^{John Rawls}는 이런 관점을 표현한 유명한 언술을 남겼다. 그의 '정치적 자유주의'에 따르면 '헌법의 본질' (즉 권리와, 사회의 기본 구조)에 관한 주장은 '비非수사적으로', 즉 특정 집단의 관점과 무관하게 정당화되는 원칙에 의존해야 한다. 롤스가 말하는 '공적 이성^{public reason}'이란 "사람들을 특정한 사회적 상황에 처한 혹은 거기에 뿌리를 박은 존재로 보지 않는 것…… 즉 사람들을 종합적 신조(특정한 종교적, 철학적, 도덕적 세계관)를 가진 존재로 파악하지 않는" 것을 말한다.[1] 이러한 개념에 따르면, 우리는 특정한 도덕적, 종교적 확신에 의존하지 않는 원칙의 관점으로 자신의 입장을 정당화시켜야 한다. 이후 롤스는 '종합적 신조'에서 도출한 주장을 어느 정도 용인하는 쪽으로 자신의 입장을 수정했지만 거기에도 일정한 단서가 붙었다. 그것은 사람들이 자신의 원칙과 정책을 주장할 때는 정당한 절차를 밟아 적절한 공적 이성을 제시해야 한다는 것이었다.[2] 그런데 롤스의 '적절한 공적 이성' 개념은 수사를, 적법한 정치적 주장에 대한 장식물로만 인정한다.

정치 이론과 정치 실천 모두에서 수사가 의심의 눈초리를 받는 이유는, 브라이언 가스틴이 말한 설득적 언변이 지닌 '쌍둥이 위험', 즉 대중에 대한 영합과 대중을 상대로 하는 조작에 관해 생각해 보면 알 수 있다. 가스틴에 따르면, 수사는 영합과 조작이라는 도착 상태에 빠져들 필요가 없다. 수사는 대중을 무비판적으로 추종하지도, 그렇다고 대중을 꼭두각시처럼 조종하지도 않는다. 그럼에도 우리는 수사를 영합이나 조작 같은 악한 행위로 간주하는 경향이 있다. 우리는 청중의 정념과 흥미에 호소하는 언변은 그 본성상 무비판적인 담론, 즉 사람들의 이성을 동원하지 못하는 담론으로 간주한다. 예컨대 토머스 네이절Thomas Nagel에 따르면 이성은 "공통의 의견이나 일반적으로 인정되는 관행과 일정한 거리를 두는 방법"이어야 한다.[3] 이러한 비관여적 이성 개념은 수사에 대한 폄하로 이어지는데, 이때 수사는 사람들을 혼란스럽게 만드는 사근사근한 대화로, 사람들이 자신들의 더 나은 판단력으로는 비난할 만한 대상을 받아들이도록 만든다.

아닌 게 아니라, 수사를 대중에 대한 영합 혹은 대중을 상대로 하는 조작으로 폄하하는 현상은 내가 앞에서 말한 편견에 반대하는 두 가지 주장—즉 편견은 한편으로 진리나 타당한 판단과 갈등 관계에 있고, 또 한편으로 자유 혹은 행위와 갈등을 일으킨다는 주장—과 맥을 같이 한다. 수사가 대중에 영합하는 행위라고 말하는 것은 곧 수사를 무비판적인 행위라고 비난하는 것과 같다. 즉 수사는 사람들이 듣고 싶은 말만 들려주어 그들이 협소한 자기 이익을 좇아 아무 반성 없이 판단을 내리도록 만든다는 것이다. 이 경우 문제가 되는 것은 사람들이 잘못된 판단을 내리거나 공공선을 고려하지 않는다는 점이다. 또 수사가 대중을 조작한다는 말은 수사를 자유에 반하는 것으로 비난하는 것과 같다.

즉 수사를 청중을 강압하는 언변으로 간주하는 것이다. 수사에 대한 이런 의심의 눈초리는, 사람들의 정념, 기대, 두려움, 쾌락, 고통 같은 것에 호소하는 수사가 사람들로 하여금 연사의 입장을 맹종하도록 만든다고 본다.

수사를 일종의 무비판적 담화 혹은 조작적 담화로 거부하는 경향은 수사에 대한 경계심과 편견에 반대하는 주장 사이의 연결성을 드러내 보인다. 실제로 편견에 반대하는 주장을 펴는 사람들을 살펴보면 그들 중 다수가 수사를 폄하하고 있음을 알 수 있다. 예컨대 베이컨은 고대 그리스 철학을 "수사적이며, 논쟁적 성향이 다분한", 따라서 "진리 추구에 반하는" 것으로 폄하했다.[4] 베이컨의 견해에 따르면 진리는 특정 청중에게 설득력을 갖는 관점과 아무 상관 없다. 또한 애덤 스미스는 당시의 시인들을, 대중을 자신들의 문학적 스타일에 경도되도록 만든다고 비난했다. 스미스는 시인들의 수사적 전략은 "음모와 회유라는 저급한 수단"이거나 "지극히 불공정한 수단으로 칭찬을 얻고 비난을 피하려는 시도"라며 비난했다.[5] 수사가 '불공정한' 수단이라는 스미스의 믿음은, 판단은 편견으로부터 자유로워야 한다는 그의 이상적 견해에서 나온 것이다. 스미스에게 최고의 문학평론가란 텅 빈 마음으로 대중의 의견이나 작가가 옹호하는 자기 스타일에 아무런 영향을 받지 않는 사람이다. 스미스는 수사를 미적 판단을 타락시키는 요소로 본다. 수사가 청중의 마음을 혼탁하게 만들고 청중으로 하여금 특정 종류의 예술을 선호하게 만든다는 점에서다.

아마도 수사에 대한 가장 날선 비판은 칸트의 비판일 것이다. 그는 수사를 "사람들을 구워삶아 편견을 갖게 만드는" 저급한 활동이라며 비난한다.[6] 칸트는 사람들의 정념을 자극하고 그들의 특수한 이해관계에 호소하는 편견은 사람들로 하여금 연자의 주장을 무비판적으로 받아들이게 만든다고 본다. 이 과정에서 수사는 청자가 잘못된 혹은 불공평한 판단을 내리게 만들 뿐 아니라 청자의 '자유'까지 '앗아 간다'.[7] 수사는 "사람들로 하여금 마치 기계처럼, 차분하게 성찰해 보았을 때 아무 가치도 지니지 못하는 판단에 이르게 한다".[8]

수사에 대한 토머스 홉스의 비판, 그리고 비관여적 판단 개념과의 연관성

이들 사상가에게 보이는 수사에 대한 기본적 비판—수사가 편견을 조장하며 따라서 이성에 반한다는 생각—은 토머스 홉스에서 가장 강하게 드러난다. 홉스가 앞의 사상가들처럼 명시적으로 수사에 대해 이야기한 바는 없지만 그는 판단이 편견으로부터 자유로워야 한다는 자신의 이상론을 전개시킨다. 그리고 이 이상론의 중심에, 수사에 대한 비판이 자리 잡고 있다. 오늘날 수사가 받는 의심의 눈초리와, 그러한 의심이 편견에 반대하는 주장과 어떤 관련을 맺는지 알기 위해서는 수사가 비관여적 판단을 방해한다고 보는 홉스의 견해를 살펴볼 필요가 있다.

홉스의 비관여적 이상론은 그의 이성 개념에서 나온다. 그는 이성을 "사람들이 합의한 보통명사들의 연속물을 셈하는 것(더하고 빼는 것)에 불과하다"고 정의한다.[9] 홉스에게 이성은 우리의 개인적 기대나 관점을 내려놓은 채 이미 모든 사람이 인정하는 확정된 전제로부터 출발하는 것이어야 한다. 이러한 합리적 사유의 사례로 홉스가 가장 선호하는 것이 수학과 논리학이다.

> 산술가가 숫자를 더하고 빼는 법을 가르친다면 기하학자는 선과 도형(입체, 면적), 각도, 비율, 시간, 속도, 힘, 강도 등을 더하고 빼는 법을 가르친다. 논리학자는 단어의 결합물을 더하고 빼는 법을 가르친다. 즉 두 개의 명사를 합쳐서 하나의 단정을 내리고, 두 개의 언술을 합쳐서 삼단논법을 만들고, 여러 개의 삼단논법을 합쳐서 하나의 논증을 만든다. 그리고 삼단논법의 총계, 즉 결론에서 하나의 명제를 빼서 다른 명제를 찾아낸다…… 결국 덧셈과 뺄셈의 여지가 있는 문제라면 합리적 사유의 여지가 있고, 덧셈·뺄셈의 여지가 없는 문제에 대해서는 합리적 사유가 할 수 있는 것이 아무것도 없다.[10]

홉스가 말하는 이성은 주어진 전제, 즉 사람들이 합의한 보통명사들로부터 도출되는 형식적이고 추상적인 사고 작용만을 가리킨다. 여기서 이성은 처음의 전제 혹은 '일반 명사들' 자체를 확정하는 일은 하지 않는다. 홉스는 전제premise란 이성으로부터 오는 것이 아니라 '합의'— 아리스토텔레스는 이를 관습convention이라고 했다—로부터 온다고 주장한다. 홉스에 따르면 이성은 기본 가정에 대해서는 아무런 발언을 하지 못한다. 이성으로는 고차원의 지식을 얻을 수 없다. 그는 이렇게 말했다. "기하학은 지금까지 신이 인간에게 내린 학문 가운데 신을 기쁘게 한 유일한 학문이다. 왜냐하면 기하학에서 인간은 단어의 고정된 의미

360

에서 출발해 그것을 자신들이 행하는 셈의 시작점에 두기 때문이다."[11]

이성이 단지 형식적일 뿐이며 고차원의 지식을 얻을 수 없다는 생각은 오늘날 보편적인 생각이 되었다. 적어도 영미 전통에서 이성은 흔히 형식적 논증 혹은 방법론으로 한정되어 사용되고 있다. 이런 사정은 홉스의 사고방식이 커다란 영향을 미쳤음을 보여 준다. 오늘날 철학자들이라면, 기본 전제는 단순히 관습에서 나온 것이라는 홉스의 주장에 이의를 달겠지만, 그럼에도 그들은 이성적 논증은 처음부터 공유된 명료한 전제에 의존한다는 점을 인정하는 경향이 여전히 있다. 그러나 홉스는 이성이 그저 '셈'에 불과하다는 것을 사람들에게 직접 설득시키려 했다. 이성에 의한 고차원 지식의 가능성을 가르쳤던 아리스토텔레스의 지배적 영향력에 대하여 홉스는 이성의 한계를 무비판적으로 상정할 수 없었다.

그렇다면 왜 홉스는 이성을 이처럼 축소시켜 해석하는 방향으로 갔을까? 첫째, 그는 그것이 철학적으로 설득력 있는 입장임을 알게 되었다. 우주를 혼돈으로, 즉 움직이는 물질로 보았던 자신의 우주관에 비추어 홉스는 어떠한 고차원의 실재도 믿지 않았다. 특히 그는 '최고선'의 존재를 인정하지 않았다. 그 밖에 홉스는 이러한 철학적 입장을 옹호해야 하는 실제적인 이유도 있었다. 가스틴이 지적하듯이 홉스의 철학은, 신의 계시를 시민 불복종과 반란을 정당화하는 구실로 내세웠던 당시 프로테스탄트 혁명가들에 대한 반동적 성격이 컸다. 청교도 전도사들은 신에게서 직접 의견을 받았다고 주장하며 독단적으로 자신들의 의견을 주장했다. 그들은 내면의 양심에서 들려오는 부름에 의문을 품거나 그것을 바꾸는 데 소극적이었다. 이러한 반항이 갈등으로, 결국 종교 전쟁으로 이어졌다. 이러한 혼란 상황의 목격자이자 희생자였던 홉스는 소위 상위 지식이라는 것의 가능성을 부정해야 하는 분명한 종교적 이해관계를 갖고 있었다.

종교적 독단과 종교 전쟁을 경험한 홉스는 사람들이 각자 지닌 관점을 통해 추론하는 것은 관점의 모순이라는 견해를 갖게 되었다. 그는 사람들이 갖는 특정한 충성심과 종교적 견해는 단지 개인적인 느낌이나 믿음에 불과하다고 보았다. 그렇기 때문에 그것은 정의나 좋은 삶에 관한 합리적 주장의 근거로 사용될 수 없다. 홉스에 따르면 '좋음'과 '나쁨', '공정함'과 '불공정함', '신성함'과 '불경함' 같은 것은 사람에 따라 서로 다른 대상에 붙이는, 완전히 주관적인 표식에 불과하다. 그리고 그 대상들은 그 자체로는 아무 의미가 없다. "누군가 지혜라고 부르는 것을 다른 사람은 두려움이라고 부른다. 누군가 잔인함이라고 부르는 것을 또 누군가는 정의라고 칭한다. 누군가 낭비라고 부르는 것을 누군가는 너그러움이라고 부른다."[12]

홉스는 자신이 살았던 시대에 발생한 주체성 개념과 함께 종교적 독단주의에 대한 경험으로 인해 아리스토텔레스가 공통의 의견과 일상생활을 통해 표현된다고 보았던 이성 혹은 의미를 간과하고 말았다. 홉스는 아리스토텔레스가 주장했던 이성과 로고스(언어)의 연결성을 끊어 버렸다.[13] 아리스토텔레스에 따르면 이성은, 인간이 자신의 행동에 대해 설명할 수 있다는, 단순하지만 불가사의한 사실에 내재하고 있다. 이처럼 이성과 말은 서로 분리할 수 없다. 이런 통합성의 토대 위에서 아리스토텔레스는 더 높은 지혜, 신의 지식에 오를 수 있는 가능성을 주장한다.

이성과 말을 분리시킴으로써 홉스는 이성이 인간을 높은 지혜로 이끌 수 있는 가능성을 부정한다. 그의 설명에 따르면 이성은 계산에 지나지 않으며, 말은 주관적 이름표의 체계에 불과하다. 이러한 이해의 연장선에서 홉스는 '일반적 이름', 즉 보통명사에 대한 합의의 필요성을 강조한다. 그는 이러한 최초의 합의가 없다면 이성이 전개될 수 없다고 본다. "사람들이 불합리한 결론을 내리게 되는 제1원인은 방법론이 없기 때문이다. 사람들은 추론을 할 때 정의에서 출발하지 않는다. 즉 확정된 말의 의미에서 추론을 시작하지 않는다. 마치 하나, 둘, 셋 같은 수의 의미를 모르고도 셈을 할 수 있다는 듯이 말이다."[14]

이처럼 기하학에 대한 홉스의 기이한 애정이 여기서 나타난다. 특별할 것 없어 보이는 지식도 홉스에게는 확정된 전제, 논란의 여지가 없는 전제에서 출발해 논란의 여지가 없는 결론에 이르게 해주는 일종의 사고 모형이다. 기하학은 간단히 말해 객관적 추론의 모형, 즉 특정 상황과 무관하게 그 유효성을 획득하는 방법론 모형인 것이다.

그러나 합리적 사유에 대한 홉스의 최종적 이상은 기하학이 아니었다. 그는 더 먼 곳에 시선을 두었다. 홉스에게 기하학은, 자신의 정치 이론을 통해 사회적 삶에 부여하고자 했던 확실성에 대한 하나의 모형일 뿐이었다. 홉스가 그러한 확실성의 도구로 제안한 것이 '리바이어던 Leviathan(괴물)' 국가였다. 가스틴이 강조하듯이, 홉스는 리바이어던 국가가 품위 있는 행동의 유일한 심판자로서, 사람들 스스로 내리는 판단을 대체하리라고 생각했다.[15] 홉스는 리바이어던이 모든 사회적 기준을 확정적으로 고정시킴으로써, "무엇을 자기 것으로 무엇을 다른 사람의 것으로, 무엇을 정의로 무엇을 불의로, 무엇을 영예로 무엇을 불명예로,

또 무엇을 좋은 것으로 무엇을 나쁜 것으로 불러야 할지” 모든 사람에게 알려 줌으로써 사람들이 확신을 갖고 도구적 추론을 사회관계에 적용할 수 있을 것으로, 그리하여 논쟁과 갈등을 최소화한 상태로 함께 공존할 수 있을 것으로 기대했다.[16] 홉스는 리바이어던이 기하학이 제공하는 확실성과 안정성을 인간사에 가져올 수 있을 것으로 희망했다.

우리는 홉스의 이상이 관점 혹은 편견을 극복하려 한 시도였다고 말할 수 있다. 그는 고정된 외부적 판단 기준으로 관점 혹은 편견을 대체하려 했다. 물론 이 기준은 그것 자체가 하나의 편견이다. 그런데 그것이 지닌 권위는 서로 상충하는 편견들 사이의 갈등을 가라앉힌다. 홉스에 따르면 사람들이 지닌 특정한 삶의 관점은 완전히 ‘주관적’이다. 그것은 이성적 논증의 근거를 전혀 제공하지 못한다. 이 점에서 홉스의 사상은 베이컨, 데카르트, 스미스, 칸트의 사상과 같은 맥락에 있다. 그러나 홉스는 다음과 같이 자신의 비관적 성향을 더한다. 한 사람의 욕망, 충성심, 종교적 견해에 의해 형성된 관점은 베이컨이 말하듯 ‘동굴’일 뿐 아니라 타협할 수 없는 갈등의 원천이기도 하다. 홉스는 관점, 즉 편견은 무지뿐 아니라 전쟁의 원천이기도 하다고 말한다.

수사에 대한 홉스의 비판은 편견을 정치적 주장의 특징으로 폄하했던 시도의 자연스러운 결과였다. 홉스는 수사를 비하하면서 그것은 사람들의 정념을 자극하고 사람들이 중요하게 생각하는 사물의 참된 비율을 왜곡할 뿐 아니라 침착하고 정확하며 비관여적인 방식으로 합리적 사유를 하는 능력을 저해한다고 말한다. 홉스는 “웅변이 하는 일이라고는 선과 악, 유용함과 무용함, 영예와 불명예를 실제보다 더 크게 혹은 작게 보이도록 만드는 것이다. 웅변은 불공정한 것을 연자가 의도하는 목적에 맞게 공정한 것으로 보이도록 만든다…… 그 결과 사람들은 정확한 합리적 사유가 아니라 감정적 충동에 따라 표를 던진다."[17]

우리가 익히 아는 수사의 특징 가운데 홉스가 특별히 더 문제 삼은 것은 비유의 사용이다. 그는 불합리한 사고의 '여섯 번째 이유'로 "적절한 단어를 써야 할 자리에 비유 등 수사적 표현을 사용하는 것"을 든다. "셈과 진리 탐구에서 수사적 언사를 허용해선 안 된다."[18]

만약 시인이라면, 비유와 진리가 정반대된다는 주장에 틀림없이 반감을 가질 것이다. 시인의 감각으로는, 비유의 목적이 바로 진리를 전달하는 것이기 때문이다. 그에게 비유는 추상적 관념에 생명을 불어넣어 그것을 공허하지 않게, 생생하게 살아 있도록 만드는 도구다. 그러나 홉스가 보기에 사물을 구체적으로 보여 주는 비유는 바로 그 점 때문에 이성과 대치된다. 홉스에 따르면 이성(추론)의 핵심은 구체적이고 특정한 것으로부터 추상하는 것, 그리고 '서로 이미 합의한 보통명사'에서 출발하는 것이다. 구체적이거나 특정한 것은 일반적인 것을 밝혀 주지 못하고 오히려 왜곡시킨다. 만약 비유의 기능이 일반 개념을 사람들의 특정 경험과 연결시키는 것이라면, 홉스가 보기에 그것은 정의의 비일관성을 증가시킬 뿐이다. 그러면 이성이 작용하는 데 필요한 합의가 손상된다. 비유는 새가 올가미에 걸리는 것처럼 사람을 말에 얽히게 만든다. 빠져나오려 할수록 거기에 더 얽히게 된다.[19] 이 재미있는 비유가 보여 주듯, 홉스가 인정한 비유가 오직 한 가지 있었다. 바로 비유 자체의 어리석음을 드러내는 비유가 그것이다. 넓은 의미에서 홉스가 인정한 그리고 차용해 큰 효과를 발휘한 유일한 수사는 가스틴의 표현을 빌리면 "수사 자체에 반대하는 수사"였다.[20] 리바이어던의 이미지를 통해 홉스는 "그때까지 전통적으로 이해되어 오던 수사의 관행을 종식시키고자" 했다.[21] 그는 자신의 동시대인들이 그들의 판단을 주권자의 최고의 말word에 양도하도록 설득하려 했다.

홉스의 정치 이론을 배경 삼아 우리는 오늘날 수사에 보내는 의심의 눈초리를 쉽게 이해할 수 있다. 오늘날 수사가 전쟁으로 이어질 수 있다는 홉스의 두려움에 공감하는 사람은 얼마 안 될 것이다. 그러나 많은 사람이, 수사가 이성에 반대되며, 따라서 부적합한 정치적 담화 형식이라는 홉스의 기본적 생각을 받아들이고 있다. 가스틴이 설득력 있게 주장하듯이, 수사에 대한 대안으로서 '자유로운 공적 이성'에 대한 옹호는 실제로 홉스의 리바이어던 옹호에서 처음 나온 것이다. 오늘날 자유주의와 홉스의 '절대적 지배' 개념은 분명한 차이가 있음에도 불구하고 둘 다 시민의 특정한 삶의 환경, 특히 시민의 도덕적, 종교적 견해의 영향에서 자유로운 옳음의 기준을 모색했다는 점에 공통점이 있다. 오늘날 자유주의와 홉스의 '절대적 지배' 모두 우리가 처한 삶의 환경이 우리를 눈멀게 하는 동굴이라고 본다. 삶의 환경은 우리의 이성을 밝혀 주는 관점으로 우리를 이끄는 것이 아니라 갈등으로 우리를 이끈다고 보는 것이다.

여기서 우리는 정황적 판단 개념을 통해 수사에 대한 의심이 잘못되었다는 것을 알 수 있다. 수사에 대한 의심은 편견에 대한 완강한 거부에 근거하고 있다는 점, 그리고 편견과 이성을 반대되는 것으로 본다는 점에서 잘못되었다고 할 수 있다. 물론 그저 수사에 지나지 않는다고 비난받는 말들이 실제로 대중에 대한 영합이거나 몰염치하게 거짓말을 퍼뜨린 경우가 있다. 아니면 그것은 해당 이슈에 관한 올바른 사실을 왜곡하거나 은닉함으로써 대중을 조작하려는 시도인 경우도 있다. 그러나 대중의 특정 경험이나 그들의 역할, 충성심, 욕망에 호소하여 대중을 설득하는 언변이 반드시 이성과 반대되는 것일 필요는 없다. 수사는 사람들이 삶의 관점으로부터 합리적으로 사유하는 법, 그리고 사람들이 정황적 이해를 발휘하게 하는 방법이 될 수 있다.

편견과 수사에 대해 다시 생각하다

정황적 이해를 주창하는 사람들 중 다수가 이러저러한 형식으로 수사를 옹호한다는 사실은 어쩌면 놀라운 일이 아닌지 모른다. 아리스토텔레스가 그런 경우다. 수사는 그저 아첨일 뿐 사람들을 즐겁게 하고 그들의 인정을 얻어 내는 세련되지 못한 요령에 불과하다는 소크라테스의 가르침과 반대로, 아리스토텔레스는 수사에는 보다 구체적인 앎의 뉘앙스가 필요하다고 말한다. 그는 청자를 설득하기 위해서는 청자의 피상적인 선호가 아닌, 그보다 깊은 차원에서 청자에 대해 알아야 한다고 본다. 연설가는 단지 고객의 입맛에 맞춰 음식을 요리하면 그만인 요리사와는 다르다. 연설가는 청중이 살고 있는 시대의 정권에 대해 알아야 하며, 당시의 정치 상황에 대한 감각도 지녀야 한다. 그는 현재의 지배적 정념을 해석할 줄 알아야 하며 지금 상황과 관계된 신화, 속담, 비유를 사용할 수도 있어야 한다. 이런 풍부한 지식을 활용해 연설가는 효과적으로 청중을 설득할 수 있다. 비록 이것이 규칙이나 원칙으로 환원되는 지식이라 해도 아리스토텔레스는 여기에 합리적 분석—그가 자신의 『수사학Rhetoric』에서 보여 주는 그러한 종류의 분석—이 사용됨을 보인다. 이렇게 아리스토텔레스는 수사는 그것이 적용되는 사물(즉 설득 수단)에 대해 아무 설명도 제공하지 못한다는 소크라테스의 주장에 도전한다.[22]

아리스토텔레스는 설득적 호소가 사람들의 경험과 관심, 충성심에—어떤 의미에서는 심지어 사람들의 자기 이해利害에—호소한다는 점을 인정한다. 그러나 그가 보기에 이것이 반드시 나쁜 것은 아니다. 사람들이 자신들의 일에서 잘못된 판단을 내릴 수도 있지만, 아리스토텔레스는 자기 이해(혹은 자신의 일ta heautou)가 숙고의 토대가 된다고 보기도 한다. 아리스토텔레스는 특정 논쟁에 이해관계가 있는 사람은 중립적 관찰자보다 실제로 더 신중하게 판단하는 경향이 있다고 말한다. 예컨대 사람들은 공동의 관심사를 논의하는 의회에 있을 때, 제3자 입장에서 다른 사람의 일을 판단하는 법정에서보다 더 신중하게 숙고한다.[23] 아리스토텔레스의 정황적 판단 개념은 이처럼 그를 수사에 대한 옹호로 이끈다.

우리는 수사에 대한 이와 같은 옹호를 가다머에게서도 찾을 수 있다. 가다머는 수사를 해석학과 연결시킨다. 그는 수사와 해석학 모두 동일한 영역을 점하고 있다고 본다. 그것은 설득력 있는(이는 논리적 설득력과는 다르다) 주장이라는 영역이다. 그는 이렇게 말한다.

그것은 실제와 인간성 전반의 영역이다. 그것은 '철통같은 결론'의 힘을 아무런 논의 없이 받아들여야만 하는 영역이 아니다…… 논쟁의 여지가 있는 문제들을 합당한 숙고에 의해 결정 내리는 영역이다

…… 수사가 느낌에 호소한다고 해서 — 오랫동안 그것은 분명한 것으로 여겨져 왔다 — 그것이 수사가 합당한 것의 영역 바깥에 있다는 의미는 결코 아니다…… 오직 수사에 대한 편협한 견해만이 수사를 단순한 테크닉이나 사회적 조작의 도구로 간주한다. 사실 수사는 모든 합당한 행동의 본질적 측면이다.[24]

이 장의 나머지 부분에서 나는 수사가 정황적인 추론의 한 가지 양식이라는 점을 보이고자 한다. 말했듯이 이러한 수사 개념은 아리스토텔레스와 가다머의 전통을 따르는 것이다. 그리고 오늘날에는 브라이언 가스틴의 『설득 구하기Saving Persuasion』라는 책에서 이 수사 개념이 가장 강력하게 표현되고 있다. 가스틴은 "사람들의 편향된 열정적 관점에 대한 수사적 호소는 종종 사람들의 판단 능력을 끌어내는, 그리하여 그들을 숙고에 이르게 하는 좋은 수단이 된다"고 말한다.[25]

수사가 어떻게 정황적인 추론의 한 종류가 되는지 보여 주기 위해 나는 단지 아첨이나 기만으로 격하할 수 없는, 미국 역사상의 정치 연설 사례를 몇 가지 살펴보고자 한다. 이들 연설은 의미 있는 정치 개혁을 시도하기 위한 것이었다. 그렇다고 그 연설들이 추상적인 정의 기준에 호소한 것은 아니다. 오히려 그 연설들은 전통을 일깨우고 청중의 삶의 관점에 호소함으로써 영향력을 발휘할 수 있었다. 내가 살펴볼 연설들은 모두 자유를 옹호하는 강력한 주장을 펼치며, 롤스의 용어대로 '합당한' 입장을 지지하기 때문에 추상적인 원칙만으로 도덕적 영향력을 발휘할 수 있는 것처럼 보인다. 그러나 나는 그 연설들이 실제로 도덕적 설득력을 갖는 것은 추상적 원칙을 이해할 수 있게 해주는 정황적 이해에 호소하기 때문이라는 것을 보여 주고자 한다.

수사에 대해 생각해 봄으로써 나는 정황적 이해에 관한 설명을 두 가지 관점에서 결론지으려고 한다. 첫째, 나는 정치적 주장의 성격에서 정황적 이해가 갖는 의미를 드러내기를 기대한다. 가스틴이 말하듯이 설득적 언변은 '민주적 영역의 통화currency'이다. 민주주의가 '국민에 의한 지배'를 의미한다 해도 실제로 민주주의는 가장 설득력 있는 연설가에 의한 지배다. 가스틴은 워싱턴에서는 '돈이 최고'라는 점을 인정하지만 선거운동 전략가와 로비스트들이 돈을 가치 있게 여기는 것은 돈이 연설 시간과 다수의 청중을 확보하는 힘을 가졌다는 점이라고 말한다. 일반적으로 민주주의에서 정치적 영향력을 발휘하기 위해서는 동료 시민들에게 발언하고 그들에게 깊은 인상을 남기며 그들을 설득할 수 있는 기회가 주어져야 한다.[26] 정치에 영향을 미치기 위해서는 돈이 있더라도 능란한 언변의 도움이 필요하다. 좋든 싫든 수사는 일정한 형태로 승리에 영향을 미친다. 그런데 여기서 우리가 수사를 민주주의의 유감스러운 사실로 받아들이느냐, 아니면 적어도 일정한 형식으로 계발할 만한 가치가 있는 관행으로 여기느냐는 커다란 차이가 있다. 정황적 이해 개념에 비추어 수사를 바라본다면 우리는 수사를 민주주의의 핵심에 자리 잡고 있는 추론적 논증의 한 가지로 이해할 수 있다.

둘째, 정치적 수사를 살펴봄으로써 나는 정황적 이해라는 현상을 적용할 뿐 아니라 그것을 해명하는 작업을 하고자 한다. 몇몇 연설에 대한 분석을 통해 나는 이성이 추상적 원리로만 전개되는 것이 아니며 그것은 우리가 사는 실제 세계로부터 나온다는 것을 밝히고자 한다. 또 개혁의 수사에 대해 고찰함으로써 나는 행위가 어떻게 정황적 이해와 연관되는지, 편견의 영향을 받은 주장과 판단이 단지 행위와 일관되는 것일 뿐 아니라 행위의 통합적 표현이라는 점을 보이고자 한다.

개혁의 수사

1960년대 미국 대통령 선거운동에서 존 F. 케네디의 당시 부통령 러닝메이트였던 텍사스의 린든 존슨은 남부 전역에서 시민권을 지지하는 발언을 했다. 공정과 평등 같은 추상적인 이론을 펴는 대신 존슨은 당시 남부의 대중이 직접 체감할 만한 경험들을 이야기했다. 헨리 페어리Henry Fairlie가 말하듯이 존슨은 인종 분리 정책이 야기하는 일상적인 모욕감에 대한 도덕적 분개의 감정을 자주 불러일으켰다.

> 존슨이 청중에게 물었다. "만약 당신의 아이가 아픈데도 지역 병원에 데려갈 수 없고 20마일이나 떨어진 병원에 가야 한다면 기분이 어떻겠습니까? 만약 쇼핑 도중 아이가 목이 마른데도 카운터에서 시원한 탄산음료 하나 사주지 못한다면 어떤 기분이겠습니까?" 이렇게 존슨은 뿔난 대중을 연거푸 사로잡았다.[27]

여기서 겉으로 보기에 존슨은 추상적인 원칙에 호소하지 않는다. 예컨대 그는 인종 분리 정책이 인간의 동등한 기본권과 자유를 훼손한다는 점에서 혹은 시민을 자유롭고 평등한 존재로 간주하지 않는다는 점에서 그것이 잘못되었다고 주장하지 않는다. 그는 대중의 추상적인 이성이 아니라 그들이 느끼는 느낌에 호소한다. 더욱이 그가 불러일으킨 감정은 애덤 스미스가 인간에게 기본적이라고 주장했던 탈맥락적인 '타고난 동정심'이 아니다. 존슨은 더운 날에 목이 마른 아이, 진료가 필요한 아픈 자녀를 둔 부모의 걱정과 관련된 특정한 동정심을 불러일으켰다. 또 존슨은 그들에게 물었다. "당신은 어떻게 느낍니까?" 존슨은 2인칭을 강조함으로써 자신의 메시지를 자기 앞에 있는 특정한 사람들의 삶과 연결시켰다. 자신이 의도했던 도덕적 분개심을 일으키기 위해 그는 남부의 백인들이 당연하게 여겼던 일상적 삶을 흑인 자녀와 부모가 누리지 못하는 사례를 제시한다.

이러한 사례를 들 때 존슨은 남부 군중에게 구체적인 상황을 제시한다. 즉 지역 병원이나 지역 상점 쇼핑의 예를 든다. 더욱이 아이가 느끼는 목마름의 해결책으로 그가 제시한 것은 그냥 물이 아니라 '시원한 탄산음료'(1960년대 남부에서 인기 있었던, 유리병에 담긴 탄산음료)였다. 존슨의 연설은 남부 사람들에게 익숙하며 의미를 갖는 무엇을 건드렸다. 그의 연설은 지역 상점에서 시원한 탄산음료를 구매하는 경험과 직접적인 연관을 지을 수 있는 특정한 청중을 상대로 한 것이었다. 만약 청중이 동북부의 사업가들이었다면 탄산음료 구매 같은, 남부에 전형적인 행위는 아무런 울림을 주지 못했을 것이다. 존슨은(그리고 빌 클린턴Bill Clinton을 비롯한 다른 정치가들도) 남부에서 연설할 때면 그곳 청중과의 유대를 형성하기 위해 강한 남부 억양으로 말했다고 한다. 그는 스스로를 "뿌리가 남부의 토양 속으로 깊이 파고 들어간 사나이"로 칭했다.[28]

존슨의 연설에 등장하는 인상적인 구절은 '인종 분리 정책은 잘못되었다'는 원칙을 추상적인 용어로 형식화시키지 않고도 효과적으로 드러낸다. 존슨은 강력한 이미지와 사례를 제시하여 청중 스스로 인종 분리 정책의 잘못된 점을 알 수 있도록 한다. 인종 분리 정책에 대한 그들의 이해는 그 정책이 그들에게 의미를 갖는 삶의 방식과 불가분의 관계로 연결되어 있다.

추상적, 분석적 견지에서 존슨의 말을 검토하는 사람이라면 내가 존슨의 연설을 체계적으로 분석하는 데 실패했다고 말할지 모른다. 그 사람은 존슨의 연설이 도덕적 무게를 갖는 이유가 그의 말이 암묵적인 기본 원칙, 즉 우리는 스스로를 타인의 입장에 둠으로써 자신의 태도와 행동을 평가해야 한다는 원칙에 호소하기 때문이라고 주장할 것이다. 존슨은 명시적으로 이러한 원칙을 이야기하지 않지만 그것은 표면 바로 아래에 놓여 있다. 즉 그 원칙은, 당신이 누리는 기회를 누군가는 갖지 못하는 데 대해 느끼는 당신의 불공정한 느낌의 특수한 사례들을 통합하며 설명하고 있다. 이 설명을 통해 존슨은 불공정한 느낌을 불러일으키는 두 가지 특정한 사례를 청중에게 제시하고 있다. 이 불공정의 사례들은 다시 그 안에 '타인의 입장에서 보라'는 추상적인 도덕 원칙을 내포하고 있다. 이 원칙에 따르면 인종 분리는 나쁜 것이다.

그러나 존슨의 연설을 추상적 원칙의 견지에서만 해석한다면 그 원칙을 구체화한 사례들이 내포한 의미를 놓치는 것이 된다. 우리는 '타인의 입장에서 보라'는 원칙의 온전한 의미, 즉 그것이 지닌 도덕적 영향력(혹은 영향력의 결여)은 존슨이 그 원칙을 '표현하는' 방식에 있다고 보아야 한다. 존슨이 든 사례들은 곧 자신의 청중이 곧 그 '타인'이 될 수 있다는 점을, 그래서 청중에게 '타인의 입장에서 보라'는 것이 애당초 적절한 시험대가 됨을 말하고 있는 것이다.

다시 말해 이 원칙의 의미는 그것이 실제로 적용되는 것과 분리될 수 없다. '타인의 입장에서 보라'는 원칙을 제대로 이해하기 위해서는 그것을 적절한 상황에서 적절한 사람에게 적용시킬 수 있어야 한다. 아리스토텔레스의 용어로 하면, 원칙을 안다는 것은 "특수한 사항, 즉 누구에게—이 경우에는 동등한 인간들에게—그 원칙이 적용되는가를 인식하는 것"을 의미한다. 만약 그 타인이 우리와 근본적으로 다른 존재라면 자신을 타인의 처지에 두는 것은 타당하지 않을 것이기 때문이다.

존슨의 말을 설득력 있게 만들어 준 그의 천재성은, 남부 백인들이 실제로 남부 흑인들과 많은 것을 공유하고 있다는 것을 보여 주는 적절한 사례를 찾는 그의 능력에 있었다. 존슨은 인종 분리 정책에서는 남부 흑인들이 불공평한 일을 당하게 될 것이며, 그것은 남부 백인들에게도 똑같이 절망적인 일이 될 것이라고 주장했다. 이런 식으로 그는 두 그룹 사이에 공통의 토대를 놓았다. 존슨이 연설을 통해 일단 이러한 공통의 토대를 구축하자 백인 청중은 자신들을 흑인들의 입장에 두어야 하는 당위성을 인식하게 되었다. 그런데 이러한 추상적 당위성이 실제로 적절하게 적용되어 타당한 의미를 갖기 위해서는 특정 사례를 제시하는 것이 매우 중요했다. 즉 '당신이 겪는 고통을 그들도 똑같이 당하고 있다'는 것을 보여 주는 특정 사례가 필요했던 것이다.

존슨의 연설을 단지 추상적 관점에서 분석하는 사람에게는 그가 든 특정 사례들이 그저 불공정에 대한 직관—일반 원칙으로 포착할 수 있는—을 자극하는 사례로 보였을 것이다. 그러나 그러한 추상적 관점은 존슨이 어떻게 적절한 사례를 찾아내어 그것을 처음부터 불공정의 직관을 일깨우는 적절한 방식으로 제시했는지 설명하지 못한다. 이러한 수사적 기술은 단지 사람들에게 그들이 받아들여야 하는 원칙을 설득시키는 수단을 찾아내는 요령이 아니다. 청중 스스로의 흥미와 관심에서 떠난 원칙은 공허한 도덕주의에 지나지 않는다. 단지 '합당하다'는 이유로 사람들이 그것을 받아들여야 한다고 주장한다면 그것은 무의미한 행동이다. 다시 말해 '합당성'이라는 기준은 불특정의 누구라도 그 원칙을 받아들여야 하는 이유에 대해 이야기하는 것이지 왜 '이곳이 사람들'이 그것을 받아들여야 하는지에 대해서는 이야기하지 않는다. 그런데 아리스토텔레스가 우리에게 가르치듯이, 추상적인 불특정의 누구라고 하는 것은 언제나 허구일 뿐이다. 어떤 의미로 사람은 언제나 '이곳의 이 사람들'일 수밖에 없다는 점에서 존슨의 수사가 참된 주장에 대한 장식물에 불과한 것은 아니다. 그의 수사는 적어도 그의 연설을 듣는 청중에게는 그 원칙을 정당화시키는 방안이 된다.

그렇다면 청중의 흥미와 관심사에 호소하는 존슨의 솜씨에는 중요한 '해석적' 능력이 필요하다는 것이 분명해진다. 이 해석적 능력은 곧 청중의 관점에서 바라보는 능력, 청중의 삶의 방식을 이야기하는 활동들을 이해하는 능력, 그 활동들 속에서 일정한 선을 찾아내는 능력이다. 그리고 그 선이, 적절히 이해했을 때, 어떻게 그와 혼동되거나 오해될 수 있는 다른 활동들을 드러내는지 이해하는 능력이다. 존슨의 천재성은 시원한 탄산음료 병처럼 '작은 것'을 알아볼 줄 아는 안목에 있었다. '작은 것'은 그 자신을 넘어 청중에게 중요한 의미를 갖는 역할이나 활동과 관계된 것이다. 존슨은 이러한 작은 것들의 의미를 드러내어 불공정에 대한 감각을 일깨우는 데 활용했다.

그렇다고 존슨이 청중을 조작한 것이라고 말할 수는 없다. 분명히 그는 청중을 자기편으로 데려오려는 시도를 하기는 했다. 그러나 그 방법은 청중 '자신의' 삶에 호소하는 것이었다. 즉 다른 이들의 관점에 비추어 그들의 관점에 도전을 가한 것이다. 이처럼 청중을 설득하는 과정에서 존슨은 청중에 '대한' 일종의 권위 혹은 지배력을 발휘한다. 그런데 여기서 '대한'이라는 말이 오해의 소지가 있다. 존슨은 꼭두각시 인형을 조종하거나 바람이 나뭇가지를 구부리듯이 위에서 혹은 외부에서 청중을 지배한 것이 아니다. 청중을 설득하기 위해 존슨은 청중의 자기 해석적인 행위에 의존한다. 그는 청중에게 그들이 중요하게 생각하는 특정한 것들과 그들의 일상적 삶을 규정하는 것들에 대해 생각해 보고 그에 따라 적절한 판단을 내려 보라고 촉구한다. 이러한 수사적 호소는 관점, 즉 편견에 의해 형성되는 판단이 매우 중요함을 예시한다. 이를 통해 우리는 편견이 어떻게 그 자신을 수정하는 토대가 되는지 알 수 있다.

린든 존슨의 수사는 추상 원칙이 아닌 구체적 경험과 활동에 호소하는 연설의 분명한 사례다. 그렇다면 특정한 사례에 대해 명시적으로 언급하지 않고 추상적 원칙만을 이야기하는 수사는 어떠한가? 그런 사례들을 우리는 어떻게 이해해야 하는가? 그런 사례들은 연설이 그것이 처한 상황을 실제로 넘어설 수 있음을 보여 주는가? 잘 알려진 링컨의 게티즈버그 연설을 살펴보자. 이 연설을 살펴보면 순전히 추상적인 언어라고 생각했던 것이 실은 연설이 행해지는 특정 상황이나 이야기에 의존하고 있음이 드러난다.

링컨의 게티즈버그 연설의 목적은 게티즈버그 전투에서 사망한 연합군 병사들의 넋을 기리는 한편, 연합군 장병들에게 결전의 의지를 북돋우려는 것이었다. 연설문은 272 단어에 불과할 정도로 그 길이가 짧고 내용은 추상적이다. 연설문은 이렇게 시작한다. "지금으로부터 87년 전, 우리 조상들은 자유가 실현됨과 동시에 모든 인간은 천부적으로 평등하다는 원리가 충실하게 지켜지는 새로운 나라를 이 대륙에서 탄생시켰습니다."[29] 링컨은 건국의 일시에 대해 언급하지만 다른 구체적인 사항은 언급하지 않는다. 그가 했던 가장 특정한 언급도 매우 일반적인 내용이다. 예컨대 그는 워싱턴, 매디슨, 해밀턴 같은 이름 대신 '우리 조상들'이라는 표현을 쓴다. 또 북미나 미합중국 같은 표현 대신 '이 대륙'이라고 말한다. 무엇보다 그는 "모든 인간은 천부적으로 평등하다"고 하는 추상적 명제를 언급한다.

역사가 게리 윌스Garry Wills가 지적하듯이 링컨의 연설에는 구체적인 이름이 하나도 언급되지 않는다. 전투의 이름도, 추도사를 행하는 묘지의 이름도 밝히지 않는다. 링컨이 '이 땅'이라고 했을 때 그것은 '모든 인간은 천부적으로 평등하다'는 명제가 '죽은 이들'에 의해 그 정당성이 입증되는 시험의 장소일 뿐이었다.[30] 그러나 추상적인 단어를 나열함에도, 어쩌면 그 덕분에 링컨의 연설은 강력한 수사의 전형적인 사례가 되었다. 더욱이 그것은 설득력을 지녔다. 링컨의 연설은 연합군의 사기를 북돋웠을 뿐 아니라 '독립선언서'의 건국 이념에 새로운 활기를 불어넣었다. 또 병사들이 계속 싸울 수 있도록 동기를 부여했다.

게티즈버그 연설이 명백히 추상적인 언변을 구사한다 해서, 아무리 일반적인 원칙이라도 특정한 사례와 이야기에 근거한다는 사실에 변화가 생기는가? 전혀 그렇지 않다. 게티즈버그 연설은 겉으로 보기에 추상적 언술에 의존하는 것처럼 보일 뿐이다. 이 연설의 추모적, 설득적 효과는 어쩌면 구체적인 사항들을 언급하지 '않는' 데서 생겨난다고 할 수 있다. 게티즈버그 연설의 의미를 제대로 파악하기 위해 우리는 링컨이 명시적으로 발언한 말뿐 아니라 그가 '생략한' 부분에도 주의를 기울여야 한다. 역설적이게도, 게티즈버그 연설이 시대를 뛰어넘는 초월적 성격을 가질 수 있었던 것은 링컨이 구체적 정황을 언급하지 않았기(그렇게 할 수 있었음에도) 때문이다. 이런 의미에서 게티즈버그 연설은 특정 상황과 유리된 것이 아니라 매우 정황적인 것이었다고 할 수 있다.

게티즈버그 연설은 다음과 같은 가다머의 주장의 의미를 밝혀 준다. "자신이 의미하는 바를 발언한다는 것…… 그리고 자신을 이해시킨다는 것은, 자신이 실제 말한 바를, 무수히 많은 말하지 않은 것들과 함께 하나의 통일된 의미 안에서 붙잡아 그것을 이런 방식으로 이해했다고 보증하는 것이다."[31] 실제로 그 상황에서 링컨은 의식적으로든 무의식적으로든 자신이 후세에 전해 줄 수 있다고 판단했던 '무수히 많은' 것들을 말할 수도 있었다.

그렇다면 링컨이 울림을 주었던, 그가 생략한 부분은 어떤 것이었나? 무엇보다 그는 전쟁의 참혹한 여파에 대해 구체적으로 언급하지 않았다. 윌스가 말하듯이 게티즈버그 전투로 인해 펜실베이니아의 전쟁터는 썩어 가는 시체로 뒤덮였다. 죽은 이의 수가 너무 많아 연합군의 미드 장군은 시체를 수습할 시간조차 없었다고 한다. 또 현지인들이 시체를 다른 곳으로 치운 자리에 농작물을 심어야 하는 지경이었다고 한다.[32] 게티즈버그의 한 은행가에 따르면 "팔과 다리, 어떤 경우는 머리가 아무렇게나 튀어나와 있었고, 나의 주의가 향하는 곳에는 돼지가 시체를 뒤져 파먹고 있는 모습이 보이기도 했다".[33] 게티즈버그 전투는 북군이 치른 커다란 대가를 볼 때 북군의 전적인 승리로 보기 어려웠다. 리 장군의 남부 동맹군이 퇴각했지만 양 진영 모두 엄청난 사상자를 냈다.

실제로 당시 청중은 링컨보다 앞서 연자로 나섰던 에드워드 에버렛Edward Everett(미국의 정치가이자 교육자)의 연설로 게티즈버그 전투의 소름끼치는 참상에 대해 알고 있었다. 실제로 에버렛이 주 연자였다. 에버렛은 장장 두 시간의 연설을 통해 게티즈버그 전투를 거기 모인 청중에게 직접적 연관성을 갖는 보다 큰 군사작전의 맥락 속에 위치시켰다. 그는 사흘간의 전투에 대해 이야기하는 중에 반란군의 잔인무도함에 대해 맹비난을 퍼부었다.[34] 이처럼 에버렛의 말로 표현된 지극히 현실적인 배경에 비추어서만 링컨의 게티즈버그 연설이 고유한 초월적 성격을 발휘할 수 있다.

전투의 구체적인 정황과 승패에 대한 설명을 생략한 링컨의 연설은 분명히 구체적인 정황들 위에 떠 있으며, 이런 의미에서 세부적 정황들에 의존하고 있다고 할 수 있다. 윌스가 말하듯이 "일반적인 기사 혹은 일반화시키는 기사들―'하나의' 위대한 시민 전쟁, '하나의' 위대한 전쟁터, '하나의' 부분, '모든' 국가 같은 표현들을 사용하는―은 이 군사작전을 더 큰 과정의 일부로 만든다…… 이 장면들에서 구체적인 정황을 생략하면 일정한 유형이라는 이상적 상태에 이르게 된다".[35] 여기서 핵심 구절은 '구체적 정황의 생략'이다. 어쩌면 링컨 연설의 고귀하고 이상적인 성격은 구체적 정황—그의 연설이 그 위에 떠 있는—에서 나오는 것인지 모른다. "퉁퉁 부푼 시체들의 참상, 아직 미종결인 교전이 지닌 참혹하고 추악한 측면들이 링컨의 수사에 의해 변모되었다…… 그의 연설은 대학살 위에 떠 있다…… 악몽과 같은 현실은 링컨의 언어 용광로 속에서 영적으로 변화되었다."[36]

월스는 링컨이 '악몽 같은 현실'을 생략한 것의 의미를 지적함으로써 어느 차원에서는 게티즈버그 연설이 구체적 상황에 의존하고 있다는 점을 인정한다. 그러나 "악몽 같은 현실이 링컨의 언어 용광로 속에서 영화되었다"는 그의 결론은 다소 오해의 소지가 있다. 만약 여기서 '영화'라는 표현이 ('모든 인간은 천부적으로 평등하다'거나 '미국 역사는 자유를 향하여 진군하고 있다'와 같은) 원칙이나 더 큰 과정 속으로 증발하는 것을 의미한다면, 이는 원칙이나 과정이 구체적인 것들에 의존하고 있다는 사실을 간과하는 것이다. 구체적 사항이 평등을 위한 투쟁의 필수 요소로 '보존되는' 한에서만, 평등의 원칙과 그 실현을 향한 진군이 그 깊은 의미와 초월적 성격을 획득한다. 배경 속에 두드러지게 잠재되어 있는 특정한 사항들 없이는 원칙도 그 의미를 상당 부분 상실하고 만다. 그것은 우리가 쟁취할 가치가 있는 원칙이 아니라 공허한 언술에 지나지 않는다.

우리는 특정 사항과 원칙이 링컨의 연설에서 함께 머물고 있다고 말할 수 있다. '모든 인간은 천부적으로 평등하다'는 원칙에 대해 특정한 사항을 그 고요한 현전 속에서 이야기함으로써 링컨은 그 특정한 사항을 어떤 이상적인 틀로 다시 포착하고 있다. 링컨은 특정 사항들의 영예를 보존하는 한편 그것의 고귀함을 일깨운다. 월스의 말에 따르면 링컨은 비극을 '변모'시킨다. 여기서 '변모'라는 말이 영화나 이상화보다 더 적절해 보인다. 링컨은 마치 아무리 중대한 손상이라도 추상적 평등에 비추어 정당화될 수 있다는 듯이 특정 사항을 보기 좋게 꾸미지 않는다. 특정 사항을 생략함으로써, 그리고 특정 사항이 스스로 발언할 수 있게 함으로써 링컨은 그것이 지닌 공포감을 고상한 대의 속에 완전히 녹여 버렸을 수도 있는 용어를 피하게 된다. 그는 아무리 칭찬할 만한 희생이라도, 전투와 무관하게 그 영향력을 유지하는 대의를 실현하기 위한 수단으로 취급하지 않는다. 링컨은 '악몽 같은 현실'을 녹여 버리는 것이 아니라 그것을 토대로 '모든 인간은 천부적으로 평등하다'는 명제에 생기를 불어넣는다. 다시 말해 자유라는 드높은 대의 자체가 이제 링컨이 그것을 일깨우는 환경에 의해 변모된다.

링컨의 연설은, 의미가 비단 발언뿐 아니라 발언하지 않는 '침묵'에도 의존하고 있다는 점을 보여 준다. 그리고 침묵은 다시, 발언이 지닌 정황적 성격을 가리킨다는 점에서 의미를 갖는다. 발언은 오직 상황 속에서만, 그러니까 누군가 특정 상황에서 일반적으로 하는 말과 관련해서만 그 고유한 성격을 획득한다. 그런데 말은 주관이 객관 대상에 임의로 붙이는 이름표라는 홉스의 언어관에 따르면 침묵은 아무 의미를 갖지 못한다. 그에 따르면 소리나 몸짓의 부재는 그 무엇도 가리키지 않는다. 그것은 암묵적 동의의 징조이거나 아니면 굳이 말해야 할 필요가 없는 것이다. 오직 정황적 언어 개념만이 침묵의 무게, 즉 종종 가장 강력한 말은 목소리 없이 우리에게 말을 건다는 것을 온전히 이해할 수 있다.

아마도 구체적 세계 안으로부터 사유하는 수사의 가장 설득력 있는 사례는 노예제에 반대했던 프레더릭 더글러스Frederick Douglass의 7월 4일 연설일 것이다. 1852년 미국 독립 기념일에 더글러스는 뉴욕 주 로체스터 시민들을 대상으로 연설해 달라는 초청을 받는다. 그는 자유에 대한 찬가를 부르는 대신, 독립 기념일을 기념하는 행위의 위선적 성격에 대해 신랄한 공격을 퍼부었다. 그는 다음과 같은 질문으로 연설을 시작했다. "내가 오늘 왜 연설하러 나왔을까요?[37] 나와 내가 대변하는 사람들이 여러분의 국가 독립과 무슨 관계가 있을까요?" 이런 질문과 함께 더글러스는 북부 시민들―주로 노예제 반대에 동의하는 시민들―에게 지금도 노예로 살고 있는 수백만 명의 아프리카인들의 삶으로 주의를 환기시킨다. 더글러스의 연설이 가진 특징은, 그가 청중의 삶의 관점―노예 소유자의 삶의 관점을 포함해―에서 시작해 연설을 전개시킨다는 점이다.

노예제에 반대하며 미국 흑인의 평등을 옹호하는 주장을 펼 때 더글러스는 추상적이고 형식적인 주장을 배격한다.

> 내가 노예제의 부당함을 주장해야 하겠습니까? 그것은 공화주의자들의 질문일까요? 그것은 정의의 원칙을 신중하게 적용해야 하는 질문, 논리와 논증의 규칙으로 해결되어야 하며, 온갖 어려움으로 가득한 이해하기 어려운 질문일까요? 오늘 내가 미국인들 앞에서 인간이 자유에 대한 천부적 권리를 갖고 있다는 점을 보이기 위해 논의를 쪼개고 쪼개어 상대적이면서 절대적으로, 부정적이면서 확정적으로 말해야 할까요? 그렇게 한다면 그것은 나 자신을 우습게 만들고 여러분의 이해를 모욕하는 일일 것입니다…… 나는 내가 사용할 수 있는 가

장 가혹한 언어를 사용할 것입니다만, 인간이 공정하고 정의로운 존재가 아니라고 주장하는 말은 한 마디도 사용하지 않을 것입니다.[38]

더글러스는 정의의 원칙에 대해 거론하지 않고 연설하려고 했다. '논리와 논증의 규칙'을 사용하지 않음으로써 그는 홉스가 그토록 소중하게 여겼던 말을 경멸했다. 홉스가 이성의 패러다임으로 생각했던 것을 더글러스는 현재 상황에서 어리석은 짓으로 간주한다. 노예제에 반대하는 '천부적 권리'나 정의의 원칙을 들먹이는 것은 청중의 이해를 모독하는 일이다. 그것이 모욕인 이유는, 권리나 원칙을 들먹이는 것은 그의 청중이 '아직 모르고 있는' 것, 그들이 자신들의 법과 관행의 관점에서 '아직 파악하지 못한' 것을 가르쳐 준다고 여기기 때문이다.

노예도 사람이라는 것을 내가 증명해 보여야 합니까? 그 점은 사람들이 이미 인정하는 바입니다. 누구도 그것을 의심하지 않습니다. 노예 소유자들이 노예들의 불복종에 대하여 벌을 내릴 때도 그들은 그 사실을 인정합니다…… 버지니아 주에는 흑인이(그가 아무리 무지하더라도) 범했을 때 사형에 처하는 범죄가 72가지 있습니다. 그러나 그중 백인이 범했을 때 사형에 처하는 범죄는 두 가지밖에 없습니다. 이것은 노예가 도덕적이고 지능이 있으며 책임 있는 존재라는 사실을 인정하는 것이 아니고 무엇이겠습니까? 노예가 인간이라는 것은 누구나 인정하는 사실입니다. 그것은 남부의 법령집에 노예에게 읽고 쓰는 법을 가르치는 것을 엄중한 벌금과 처형으로 금하는 조항이 있다는 사실에서도 인정되고 있습니다. 여러분이 그런 법률을 가리키면서 노

예가 들판의 짐승이기 때문이라고 한다면, 저는 기꺼이 노예가 인간임을 주장하려 합니다.[39]

더글러스는 노예제가 잘못된 제도인 이유를 세상과 유리된 이상적 영역에서 찾아서는 안 된다고 말한다. 노예도 우리와 동등한 인간이라는 사실은 미국인의 삶 자체에서 드러난다. 그것은 노예에게 불복종에 대한 책임을 묻는 법이 존재한다는 사실에서, 범죄에 대해 과도하게 처벌하는 법률과, 노예가 읽고 쓰기를 배우는 것을 금하는 법이 존재한다는 사실에서 가장 분명하게 드러난다. 더글러스는 단지 이러한 관행들이 불공정하다는 것을 강조하고자 한 것이 아니다. 그가 드러내려고 한 깊은 뜻, 현재의 관행들이 노예의 인간됨을 실제로 인정하고 있다는―아무리 부정적으로 인정한다 해도―것이다.

이처럼 더글러스는 흑인이 동등한 인간이라는 점을 노예 소유주 '자신들'의 관점에서, 그들 자신이 만든 법에 드러난 대로 드러내고 있다. 물론 노예 소유주들이 흑인도 인간이라는 점을 충분히 인정하는 것은 아니다. 만약 그렇게 한다면 그것은 노예제를 부정하는 것이 되기 때문이다. 그럼에도 노예 소유주들은 흑인의 인간됨에 대해 어느 정도는 민감한 인식을 갖고 있었다. 더글러스는 이러한 부분적 앎을 끌어내 청중의 눈앞에 가져다 놓음으로써 그들의 태도를 변화시키려고 도전을 가한다. 노예 소유주들이 어렴풋이 알던 것에 주의를 향하게 만들어, 더글러스는 그들이 흑인의 평등성을 더 분명하게 인식하기를 바란다. 그렇게 함으로써 그는 그들을 노예제에 반대하는 사람으로 변화시키기를 원한다. 린든 존슨과 마찬가지로 더글러스도 청중의 스스로 해석하는 힘에 호소한다. 그는 청중에게 스스로의 삶에 비추어 그들의 행동을 변화시킬 것을 촉구한다.

더글러스는 연설의 결론에 이르기까지 이러한 접근 방식을 지속하는데, 결론부에서는 좀 더 격앙된 톤으로 이야기한다. 더글러스는 미국 흑인들의 인권을 암묵적으로 증명하는 사악한 법률들을 언급하는 대신, 미국 흑인과 백인이 모두 참여하는 지극히 인간적인 다양한 활동들에 대해 이야기한다.

우리가 온갖 기계 도구를 사용해 밭을 갈고 씨를 뿌리고 수확을 하며, 집을 짓고 교량을 건설하지만…… 우리가 점원과 상인, 비서로 일하지만, 또 우리들 가운데 의사, 변호사, 목사, 시인, 작가, 편집자, 연설가, 교사가 있지만, 우리가 다른 사람들과 공통되는 모든 시도에 함께 참여하고 있는 것은 놀라운 일이 아닙니까? 우리는 캘리포니아에서 금을 캐고, 태평양에서 고래를 포획하며, 산비탈에서 양 떼와 소 떼를 방목합니다. 우리는 행동하고 생각하며 기획합니다. 우리는 남편과 아내, 자식으로 가족생활을 영위하며, 무엇보다 그리스도 신에게 신앙을 고백하며 그분을 숭배합니다. 그리고 무덤을 넘어 삶과 불멸을 추구합니다. 이처럼 우리가 사람이라는 것을 증명하라는 요청을 받은 것은 실로 놀라운 일이 아닙니까?[40]

미국 흑인들의 평등성은 천국이나 우주 같은 이상적 영역에서 발견되는 것이 아니다. 그것은 미국인의 삶 자체에서 표현되고 있다. 흑인과 백인이 함께 참여하는 활동과 일에서 드러나고 있다.

단지 원칙이 아닌 실제 삶의 활동들에 대해 이야기함으로써 더글러스는 이성이 아니라 감정을 자극하고 있는 것처럼 보일 수 있다. 그러나 그렇게 간주하는 것은 그의 연설이 지닌 참된 힘을 놓치는 것이다. 그것은 느낌이 어떻게 애당초 그의 말에 비추어 일어나는지 간파하지 못하는 것이다. 특정 활동들을 지칭함으로써, 그리고 그것들을 서로 함께 배치함으로써, 더글러스는 단지 하나의 삶의 방식을 환기하거나 이미 형성된 감정을 촉발하는 것이 아니다. 그의 말은 그 말이 묘사하는 활동들의 성격을 분명히 보여 줌으로써 그 활동들이 감정을 일깨우도록 하고 있다.

더글러스의 말이 지닌 창의적이고 비판적인 성격을 온전히 이해하기 위해서는 '산비탈에서 양 떼와 소 떼를 방목하는 일'이 농업에 대한 자명한 설명이 아니라는 것을 알아야 한다. 만약 누군가가 가축을 방목하는 농부에게 무슨 일을 하고 있느냐고 물으면 농부는 "가축 떼를 돌보고 있다"거나 "생계를 유지하고 있다"와 같은 다양한 답을 할 것이다. 그런데 동일한 대상에 대한 서로 다른 표현처럼 보여도 사실 그것들은 서로 매우 다른 활동들을 표현하고 있다. 농사를 '생계유지'로 보는 것은 농사를 무언가 필요한 것, 숙달시켜 끝내야 하는 무엇으로 보는 것이다. 농사가 정말로 '생계유지'라면, 그래서 자기 보존에 필요한 행위에 불과하다면 그것은 자유를 옹호하는 더글러스의 연설이 의도하는 취지와 맞지 않는다. 그것은 더글러스가 드러내고자 하는 인간의 고유한 평등성을 증언하지 못한다.

'생계유지'라는 표현과 대조적으로 "산비탈에서 양 떼와 소 떼를 기르고 있다"는 표현은 그 활동을 단지 필요한 일, 숙달해야 하는 일이 아니라 무언가 존경할 만한 일로 정의하고 있다. 그것은 완만한 구릉의 초원에서 한가로이 동물들 사이를 노니는 자립하는 농부에 대한 제퍼슨식의 비전을 표현하고 있다. 그것은 사나운 바다에서 자연과 씨름하는 고래잡이배와 대조를 통해 이러한 비전을 더욱 분명히 표현하고 있다. 더글러스의 묘사는 그 성격이 이미 분명한 농사나 고래잡이의 사례를 단순히 재현하는 것이 아니다. 그 묘사들은 그 활동들 자체의 성격을 분명히 드러내 주어 청중이 거기에 대한 경배의 마음을 갖도록 자극한다. 이들 활동들이 인간으로서 지닌 고유의 성격을 가리킨다면, 더글러스는 미국 흑인들도 똑같이 평등한 인간임을 주장한다. 이런 방식으로 더글러스는 노예제가 잘못되었음을 청중이 직접 이해하도록 유도한다. 그는 청중을 저 위에서 인간사에 대해 심판하는 추상적 관점으로 데려가지 않는다. 그는 청중을 자신들 앞에 세워 둠으로써 자신과 직접 대면하게 한다. 그는 노예제의 부당함이 이미 청중의 삶의 방식 속에 내재되어 있음을 그들이 직접 보도록 한다.

철학과 삶의 일치

정황적 이해 개념에 비추어 수사를 살펴봄으로써 우리는 정치적 주장의 성격을 더 잘 이해할 수 있다. 우리는 사람들의 삶의 관점에서 나온 주장이 반드시 영합이나 조작이 아님을 알 수 있다. 올바르게 이해했을 때 수사는 세계에 대한 우리의 관계를 정의하는 정황적 이해의 강력한 예시이다.

내가 보여 주려고 했듯이, 정황적 이해는 수동적인 동시에 능동적이다. 정황적 이해는 상황에 대한 맹목적 추종도 아니며 상황에서 유리된 채 그것을 정복하는 것도 아니다. 여러 철학자들이 나름의 다양한 표현으로 이러한 통찰을 드러냈다. 하이데거와 가다머는 던져진-던짐, 그리고 지평, 즉 세계, 그리고 그것을 재형성하는 해석적 행동에 대해 이야기한다. 아리스토텔레스는 선과 그것이 인간의 실행과 맺는 관계에 대해 언급한다. 아리스토텔레스는 덕이 우리의 행동을 통해 표현되지만 그것은 궁극적으로 선에 대한 우리의 암묵적 인식에 근거하고 있다고 가르친다. 우리는 우리가 내리는 판단과 행하는 활동을 통해 그러한 인식을 드러낸다.

수사는 정황적 이해가 작동하고 있음을 보여 주는 사례다. 가장 극명한 사례에서, 수사는 있는 그대로 존재하는 것들을 수용하는 동시에 그것을 비판한다. 이런 방식으로 수사는 정황적 이해의 수동적이고 능동적인 측면을 드러낸다. 관습, 전통, 이미 주어져 있는 충성심을 자극함으로써 수사는 개혁의 도구가 될 수 있다.

수사의 수용적이고 비판적인 측면은 정황적 이해 개념에서 궁극적으로 가장 중요한 것을 가리킨다. 이때 중요한 것이란, 비판적 사고와 부단한 헌신 사이의 관계, **철학**과 구체적 **삶** 사이의 관계이다. 여기서 철학이란 '지혜에 대한 사랑', '알고자' 하는 아주 오랜 욕망을 말한다. 여기서 안다는 것은 그저 컴퓨터 프로그램을 짜는 법이나 질병을 치료하는 법, 사업에 성공하는 법을 아는 것이 아니다. 그것은 알 가치가 있는 것이면 무엇이든 이해하는 것을 말한다. 그것은 정의, 경건함, 아름다움, 우정, 좋은 삶과 관련해 '그것은 무엇인가?'라는 소크라테스식 질문을 던지는 것이다. 또 그것은 궁극적으로 이 질문에 대한 만족할 만한 답을 시도하는 것이다. 간단히 말해 철학이란 단지 삶의 몇몇 측면에 대해 아는 것이 아니라 '모든 것의 근거와 배경을 이해하는' 것이다.[41]

또 여기서 내가 말하는 '삶'이란, 세계에 대한 우리의 기본적인 경험을 말한다. 일상을 통해 살아내는 우리의 삶 말이다. 무엇보다 삶은 '헌신'이다. 특히 가족, 친구, 국가에 대한 헌신이다. 간단히 말해 삶이란 '자신의 것'에 대한 사랑이다. 여기서 '자신의 것'이란 자신과 관계된 이해관계를 말하는 것이 아니라 자신의 가족, 직업, 도시, 종교를 의미한다. 이러한 종류의 사랑, 즉 헌신이 가진 특징적 성격은 그것이 우리에게 자연스럽게 일어난다는 점이다. 그것은 헌신하겠다는 명시적인 결정을 내리기도 전에 자연스럽게 우리 마음에 일어난다. 우리가 삶의 몇몇 측면을 의식적으로 긍정한다 해도, 삶이 가장 충실해지는 때는, 그리고 삶이 온전히 그 자체가 되는 때는 삶이 우리를 흡수하는 때, 우리가 삶이라는 활동에 온전히 참여하는 때다.

그렇게 본다면 철학과 삶은 서로 대치되는 것처럼 보인다. 그것도 완전히 반대되는 것처럼 보인다. 만약 철학이 삶의 핵심적인 측면에서 '삶에 대한 반성'을 의미한다면, 철학은 그 성격상 우리를 삶으로부터 분리시키는 것처럼 보인다. 철학은 우리의 헌신에 대해 질문을 던지는 바로 그 행위를 통해 우리를 그 헌신으로부터 분리시키는 것처럼 보인다. 왜냐하면 무언가에 대해 질문을 던진다는 것은―그것이 인간관계든 역할이든 관행이든―언제나 어떤 의미에서 질문 대상으로부터 한 발 물러서서 그 주장을 우리가 숙고하는 범주 안으로 가져와 그것이 우리에게 미치는 자연 발생적인 영향력을 중단시키는 것이기 때문이다. 다시 말해 '~란 무엇인가?'와 같은 기본적인 철학적 질문을 던지는 것은 정의, 우정, 선 같은 것을 '그 자체로서' 해명하고자 하는 질문인 것이다. 그 질문은 '이번의' 특정한 실행, '이번의' 특정한 우정, '이번의' 특정한 목적에는 관심이 없다. 그러므로 철학은 '개인의 운명에 무관심한' 것처럼, 어쩌면 삶 자체에 무관심한 것처럼 보일 수 있다.[42] 왜냐하면 삶이란 아무리 넓게 생각해도 언제나 '나의 삶'일 수밖에 없기 때문이다.

또 철학은 삶에 일종의 폭력을 가하는 것처럼 보일 수도 있다. 철학은 우리를 자신의 헌신으로부터 격리시킬 뿐 아니라, 우리의 헌신을 이성이라는 최고 권력에 예속시키는 것처럼 보이기 때문이다. 또 우리가 가장 중요하게 생각하는 문제들에 질문을 던지는 바로 그 행위를 통해 우리는 그 문제들이 본질적으로 우리에게 요구하는 충성loyalty을 약화시키는 것처럼 보이기 때문이다. 우리는 진리를 위하여 우리가 중요하게 생각하는 문제들을 희생시키는지도 모른다. 그렇게 우리는 일종의 불충disloyalty을 저지르는지도 모른다.

철학과 불충의 연관성은 우리에게 소크라테스의 드라마를 떠올리게 한다. 소크라테스는 제우스를 비롯한 올림포스의 신들을 명시적으로 비난한 적이 한 번도 없다. 또 그가 신흥 사이비 종교를 창시했거나 시민 불복종을 권한 적도 없다. 그런데도 아테네 사람들은 그에게 젊은이들을 타락시키고 새로운 신을 권유한다는 죄목으로 사형을 내렸다. 아테네 사람들 중 일부는 소크라테스가 질문을 던지는 바로 그 행위에서 아테네 도시에 대한 일종의 불충을, 아테네의 신성한 토대에 대한 일종의 불경함을 보았던 것이다. 이런 이유로 아테네 사람들은 소크라테스가 지혜를 탐색하는 행위를 중단시키고자 했다.

소크라테스에 대한 아테네인들의 이 같은 대응은, 비판적 사고가 진지한 헌신을 훼손하며, 철학이 삶을 훼손한다는 익숙한 의심의 허구성을 보여 준다. 근대에 들어 이러한 의심은 "진리는 죽었다"는 니체의 주장에서 가장 극명하게 드러난다. 니체가 이 주장을 통해 의미한 바는, 삶에 대한 이론적 분석은 그것을 진지하게 받아들이는 경우 연구자의 자기 삶에 대한 충성을 파괴할 수 있다는 것이었다. 이렇듯 '죽었다'는 표현이 여기서는 진리 '그 자체'에(적어도 니체가 주장하듯이 지금까지 이해되어 온 대로의 '진리'에) 적용되고 있다.

만약 이러한 의심의 근거가 분명하다면, 만약 철학이 '그 자체로' 우리의 특정한 충성을 약화시킨다면 우리는 삶에 대한 니체의 옹호에 대해, 그리고 소크라테스를 비난했던 사람들에 대해 일정 부분 공감해야 할 것이다. 적어도 그들을 완전히 매도해서는 안 된다고 생각한다. 우리는 니체와 함께 이렇게 물어야 할 것이다. "소크라테스가 결국 젊은 이들을 타락시켰는가? 그가 독미나리를 마시고 죽은 것은 당연한 일이었는가?"[43] 왜 삶의 요청과 본능적인 헌신이 앎의 욕망에, 충족 이유에 대한 필사적인 추구에 대항해서는 안 되는가? 진지한 사색가라면 누구나 한 번쯤 이런 질문—진리의 가치에 대한 질문—에 답해야만 할 것이다. 니체는, "우리가 진리를 원한다면 왜 비진리는 안 되는가? 불확실성은? 심지어 무지는 왜 안 되는가?"라고 묻는다.[44] 니체는 이 질문을 통해 우리 안에 잠재되어 있는 아테네 군중을 일깨우고자 한다. 그는 진리에 대한 열렬한 애호가라 하더라도 자신의 삶에 대해 일정한 사랑을 품고 있다고 한다. 삶에 대한 사랑은 결코 완전히 소멸되지 않는다. "진리와 진리인 것, 이타심이 갖는 모든 가치에도 불구하고, '삶'의 보다 높고 근본적인 가치는 기만과 이기심, 욕망에 의한 것일 수 있다."[45]

니체는 이러한 충격적 발언을 통해 사소한 거짓말, 협소한 자기 이익, 조악한 성적 욕망을 정당화하고자 한 것이 아니다. '기만, 이기심, 욕망'은 '무조건적 진리'의 반대 개념이다. 기만은 외관을, 이기심은 자신의 것을, 욕망은 에로스(성적 욕망)를 의미한다. 간단히 말해 이 용어들은 삶을—우리가 실제로 살고 있는 생생한 삶을—포착하기 위한 것이다. 그것은 삶에 대한 성찰, 즉 지식이나 지식에 대한 추구와 구분되는 실제의 삶이다. 니체는 우리에게 철학과 삶의 잠재적 갈등 관계에 대해 생각해 보도록 만든다. 그는 이러한 잠재적 갈등을 보지 못하는 철학자는 진지하게 철학에 착수할 수 없다고 말한다. 진지하게 철학에 착수한다는 것은 논증이 이끄는 대로—그곳이 어디든—따라간다는 것이다. 그렇다면 그것은 가족, 친구, 국가로부터 멀어지는 것이 아니겠는가? 그것은 그가 소중하게 생각하는 모든 것에서 멀어지는 것이 아니겠는가? 질문을 던지는 행위 자체가 이미 이러한 방향을 가리키고 있는 것이다.

이 문제에 대한 익숙한 해결책은, 지혜와 연관된 고차원의 기쁨, 혹은 지혜와 관련한 더 큰 자유를 주장하는 것이다. 그곳에 도착하면 경험할 것이라고 사람들은 말한다. 그러나 니체가 생생하게 보여 주듯이, 지혜를 사랑하는 사람들은 실제로 삶을 경멸하는 자들이다. 왜냐하면 그들은 병에 걸린 부패한 삶을 살기 때문이다. "모든 시대의 현명한 사람들, 그들을 제일 먼저 자세히 살펴봐야 한다. 그들은 모두 다리가 휘

청거리는 사람이 아닌가? 그들은 모두 비틀거리며 타락한 사람들이 아닌가? 썩은 고기 냄새를 맡고 나타난 까마귀처럼 진리가 갑자기 지구 상에 출현하는 일이 가능할까?"[46] 니체는 삶으로 충만한 사람이라면, 삶의 순간 속에 있는 사람이라면 지혜의 고차원적 기쁨에 콧방귀를 뀔 것이라고 말한다. 자신의 가족, 친구, 도시에 참되게 헌신하고 있는 사람에게 지혜를 옹호하는 철학자의 주장은 아무런 호소력을 지니지 못한다. 철학과 삶의 이러한 갈등은 각자의 주장을 가진, 서로 화해할 수 없는 두 관점 사이의 갈등이다.

또 하나의 잠재적 해결책은 두 주장이 갖는 중요성을 인정하는 것이다. 즉 인간을 비판적 사고와 진지한 헌신 사이에서 본질적으로 분열된 존재로 보는 것이다. 우리는 이러한 해결책의 분명한 표현을 앨런 블룸Allan Bloom의 플라톤 해석에서 볼 수 있다. 블룸은 플라톤의 용어를 빌려 철학과 삶의 갈등을 '선과 자기 것' 사이의 갈등으로 해석한다. 블룸은 철학자와 그가 추구하는 선에 대해 일정한 동정을 갖고 있지만, 또한 자기 것의 주장에도 일정 부분 찬성표를 던진다.

사실 사람은 자기 일을 하는 것을 좋아한다. 자기 일은 자신의 것, 특히 자신의 국가, 자신의 가족, 자기 자신이기 때문이다. 이것은 무엇보다 인간이 선을 학습하기 이전에 존재하는, 최초의 자연스러운 방식이다. 선을 학습한 뒤에도 인간은 그 선을 자신의 것과 동일시하는데, 이는 평화로운 상태에 계속해서 있기 위해서다. 만약 정말로 인간이 단순히 선을 추구하는 것을 원한다면 그들은 자신의 도시와 자신의 가정, 그리고 자신이 습관적으로 친구라고 부르는 사람들, 심지어 어쩌면 자기 자신까지도 포기해야 할 것이다. 소크라테스는 이런 일을 실제로 했다. 그는 아테네에 살았지만 실제로 아테네의 일부가 아니었다. 그는 결혼을 하고 자녀를 두었지만 그들에게 별로 관심을 기울이지 않았다. 소크라테스의 삶은 이러한 갈등의 첨예함을 보여 준다. 그는 자신의 것을 사랑하는 품위 있는 사람들에게는 불가사의한 존재로 보인다…… 소크라테스가 자신의 대화 상대자 모두에게 제기하는 문제는, 선을 위해 그들에게 그들 자신의 것과 결별하도록 촉구한다는 점이다. 선을 위해 철저하게 자신의 것과 결별하겠다는 의지를 가진 사람은 소수이며, 그렇게 하려는 의지가 있을 때 그것이 플라톤과 같은 철학자가 될 수 있는 잠재성을 지닌 사람들을 규정하게 된다.[47]

　블룸은 선의 주장과 자기 것의 주장을, 그리고 철학의 주장과 일정한 헌신의 주장을 모두 인정한다. 그가 보기에 인간은 서로 화해할 수 없는 이 두 가지 욕망—자신이 사는 도시와 자신의 친구, 심지어 자신을 초월하는, 지혜에 대한 욕망과, 자신의 가정에 대한 욕망—사이에서 분열된 존재다. 블룸은 가장 포괄적인 통찰은 이 두 주장 사이의 긴장을 인식하는 것, '인간의 본질적 분열'을 감추기보다 인정하는 것이라고 말한다. 이 분열을 인식한다는 것은 소크라테스처럼 오직 선만을 사랑하는 사람이 되는 것이 아니며, 그렇다고 선을 곧 자기 것과 기술적으로 동일시하는 사람이 되는 것도 아니다. 이러한 비극적 통찰에 비추었을 때 우리가 어떻게 살아야 할 것인가 하는 문제는 여전히 명확하지 않다.
　이 지점에서 우리는 정황적 이해의 중요성을 다시 상기해 볼 필요가 있다. 즉 철학과 삶이, 그리고 선과 자기 것이 반드시 서로 대척될 필요는 없다는 정황적 이해의 의미를 되새겨 볼 필요가 있는 것이다. 오히려 이 둘은 서로 함께 펼쳐진다. 이 둘을 본질적으로 대척되는 것으로 상정한다면 철학을 삶과 유리된 것으로 오해하는 우를 범하게 된다. 그것은 철학이 목표로 삼는 진리가 세계 외부에 존재하는—우리가 사는 도시와 가정, 친구와 별개로 존재하는—일정한 기준이나 형식, 혹은 이상이라고 잘못 이해하는 것이다. 진리가 정말로 우리의 일상적 삶의 바깥에 존재하는 것이라면 분리된 충성심의 문제가 불가피하게 일어난다. 우리는 어두운 동굴에 계속해서 남을 것인가, 아니면 저 위의 빛나는 세계를 추구할 것인가? 블룸의 표현대로, 우리는 선과 자기 것 사이에, 삶에 대한 '괴물 같은' 무관심과 삶에 대한 광적인 헌신 사이에 택일해야 하는 '가혹한 선택'에 직면해 있다. 여기서 벗어나는 유일한 길은 둘 사이의 본질적 갈등 관계를 정직하게 인식하는 것뿐이다.

니체가 진리는 죽었다고 했을 때 그는 '있는 그대로의' 진리를 언급한 것이 아니라, 무조건적 진리, 즉 구체적 삶의 관점으로부터 분리된 진리를 말한 것이다. 진리는 죽었다는 그의 고발은 철학 '자체'에 대한 반대가 아니라 새의 시각으로 저 위에서 삶을 내려다보는, 삶에 대한 이론적 분석을 반대한 것이다.[48] 특히 그는 가다머가 비판했던 역사 과학—지금을 사는 우리 자신의 관점에서 탈피하여 '그때 당시' 사람들의 세계관 속으로 들어갈 것을 가르치는 역사주의—에 대해서도 우려를 표명했다. 역사주의는 '그 시대의 사상과 사고'의 관점에서 생각하며 역사적 '객관주의' 쪽으로 가까이 간다. 니체는 이런 사고방식에서 죽음의 경향성을 보았다. 그는 그것이 연구자들로 하여금 필연적으로 자기 자신의 삶을 동떨어진 구경꾼으로 간주하도록 만들 것이라고 생각했다. 연구자는 자신의 생각과 헌신을 그저 우발적이고 일시적인 것으로 파악하며, 따라서 궁극적인 가치를 갖지 못하는 것으로 파악할 것이다. 간단히 말해, 니체는 역사주의가 삶을 평가절하하고 삶의 가치를 부정하는 데 이를 것이라고, 즉 허무주의에 이를 것이라고 예견했다.

그러나 겉으로 보이는 것과 달리, 니체는 이론에 대해 불합리한 헌신을, 혹은 진리에 대해 '즐거운 환상'을 옹호한 것이 아니다. 대신 그는 삶과 유리된 이론을 정황적이며 삶과 연관된 것으로 대체하고자 했다. 그는 오직 삶의 관점으로부터만, 그리고 자신의 헌신과 관심의 관점으로부터만 삶의 진정한 의미가—타인의 삶을 포함해—스스로를 드러낸다고 주장했다. 니체는 세계에 탄탄히 뿌리박은 이론을 전개시키고자 했다. 그것은 우리의 '내부로부터' 세계를 바라보는 이론, 세계의 깊은 진실을 포착하려는 이론, 그러나 그와 동시에 삶을 파괴하기보다 강화시키는 이론이다.[49] 그런 이론이 존재한다면 그것은 어떤 모습을 띨까? 삶에 관한 성찰이, 마음을 다해 삶을 사는 것과 일관된다는 것은 어떤 의미일까?

삶에 대한 이 같은 서로 갈등하는 두 입장이 합쳐지는 지점이 바로 정황적 이해 개념이다. 내가 밝히려고 했듯이, "~이란 무엇인가?"와 같은 소크라테스적 질문이나 "나는 어떻게 행동해야 하는가?"와 같은 익숙한 질문에 대한 답은, 의견이나 외관 뒤에 숨어 있거나 어떤 이상적 영역에서 우리의 삶 위에 떠 있는 것이 아니다. 이 질문에 대한 답은 세계 자체에 드러나 있다. 그 답은 우리가 매일 일상적으로 살면서 행하는 계획과 헌신, 충성에 새겨져 있다. 그런데 이 답은 우리가 노력을 기울이지 않아도 '아주 세세한 사항까지 구체적으로' 알 수 있는 것이 아니다. 우리는 오직 실제적인 숙고와 철학을 통해 언제나 잠정적으로 그것을 분별해야 한다. 공평무사한 관찰자는 이러한 실제적 숙고와 철학을 간과하지만, 그것은 우리 모두에게 친숙한 무엇이다. 이런 추론 방식은 삶에 대해 그 내부로부터 질문을 던진다. 그것은 전체에 대한 우리의 살아 있는 인식에서 흘러나오며 동시에 그것을 향해 나아간다. 특정한 실행과 목적, 충성에 대해 그것을 그 밖의 실행과 목적, 충성에 비추어 질문함으로써 우리는 우리의 출발점이 되었던 포괄적 인식을 명료하게 한다. 그리고 그 과정에서 동시에 우리는 특정한 사항들을 밝게 드러낸다. 우리는 이제 처음에 우리의 주의를 온통 사로잡고 있던 피상적 관심으로 특정 사항을 왜곡시키지 않은 채 그것들을 그 참된 비율에서 보게 된다. 이런 방식으로, 비판적 반성이 우리의 특정한 헌신을 실제로 강화시킨다. 이렇게 되면 특정한 관계가 시들해지더라도 다른 관계가 전면에 부각되며, 누군가가 더 이상 우리의 충성을 요청하지 않더라도 다른 사람이 우리의 더 강한 충성을 갖게 된다.

이렇게 생각하면 철학은 '개인의 운명에 무관심한' 것이 아니라 개인들이 품격을 유지하는 원천이 된다. 철학은 보편적인 것을 가리켜 보임으로써 우리로 하여금 더 깊은 통찰과 이해를 지니고 특정한 것들로 돌아가게 한다. 보편적인 것과 특정한 것, 전체와 부분의 이러한 기본적인 연결성이 구체적으로 표현되는 지점이 바로 정황적 이해 개념이다. 간단히 말해 정황적 이해 개념을 통해 우리는 세계 안으로부터 추론한다는 것이 어떤 의미이며, 우리의 지평의 빛에 인도된다는 것, 그리고 동시에 우리 자신이 그 지평의 불꽃의 원천이 된다는 것이 어떤 의미인지 깨닫게 된다.

서문

1. Immanuel Kant, *The Critique of Judgment*, trans. James Creed Meredith (Oxford: Oxford University Press, 1952), §40, 152.

2. Ibid.

3. Francis Bacon, *The New Organon*, ed. Lisa Jardine and Michael Silverthorne (Cambridge: Cambridge University Press, 2000), 18.

4. René Descartes, *Discourse on the Method*, in *Selected Philosophical Writings*, trans. John Cottingham, Robert Stoothoff, and Dugald Murdoch (Cambridge: Cambridge University Press, 1998), 26.

5. Ibid.

6. Jeffrey Abramson, *We, the Jury* (New York: Basic Books, 1994), 21-22.

7. Bryan Garsten, *Saving Persuasion: A Defense of Rhetoric and Judgment* (Cambridge, MA: Harvard University Press, 2007), 193.

8. See Chapter 6 in this book.

9. Hans-Georg Gadamer, *Truth and Method*, trans. Joel Weinsheimer and Donald G. Marshall, rev. ed. (New York: Continuum, 1989), 273. (한스 게오르크 가다머, 『진리와 방법』)

10. Ibid.

11. 이 책에서 말하는 '계몽기'란 내가 살펴볼 사상가들이 저작 활동을 폈던 시대를 그들 스스로 지칭하는 용어다. 나는 단일한 사고방식이 오늘날 우리가 '계

몽기'라고 부르는 것을 완전히 규정할 수 있다고 생각하지 않는다.

12. Gadamer, *Truth and Method,* 273.

13. Ibid., 272-273.

14. Adam Smith, *The Theory of Moral Sentiments,* ed. Ryan Patrick Hanley (New York: Penguin, 2009), 229. (애덤 스미스, 『도덕감정론』)

15. Ibid., 376.

16. Kant, *Critique of Judgment,* §40, 152. (칸트, 『판단력 비판』)

17. Edmund Burke, *Reflections on the Revolution in France,* ed. Frank M. Turner (New Haven, CT: Yale University Press, 2003), 74.

18. Ibid., 77.

19. Ibid.

20. 『존재와 시간』에서 하이데거는 특별히 포괄적인 의미에서 세계라는 용어를 사용할 때는 따옴표 없이 쓴다. 그리고 일상적인 의미의 세계를 표현할 때는 따옴표를 사용하는데—우리가 세계라는 용어를 다양한 의미로 사용하듯이—'세계'처럼 작은따옴표를 사용하는 경우는 우리 주변의 '개체들의 전체'를 가리킬 때이며, 또 "세계"처럼 큰따옴표를 사용할 때는 포괄적 의미에서 구체적인 세계를 언급할 때 사용한다(예컨대 소작농 여인의 "세계").

21. Martin Heidegger, *Being and Time,* trans. John Macquarrie and Edward Robinson (Malden, MA: Blackwell, [1927] 1962), 87.

22. Ibid., 27.

23. Ibid., 86-87.

24. 표트르 호프만, "죽음, 시간, 역사성: 『존재와 시간』 2부". 세계-내-존재를 '우발성'으로 보는 견해를 분명하게 제시한 또 한 사람은 다음을 참조. 휴버트 드레이퍼스, 『세계-내-존재: 하이데거의 '존재와 시간' 1부에 대한 주석』.

25. Richard Polt, *Heidegger: An Introduction* (London: Routledge, 1999), 63.

26. Plato, *Phaedo,* ed. Jeffrey Henderson (Cambridge, MA: Harvard University Press, 1914), 111a-c.

27. G. W. F. Hegel, *Philosophy of Right,* trans. T. M. Knox (Oxford: Oxford University Press, 1952), 13.

28. Gadamer, *Truth and Method,* 272.

29. Ibid., 280.

30. Ibid., 305.

31. Aristotle, *The Nicomachean Ethics,* ed. Jeffrey Henderson, trans. H. Rackham (Cambridge, MA: Harvard University Press, 1926), bk. 6. (아리스토텔레스, 『니코마코스 윤리학』)

32. 이처럼 성품의 습득은 순환적이다. 우리는 올바른 판단을 내림으로써 좋은 성품을 습득한다. 동시에 오직 좋은 성품을 이미 지니고 있을 때라야 올바른 판단을 내릴 수 있다. 아리스토텔레스가 밝히고자 하는 것도 바로 이러한 신비이다.

33. Garsten, *Saving Persuasion,* 3.

34. Kant, *Critique of Judgment,* §53, 192.

35. Ibid., §53, 193.

36. Plato, *Gorgias,* ed. Jeffrey Henderson (Cambridge, MA: Harvard University Press, 1925), 465a.

37. Garsten, *Saving Persuasion,* 3.

1장

1. Francis Bacon, *The New Organon,* ed. Lisa Jardine and Michael Silverthorne (Cambridge: Cambridge University Press, [1620] 2000), 18. (프랜시스 베이컨, 『신기관』)

2. Ibid., 79.

3. Ibid., 44.

4. Ibid.

5. Ibid., 45.

6. Hannah Arendt, *The Human Condition* (Chicago: University of Chicago Press, 1958), 259.

7. Bacon, *New Organon,* 41.

8. Ibid.

9.　Ibid., 42.

10.　Ibid., 48-49.

11.　Ibid., 58.

12.　Ibid., 95.

13.　René Descartes, *Discourse on the Method,* in *Selected Philosophical Writings,* trans. John Cottingham, Robert Stoothoff, and Dugald Murdoch (Cambridge: Cambridge University Press, [1637] 1998), 29.

14.　Ibid., 26.

15.　René Descartes, *Meditation on First Philosophy* (1641), in *Selected Philosophical Writings,* 73.

16.　Ibid., 79.

17.　Ibid., 89.

18.　Ibid., 186.

19.　René Descartes, *Objections and Replies to the Meditations,* in *Selected Philosophical Writings,* 133.

20.　Descartes, *Meditations on First Philosophy,* 79.

21.　René Descartes, *Principles of Philosophy* (1644), in *Selected Philosophical Writings,* 187.

22.　Descartes, *Discourse on the Method,* 28.

23.　Ibid., 26.

24.　Descartes, *Principles of Philosophy,* 187.

25.　René Descartes, *Rules for the Direction of Our Native Intelligence* (1628), in *Selected Philosophical Writings,* 5.

26.　Ibid., 1.

27.　Ibid., 17.

28.　Adam Smith, *The Theory of Moral Sentiments,* ed. Ryan Patrick Hanley (New York: Penguin, [1759] 2009), 344. (애덤 스미스, 『도덕감정론』)

29.　Ibid., 277.

30.　Ibid., 133.

31.　Ibid., 133.

32. Ibid., 163.

33. Ibid., 344.

34. Ibid.

35. Ibid., 136.

36. Ibid., 344.

37. Ibid., 377.

38. David Hume, *An Enquiry Concerning the Principles of Morals*, ed. J. B. Schneewind (Indianapolis, IN: Hackett, [1751] 1983), 75.

39. David Hume, *A Treatise of Human Nature*, ed. L. A. Selby-Bigge, 2nd ed. (Oxford: Oxford University Press, [1740] 1978), 415. (데이비드 흄, 『인성론』)

40. Smith, *Theory of Moral Sentiments*, 159.

41. Ibid., 377.

42. Ibid., 140.

43. Ibid., 227.

44. Ibid.

45. Hume, *Enquiry*, 49.

46. Smith, *Theory of Moral Sentiments*, 229.

47. Ibid.

48. Ibid.

49. Ibid., 233.

50. Ibid., 149.

51. Ibid., 150.

52. Ibid., 234.

53. Hume, *Enquiry*, 40.

54. Smith, *Theory of Moral Sentiments*, 234.

55. Ibid., 244.

56. Ibid., 260.

57. Ibid., 258.

58. Ibid., 264.

59. Ibid., 265.

60. Ibid., 277.

61. Immanuel Kant, *The Critique of Judgment*, trans. James Creed Meredith (Oxford: Oxford University Press, [1790] 1952), §40, 152. (이마누엘 칸트, 『판단력 비판』)

62. Immanuel Kant, *Groundwork of the Metaphysics of Morals,* trans. and ed. Mary Gregor (Cambridge: Cambridge University Press, [1785] 1997), 52, 4:446. (이마누엘 칸트, 『도덕형이상학의 기초』)

63. Kant, *Critique of Judgment,* §40, 152.

64. Immanuel Kant, "An Answer to the Question: What Is Enlightenment?," in *Practical Philosophy,* trans. and ed. Mary J. Gregor (Cambridge: Cambridge University Press, [1784] 1996), 17.

65. Ibid.

66. Kant, *Critique of Judgment,* §40, 152.

67. Francis Bacon, *New Organon,* 63.

68. Descartes, *Rules,* 1.

69. Descartes, *Discourse on the Method,* 24–25.

70. Ibid., 33.

71. Descartes, *Meditations on First Philosophy,* 73.

72. Descartes, *Objections and Replies,* 135.

73. Kant, *Groundwork,* 4:421, 31.

74. Ibid., 4:452, 57.

75. Kant, *Critique of Judgment,* §40, 152.

76. Ibid., §40, 151.

77. Ibid., §40, 153.

78. Ibid., §53, 191–192.

79. Ibid.

80. Ibid., §53, 192.

81. Bryan Garsten, *Saving Persuasion: A Defense of Rhetoric and Judgment* (Cambridge, MA: Harvard University Press, 2007), 7.

82. Kant, *Critique of Judgment,* §53, 192.

83. Immanuel Kant, *Critique of Pure Reason*, trans. and ed. Paul Guyer and Allen W. Wood (Cambridge: Cambridge University Press, [1781: 2nd. (B) ed.,1787] 1998), A95, 226.

84. Ibid., A108, 233.

85. Kant, *Groundwork*, 4:451, 56.

86. Kant, *Critique of Pure Reason*, A107-108, 232-233.

87. Edmund Burke, *Reflections on the Revolution in France*, ed. Frank M. Turner (New Haven, CT: Yale University Press, [1790] 2003), 74. (에드먼드 버크, 『프랑스 혁명에 관한 성찰』)

88. '가르치지 않아도 스스로 터득한 감정'이라는 표현은 다소 어색해 보인다. 왜냐하면 버크에 따르면 이 감정은 특히 습관과 관습에 의해 형성된 감정을 가리키기 때문이다. 이런 의미에서 감정은 '가르치지 않은' 것이 아니라 '가르친' 것이다. 그러나 '스스로 터득한'이란 표현을 '그 권위를 합리적 정당화에 의존하지 않은 원천'이라는 의미로 본다면 이 표현이 이해된다. 버크는 '전통'에 대해서도 이런 의미로 이해하고 있다.

89. Burke, *Reflections*, 69.

90. Ibid., 67.

91. Ibid., 78.

92. Ibid., 66.

93. Ibid.

94. Ibid., 74.

95. Ibid., 49.

96. Ibid., 30.

97. Ibid., 55.

98. Ibid., 66.

99. Ibid., 65.

100. Ibid., 117.

101. Ibid., 119.

102. Ibid.

103. Ibid., 74.

104. Ibid., 49.

105. Ibid., 74.

106. Ibid.

107. Ibid.

108. Ibid., 74-75.

109. Ibid., 74.

110. Ibid., 78.

111. Ibid., 77.

112. Ibid.

113. Ibid., 79.

114. Ibid., 77.

115. Ibid., 79-80.

116. Ibid., 84.

117. Ibid., 86.

118. Ibid., 82.

119. Ibid., 78.

120. Hume, *Enquiry,* 31.

121. Burke, *Reflections,* 135.

122. Ibid., 133.

123. Ibid., 133-134.

124. Ibid., 119.

2장

1. Martin Heidegger, *Being and Time*, trans. John Macquarrie and Edward Robinson (Malden: Blackwell, [1927] 1962), 83. (마르틴 하이데거, 『존재와 시간』)

2. Ibid., 95.

3. Ibid., 99.

4. 인간의 삶을 이야기 혹은 내러티브로 바라보는 견해는 다음을 참조. Hannah
    Arendt, *The Human Condition*(Chicago: University of Chicago Press,
    1958), 184; 다음도 참조. Charles B. Guignon, "Authenticity, Moral
    Values, and Psychotherapy," in *The Cambridge Companion to
    Heidegger*, ed. Charles B. Guignon(Cambridge: Cambridge University
    Press, 2006), 277-278. 나중에 설명하겠지만 세계를 일종의 이야기로 파악하
    는 관점은 하이데거가 세계를 일종의 숙명(fate, Schicksal) 혹은 운명(destiny,
    Geschick)으로 해석하는 관점과도 조화를 이룬다.

5. Piotr Hoffman, "Death, Time, Historicity: Division II of Being and
    Time," in The Cambridge Companion to Heidegger, 239. (표트르 호프
    만, "죽음, 시간, 역사성: '존재와 시간' 2부")

6. Richard Polt, *Heidegger: An Introduction* (London: Routledge, 1999), 72.
    (리처드 폴트, 『하이데거 입문』)

7. Hubert Dreyfus, *Being-in-the-World: A Commentary on Heidegger's
    Being and Time, Division I* (Cambridge, MA: MIT Press, 1991). (휴버트 드레
    이퍼스, 『세계-내-존재: 하이데거의 〈존재와 시간〉 1부 해석』)

8. 나는 이 책에서 실제적 이해, 즉 하이데거가 말한 관여적 주시(concernful
    circumspection)에 관한 설명을 시도하지만, 이것은 "이해가 정신 속에서 재현
    되는 것이 아니라 행위를 통해 체현된다"는 사고방식에 대한 기본적인 친숙함
    을 가정하고 있다. 이 주제에 관심 있는 독자라면, 그리고 하이데거의 사상이
    오늘날 분석철학에서 던지는 질문과 어떻게 관련되는지 알고 싶은 독자라면
    드레이퍼스의 책 1~6장을 읽어 볼 것을 권한다.

9. Dreyfus, *Being-in-the-World*, 104.

10. Ibid., 26.

11. Polt, *Heidegger*, 63.

12. Dreyfus, *Being-in-the-World*, 37.

13. 드레이퍼스와 대조적으로 스티븐 멀홀(Stephen Mulhall)은 하이데거의 '불안정
    (unheimlich)' 개념을 나의 방식과 유사하게 해석하고 있다. 멀홀에 따르면 불
    안정(unheimlich)이란 표현은 "우리의 존재가 언제나 현재 실현되고 있는 것과
    다른, 어쩌면 그것보다 더 큰 무엇이 되는 능력을 갖고 있다는 사실"을 포착하

고 있다. 그러므로 "우리의 세속성에도 불구하고 우리는 어느 특정한 세계에서도 결코 완전히 고향에 있을 수 없다". "결코 고향에 있을 수 없다"는 그의 표현은 "철저히 뿌리 없는 상태"라는 표현과 의미심장한 대비를 이룬다. 다음을 참조. 스티븐 멀홀, 『유산과 독창성: 비트겐슈타인, 하이데거, 키에르케고르』.

14. Dreyfus, *Being-in-the-World*, 38.

15. 더욱이 드레이퍼스의 주장대로 이 세계가 정말로 일련의 우연적 실천에 불과한 것이라면, 다시 말해 사물이 지금 존재하는 대로 존재하는 필연성이 전혀 없다면 현존재는 적어도 원칙적으로는 자신이 사는 세계를 다시 만듦으로써 그것을 완전히 초월할 수 있어야 한다. 다시 말해, 세계를 규정하는 실천들이 궁극적 의미를 갖지 못하는 문화적 규준이라면 우리는 규준은 엿이나 먹어라 하며 자기 마음대로 살 수도 있을 것이다. 그러나 하이데거의 주장은 다르다. 그는 현존재는 세계를—현존재 자신이 그 속에 던져진 세계를—벗어날 수 없다고 본다(『존재와 시간』, 330). 던져짐 앞에 무력한 현존재이므로 우리는 세계를, 이미 주어진(pre-given) 의미와 서사의 일치로 간주하는 수밖에 없다. 의미와 서사의 일치는 세계를 변화시키려는 모든 시도의 조건이 된다.

16. Dreyfus, *Being-in-the-World*, 155.

17. Heidegger, *Being and Time*, 67-68.

18. Ibid., 87.

19. Ibid., 99.

20. Ibid., 95.

21. Ibid., 84.

22. Ibid., 86.

23. Hoffman, "Death, Time, Historicity: Division II of *Being and Time*," in *The Cambridge Companion to Heidegger*, 240.

24. Polt, *Heidegger*, 71.

25. Charles Taylor, *Hegel* (Cambridge: Cambridge University Press, 1975), 4.

26. Edmund Burke, *Reflections on the Revolution in France*, ed. Frank M. Turner (New Haven, CT: Yale University Press, [1790] 2003), 66.

27. Francis Bacon, *The New Organon*, ed. Lisa Jardine and Michael Silverthorne (Cambridge: Cambridge University Press, [1620] 2000), 18.

28. Heidegger, *Being and Time*, 29.

29. Plato in Heidegger, *Being and Time*, 19.

30. 다음 참조. Leo Strauss, *Natural Right and History* (Chicago: University of Chicago Press, 1953), 123.

31. Heidegger, *Being and Time*, 98.

32. Ibid., 99.

33. Martin Heidegger, "The Origin of the Work of Art," in *Poetry, Language, Thought,* trans. Albert-Hofstadter (New York: Harper & Row, [1935-1936] 1971).

34. Heidegger, *Being and Time*, 97.

35. Ibid., 98.

36. Ibid.

37. Ibid., 99.

38. Ibid.

39. Ibid., 100.

40. Ibid.

41. Ibid., 100-101.

42. Ibid., 100.

43. Ibid., 100.

44. Ibid., 153.

45. Ibid., 154.

46. Ibid., 155.

47. Ibid., 158.

48. Ibid., 153.

49. 현존재의 근본 차원으로서의 das Man, 즉 '한 사람의 일반적 행동'에 관한 하이데거의 논의를 참조하라(『존재와 시간』, ¶27). das Man의 개념과, 그것이 거짓됨과 맺는 관계는 뒤에 논의한다.

50. Heidegger, *Being and Time*, 107.

51. Ibid., 105.

52. The phenomenon of the virtuoso at work attests to how masterful,

or certain, one's practical understanding can be.

53. Heidegger, *Being and Time,* 103.

54. Ibid., 104.

55. Ibid.

56. Ibid., 105.

57. 이런 점에서 하이데거는 아리스토텔레스가 『니코마코스 윤리학』 6권에서 정의 내렸던 누우스(nous)의 이해를 그대로 따르고 있다. 여기서 누우스란 특정 사항을 포착하는 '영혼의 눈'이라고 할 수 있는 것으로, 어떻게 행동해야 하는가에 관한 숙고에서 가장 기본적인 무엇이라고 할 수 있다. 이러한 종류의 포착은 과학에서 말하는 포착, 즉 episteme(인식)도 아니며, 추론에 의해 얻어지는 포착, 즉 logos(이성)도 아니다. 그것은 특수한 감각적 인지(aistehsis)로서, 감각적 인지와도 다른 것이다.

58. Heidegger, *Being and Time,* 116.

59. Ibid., 117.

60. G. W. F. Hegel, *Philosophy of Right,* trans. T. M. Knox (London: Oxford University Press, 1952), 110. (헤겔, 『법철학』)

61. 현존재가 세계와 분리될 수 없음에 관한 설명은 다음을 참조하라. 드레이퍼스, "현존재와 세계의 상호 의존성" 『세계-내-존재』, 96-99.

62. Heidegger, *Being and Time,* 120.

63. Ibid.

64. Ibid., 121.

65. Ibid., 121-122.

66. Heidegger, "Origin of the Work of Art," 51.

67. Ibid.

68. 더욱이 원인-결과에 내포된 시간적 연속 개념도 존재와, 존재가 갖는 특수한 시간성 때문에 가능해진다. 자세한 것은 3장에서 다룬다.

69. Heidegger, "Origin of the Work of Art," 43.

70. Ibid., 51.

71. Heidegger, "Letter on Humanism," in *Basic Writings,* ed. David Farrell Krell (New York: Harper & Row, 1977), 218.

72. Heidegger, *Being and Time,* 194.

73. Taylor, *Hegel,* 6.

74. Immanuel Kant, *The Critique of Judgment,* trans. James Creed Meredith (Oxford: Oxford University Press, [1790] 1952), §40, 152.

75. Heidegger, "Letter on Humanism," 213.

76. Ibid., 229.

77. Ibid., 228.

78. Heidegger, *Being and Time,* 100.

79. Ibid., 101.

80. Ibid., 129.

81. Ibid., 131-132.

82. Ibid., 132.

83. Ibid., 88.

84. Ibid., 200.

85. Ibid., 198.

86. Bacon, *New Organon,* 135.

87. Heidegger, *Being and Time,* 199.

88. Ibid., 89.

89. Ibid., 201.

90. Ibid.

91. Ibid., 177.

92. Ibid.

3장

1. Immanuel Kant, "An Answer to the Question: What Is Enlightenment?," in *Practical Philosophy,* trans. and ed. Mary J. Gregor (Cambridge: Cambridge University Press, [1784] 1996), 17. (이마누엘 칸트, "계몽이란 무엇인가?라는 질문에 대한 대답")

2. Martin Heidegger, *Being and Time,* trans. John Macquarrie and Edward Robinson (Malden, MA: Blackwell, [1927] 1962), 164.

3. Ibid.

4. Ibid.

5. Ibid., 222-223.

6. Martin Heidegger, "What Is Metaphysics?," in *Basic Writings,* ed. David Farrell Krell (New York: Harper & Row, [1929] 1977), 106.

7. Heidegger, *Being and Time,* 220.

8. Ibid., 222.

9. Richard Polt, *Heidegger: An Introduction* (London: Routledge, 1999), 79.

10. Heidegger, *Being and Time,* 345.

11. Hubert L. Dreyfus, *Being-in-the-World: A Commentary on Heidegger's* Being and Time, *Division I* (Cambridge, MA: MIT Press, 1991), 38.

12. 하이데거, "형이상학이란 무엇인가?", 110. 일반적 의미에서, 그리고 보다 광범위한 차원에서 하이데거의 '아무것에도 의존하지 않음' 개념은 루소의 특정 의지가 아닌 '일반 의지'에의 의존을 생각나게 한다. 물론 하이데거에게 '아무것도 없음' 혹은 '존재'는 일반 의지에 의해 제안되는 단일한 전체가 아닌 서로 연결된 전체다(물론 '존재'는 정치의 범위를 훨씬 넘어선다).

13. Heidegger, *Being and Time,* 233.

14. Ibid., 344.

15. Ibid., 435.

16. Ibid., 436.

17. 이러한 본래성의 개념은 드레이퍼스의 그것과 대비된다. 드레이퍼스의 견해에 따르면 본래성은 '어떠한 가능성도 본질적 중요성을 갖고 있지 않다는 것, 다시 말해 가능성들은 자아와 아무런 본질적 관련이 없으며, 거기에는 어떠한 관련성도 주어질 수 없다는 점을' 깨닫는 것을 의미한다. 모든 본질적 의미와, 행위의 모든 이유를 말살해 버리는 이러한 통찰에 비추어 현존재는 삶에 대한 일정한 금욕적 무관심을 채택한다(Dreyfus, 『세계-내-존재』, 316, 321). 본래성에 대한 이러한 견해는 세계가, 공유된 실행으로 구성되는 임시적 네트워크라는 그의 견해와도 부합한다. 이렇듯 드레이퍼스는 본래적 현존재를 궁극적으로

인도받지 않은(unguided) 행동의 텅 빈 장소로 이해한다. 본래적 현존재의 자빌직 행위와 사신의 욕망에 대한 무관심에 관한 드레이퍼스의 자세한 설명은 다음을 참조하라. 『세계-내-존재』, 323. 그의 설명은 내가 하이데거로부터 도출한 본래성 개념과 대비를 보인다. 나의 하이데거 독법에 따르면, 본래적 현존재는 자신의 욕망에 '무관심하기는커녕' 더욱 집요하게 자신의 욕망을 추구한다.

18. Heidegger, *Being and Time,* 222.

19. Ibid., 223.

20. Ibid., 220.

21. 몇몇 해석자는 하이데거를 인간을 구분한다고 해석한다(예컨대 드레이퍼스는 '비본래적 존재에서 본래적 존재로의 변화'를 '게슈탈트의 변화'으로 지칭한다[Dreyfus, 『세계-내-존재』, 317 참조]). 그러나 일부 사람은 완전히 본래적이며 일부 사람은 완전히 비본래적이라고 보는 견해는 세계-내-존재가 '모든' 인간의 기본적인 삶의 방식이라는 하이데거의 분명한 주장과 부합하지 않는다. 왜냐하면 만약 일부 사람이 완전히 비본래적이라고 한다면 그들은 더 이상 세계-내-존재로서 존재할 수 없을 것이기 때문이다. 순전히 예측 가능하고 틀에 박힌 방식으로 행동하는 그들은 더 이상 '현존재'일 수 없다. 더욱이 이것이 사실이라면 본래적 존재로의 변환도 불가능할 것이다. 본래적 삶을 살아야 한다는 주장은 자기 삶이 무언가 부족하다는 느낌을 전혀 갖지 못한 사람에게는 아무런 호소력도 지니지 못한다.

22. 멀홀은 본래성의 '씨앗'을 '본래적 개인성에 대한 억압된 그러나 완전히 소멸되지는 않은 능력'으로 해석한다(『유산과 독창성: 비트겐슈타인, 하이데거, 키에르케고르[New York: Oxford University Press, 2001], 276). 그는 참되지 못함을 '엄폐된 자기'로 해석한다.

23. 하이데거, 『존재와 시간』, ¶40, ¶54~60 참조. 예상하듯이 하이데거에게 '양심'이란 특정 행동을 명령하는 내면의 도덕적 목소리가 아니다. 그것은 세계-내-존재의 요청으로, 우리 스스로 계획하지도 준비하지도 자발적으로 수행하지도 않은 부름이다. 그것은 의심할 바 없이, 세계 속에 나와 함께 존재하는 다른 누군가로부터 나오는 부름이 아니다. 그 부름은 '나로부터 나오지만 나 너머로부터도 온다'(하이데거, 『존재와 시간』, 320). 더욱이 이 부름은 특정한 명령을 전하지 않으며 목소리 없이 말한다. 이 부름이 현존재를 세계-내-존재 이외

의 것으로 부르지 않는데 어떻게 그럴 수 있는가? 하이데거는 그 부름이 무언 가를 말하는 것으로 해석될 수 있다면 그것은 오직 하나의 단어를 말한다고 적고 있다. 그 단어는 바로 '죄책감!'이다. 하이데거는 세계-내-존재로서의 현 존재가 본질적으로 죄책감을 느끼는 것은 그가 무언가 잘못된 행위를 했기 때문이 아니라, 그가 의식하든 못하든 현존재는 바로 자신의 존재 방식 속에 서 자신이 선택하지도 창조하지도 않은 세계에 대해 책임을 지기 때문이라고 말한다. 참된 삶을 산다는 것은 곧 이러한 죄책감을 인정하는 것이다.

24. Heidegger, *Being and Time*, 231.

25. Ibid.

26. Ibid.

27. Ibid., 308.

28. Ibid., 325.

29. Ibid., 340.

30. Dreyfus, *Being-in-the-World*, 316.

31. Ibid., 155.

32. Heidegger, *Being and Time*, 320.

33. Ibid.

34. Ibid., 318.

35. Ibid., 436.

36. Ibid., 232.

37. Martin Heidegger, "The Thinker as Poet," in *Poetry, Language, Thought*, trans. by Albert Hostadter (New York: Harper & Row, 1971), 4.

38. Martin Heidegger, "Letter on Humanism" (1947), in *Basic Writings*, 210.

39. Ibid., 236.

40. 또 하나의 실존주의적 독법이 있는데, 그것은 현존재가 비록 자신이 통제할 수 없는 환경에 따라 움직이긴 하지만 그럼에도 특정 전통이나 운명의 구속을 받 지 않고 자발적으로 행위한다는 것이다. 특정한 방식으로 행위할 이유가 없는 현존재는 자신이 처한 현재 상황에 본능적으로 반응한다. 이런 의미에서 현존 재는 철저하게 자유로운, 드레이퍼스의 말을 빌리면, '스스로를 규정하는 일련

의 요인들'이다(Dreyfus, 『세계-내-존재』, 300).

41. Polt, *Heidegger*, 95.

42. Ibid., 103.

43. Piotr Hoffman, "Death, Time, Historicity: Division II of *Being and Time*," in *The Cambridge Companion to Heidegger*, ed. Charles B. Guignon (Cambridge: Cambridge University Press, 2006), 239.

44. Heidegger, *Being and Time*, 174.

45. Ibid., 330.

46. 이 과정은 모든 저자와 해석자에게 분명하다. 예컨대 로널드 드워킨(Ronald Dworkin)은 법적 해석과 관련하여 이러한 기본적 생각을 표현했다. 『법의 제국(*Law's Empire*)』(Cambridge, MA: Belknap Press, 1986)이라는 책에서 그는 판사를 연작소설 작가에 비유한다.

47. Heidegger, *Being and Time*, 185.

48. 이러한 책임과 관련해 현존재가 지니고 있는 근본적인 원죄의 의미가 드러난다. 현존재는 스스로 선택하지 않은 운명에 무한 책임을 진다.

49. Heidegger, *Being and Time*, 185.

50. Ibid., 183.

51. Ibid.

52. Ibid.

53. Ibid., 185.

54. 이런 이유로 현존재의 다양한 존재 방식은 일반적 역할로 간주될 수 없다. 존재가 지닌 던짐의 차원은 어떤 존재 방식이라도 변화에 열려 있음을, 즉 그것이 향하는 모든 문화적 주형(鑄型)을 무너뜨림을 의미한다. 하이데거는 본래적 현존재가 다른 모든 사람과 마찬가지로 "자신의 문화 속에서 갖는 평균적 목적을 똑같이 감당해야 한다"고 주장하지 않는다(Dreyfus, 『세계-내-존재』, 157). 하이데거가 '인간(das Man)' 혹은 '그들(they)'이 현존재의 근본적 차원이라고 말할 때, 그것은 어떤 존재 방식이라도 자신이 일반적으로 행동하는 방식과 연관 지어서만 그 온전한 의미를 획득한다는 의미일 뿐이다. 다시 말해 행동이 갖는 의미는 일부 그가 그 상황에서 일반적으로 행하는 행동으로부터 창조적으로 분기(分岐)하는 방식에 있다는 것이다.

55. Heidegger, *Being and Time,* 185.

56. Ibid., 331.

57. Ibid., 185.

58. Heidegger, "Origin of the Work of Art," 43.

59. Gadamer, *Truth and Method,* trans. Joel Weinsheimer and Donald G. Marshall, rev. ed. (New York: Continuum, 1989), 111.

60. Heidegger, "Origin of the Work of Art," 73.

61. Hoffman, "Death, Time, Historicity," 239.

62. Heidegger, "Origin of the Work of Art," 73.

63. Macquarrie와 Robinson은 Geschichtlichkeit를 historicality로 번역하면서, historicity는 '역사 연구'를 의미하는, 하이데거의 보다 덜 포괄적인 용어 Historizitat에 대한 번역어로 사용하고 있다. 그러나 historicity는 하이데거의 대부분 번역본들과, 가다머의 『진리와 방법』에 대한 Weinsheimer와 Marshall의 번역본에서 Geschichtlichkeit에 대한 번역어로 사용하고 있으므로 나는 이 책에서 historicity를 사용하고자 한다.

64. Heidegger, *Being and Time,* 41.

65. Heidegger, *Being and Time,* 236.

66. Ibid.

67. Martin Heidegger, *The Concept of Time,* trans. Ingo Farin with Alex Skinner (New York: Continuum, [1924] 2011), 48.

68. 나는 이 공식을 미칼스키의 『영원의 불꽃(The Flame of Eternity)』에서 따왔다. 이 책은 니체의 시간 개념을 설명하는 것으로, 나는 이 책으로 하이데거를 이해하는 데 커다란 도움을 받았다.

69. Heidegger, "Thinker as Poet," 10.

70. Heidegger, *Being and Time,* 291.

71. Michalski, *Flame of Eternity,* 64.

72. Heidegger, *Being and Time,* 289.

73. Ibid., 294.

74. Ibid.

75. Polt, *Heidegger,* 86.

76. Polt, *Heidegger*, 85-86.

77. Heidegger, *Being and Time*, 284.

78. Ibid., 295.

79. Ibid., 293.

80. Hoffman, "Death, Time, Historicity," 226.

81. 던져진-던짐에 관한 하이데거의 논의는 현존재의 역동을 명시적으로 다루는데, 이것은 그의 죽음 분석에 대한 중요한 준비 단계다. 그러므로 죽음에 대한 그의 논의가 던져진-던짐에 관한 분석에 뒤이어 나타나는 것은 우연이 아니다.

82. Heidegger, *Being and Time*, 311.

83. Ibid., 308.

84. Martin Heidegger, "Building Dwelling Thinking," in *Poetry, Language, Thought*, 148.

85. Heidegger, *Being and Time*, 308.

86. Michalski, 『영원의 불꽃(Flame of Eternity)』, 62. 시간 개념에 대한 이 주목할 만한 설명은 니체의 해석과 유사하며 종말과 연결시켜 이 책의 5장 '시간은 가까이에 있다'에 제시되어 있다. 니체에게서 빌려 온 미칼스키의 시간 설명은 나의 하이데거 독해에 커다란 영향을 미쳤다.

87. '눈 깜짝하는 사이'를 의미하는 독일어 Augenblick(순간)은 이러한 시간의 의미를 잘 포착하는 말이다. 우리는 일상에서 어떤 동작에 푹 빠져 있을 때 시간 가는 줄 모른다. 그러나 다른 일로 시계를 쳐다보는 순간, 우리의 의식은 그사이 흘러간 시간을 제대로 인식하지 못한다. 그것은 시간의 흐름을 부정한다.

88. Heidegger, *Being and Time*, 41.

89. Heidegger, *Being and Time*, 344.

90. Heidegger, "Origin of the Work of Art," 43.

91. Heidegger, *Being and Time*, ¶44.

92. Ibid.

4장

1. Hans-Georg Gadamer, *Truth and Method,* trans. Joel Weinsheimer and Donald G. Marshall, rev. ed. (New York: Continuum, [1960] 1989), 280.

2. Ibid., 176.

3. Ibid., 291.

4. Ibid., xxvii.

5. Ibid., xxii.

6. Ibid., xxiii.

7. Ibid., xxvii.

8. Ibid., 300.

9. Ibid., 278.

10. Ibid., 273.

11. Ibid., 278.

12. 편견이 일단 부정적 의미를 갖게 되자 그것은 이후에 특정 인종에 대한 증오 같은 진실로 개탄할 만한 태도를 지칭하는 데도 사용하게 되었다.

13. 가다머는 이렇게 말한다. "독일어 단어 Vorurteil(선입관, 편견)은 영어의 prejudice나 프랑스어 prejuge와 마찬가지로 계몽기 종교 비판에 의해 단지 '근거 없는 판단'을 의미하는 것으로 축소되었다. 위엄 있는 판단이 되려면 근거, 즉 방법론적 정당화가 가능해야 했다(그것이 실제로 옳을 수 있다는 사실만으로는 되지 않는다). 계몽사상에서 그러한 근거(기초)의 부재란 그것과 다른 종류의 확실성이 존재할 수 있다는 의미가 아니라 그 판단이 사물 자체에서 아무런 토대를 갖지 못한다는, 즉 '근거가 없다는(unfounded)' 의미이다(가다머, 『진리와 방법』, 273).

14. 이것은 결국 헤겔의 견해였다. 그는 역사에 차례가 있다고 보았지만 그것은 실제로 동일한 시대가 더 높은 차원에서 반복되는 것이었다. 예컨대 그리스의 예술 세계는 역사의 끝 지점에서 개념적 사고에 실현된 정신을 희미하게 표현하고 있다. 그러므로 그리스 세계는 오직 일정한 의미에서만 '지나갔다'고 할 수 있다. 결국 더 높은 차원에서 그것은 보전되어 있다.

15.   Gadamer, *Truth and Method,* 297.

16.   Ibid., 301.

17.   Ibid.

18.   Ibid.

19.   Ibid., 274.

20.   Ibid.

21.   Ibid., 250.

22.   Ibid., 282.

23.   Ibid.

24.   Ibid., xxiii.

25.   Ibid., 275.

26.   Ibid.

27.   Ibid., 282.

28.   Ibid., 275.

29.   Ibid., 276.

30.   Ibid., 277.

31.   Ibid., 272.

32.   Ibid., 272–273.

33.   Ibid., 272.

34.   Ibid., 305.

35.   Ibid.

36.   Ibid., 290.

37.   Ibid., 271.

38.   Ibid., 278.

39.   Ibid., 269.

40.   Ibid., 295.

41.   Ibid.

42.   Ibid., 270.

43.   Plato, *Republic,* 596c–e.

44.   Friedrich Nietzsche, *The Birth of Tragedy,* "Attempt at Self- Criticism,"

In *Basic Writings of Nietzsche,* trans. and ed. Walter Kaufmann (New York: Modern Library, 2000), §5, 22.

45. Plato, *Republic,* 599a.

46. Ibid., 606d.

47. Ibid.

48. Gadamer, *Truth and Method,* 161.

49. Ibid., 270.

50. Ibid., 271.

51. Cf. Plato, *Republic,* 477–480.

52. Ibid., 477a.

53. Ibid., 478d.

54. Gadamer, *Truth and Method,* 291.

55. Ibid., 292.

56. Ibid., 300.

57. Ibid., 298.

58. Ibid., 293.

59. Ibid., 298.

60. Ibid.

61. Ibid., 285.

5장

1. Hubert L. Dreyfus, *Being-in-the-World: A Commentary on Heidegger's Being and Time, Division I* (Cambridge, MA: MIT Press, 1991), 6.

2. Hans-Georg Gadamer, *Truth and Method,* trans. Joel Weinsheimer and Donald G. Marshall, rev. ed. (New York: Continuum, [1960] 1989), 311.

3. Hans-Georg Gadamer, "Hermeneutics and Historicism" (1965), in *Truth and Method,* 536.

4. Ibid., 536.

5. Aristotle, *Nicomachean Ethics,* trans. H. Rackham (Cambridge, MA: Harvard University Press, 1926), 1097a 15.

6. Ibid., 1094a.

7. Ibid.

8. Ibid., 1096b 30.

9. Ibid., 1098a 10.

10. Ibid., 1097a 20.

11. Ibid., 1142a 15-20.

12. Ibid., 1140a 25.

13. Ibid., 1141b.

14. Ibid., 1106b 20.

15. Ibid., 1105, 1140a-b.

16. Ibid., 1140a.

17. Ibid.

18. 나는 프로네시스를 이런 식으로 잘못 해석하는 경향은 실천적(practical) 지식이 어떻게 응용 이론(applied theory)을 의미하게 되었는지 보여 준다고 생각한다.

19. Hannah Arendt, *The Human Condition* (Chicago: University of Chicago Press, 1958), §25, 181.

20. Gadamer, *Truth and Method,* 311.

21. Aristotle, *Nicomachean Ethics,* 1144a 25-35.

22. Ibid., 1095b 30-1096a 5.

23. Ibid., 1095b 5.

24. Aristotle, *Nicomachean Ethics,* 1102a.

25. Ibid.

26. Ibid.

27. Ibid., 1139a 30.

28. Ibid., 1141a 15.

29. Ibid., 1141b 1-5.

30. Ibid.

31. Ibid.

32. Ibid., 1141b 10−15.

33. Ibid., 1143b 30−35.

34. Ibid., 1142a 15−20.

35. Ibid., 1142a 15−25.

36. Ibid., 1142a 25−30.

37. Ibid.

38. Ibid., 1098b 5−10.

39. Ibid., 1098b 5−15.

40. Ibid., 1098b 25−30.

41. Ibid., 1098b 10−20.

42. Ibid., 1095b 5−7.

43. Cf. Aristotle, *Nicomachean Ethics*, 13.

44. Aristotle, *Nicomachean Ethics*, 1095b 9.

45. Ibid., 1095a.

46. Ibid., 1095a 3−4.

47. Ibid., 1098b 5.

48. Ibid., 1142b 15.

49. Ibid., 1094b 20−25.

50. Ibid.

51. Ibid., 1103a 20.

52. Ibid.

53. Ibid., 1103a 20−25.

54. Ibid., 1097b 25.

55. Ibid., 1103a 25.

56. Ibid., 1144b.

57. Ibid., 1144b 10.

58. Ibid., 1134a 20.

59. Ibid., 1139b 5.

60. Aristotle, *Politics*, trans. H. Rackham (Cambridge: Harvard University Press, 1932), 1253a 2.

61. Aristotle, *Nicomachean Ethics*, 1103b 1–5.

62. Ibid., 1104b 25–30.

63. Ibid., 1104b 30.

64. Ibid., 1105 5.

65. Ibid., 1103b 30.

66. Ibid., 1142b 1.

67. Ibid., 1104 5.

68. Gadamer, *Truth and Method*, 312.

69. Ibid., 315.

70. Aristotle, *Nicomachean Ethics*, 1137b 15.

71. Ibid., 1137b 25–30.

72. Ibid., 1115b 10.

73. Ibid., 1116 10–15.

74. Ibid., 1117a 10–15.

75. Ibid., 1117a 5.

76. Ibid., 1137a 10.

77. Ibid., 1117b 10.

78. Ibid., 1124b 5–10.

79. Ibid., 1142a 20–30.

80. Ibid., 1143b 10–20.

81. Ibid., 1120b 1–5.

82. Ibid., 1140a 25–30.

83. Ibid., 1106a 25–1106b 10.

84. Ibid., 1142a 5–15.

85. Adam Smith, *The Theory of Moral Sentiments*, ed. Ryan Patrick Hanley (New York: Penguin, 2009), 258–259.

86. Ibid.

87. Ibid.

88. Ibid., 323.

89. Aristotle, *Nicomachean Ethics*, 1112b 10.

90. Gadamer, *Truth and Method*, 318.

91. 우리는 정치적 삶의 기원에 관한 아리스토텔레스의 주장에서도 수단과 목적의 이와 같은 관계를 확인할 수 있다. 아리스토텔레스는 도시가 삶의 단순한 필요성에서 생겨났지만 좋은 삶을 위해 계속해서 존재한다고 말한다(아리스토텔레스, 『정치학』, 1252b 30). 인간은 처음에 주거와 안전의 목적으로 도시를 건설했지만—주거와 안전이 정치에 의해 확보될 수 있는 주된 선이라 파악하고—그 과정에서 인간이 알게 된 것은 단지 주거와 안전이 아닌 그 이상의 것이었다. 목적을 실현하는 수단을 채용함으로써—여러 가지 계획을 고려하고 무엇을 채택할지에 관해 논의하며 합의를 도출함으로써—인간은 삶의 단순한 필요성을 넘어서는 특정한 능력, 그리고 품성과 사고의 특정한 미덕을 발견하게 된다. 이처럼 정치는 처음에 인간의 필요를 확보하는 수단으로 시작되었지만 그 자체로 목적이 되었다. 정치는 인간이 지닌 덕의 능력과 공공선에 관한 숙고의 능력을 발현시킴으로써 선이 그 자체로 던지는 질문—오직 철학을 통해서만 답할 수 있는 질문—에 다가선다.

92. Aristotle, *Nicomachean Ethics*, 1134 15–25.

93. Ibid., 1134 20–30.

94. Ibid., 1134 15–20.

95. Ibid., 1143b 5–15.

6장

1. John Rawls, "The Idea of Public Reason Revisited," in *Political Liberalism* (New York: Columbia University Press, 2005), 481.

2. Ibid., 453.

3. Thomas Nagel, *The Last Word* (New York: Oxford University Press, 1997), 3.

4. Francis Bacon, *The New Organon,* ed. Lisa Jardine and Michael

Silverthorne (Cambridge: Cambridge University Press, 2000), 58. (프랜시스 베이컨, 『신기관』)

5. Adam Smith, *The Theory of Moral Sentiments,* ed. Ryan Patrick Hanley (London: Penguin, 2009), 150. (애덤 스미스, 『도덕감정론』)

6. Kant, *The Critique of Judgment,* trans. James Creed Meredith (Oxford: Oxford University Press, [1790] 1952), §53, 192. (칸트, 『판단력 비판』)

7. Ibid.

8. Ibid., §53, 193.

9. Thomas Hobbes, *Leviathan,* ed. Richard Tuck (Cambridge: Cambridge University Press, 1996), 32.

10. Ibid.

11. Ibid., 28.

12. Ibid., 31.

13. 이 단절의 의미를 과소평가해서는 안 된다. 홉스가 우리에게 가르치듯이, 그것은 선의 비존재, 혹은 '선'이 단지 주관적이라는 것을 의미한다. 이성과 말의 단절이 현대 사상에 어떤 영향을 미쳤는지 보여 주는 증거로 롤스의 다음 구절을 인용한다. "모든 추론 방법 ─ 개인적이거나 사회적이거나 정치적인 추론 방법 ─ 은 특정한 공통 요소, 즉 판단이나 추론 원칙, 증거 규칙 등의 개념을 미리 상정해야 한다. 그렇지 않으면 그것은 추론 방법이 아니라 하나의 수사이거나 설득의 수단에 불과하다. 우리가 관심을 갖는 대상은 단지 담화가 아니라 합리적 사유다"(롤스, 『정치적 자유주의』, 220). 나는 롤스가 '좋음(선)'보다 '옳음'을 더 우선적이라고 본 것이 우연이 아니라고 생각한다. 왜냐하면 홉스가 보여 주듯이 이성과 담화를 서로 분리시키는 것은 최고선 ─ 적어도 인간이 이해할 수 있는 것으로서 최고선 ─ 의 가능성을 부정하는 것이기 때문이다. 롤스가 명시적으로 최고선의 가능성을 부정한 것은 아니지만 선의 존재에 대한 깊은 회의가 그의 사상을 추동했다고 생각하지 않을 수 없다.

14. Hobbes, *Leviathan,* 34.

15. Bryan Garsten, *Saving Persuasion: A Defense of Rhetoric and Judgment* (Cambridge, MA: Harvard University Press, 2007), chap. 1.

16. Thomas Hobbes, *On the Citizen,* ed. Richard Tuck and Michael

Silverthorne (Cambridge: Cambridge University Press, 1998), 79.

17. Ibid., 123.

18. Hobbes, *Leviathan*, 35.

19. Ibid., 28.

20. Garsten, *Saving Persuasion*, 25.

21. Ibid., 28.

22. Plato, *Gorgias*, 465a. *Lysis, Symposium, Gorgias*, Loeb Edition, ed. Jeffrey Henderson, Harvard University Press, 1935.

23. Aristotle, *On Rhetoric*, trans. George A. Kennedy (New York: Oxford University Press, 1991), 1354b. I am indebted to Garsten for highlighting this theme in Aristotle (cf. Garsten, *Saving Persuasion*, 119, 124).

24. Gadamer, *Truth and Method*, 571.

25. Garsten, *Saving Persuasion*, 13.

26. Ibid., 2.

27. Henry Fairlie ("The Decline of Oratory," *New Republic*, May 28, 1984, 17) in Garsten, *Saving Persuasion*, 193.

28. Lyndon Baines Johnson, "We Shall Overcome," address to a Joint Session of Congress on Voting Legislation, Washington, DC, 15 March 1965.

29. Abraham Lincoln, "Gettysburg Address," Gettysburg, Pennsylvania, 19 November 1863. http:// www.americanrhetoric.com.

30. Garry Wills, *Lincoln at Gettysburg: The Words That Remade America* (New York: Simon & Schuster, 1992), 54.

31. Gadamer, *Truth and Method*, 464.

32. Wills, *Lincoln at Gettysburg*, 20.

33. Ibid., 21.

34. Ibid., 33.

35. Ibid., 54.

36. Ibid., 37.

37. Frederick Douglass, "What to the Slave Is the 4th of July?" Rochester,

New York, 4 July 1852. http:// www.americanrhetoric.com .

38. Ibid.

39. Ibid.

40. Ibid.

41. Friedrich Nietzsche, "The Wanderer," in *Thus Spoke Zarathustra,* pt. 3, in *The Portable Nietzsche,* trans. Walter Kaufmann (London: Chatto & Windus, 1971), 265.

42. Allan Bloom, "Interpretive Essay," in *Plato's Republic,* trans. Allan Bloom, 2nd ed. (New York: Basic Books, 1991), 405.

43. Friedrich Nietzsche, preface to *Beyond Good and Evil,* in *Basic Writings of Nietzsche,* 193.

44. Nietzsche, "Aphorism 1," *Beyond Good and Evil,* 199.

45. Nietzsche, "Aphorism 2," *Beyond Good and Evil,* 200.

46. Friedrich Nietzsche, "The Problem of Socrates," *Twilight of the Idols,* § 1, in *The Portable Nietzsche,* 473.

47. Allan Bloom, "The Ladder of Love," in *Plato's Symposium*, trans. Seth Benardete (Chicago: University of Chicago Press, 1993), 137.

48. Nietzsche, "Aphorism 41," *Beyond Good and Evil,* 242.

49. Nietzsche, "Aphorism 36," *Beyond Good and Evil,* 238.

참고문헌

- Abramson, Jeffrey. *We, the Jury.* New York: Basic Books, 1994.
- Arendt, Hannah. *The Human Condition.* Chicago: University of Chicago Press, 1958.
- Aristotle. *Nicomachean Ethics.* Translated by H. Rackham, edited by Jeffrey Henderson. Cambridge, MA: Harvard University Press, 1926.
- ———. *On Rhetoric.* Translated by George A. Kennedy. New York: Oxford University Press, 1991.
- ———. *Politics.* Translated by H. Rackham. Cambridge: Harvard University Press, 1932.
- Bacon, Sir Francis. *The New Organon.* Edited by Lisa Jardine and Michael Silverthorne. Cambridge: Cambridge University Press, 2000. First published 1620.
- Benardete, Seth. "On *Plato's Symposium.*" In Plato's Symposium, trans. Seth Benardete. Chicago: University of Chicago Press, 1993.
- Bloom, Allan. "Interpretive Essay." In *Plato's Republic*, trans. Alan Bloom. 2nd ed. New York: Basic Books, 1991.
- ———. "The Ladder of Love." In *Plato's Symposium*, trans. Seth Benardete. Chicago: University of Chicago Press, 1993.
- Burke, Edmund. *Reflections on the Revolution in France.* Edited by Frank M. Turner. New Haven, CT: Yale University Press, 2003. First published 1790.

- Demos, Raphael. Introduction to *The Dialogues of Plato*. Translated by B. Jowett. New York: Random House, 1937.

- Descartes, René. *Discourse on the Method*. 1637. In Descartes, *Selected Philosophical Writing*, trans. John Cottingham, Robert Stoothoff, and Dugald Murdoch. Cambridge: Cambridge University Press, 1998, 20–56.

- ———. *Meditation on First Philosophy*. 1641. In Descartes, *Selected Philosophical Writings*, 73–122.

- ———. *Objections and Replies to the Meditations*. 1641. In Descartes, *Selected Philosophical Writings*, 123–159.

- ———. *Principles of Philosophy*. 1644. In Descartes, *Selected Philosophical Writings*, 160–212.

- ———. *Rules for the Direction of Our Native Intelligence*. 1628. In Descartes, *Selected Philosophical Writings*, 1–19.

- ———. *Selected Philosophical Writings*. Translated by John Cottingham, Robert Stoothoff, and Dugald Murdoch. Cambridge: Cambridge University Press, 1998. Douglass, Frederick. "What to the Slave Is the 4th of July?" Rochester, New York, 4 July 1852. http://www.americanrhetoric.com.

- Dreyfus, Hubert L. *Being-in-the-World: A Commentary on Heidegger's Being and Time, Division I*. Cambridge, MA: MIT Press, 1991.

- Dworkin, Ronald. *Law's Empire*. Cambridge, MA: The Belknap Press, 1986.

- Gadamer, Hans-Georg. "Hermeneutics and Historicism." In *Truth and Method*, trans. Joel Weinsheimer and Donald G. Marshall. Rev. ed. New York: Continuum, 1989.

- ———. *Truth and Method*. Translated by Joel Weinsheimer and Donald G. Marshall. Revised edition New York: Continuum, 1989. First published 1960.

- Garsten, Bryan. *Saving Persuasion: A Defense of Rhetoric and Judgment*.

Cambridge, MA: Harvard University Press, 2007.

- Guignon, Charles B. "참됨, 도덕 가치, 심리치료." *In The Cambridge Companion to Heidegger*, ed. Charles B. Guignon. Cambridge: Cambridge University Press, 2006.

- Hegel, G. W. F. *The Phenomenology of Spirit*. Translated by A. V. Miller. Oxford: Clarendon Press, 1977.

- ———. *Philosophy of Right*. Translated by T. M. Knox. Oxford: Oxford University Press, 1952.

- Heidegger, Martin. *Basic Writings*. Edited by David Farrell Krell. New York: Harper & Row, 1977

- ———. *Being and Time*. Translated by John Macquarrie and Edward Robinson. Malden, MA: Blackwell, 1962. First published 1927.

- ———. "숙고하는 사유 짓기." In *Poetry, Language, Thought*, 143-159.

- ———. *The Concept of Time*. Translated by Ingo Farin with Alex Skinner. New York: Continuum, 2011. First published 1924.

- ———. "인본주의에 관한 편지." In *Basic Writings*, 213-266.

- ———. "예술작품의 기원." In *Poetry, Language, Thought*, 15-86.

- ———. *Poetry, Language, Thought*. Translated by Albert Hostadter. New York: Harper & Row, 1971.

- ———. "사물" In *Poetry, Language, Thought*, 163-180.

- ———. "시인으로서의 사상가." In *Poetry, Language, Thought*, 1-14.

- ———. "형이상학이란 무엇인가?" In *Basic Writings*, 89-110.

- Hobbes, Thomas. *Leviathan*. Edited by Richard Tuck. Cambridge: Cambridge University Press, 1996.

- ———. *On the Citizen*. Edited by Richard Tuck and Michael Silverthorne. Cambridge: Cambridge University Press, 1998.

- Hoffman, Piotr. "죽음, 시간, 역사성: '존재와 시간' 2부." In *The Cambridge Companion to Heidegger*, ed. Charles B. Guignon. Cambridge: Cambridge University Press, 2006.

- Hume, David. *An Enquiry Concerning the Principles of Morals*. Edited by J. B. Schneewind. Indianapolis, IN: Hackett, 1983. First published 1751.

- ———. *A Treatise of Human Nature*. Edited by L. A. Selby-Bigge. 2nd ed. Oxford: Oxford University Press, 1978. First published 1740.

- Johnson, Lyndon Baines. "우리는 이겨낼 것입니다." Address to a Joint Session of Congress on Voting Legislation, Washington, DC, 15 March 1965. http://www.american rhetoric.com.

- Kant, Immanuel. "계몽이란 무엇인가라는 질문에 대한 대답." In *Practical Philosophy*, trans. and ed. Mary J. Gregor. Cambridge: Cambridge University Press, 1996. First published 1784.

- ———. *The Critique of Judgment*. Translated by James Creed Meredith. Oxford: Oxford University Press, 1952. First published 1790.

- ———. *The Critique of Pure Reason*. Translated and edited by Paul Guyer and Allen W. Wood. Cambridge: Cambridge University Press, 1998.

- ———. *Groundwork of the Metaphysics of Morals*. Translated and edited by Mary Gregor. Cambridge: Cambridge University Press, 1997.

- Lincoln, Abraham. "게티즈버그 연설," Gettysburg, PA, 19 November 1863. http:// www.americanrhetoric.com.

- Marx, Karl. *Economic and Philosophical Manuscripts of 1844*. In *The Marx-Engels Reader*, ed. Robert C. Tucker. 2nd ed. New York: W. W. Norton, 1978.

- Michalski, Krzysztof. *The Flame of Eternity*. Translated by Benjamin Paloff. Princeton, NJ: Princeton University Press, 2012.

- Mulhall, Stephen. *Inheritance and Originality: Wittgenstein, Heidegger, Kierkegaard*. New York: Oxford University Press, 2001.

- Nagel, Thomas. *The Last Word*. New York: Oxford University Press, 1997.

- Nietzsche, Friedrich. *Basic Writings of Nietzsche*. Translated and edited by Walter Kaufmann. New York: Modern Library, 2000.

- ———. *Beyond Good and Evil*. 1886. In *Basic Writings of Nietzsche*, 179-435.
- ———. *The Birth of Tragedy*. 1871. "Attempt at Self-Criticism" (added by Nietzsche as a preface, 1886). In *Basic Writings of Nietzsche*, 1-144.
- ———. *The Portable Nietzsche*. Translated by Walter Kaufmann. London: Chatto & Windus, 1971.
- ———. *Thus Spoke Zarathustra*. 1883-1885. In *The Portable Nietzsche*, 103-440.
- ———. *Twilight of the Idols*. 1889. In *The Portable Nietzsche*, 463-564.
- Nussbaum, Martha. *The Fragility of Goodness*. New York: Cambridge University Press, 1986.
- Polt, Richard. *Heidegger: An Introduction*. London: Routledge, 1999.
- Plato. *Apology*. Edited by Jeffrey Henderson. Cambridge: Harvard University Press, 1914.
- ———. *Gorgias*. Edited by Jeffrey Henderson. Cambridge: Harvard University Press, 1925.
- ———. *Phaedo*. Edited by Jeffrey Henderson. Cambridge: Harvard University Press 1914.
- ———. *The Republic of Plato*. Translated by Allan Bloom. 2nd. ed. New York: Basic Books, 1991
- ———. *Republic*. Translated by Paul Shorey. Cambridge: Harvard University Press, 1935.
- Rawls, John. "공공 이성이라는 이상의 재검토." In *Political Liberalism*, 435-490.
- ———. *Political Liberalism*. Expanded Edition. New York: Columbia University Press, 2005.
- Ross, Sir David. *Plato's Theory of Ideas*. Oxford: Oxford University Press, 1951.
- Rousseau, Jean-Jacques. *The Social Contract and Discourses*. Translated by Donald A. Cress. Indianapolis: Hackett, 1983.

- Smith, Adam. *The Theory of Moral Sentiments*. Edited by Ryan Patrick Hanley. New York: Penguin, 2009.
- Strauss, Leo. *The City and Man*. Chicago: University of Chicago Press, 1964.
- ———. *Natural Right and History*. Chicago: University of Chicago Press, 1953.
- Taylor, Charles. *Hegel*. Cambridge: Cambridge University Press, 1975.
- ———. *Philosophical Arguments*. Cambridge, MA: Harvard University Press, 1995.
- Wills, Garry. *Lincoln at Gettysburg: The Words That Remade America*. New York: Simon& Schuster, 1992.

감사의 말

책을 마치고 돌아보니 이 책이 세상에 나오게 된 연원과 이 책에 생명을 불어넣어 준 분들에게 마음이 가닿는다.

내가 하버드 대학교에서 처음 철학에 관심을 갖도록 이끌어 주신 선생님들께 감사한다. 제프리 에이브럼슨, 리처드 팰런, 데이비드 그루얼, 샌디 레벤슨이 그분들이다. 또 나는 클래런던 장학재단의 후의에 힘입어 옥스퍼드 지저스 칼리지에서 4년간 대학원 연구 기간을 보낼 수 있었다. 이 기간에 나는 플라톤과 아리스토텔레스, 하이데거와 가다머를 내 나름의 방식대로 읽었다. 이 기간 동안 내가 공부했던 것은 옥스퍼드 철학과에서 정례적인 일은 아니었다. 나의 비정통적인 관심사에도 불구하고 공감적으로 인도해 주고 지지를 보내 준 선생님들께 감사한다. 마이클 프리든은 수사修辭에 대한 나의 사고에 영향을 주었다. 스티븐 멀홀의 강의를 통해 나는 하이데거에 입문하게 되었다. 리처드 터크와 로이스 맥네이, 그리고 누구보다 나의 철학 박사학위 지도교수인 제러미 월드런은 나의 논문 심사를 활기찬 세미나로 만들어 주었다. 월드런 교수님은 열정과 활기로 내가 편견 옹호론의 온전한 함의를 이끌어 낼 수 있도록, 그리고 고전 텍스트를 나 자신의 목소리로 해석하도록 격려해 주었다.

또 감사를 전해야 할 분들이 있다. 나의 친구 에드워드 브룩스, 줄리어스 크레인, 노엘 로페즈, 존 페리, 압달라 살람, 그리고 줄리언 셈펄이다. 이 분들 모두 나의 원고를 읽으면서 내가 사고를 형성하는 데 도움을 주었다. 뿐만 아니라 이번 프로젝트에 대한 나의 신념을 강화시켜 주었다.

특히 나의 비공식 멘토이자 조언가로서 자신들의 시간과 조언, 격려를 아낌없이 나눠 준 분들, 토니 크론먼, 하비 맨스필드, 찰스 테일러에게도 특별한 감사의 뜻을 전한다. 또 파스칼리스 키트로밀리데스는 2010년 여름 내가 아테네에서 그리스 철학을 공부할 수 있는 기회를 마련해 주었다. 러스 뮤어헤드는 처음부터 끝까지 현명한 조언과 날카로운 코멘트, 확신에 찬 지지를 보내 주었다. 브라이언 가스틴은 나에게 중요한 지적 영감을 제공해 주었다. 수사와 정황적 판단에 관한 그의 저작은 이 책이 세상에 나오는 데 큰 영향을 미쳤다. 2012년 여름, 크리스초프 미칼스키는 내가 빈에 있는 그의 인문과학연구소에 머물면서 정황적 이해와 시간의 중요한 연결성에 대해 사고하도록 이끌어 주었다. 비록 그는 이 책이 완성되기 직전에 사망했지만 나는 그를 여러 면에서 이 책에 영향을 준 사람으로 기억할 것이다.

또한 나의 편집자인 하버드 대학교 출판부의 마이클 애론슨에게도 감사를 전한다. 그는 이 책이 출간되기까지 관심과 배려로 지켜봐 주었다. 그리고 에드워드 웨이드는 책 제작에 관한 전문 기술로 도움을 주

434

었다.

모든 앎이 정황적 이해라면 철학은 가족과 분리될 수 없다. 동생 에런은 종종 내가 가진 편견을 일깨우며 내가 가진 편견에 대해 한 번 더 생각해 보게 한다. 또 나는 누구보다 나의 최초이자 최고의 스승인 아버지 마이클 샌델과 어머니 기쿠 아다토에게 감사의 빚을 졌다. 이 프로젝트를 시작할 때부터 줄곧 나와 부모님은 여러 낮밤을 집에서 해외에서 함께 보내면서 편견과 정황적 이해, 그리고 다른 철학적 주제에 대해 토론했다. 그분들의 통찰과 지지, 사랑 덕분에 이 책이 세상에 나올 수 있었다.

옮긴이 / 이재석

서울대학교 노어노문학과를 졸업한 뒤 지직권 에이진시와 출판사에서 일했다. 녹자에게 도움이 되는 알찬 영어 서적의 번역을 늘 궁리하고 있으며 특히 철학, 심리, 교육, 명상 등 인간의 내적 잠재성을 발현시키는 분야에 관심이 많다. 여기서 책이 작은 역할을 할 수 있다고 믿는 그는 현재 바른번역에서 활동 중이다.

편견이란 무엇인가

초판 1쇄 발행 2015년 8월 5일 | 초판 4쇄 발행 2017년 9월 15일

지은이 애덤 샌델 | 감수 김선욱 | 옮긴이 이재석 | 펴낸이 김영진

본부장 나경수 | 개발실장 박현미
개발팀장 차재호 | 책임편집 고혜림
디자인팀장 박남희 | 디자인 당승근
사업실장 백주현 | 마케팅팀장 이용복 | 마케팅 우광일, 김선영, 허성배, 정유, 박세화
콘텐츠사업팀장 민현기 | 콘텐츠사업 김재호, 강소영, 정슬기
출판지원 이주연, 이형배, 양동욱, 정재성, 강보라, 손성아 | 국제업무 박지영

펴낸곳 (주)미래엔 | 등록 1950년 11월 1일(제16-67호)
주소 137-905 서울시 서초구 신반포로 321
미래엔 고객센터 1800-8890
팩스 (02)541-8248 | 이메일 bookfolio@mirae-n.com
홈페이지 www.mirae-n.com

ISBN 978-89-378-3771-5 03300

* 와이즈베리는 ㈜미래엔의 성인단행본 브랜드입니다.

* 책값은 뒤표지에 있습니다.

* 파본은 구입처에서 교환해 드리며, 관련 법령에 따라 환불해 드립니다.
  단, 제품 훼손시 환불이 불가능합니다.

와이즈베리는 참신한 시각, 독창적인 아이디어를 환영합니다.
기획 취지와 개요, 연락처를 bookfolio@mirae-n.com으로 보내주십시오.
와이즈베리와 함께 새로운 문화를 창조할 여러분의 많은 투고를 기다립니다.

「이 도서의 국립중앙도서관 출판예정도서목록(CIP)은 서지정보유통지원시스템 홈페이지(http://seoji.nl.go.kr)와 국가자료공동목록시스템(http://www.nl.go.kr/kolisnet)에서 이용하실 수 있습니다. (CIP제어번호: CIP2015020266)」

인성교육시리즈 I

명화를 활용한 도덕 수업 개정판

– 한국화 동양화를 중심으로 –

명화를 활용한 도덕 수업 개정판

― 한국화 동양화를 중심으로 ―

초　판 1쇄 발행일 2015년 11월 03일
개정판 2쇄 발행일 2019년 03월 21일

지은이 김미덕
펴낸이 양옥매
디자인 이윤경
교　정 조준경

펴낸곳 도서출판 책과나무
출판등록 제2012-000376
주소 서울특별시 마포구 월드컵북로 44길 37 천지빌딩 3층
대표전화 02.372.1537　**팩스** 02.372.1538
이메일 booknamu2007@naver.com
홈페이지 www.booknamu.com
ISBN 979-11-5776-699-4(43190)

이 도서의 국립중앙도서관 출판시도서목록(CIP)은 서지정보유통지원 시스템
홈페이지(http://seoji.nl.go.kr)와 국가자료공동목록시스템
(http://www.nl.go.kr/kolisnet)에서 이용하실 수 있습니다.

인성교육시리즈 I

명화를 활용한
도덕 수업 _{개정판}

– 한국화 동양화를 중심으로 –

김미덕 지음

책과나무

최근 학교 현장에서는 잦은 교육과정 개정과 생명 존중 교육, 민주 시민 교육, 혁신 공감학교, 배움 중심 수업, 자유학기제, 인성 교육 등의 실시로 말미암아 다양한 수업 방법이 요구되고 있다. 평가 방법에서도 지필평가보다 수행평가의 비율이 높아지고, 서술형·논술형 평가 등 수시 평가를 지향한다. 따라서 교과서를 재구성하고 평가 방법을 개선하는 작업과 더불어 다른 교과와 융합 수업을 하는 활동 등 다양한 수업 방법을 모색해야 한다. 이러한 흐름에 따라 여기서는 도덕 교과서에 삽입되어 있는 명화에 주목하였다.

　도덕 교과서의 명화는 학교 현장의 이러한 여러 가지 변화에 대처할 수 있는 의미 있는 수업 자료가 될 것이다. 이 책에서는 도덕 수업에서 명화 활용이 지닌 효과를 검증 또는 반증하기 위해서 교과서에 수록된 명화에 대해 분석하고 어떻게 수업에 활용할 것인지 검토한다.

　도덕 교과서에 삽입되어 있는 명화는 교과서의 관련 단원과 주제 그리고 인물 자료 등과 관련이 있다. 소설가가 문학을 통해 그 시대상을 반영하듯이, 화가 또한 한 장의 그림 속에 많은 이야기를 담아

낸다. 명화의 주제는 시대마다 다르며, 한 시대의 사회적 가치와 사회적 관심을 드러낸다. 따라서 도덕 수업에서 명화를 활용할 때는 도덕적 지식뿐만 아니라 도덕적 감정, 더 나아가 도덕적 행위로까지 연결시킬 수 있는 것으로 선정해야 한다.

이 책은 도덕적 상상력 함양을 위한 명화 활용 방법을 제시할 것이다. 여기에 실린 내용은 도덕과 교육에서 수업자료 개발을 위한 하나의 시도이며, 명화 활용 수업을 위한 길라잡이의 한 형태일 뿐이다.

교사와 학생 모두 이 자료를 토대로 더 많은 자료를 보충하여 좀 더 행복하고 성공적인 수업을 할 수 있길 희망한다.

명화에 대한 더 많은 원본을 소개하고 싶었으나 저작권 문제로 인해 삽입하지 못하거나 일러스트로 대신한 점에 대해 양해를 바란다. 또한 연락이 닿지 않아 부득이하게 교육용으로 실을 수밖에 없는 점도 이해를 구한다. 개인 소장용 명화에 대해 문제가 있다면 저자나 출판사에 연락을 주기 바란다. 명화 활용에 있어 작품을 교육 자료로 활용할 수 있게 허락해 주신 화가와 관계 기관에게 깊이 감사드린다.

이 책이 다시 출판되기까지 많은 도움을 준 것은 자유학기제 수업에 참여하였던 학생들이다. 명화를 활용한 수업에서 활발한 토론과 재미있는 아이디어를 제공해준 무원중학교 학생들에 깊은 감사를 드린다. 특히 표지를 바꾸면서 많은 조언을 해준 사랑하는 조카들과 부족한 원고이지만 2쇄를 출판할 수 있도록 세심하게 편집을 해 주신 '책과 나무' 편집부에 고마운 마음을 전한다.

2019년 3월 삼송 연구실에서
김미덕

목차

책을 펴내며 · 04

교과서에 실린 명화

· 11

1. 제7차 도덕과 교육과정에 기초한 국정 교과서의 명화 · 17
2. 2007 도덕과 교육과정에 기초한 교과서의 명화 · 19
3. 2009 도덕과 교육과정에 기초한 교과서의 명화 · 29
4. 2012 도덕과 교육과정에 의한 내용 체계와 명화 · 35
5. 중등 도덕 교과서에 실린 명화의 분류 · 42

명화를 활용한 도덕과 교수법

II · 51

1. 한국화 · 52
  1) 김홍도, '풍속화' · 53
  2) 윤두서, '자화상' · 65
  3) 강행원, '통일염원' · 74
  4) 강희안, '고사관수도' · 83
  5) 김명국, '달마도' · 90
  6) 김정희, '증 번상촌장 난' · 95
  7) 백남준, 'TV 부처' · 103
  8) 변상벽, '모계영자도', '묘작도' · 110
  9) 신사임당, '초충도' · 117
  10) 작가 미상, '미인도' · 124
  11) 박수근, '빨래터' · 132

2. 산수화 · 138
  1) 한국의 산수화 · 139
  2) 중국의 산수화 · 147
  3) 일본의 산수화 · 155

참고 문헌 · 162

그림목차

13 · [그림 1]   루벤스, '시몬과 페로'

13 · [그림 2]   귀도 레니, '터번을 쓴 여인'

53 · [그림 3]   김홍도, '서당도'

53 · [그림 4]   김홍도, '그림감상'

53 · [그림 5]   김홍도, '고누놀이'

53 · [그림 6]   김홍도, '씨름도'

54 · [그림 7]   김홍도, '고누놀이'의 부분

54 · [그림 8]   신윤복, '춤추는 아이[舞童]'의 부분

54 · [그림 9]   김홍도, '씨름도'의 부분

54 · [그림 10] 김홍도, '벼타작'의 부분

55 · [그림 11] 김홍도, '벼타작'

57 · [그림 12] 김홍도, '대장간'

57 · [그림 13] 디에고 벨라스케스, '불카누스의 대장간'

63 · [그림 14] 우물고누

63 · [그림 15] 호박고누

63 · [그림 16] 윷놀이 풍속화와 윷밭

65 · [그림 17] 윤두서, '자화상'

66 · [그림 18] 뒤러, '엉겅퀴를 든 자화상'

66 · [그림 19] 뒤러, '장갑을 낀 자화상'

66 · [그림 20] 뒤러, '모피코드를 입은 자화상'

68 · [그림 21] 고흐, '자화상'

68 · [그림 22] 이채, '자화상'

68 · [그림 23] 윤두서, '자화상'

68 · [그림 24] 강세황, '자화상'

74 · [그림 25] 강행원, '통일염원'

77 · [그림 26] 강행원, '어머니의 한'

77 · [그림 27] 뒤러, '어머니'

83 · [그림 28] 강희안, '고사관수도(高士觀水圖)'

83 · [그림 29] 이불해, '예장소요도(曳杖逍遙圖)'

85 · [그림 30] 강희안, '고사관수도(高士觀水圖)'의 부분

85 · [그림 31] 강희안, '고사도교도(高士渡橋圖)'의 부분
90 · [그림 32] 김명국, '달마도'
92 · [그림 33] 루벤스, '십자에게서 내려지는 예수'
92 · [그림 34] 천은사, '괘불탱'
95 · [그림 35] 김정희, '증 번산촌장 난'
96 · [그림 36] 임희지, '묵란도(墨蘭圖)'
98 · [그림 37] '사군자도·행서(四君子圖 行書)'
103 · [그림 38] 백남준, 'TV 부처'
110 · [그림 39] 변상벽, '모계영자도(母鷄領子圖)'
110 · [그림 40] 변상벽, '묘작도(猫雀圖)'
112 · [그림 41] 이암, '모견도(母犬圖)'
112 · [그림 42] 이암, '화조묘구도(花鳥猫狗圖)'
117 · [그림 43] 신사임당, '초충도(草蟲圖)'
119 · [그림 44] 신사임당, '수박과 들쥐'
124 · [그림 45] 작가 미상, '미인도(美人圖)', 해남 녹우당
125 · [그림 46] 작가 미상, '미인도(美人圖)', 해남 녹우당
125 · [그림 47] 작가 미상, '미인도(美人圖)', 일본도쿄국립박물관
126 · [그림 48] 신윤복, '전모를 쓴 여인'의 부분

126 · [그림 49] 작가 미상, '미인도'의 부분, 해남 녹우당
126 · [그림 50] 다빈치, '모나리자'의 부분
127 · [그림 51] 작자 미상, '미인도'의 부분, 해남 녹우당
127 · [그림 52] 다빈치, '모나리자'
132 · [그림 53] 박수근, '빨래터'
139 · [그림 54] 정선, '인왕제색도(仁王霽色圖)'
139 · [그림 55] 정선, '단발령망금강산(斷髮嶺望金剛山)'
140 · [그림 56] 이재관, '송하처사도(松下處士圖)'
141 · [그림 57] 이인상, '송하수업도(松下授業圖)'
141 · [그림 58] 김홍도, '서당도'
147 · [그림 59] 원 황공망, '부춘산거도(富春山居圖)'
149 · [그림 60] 북송 문동, '묵죽도(墨竹圖)'
150 · [그림 61] 청 팔대산인, '팔팔조도(叭叭鳥圖)'
150 · [그림 62] 심사정, '딱따구리'
155 · [그림 63] 셋슈, '사계산수(四季山水)'
155 · [그림 64] 셋슈, '추동산수(秋冬山水)'
156 · [그림 65] 가츠시카 호쿠사이, '붉은 후지산'
156 · [그림 66] 가츠시카 호쿠사이, '가나가와 앞바다의 큰 파도'
157 · [그림 67] 김명국, '달마도(達磨圖)'
157 · [그림 68] 셋슈, '대달마상(大達磨像)'

교과서에 실린
명화

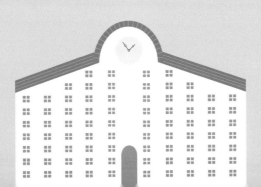

최근 교과서는 이전 교과서와는 달리 크기가 커지고 색상도 화려해졌다. 교과서 지면 공간이 넓어 참고 자료와 활동들을 다양하게 제시할 수 있게 되었다. 도덕 교과서도 국정 교과서(제7차 교육과정)에서 검정 교과서(2007 개정 교육과정)로 바뀌면서 많은 변화를 보이고 있다. 인물뿐만 아니라 삽화와 예화 그리고 명화까지 다양하게 삽입되어 있다.

　소설가가 문학을 통해 그 시대상을 반영하듯이, 화가 또한 한 장의 그림 속에 많은 이야기를 담고 있다. 명화의 주제는 시대마다 다르며, 한 시대의 사회적 가치와 사회적 관심을 드러낸다. 도덕과 교육에서 명화를 활용하는 일은 도덕적 상상력을 함양할 뿐만 아니라 도덕적 실천 동기를 부여하는 데도 기여할 수 있다. 나아가 명화 활용은 도덕과 교육의 방법론적인 측면에도 도움을 줄 수 있다는 판단 하에 연구를 하게 되었다.

2007 교육과정이 주제 중심교육과정을 채택하면서 예술이라는 주제도 문화 윤리로서 도덕과의 한 부분이 되었다. 수업 시간에 학생들은 여러 가지 질문을 한다. 그중에서 눈에 띄는 질문은, "미술 교과서도 아닌 도덕 교과서에 밀레의 그림 '만종'이 왜 삽입되어 있는가? 그리고 '보람 있는 일로부터 얻는 삶의 행복'과 밀레의 '만종'은 어떤 관계가 있는가?"에 대한 것이었다.

　명화는 교과서의 관련 단원과 주제에 따라 여백에 삽입되어 있다. 교과서에 삽입된 명화는 수업의 흐름에 아무런 지장을 주지 않지만, 그것을 어떻게 활용하느냐에 따라 수업의 질은 달라질 수 있을 것이라는 가정 하에 명화에 대해 검토하였다.

[그림 1] 루벤스, '시몬과 페로'
(1630, 암스테르담 레이크스미술관)

[그림 2] 귀도 레니, '터번을 쓴 여인'
(18세기, 루브르 박물관)

　[그림 1] 루벤스의 작품 '시몬과 페로'는 효를 상징하는 그림으로 자주 소개된다. '시몬과 페로'를 처음 대면했을 때, 늙은이가 젊은 여자

의 가슴을 탐하는 외설적인 작품으로 보일 수도 있지만, 작품의 내용을 알게 되면 다시 감상하게 된다. 시몬은 페로의 아버지로, 감옥에서 굶겨 죽이는 아사형(餓死刑)의 형벌이 내려져 그에게 일체의 음식이 제공되지 않았다. 그 즈음에 아이를 낳은 딸 페로는 아버지를 살리기 위해 간수 몰래 본인의 젖을 먹여 아버지를 살리고자 한다.

[그림 2]의 '터번을 쓴 여인'은 귀도 레니의 '베아트리체 첸치의 초상' 모사작이다. 친아버지를 죽인 죄로 사형을 선고 받아 집행장으로 가는 베아트리체 첸치를 그린 것이다. 너무나도 아름답고 슬픈 미소를 짓는 그녀가 살인자라는 사실이 믿기지 않는다. 이렇듯 아름다운 그녀가 살인자가 될 수밖에 없었던 이유가 있다. 베아트리체의 아버지는 귀족 신분으로 자신의 딸을 성적으로 학대하고 폭력을 일삼았다. 아버지의 폭력을 견디다 못한 베아트리체와 그녀의 오빠는 힘을 합쳐 아버지를 죽이게 된다. 결국 그녀는 사형선고를 받고 22살의 꽃다운 나이에 형장의 이슬로 사라졌다. 18세기 17살의 어린 화가 엘리자베타 시라니는 술주정꾼인 아버지에게 학대를 받았다. 그림에 재주가 있는 딸에게 그림을 그려서 팔도록 강요한 것이다. 생계를 위해 그림을 그리던 그녀는 귀도 레니의 초상화를 본 후 자신의 처지가 베아트리체와 닮았다고 생각하여 귀도 레니의 작품을 모사했다. 이렇듯 두 작품은 보기와는 다르게 이야기를 담고 있다. 두 작품에 담겨 있는 이야기는 도덕 수업에 시사하는 바가 크다.

명화 활용 수업의 예를 들면, 통일 단원에서 전쟁과 관련하여 피카소의 작품 '게르니카(1937)'와 '한국에서의 학살(1951)'이라는 작품을 활용했다. 그리고 전쟁의 참상과 남북한의 통일 문제까지 연결시켜 토론 수업을 한 후에 학생들의 반응을 조사해 보았다. 그 결과 명화 활용 수업을 한 이후에 통일에 대한 부정적인 시각이 다소 긍정적으로 바뀐 것을 확인할 수 있었다. 학생들은 이론 수업을 할 때보다 명화를 활용할 때 훨씬 더 적극적으로 수업에 참여하였다. 또한 글쓰기에서도 논리적인 방법으로 다양하게 자신의 주장을 펴기도 하였다.

명화를 활용한 도덕과 수업이 도덕적 상상력을 길러 줌으로써 도덕적 추론을 포함하는 도덕적 판단력의 신장, 도덕적 동기와 도덕적 의지를 포함하는 도덕적 정서, 그리고 도덕적 습관화와 행동 및 행위를 포함하는 도덕적 실천력의 강화에 기여할 것이라는 기대를 하게 된다. 그렇지만 그러한 기대는 상당히 낙관적인 것이라고 평가할 수도 있을 것이다.

한 장의 명화에는 그것이 그려진 사회적 역사적 배경이 있으며, 그것을 그린 화가의 삶이 담겨 있다. 또한 그 명화에 대한 이후 사람들의 수많은 평가가 있다. 따라서 명화를 도덕과 교육에 활용하기 위해서는 많은 변수들이 고려되어야 한다. 특히 도덕 교과에서 중시하는 기본적인 도덕적 규범이나 덕목과 주어진 명화가 어떻게 연관되는지, 그리고 명화의 모델은 물론이고 작가와 평가자들의 삶과 사상 그리고 그들의 명화에 대한 의미 부여에 대한 재평가 등이 모두 고려되어야 한다.

도덕 교과에서 명화 활용 수업은 훨씬 더 다양하게 전개해 볼 수 있다. 최근 현장에서는 잦은 교육과정 개정과 생명존중교육, 민주시민교육, 혁신 공감학교, 배움 중심 수업, 자유학기제 실시, 인성 교육 등 다양한 수업 방법이 요구되고 있다. 따라서 교과서를 재구성하는 작업이 필요하며, 때로는 다른 교과와 융합 수업을 하는 등 다양한 수업 방법에 대해 심도 있게 연구할 필요가 있다. 도덕 교과서의 명화 활용 수업을 여러 가지 변화에 적용할 수 있는 수업으로 재구성해서 사용한다면, 수업의 질은 훨씬 향상될 수 있을 것이다. 따라서 현재 각 출판사별 검정 교과서에 수록된 명화를 분류해서 소개하고자 한다.

2012 교육과정은 교육과학기술부 제 2012-14호에 의거하여 고시되어 있으며, 현재 2009 교육과정에 의거하여 검정 교과서가 사용되고 있다. 도덕과 교과서에 삽입된 명화는 크게 제7차 도덕과 교육과정에 기초한 국정 교과서의 명화, 2007 교육과정에 기초한 교과서의 명화, 2009 교육과정에 의한 교과서의 명화, 2012 교육과정에 의한 내용체계에 의해 삽입된 명화로 분류하였다.

2015 개정 교육과정에 의거하여 도덕과 교과서에 실린 명화를 확인하고자 한다면, 『명화를 활용한 도덕수업: 서양화를 중심으로』에서 확인하기를 바란다.

제7차 도덕과 교육과정에 기초한 국정 교과서의 명화

제7차 교육과정에 기초한 교과서는 국정으로, 명화는 대체로 여백에 삽입되어 있다. 중등학교 도덕 교과서에 실린 명화는 10편으로, 이 중 한국 화가가 2명, 서양 화가는 5명이다.

〈표 1〉 제7차 도덕과 교육과정에 기초한 국정 도덕과 교과서의 명화

학교	학년	단원	명화
중학교	도덕 1	3. 이웃 간의 예절 4) 진정한 이웃이란 무엇인가	김홍도, '논갈이'와 '새참' 신사임당, '조충도'
	도덕 2	Ⅰ. 사회생활과 도덕 4. 생활 속의 경제 윤리 ⑶ 일하는 즐거움과 풍요로운 생활	밀레, '만종'
	도덕 3	명화 수록되지 않음	

고등학교	도덕	인물학습(나폴레옹)	다비드, '알프스를 넘는 나폴레옹' 부분도
	윤리와 사상	Ⅱ. 윤리의 흐름과 특징 3. 서양윤리의 근원	라파엘로, '아테네 학당' 다빈치, '최후의 만찬'
		Ⅳ. 한국윤리 및 사회사상의 정립과 민족적 과제 3. 민주적 도덕 공동체의 구현	들라크루아, '민중을 이끄는 자유의 여신",
	시민 윤리	Ⅰ. 시민 사회와 윤리 1. 시민 사회의 특징	라파엘로, '아테네 학당'
	전통 윤리	Ⅳ. 국가·사회에 이바지하고 자연을 아끼는 삶 3. 사회생활과 선비정신	들라크루아, '민중을 이끄는 자유의 여신'

···▶ 출처: 김미덕, "도덕과 교육에서 도덕적 상상력을 기르기 위한 명화의 활용",
한국윤리교육학회, 『윤리교육연구』제22집(2010)

명화를 활용한 도덕 수업

2

2007 도덕과 교육과정에 기초한 교과서의 명화

2007 도덕과 교육과정에 기초한 도덕과 교과서는 2010년부터 연차적으로 검정으로 바뀌었다. 검정 교과서에 실린 명화들은 대체로 단원과 연관되어 있다. 특히 단원이 바뀔 때 도입부분에 명화를 활용하는 교과서도 있지만, 단원에 부합하지 않는 명화들이 삽입되어 있기도 하다.

〈표 2〉 2007 교육과정에 의한 『중학교 도덕1』 교과서 명화 활용 사례

출판사	단원	명화
미래엔컬처그룹	Ⅰ. 인간과 도덕 3. 도덕적 실천	다비드, '소크라테스의 죽음'
두산동아	Ⅱ. 예절과 도덕 1. 가정생활과 도덕	고흐, '울고 있는 노인'
	Ⅲ. 나의 삶과 국가 1. 바람직한 국가의 모습	들라크루아 '민중을 이끄는 자유의 여신'

디딤돌	II. 예절과 도덕 2. 친구와 우정의 의미	정선, '인왕제색도' 밀레, '만종'
천재교육 (변)	I. 인간과 도덕	보슈, '마술사'
	1. 도덕의 의미	푸생, '세월이라는 음악에 맞춰 추는 춤'
	II. 예절과 도덕	빈 고흐, '첫걸음마'(p. 93)
	1. 가정생활과 도덕	김홍도, '자리짜기', '행상', '황묘농접도' 황성하, '효자도' 변상벽, '모계영자도' 작자미상, '문자도' 밀레, '자비심'
	3. 이웃에 대한 관심과 배려	김홍도, '기와잇기', '대장간', '논갈이', '새참', '벼타작' 브뤼겔, '일곱 가지 자비로운 행위'
	III. 나의 삶과 국가	다비드, '소크라테스의 죽음'
	1. 바람직한 국가의 모습	렘브란트, '야경'
	2. 국가 발전과 나	다비드, '호라티우스 형제의 맹세'
	IV. 환경과 도덕	쇠라, '아스니에르에서의 물놀이'
	1. 환경과 인간의 삶	달리, '비키니 섬의 세 스핑크스'
	2. 환경 친화적 삶의 방식	강희안, '고사관수도'

⋯→ 출처: 김미덕, "도덕과 교육에서 도덕적 상상력을 기르기 위한 명화의 활용",
한국윤리교육학회, 『윤리교육연구』 제22집(2010).

〈표 3〉 2007 교육과정에 의한 『중학교 도덕2』 교과서 명화 활용 사례

출판사	단원	명화
미래엔 컬처그룹	I. 일과 배움 1. 일과 놀이	김홍도, '서당도'

미래엔 컬처그룹	IV. 문화와 도덕 1. 진정한 아름다움	이중섭, '길 떠나는 가족' 뭉크, '절규' 피카소, '게르니카'
	2. 예술과 도덕	작자미상, '사군자'
두산동아	IV. 문화와 도덕 2. 예술과 도덕	김홍도, '벼타작' 김홍도, '주상관매도' 고흐, '자화상' 김홍도, '씨름도' 피카소, '게르니카' 김홍도, '고누' 강행원, '통일염원', '어머니의 한'
디딤돌	IV. 문화와 도덕 1. 진정한 아름다움	신윤복, '미인도' 다빈치, '모나리자' 다빈치, '최후의 만찬'
	2. 예술과 도덕	피카소, '게르니카' 렘브란트, '돌아온 탕자' 세잔, '해골이 있는 정물' 정선, '단발령망금강도' 김정희, '증 번상촌장 난'
중앙교육 진흥 연구소	I. 일과 배움 1. 일과 놀이	백남준, '다다익선'
	IV. 문화와 도덕 1. 진정한 아름다움	작자미상, '양귀비' 루벤스, '삼미인' 신윤복, '미인도'
	2. 예술과 도덕	다빈치, '모나리자' 고흐, '귀에 붕대를 감은 자화상'
천재 교육(박)	I. 일과 배움 1. 일과 놀이	김홍도, '씨름도' 이서지, '장기'
	IV. 문화와 도덕 2. 예술과 도덕	미켈란젤로, '천지창조' 빈센트 반 고흐, '별이 빛나는 밤에'

	Ⅰ. 일과 배움	레제, '도시의 건설자들'
천재 교육 (변)	1. 일과 놀이	김홍도, '벼타작' 루소, '럭비선수들' 샤르댕, '젊은 여선생님' 홀비인, '에라스부스의 초상화'
	Ⅱ. 청소년과 도덕	호안 미로, '수와 정좌, 사랑에 빠진 여인'
	1. 청소년기와 비인간화문제	키리코, '거리의 신비와 우울'
	2. 평화적 해결과 폭력 예방	마그리트, '기억'
	3. 이성교제와 성도덕	프라고나르, '도둑맞은 입맞춤'
	Ⅲ. 통일과 민족 공동체 윤리	정선, '금강전도'
	1. 민족의 삶과 통일의 필요성	에스허르, '연대의 끈'
	2. 북한 주민과 민족애	모건, '나눔'
	3. 바람직한 통일의 모습	마티스, '춤'
	Ⅳ. 문화와 도덕	고갱, '우리는 어디서 왔고, 누구이며, 어디로 가는가?'
	1. 진정한 아름다움	드가, '무용시험'
	2. 예술과 도덕	르 쉬외르, '뮤즈: 클리오, 에우테르페, 탈레이아'
	3. 과학과 도덕	렘브란트, '툴프 박사의 해부학 강의'

⋯→ 출처: 김미덕, "명화를 활용한 도덕과 교육: 도덕적 상상력 함양을 중심으로", 경상대학교 대학원 박사학위논문(2011).

명화를 활용한 도덕 수업

〈표 4〉 2007 교육과정에 의한 『중학교 도덕3』 교과서 명화 활용 사례

출판사	단원	명화
(주)중앙 교육진흥 연구소	Ⅳ. 삶의 유한성과 종교 1. 삶의 고통과 유한성	고갱, '우리는 어디서 왔고, 누구이며, 어디로 가는가?'
두산동아	Ⅰ. 삶의 목적 1. 자아 정체성	고흐, '자화상'
	Ⅳ. 삶의 유한성과 종교 1. 삶의 유한성	일리야 레핀, '볼가 강의 배 끄는 사람들'
	2. 종교와 도덕	들라크루아, '십자군의 콘스탄티노플 함락'
미래엔	Ⅰ. 삶의 목적 1. 자아 정체성	백남준, '다다익선'
	Ⅰ. 삶의 목적 1. 자아 정체성	정선, '인왕제색도'
	Ⅳ. 삶과 종교 1. 삶의 유한성	고갱, '우리는 어디서 왔고, 누구이며, 어디로 가는가?'
	2. 종교와 도덕	고흐, '착한 사마리아 인'
천재교육	Ⅰ. 삶의 목적	클레, '나일강 전설'
	1. 자아정체성	윤두서, '자화상'
	2. 행복한 삶	고흐, '세 켤레의 신발'
	Ⅱ. 인간 존엄성과 인권	펠리차, '제4의 계급'
	1. 인간존엄성과 소수자 보호	워홀, '아메리카 인디언 시리즈'
	2. 양성평등의 도덕적 의미	콜비츠, '어머니들'
	Ⅲ. 세계 평화와 인류애	피카소, '게르니카'
	1. 타문화에 대한 편견 극복	자쿨레, '도공'
	2. 세계 평화와 인류애의 실현	고야, '1808년 5월 3일'

	IV. 삶과 종교	라투르, '신생아'
	1. 삶의 유한성 1. 삶의 유한성	모네, '수련'
		바일리, '바니타스 상징과 함께 그려진 자화상'
	2. 종교와 도덕	김명국, '달마도'

···› 출처: 김미덕, "명화를 활용한 도덕과 교육: 도덕적 상상력 함양을 중심으로", 경상대학교 대학원 박사학위논문(2011).

〈표 5〉 2007 교육과정에 의한 『고등학교 도덕』 교과서 명화 활용 사례

출판사	단원	명화
미래엔 컬처그룹	I. 인간과 자유 1. 자유와 자율	다비드, '소크라테스의 죽음'
	IV. 이상적인 삶 1. 평화로운 삶의 추구	에셔, '하늘과 물'
	2. 이상적인 인간과 사회	밀레, '이삭줍기'
금성출판	I. 인간과 자율 1. 자유와 자율	크라프트 요한 피터, '눈이 먼 오이디푸스와 그의 딸 안티고네'
	2. 도덕적 판단의 과정	다비드, '소크라테스의 죽음'
	IV. 이상적인 삶 1. 평화로운 삶의 추구	강희안, '고사관수도'
	2. 이상적인 인간과 사회	레오나르도 다빈치, '최후의 만찬' 부분도
천재교육 (박)	I. 인간과 자유	뭉크, '절규'
	IV. 이상적인 삶 2. 이상적인 인간과 사회	안견, '몽유도원도'

명화를 활용한 도덕 수업

천재교육 (변)	Ⅰ. 인간과 자율	빈센트 반 고흐, '교도소 안뜰' 피카소, '해변을 달리는 두 여인'
	Ⅱ. 사회 정의와 윤리	프리다 칼로, '버스' 조르주 드 라 투르, '사기꾼'
	Ⅲ. 국가와 민족의 윤리	바실리 칸딘스키, '동심원과 사각형으로 된 색채 연습' 라파엘로, '아테네학당' 렘브란트, '호머의 흉상을 응시하는 아리스토텔레스', 오노레 도미에, '공화국'
	Ⅳ. 이상적인 삶	피에트 몬드리안, '빨강, 파랑, 노랑의 구성: No. Ⅲ' 페르낭 레제, '역, 루이 다비드에 대한 경의'

⋯→ 출처: 김미덕, "명화를 활용한 도덕과 교육: 도덕적 상상력 함양을 중심으로", 경상대학교
　　　대학원 박사학위논문(2011).

〈표 6〉 2007 교육과정에 의한 『고등학교 생활과 윤리』 교과서 명화 활용 사례

출판사	단원	명화
천 재 교 육	Ⅰ. 생활과 윤리의 의의 1. 현대 생활과 실천윤리 2. 현대 생활과 전통윤리 3. 윤리 문제의 탐구와 실천	이인상, '송하수업도' 두근, '복생수경도' 이당, '촌의도'
	Ⅱ. 생명·성 윤리 1. 출생과 윤리 2. 신체와 윤리 3. 성과 사랑의 윤리 4. 죽음과 윤리	이숭, '고루환희도들' 심사정, '연지쌍압도'
	Ⅲ. 가족 윤리 1. 청소년기와 윤리 2. 부모·조상 공경과 효친 3. 결혼과 가족의 윤리 4. 친족·이웃 관계와 윤리	변상벽, '묘작도' 신사임당, '초충도'

천 재 교 육	Ⅳ. 과학 · 생태 · 정보 윤리 1. 과학 탐구와 윤리 2. 전통적 자연관과 자연 친화 3. 인간 중심주의와 생태 중심주의 4. 정보 통신 기술과 윤리 5. 사이버 공간과 인간이 자아 정체성	셋슈, '산수장권' 이당, '채미도'
	Ⅴ. 사회 정의 1. 사회생활과 정명정신 2. 사회 부패 현상과 윤리 3. 사회 복지 문제와 윤리	고굉중, '한희재야연도' 김홍도, '풍속화'
	Ⅵ. 직업 윤리 1. 직업 생활과 윤리 2. 기업가 · 근로자 윤리 3. 전문직 · 공직자 윤리	이형록, '설중향시도' 무용총 현실 서벽, '수렵도'
	Ⅶ. 문화와 윤리 1. 예술과 윤리 2. 종교 생활과 윤리 3. 매체와 윤리 4. 스포츠와 윤리	피카소, '게르니카' 루벤스, '파리스의 심판' 고야, '옷을 입은 마야' 뒤부아, '성바돌로매 축일의 학살' 장택단, '청명상하도' 부분도, 이인문, '단발령망금강도'
	Ⅷ. 평화와 윤리 1. 민족 통합의 윤리적 과제 2. 국가 생활과 윤리 3. 지구촌의 윤리적 상황과 과제 4. 전쟁과 평화	팔대산인, '나뭇가지 위의 구관조'

⋯→ 출처: 김미덕, "명화를 활용한 도덕과 교육: 도덕적 상상력 함양을 중심으로", 경상대학교
대학원 박사학위논문(2011).

명화를 활용한 도덕 수업

〈표 7〉 2007 교육과정에 의한 『고등학교 윤리와 사상』 교과서 명화 활용 사례

출판사	단원	명화
교 학 사	I. 윤리 사상과 사회사상의 의의 1. 인간의 삶과 윤리 및 사회사상	김홍도, '모내기'
	II. 동양과 한국 윤리 사상 1. 동양과 한국 윤리 사상의 흐름 2. 유교 윤리 사상 3. 불교 윤리 사상 4. 도가·도교 윤리 사상 5. 한국의 고유 윤리 사상	나옹 이정, '산수도' 신윤복, '무녀신무'
	III. 서양 윤리 사상 1. 서양 윤리 사상의 흐름 2. 목적론적 윤리와 의무론적 윤리 3. 덕 윤리 4. 그리스도교 윤리사상 5. 다양한 윤리 사상	윌리엄 터너, '황금 가지' 라파엘로, '아테네 학당' 다비드, '소크라테스의 죽음' 히로니뮈스 보스, '세속적 쾌락의 정원' 피에트로 롱기, '연금술사' 렘브란트, '툴프 박사의 해부학 강의' 프란체스코 과르디, '폭풍우치는 바다의 배들' 르느와르, '시골 무도회' 워홀, '베토벤' 루벤스, '십자가에서 내려지는 예수' 루벤스, '예수 그리스도의 부활' 고갱, '우리는 어디서 왔는가? 우리는 누구인가? 우리는 어디로 가는가?' 뭉크, '불안', '절망', '절규'
	IV. 사회사상 1. 자유주의와 공동체주의 2. 민본주의와 민주주의 3. 자본주의와 사회주의 4. 민족주의와 세계주의	도미에, '삼등열차'

천 재 교 육	II. 동양과 한국 윤리 사상 1. 동양과 한국 윤리 사상의 흐름 2. 유교 윤리 사상 3. 불교 윤리 사상 4. 도가 · 도교 윤리 사상 5. 한국의 고유 윤리 사상	정선, '인왕제색도' 곽희, '조춘도' 김홍도, '논갈이' 황공망, '부춘산거도'
	III. 서양 윤리 사상 1. 서양 윤리 사상의 흐름 2. 목적론적 윤리와 의무론적 윤리 3. 덕 윤리 4. 그리스도교 윤리사상 5. 현대의 다양한 윤리 사상	다빈치, '최후의 만찬' 뭉크, '절규'

···→ 출처: 김미덕, "명화를 활용한 도덕과 교육: 도덕적 상상력 함양을 중심으로", 경상대학교 대학원 박사학위논문(2011).

2009 도덕과 교육과정에 기초한 교과서의 명화

2012년 이후에 모든 중·고등학교에서 검정 도덕 교과서가 사용되고 있다. 고등학교 교과서 '생활과 윤리'는 4개의 출판사에서, '윤리와 사상' 교과서는 5개의 출판사에서 교과서를 개발하였다. 교과서에 삽입된 명화로는 대체로 한국화와 동양화보다는 서양화가 많으며, 단원 도입 부분에 적극 활용하고 있다.

〈표 8〉 2009 교육과정에 의한 『중학교 도덕 ①』 교과서 명화 활용 사례

출판사	단원	명화
미래엔	Ⅳ. 자연·초월적 존재와의 관계 4. 문화와 도덕	피카소, '게르니카'
금성 출판사	Ⅰ. 도덕적 주체로서의 나 3. 도덕적 성찰	라파엘로, '아테네 학당'

	Ⅳ. 자연·초월적 존재와의 관계 　2. 삶의 소중함과 도덕 　3. 기술과 도덕 　4. 문화와 도덕	다비드, '소크라테스의 죽음' 조셉 라이트, '공기 펌프 안의 새에 대한 실험' 피카소, '게르니카' 뒤러, '기도하는 손'
천재 교육	Ⅳ. 자연·초월적 존재와의 관계 　4. 문화와 도덕	고흐, '별이 빛나는 밤' 피카소, '게르니카' 쇼, '읽을 수 있는 도시'
천재 교과서	Ⅰ. 도덕적 주체로서의 나 　3. 도덕적 성찰	프란체스코 바사노, '착한 사마리아 인'
	Ⅳ. 자연·초월적 존재와의 관계 　4. 문화와 도덕	고흐, '별이 빛나는 밤에'
두산동아	Ⅳ. 자연·초월적 존재와의 관계 　4. 문화와 도덕	피카소, '게르니카'

┉→ 출처: 서규선·김미덕, "도덕 교과서 속 명화에 담긴 도덕적 딜레마 분석", 서원대학교,
『교육연구』제31집 1호(2012).

〈표 9〉 2009 교육과정에 의한 『중학교 도덕 ②』 교과서 명화 활용 사례

출판사	단원	명화
미래엔	Ⅰ. 도덕적 주체로서의 나 　2. 자율과 도덕	마네, '에밀 졸라의 초상'
	4. 공부와 진로	김홍도, '대장간', '자리짜기'
	Ⅲ. 사회·국가·지구 공동체와의 　관계 　3. 국가 구성원으로서 바람직한 　자세	다비드, '소크라테스의 죽음'
	4. 세계화 시대의 우리의 과제	뭉크, '절규' 프리다 칼로, '상처 입은 사슴' 이재관, '송하처사도'

금성 출판사	Ⅰ. 도덕적 주체로서의 나 　1. 인간 존재의 특징 　3. 도덕적 자아상	앤소르, '가면에 둘러싼 자화상'
	Ⅲ. 사회·국가·지구 공동체와의 관계 　3. 국가 구성원으로서 바람직한 자세	'독배를 마시는 소크라테스'(작가 미 표기)
	Ⅳ. 자연·초월적 존재와의 관계 　2. 이상적인 인간과 사회	안견, '몽유도원도'
천재 교육	Ⅰ. 인간과 도덕 　3. 도덕적 자아상	마그리트, '재현 불가능'(작가, 제목 미표기)
	Ⅳ. 자연·초월적 존재와의 관계 　2. 이상적인 인간과 사회	안견, '몽유도원도' 퓌비 드샤반, '휴식' 레제, '소풍' 시냐크, '조화로운 시간'
천재 교과서	Ⅰ. 도덕적 주체로서의 나 　1. 인간 존재의 특징	다비드, '소크라테스의 죽음'
두산 동아	Ⅲ. 사회·국가·지구 공동체와의 관계 　3. 국가 구성원으로서 바람직한 자세	김인후, '긴 담장에 걸리운 맑은 노래' 이응노, '문자 추상'
	4. 세계화 시대의 우리의 과제	김인후, '긴 담장에 걸리운 맑은 노래' 이응노, '문자 추상'
	Ⅳ. 자연·초월적 존재와의 관계 　1. 마음의 평화와 도덕적 삶	뭉크, '절규'

⋯ 출처: 서규선·김미덕, "도덕 교과서 속 명화에 담긴 도덕적 딜레마 분석", 서원대학교,
『교육연구』 제31집 1호(2012)

〈표 10〉 2009 교육과정에 의한 『고등학교 생활과 윤리』 교과서 명화 활용 사례

출판사	단원	명화
미래엔	Ⅱ. 생명·성·가족 윤리 　1. 삶과 죽음의 윤리 　4. 가족 관계의 윤리	푸생, '아르카디아의 목자들' 김홍도, '길쌈', '논갈이' 김홍도, '평생도', 작자미상의 '문자도'

미래엔	Ⅲ. 과학기술·환경·정보 윤리	조셉 라이트, '태양계의를 강의하는 철학자' 살바도르 달리, '비키니의 세 스핑크스', '원구로 그려진 갈라테아' 백남준, 'TV 부처', '다다익선'
	Ⅴ. 문화와 윤리 1. 미적 가치와 윤리석 가치 2. 종교와 윤리	피카소, '게르니카' 앤디 워홀 '캠벨 수프 통조림' 뒤러, '기도하는 손'
천재 교육	Ⅴ. 문화와 윤리 1. 미적 가치와 윤리적 가치	뭉크, '절규' 박수근, '빨래터'
교학사	Ⅰ. 현대생활과 응용 윤리 1. 현대 생활과 응용윤리의 필요성	다비드, '소크라테스의 죽음'
비상 교육	Ⅴ. 문화와 윤리 1. 미적 가치와 윤리적 가치	르누아르, 모딜리아니 작품(제목 미 표기)

⋯ 출처: 서규선·김미덕, "도덕 교과서 속 명화에 담긴 도덕적 딜레마 분석", 서원대학교, 『교육연구』 제31집 1호(2012)

〈표 11〉 2009 교육과정에 의한 『고등학교 윤리와 사상』 교과서 명화 활용 사례

출판사	단원	명화
지학사	Ⅰ. 윤리 사상과 사회사상의 의의 2. 이상 사회의 구현과 사회사상	크라나흐, '에덴동산의 아담과 이브' 안견, '몽유도원도' 푸생, '아르카디아의 목자들'
	Ⅱ. 동양과 한국 윤리 사상 2. 유교 윤리 사상 5. 한국의 교유 윤리 사상	정선, '계상정거도' 마원, '산경춘행도' 신윤복, '무녀신무'
	Ⅲ. 서양 윤리 사상 1. 서양 윤리 사상의 흐름 3. 신앙과 윤리 4. 목적론적 윤리와 의무론적 윤리 5. 현대의 윤리 사상	다비드, '소크라테스의 죽음' 라파엘로, '아테네 학당' 알라드, '성경의 무게' 고갱, '이아 오라나 마리아' 오노레 도미에, '삼등 열차' 무리요, '신성한 가족'

명화를 활용한 도덕 수업

	Ⅳ. 사회사상 　1. 사회사상의 흐름 　2. 개인·공동체·국가와 윤리	'단테와 신곡을 논하며'(작가 미표기) 고야, '마드리드 1808년 5월 3일'
미래엔	Ⅱ. 동양과 한국의 윤리 사상 　1. 동양과 한국 윤리 사상의 특징 　　 및 현대적 의의 　8. 도가·도교 사상의 연원과 전개 　9. 도가·도교 사상의 특징 및 전 　　 통 사상과의 융합 　10. 한국 고유 사상의 특징	이한철, '의암관수도' 김홍도, '운상신선' 구호년, '죽림칠현도' 황공망, '부춘산거도' 하규, '계산청원도' 게인즈버러, '앤드루스 시 부부' 왕세창, '부감격류도' 조희룡, '매화서옥도' 안견, '몽유도원도'
	Ⅲ. 서양 윤리 사상 　6. 경험주의와 이상주의 　7. 결과론적 윤리와 공리주의	세잔, '슬픔' 피사로, '몽마르트르 대로'
	Ⅳ. 사회사상 　3. 공동체와 연대 　4. 국가와 윤리 　7. 자본주의 사회에서의 윤리	렘브란트 '은전 서른 냥을 돌려주며 참 회하는 유다' 에셔, '그림을 그리는 두 손' 김홍도, '대장간' 아르첸, '시장풍경' 프리스, '부자와 빈자'
금성 출판사	Ⅰ. 윤리 사상과 사회사상의 의의 　1. 인간의 삶과 윤리 사상 　2. 이상 사회의 구현과 사회사상	시냐크, '조화로운 시간' 안견, '몽유도원도'
	Ⅱ. 동양과 한국 윤리 사상 　1. 동양과 한국 윤리 사상의 흐름 　2. 유교 윤리 사상 　4. 도가·도교 윤리 사상	정선, '경직도' 이인문, '십우도' 김홍도, '자리짜기' 강희안, '고사관수도' 이경윤, '산수인물도' 이경윤, '월하탄금도'
	Ⅲ. 서양 윤리 사상 　1. 서양 윤리 사상의 흐름 　2. 행복과 윤리	'일월오봉도', '죽림칠현도', '삼교도'(작가 미표기) 이희중, '우주에서 음악을 만나다' 렘브란트, '두 철학자' 푸생, '춤추는 사람들'

금성 출판사	3. 신앙과 윤리 4. 공리 · 의무와 윤리 5. 현대의 윤리 사상	다비드, '소크라테스의 죽음' 라파엘로, '아테네 학당' 미켈란젤로, '천지창조' 중 '아담의 창조' 다빈치, '최후의 만찬' 렘브란트, '튈프 교수의 해부학 강의' 프라고나르, '빗장' 뭉크, '절규'
	IV. 사회사상 1. 사회사상의 흐름 2. 개인 · 공동체 · 국가와 윤리 3. 민주주의와 정의 4. 자본주의와 사회주의	들라크루아, '민중을 이끄는 자유의 여신' 브뢰헬, '농부의 결혼식' 클로디우 자캉, '튈르리 궁전에서 열린 회의' 아르트센, '시장 풍경'
천재 교육	II. 동양과 한국 윤리 사상 1. 동양과 한국 윤리 사상의 흐름 4. 도가 · 도교 윤리 사상	정선, '인왕제색도' 곽희, '조춘도' 황공망, '부춘산거도'
	III. 서양 윤리 사상 4. 그리스도교 윤리 사상 5. 현대의 다양한 윤리 사상	레오나르도 다 빈치, '최후의 만찬' 미켈란젤로의 '천지 창조' 뭉크, '절규'
교학사	II. 동양과 한국 윤리 사상 1. 동양과 한국 윤리 사상의 흐름 4. 도가 · 도교 윤리 사상	김홍도, '모내기' 김홍도, '군선도' 신윤복, '무녀신무'
	III. 서양 윤리 사상 1. 서양 윤리 사상의 흐름 2. 행복과 윤리 4. 공리 · 의무와 윤리 5. 현대의 윤리 사상	루벤스, '십자가에서 내려지는 예수' 자크 루이 다비드, '소크라테스의 죽음' 에서, '상대성' 니콜라 푸생, '아르카디아의 목자들' 피에트로 롱기, '연금술사' 렘브란트, '튈프 박사의 해부학 강의' 피카소, '게르니카' 고갱, '우리는 어디서 왔는가? 우리는 누구인가? 우리는 어디로 가는가? 뭉크, '불안', '절망', '절규'

⋯ 출처: 서규선 · 김미덕, "도덕 교과서 속 명화에 담긴 도덕적 딜레마 분석", 서원대학교,
『교육연구』제31집 1호(2012)

명화를 활용한 도덕 수업

2012 도덕과 교육과정에 의한 내용 체계와 명화

1) 공통교육과정: 중학교 『도덕』

내용 영역	주요 가치·덕목		중학교 1~3학년군	명화
	전체 지향	영역별		
도덕적 주체로서의 나	존중 책임 정의 배려	자율 성실 절제	(가) 도덕의 의미 (나) 삶의 목적과 도덕 (다) 도덕적 성찰 (라) 도덕적 실천 (마) 인간 존재의 특성 (바) 자율과 도덕 (사) 도덕적 자아상 (아) 공부와 진로 (자) 도덕적 탐구	김홍도, '대장간', '자리짜기' 윤두서, '자화상' 고갱, '우리는 어디서 왔고, 누구이며, 어디로 가는가?' 고흐, '세 켤레의 신발' 다비드, '소크라테스의 죽음' 라파엘로, '아테네 죽음' 마네, '에밀 졸라의 초상' 보슈, '마술사' 클레, '나링강 전설' 푸생, '세월이라는 음악에 맞춰 추는 춤' 프란체스코 바사노, '착한 사마리아 인'

우리·타인과의 관계	존중 책임 정의 배려	효도 예절 협동	(가) 가정생활과 도덕 (나) 친구 관계와 도덕 (다) 사이버 윤리와 예절 (라) 이웃에 대한 배려와 　　 상호 협동 (마) 타인 존중의 태도 (바) 평화적 해결과 폭력 　　 예방 (사) 청소년 문화와 윤리	정선, '인왕제색도' 김홍도, '자리짜기', '행상', '황묘농접도', '기와잇기', '대장간', '논갈이', '새참', '벼타작' 황성하, '효자도' 변상벽, '모계영자도' 고흐, '울고 있는 노인' 마그리트, '기억' 밀레, '만종', '자비심' 브뤼겔, '일곱 가지 자비로운 행위' 키리코, '거리의 신비와 우울' 프라고나르, '도둑맞은 입맞춤' 호안 미로, '수와 정좌', '사랑에 빠진 여인'
사회·국가·지구공동체와의 관계		준법· 공익 애국심 통일의 지 인류애	(가) 인간 존엄성과 인권 (나) 문화의 다양성과 　　 도덕 (다) 분단 배경과 통일의 　　 필요성 (라) 바람직한 통일의 　　 모습 (마) 사회 정의와 도덕 (바) 개인의 도덕적 삶과 　　 국가의 관계 (사) 국가 구성원으로서 　　 바람직한 자세 (아) 세계화 시대의 우리 　　 의 과제	김인후, '긴 담장에 걸리운 맑은 노래' 이응노, '문자 추상' 이재관, '송하처사도' 다비드, '소크라테스의 죽음', '호라티우스 형제의 맹세' 렘브란트, '야경' 마티스, '춤' 모건, '나눔' 뭉크, '절규' 에스허르, '연대의 끈' 일리야 레핀, '볼가 강의 배 끄는 사람들' 프리다 칼로, '상처입은 사슴'
자연·초월적 존재와의 관계		자연 애 생명 존중 평화	(가) 환경친화적인 삶 (나) 삶의 소중함과 　　 도덕 (다) 과학 기술과 도덕 (라) 문화와 도덕 (마) 마음의 평화와 도 　　 덕적 삶 (바) 이상적인 인간과 　　 사회	안견, '몽유도원도' 고흐, '별이 빛나는 밤에' 다비드, '소크라테스의 죽음' 달리, '비키니 섬의 세 스핑크스' 뒤러, '기도하는 손' 들라크루아, '십자군의 콘스탄티노플 함락' 레제, '소풍'

			뭉크, '절규' 쇠라, 아스니에르에서의 물놀이' 쇼, '읽을 수 잇는 도시' 시냐크, '조화로운 시간' 조셉 라이트, '공기 펌프 안의 새에 대한 실험' 퓌비 드샤반, '휴식'

⋯→ 출처: 교육과학기술부, "교육과학기술부 고시 제 2012−14호 도덕과 교육과정", 2012.

2) 선택교육과정: 고등학교 『생활과 윤리』

영역	주제	비고	명화
현대 생활과 응용 윤리	○ 현대 생활과 응용 윤리의 필요성 ○ 윤리 문제의 탐구와 실천 ○ 윤리 문제에 대한 다양한 접근	응 용 윤 리	이당, '촌의도' 이인상, '송하수업도' 두근, '복생수경도' 다비드, '소크라테스의 죽음'
생명· 성· 가족 윤리	○ 삶과 죽음의 윤리 ○ 생명 과학과 윤리	생 명 윤 리	김홍도, '길쌈', '논갈이', '평생도' 변상벽, '묘작도' 신사임당, '초충도'
	○ 성과 사랑의 윤리	성 윤 리	이숭, '고로환희도들' 푸생, '아르카디아의 목자들' 김홍도, '길쌈', '논갈이', '평생도'
	○ 가족 관계의 윤리 ○ 친구·이웃 관계의 윤리	가 족 윤 리	변상벽, '묘작도' 신사임당, '초충도' 이숭, '고로환희도들' 푸생, '아르카디아의 목자들' 김홍도, '길쌈', '논갈이', '평생도' 변상벽, '묘작도' 신사임당, '초충도' 이숭, '고로환희도들' 푸생, '아르카디아의 목자들'

		과학 기술 윤리	백남준, 'TV 부처', '다다익선' 셋슈, '산수장권' 이당, '채미도'
과학 기술 · 환경 · 정보 윤리	○ 과학 기술과 윤리		
	○ 인간과 자연의 관계 ○ 환경 문제에 대한 윤리적 고려	환경 윤리	달리, '비키니의 세 스핑크스', '원구로 그려진 갈라테아'
	○ 정보 사회와 윤리	정보 윤리	조셉 라이트, '탱계의를 강의하는 철학자' 백남준, 'TV 부처', '다다익선' 셋슈, '산수장권' 이당, '채미도' 달리, '비키니의 세 스핑크스', '원구로 그려진 갈라테아' 조셉 라이트, '탱계의를 강의하는 철학자' 백남준, 'TV 부처', '다다익선' 셋슈, '산수장권' 이당, '채미도' 달리, '비키니의 세 스핑크스', '원구로 그려진 갈라테아' 조셉 라이트, '탱계의를 강의하는 철학자'
사회 윤리 와 직업 윤리	○ 사회의 도덕성과 사회 윤리 ○ 사회 정의와 정의로운 사회 ○ 인권 존중과 공정한 사회	사회 윤리	김홍도, '풍속화' 고굉중, '한희 재야연도'
	○ 직업의 의의와 직업 생활 의 윤리적 책임	직업 윤리	이형록, '설중향시도' 무용총 현실 서벽, '수렵도'
문화와 윤리	○ 미적 가치와 윤리적 가치	예술 윤리	박수근, '빨래터' 이인문, '단발령망금강도' 장택단, '청명상하도' 부분도
	○ 종교와 윤리	종교 윤리	
	○ 의식주의 윤리적 문제	의식주 윤리	

명화를 활용한 도덕 수업

문화와 윤리	○ 다문화 사회의 윤리	다문화 윤리	고야, '옷을 입은 마야' 뒤러, '기도하는 손' 뒤부아, '성바돌래매 축일의 학살' 루벤스, '파리스의 심판' 뭉크, '절규' 앤디 워홀, '캠벨 수프 통조림' 피카소, '게르니카'
평화와 윤리	○ 민족 통합의 윤리적 과제	민족 윤리	팔대산인, '나뭇가지 위의 구관조'
	○ 지구촌의 윤리적 상황과 과제	지구촌 윤리	—

⋯ 출처: 교육과학기술부, "교육과학기술부 고시 제2012-14호 도덕과 교육과정", 2012.

3) 선택교육과정: 고등학교 『윤리와 사상』

영역	주제	비고	명화
윤리 사상과 사회 사상의 의의	○ 인간의 삶과 윤리 사상 ○ 이상 사회의 구현과 사회 사상 ○ 윤리 사상과 사회 사상에 대한 탐구	인간의 삶과 윤리 및 사회 사상	안견, '몽유도원도' 김홍도, '모내기' 시냐크, '조화로운 시간' 크라나흐, '에덴동산의 아담과 이브' 푸생, '아르카디아의 목자들'
동양과 한국 윤리 사상	○ 동양과 한국 윤리 사상의 특징 및 현대적 의의	동양과 한국 윤리 사상의 흐름	강희안, '고사관수도' 김홍도, '군선도', '모내기', '운상신선', '자리짜기', '논갈이' 신윤복, '무녀신무'
	○ 유교 사상의 연원과 전개 ○ 유교 사상의 특징 ○ 한국 유교 사상의 특징과 의의	유교 윤리 사상	안견, '몽유도원도' 이경윤, '산수인물도', '월하탄금도' 이인문, '십우도' 이한철, '의암관수도'

	○ 불교 사상의 연원과 전개 ○ 불교 사상이 특징 ○ 한국 불교 사상의 특징과 　의의	불교 윤리 사상	정선, '경직도', '세상정거도', '인왕제색도' 조희룡, '매화서옥도' 이정, '산수도'
동양과 한국 윤리 사상	○ 도가·도교 사상의 연원 　과 전개 ○ 도가·도교 사상의 특징 및 　한국 전통 사상과의 융합	도가· 도교 윤리 사상	곽희, '조춘도' 구호년, '죽림칠현도' 마원, '산경춘행도' 왕세창, '부감격류도' 하규, '계산청원도' 황공망, '부춘산거도'
	○ 한국 고유 사상의 특징과 　의의	한국의 고유 윤리 사상	게인즈버러, '앤드루스 시 부부'
서양 윤리 사상	○ 서양 윤리 사상의 특징과 　현대적 의의	서양 윤리 사상의 흐름	이희중, '우주에서 음악을 만나다' 일월오봉도, '죽림칠현도'
	○ 상대주의 윤리와 보편주 　의 윤리 ○ 이상주의 윤리와 현실주 　의 윤리 ○ 쾌락주의 윤리와 금욕주 　의 윤리	행복과 윤리	고갱, '우리는 어디서 왔는가? 우리는 누구인가?', '이아 오라나 마리아' 니콜라 푸생, '아르카디아의 죽음' 다비드, '소크라테스의 죽음' 다빈치, '최후의 만찬' 라파엘로, '아테네 학당'
	○ 그리스도교 윤리	신앙과 윤리	렘브란트, '두 철학자', '툴프 박사의 해부학 강의' 루벤스, '십자가에서 내려지는 예수'
	○ 경험주의와 이성주의 ○ 결과론적 윤리와 　공리주의 ○ 의무론적 윤리와 　칸트주의	공리· 의무와 윤리	르느와르, '시골 무도회' 무리요, '신성한 가족' 뭉크, '불안', '절망', '절규' 미켈란젤로, '천지창조'
	○ 실용주의 윤리와 　실존주의 윤리 ○ 현대의 덕 윤리와 　배려 윤리	현대의 윤리 사상	세잔, '슬픔' 알라드, '성경의 무게' 에셔, '상대성' 오노레 도미에, '삼등 열차' 워홀, '베토벤' 윌리엄 터너, '황금 가지' 푸생, '춤추는 사람들' 프라고나르, '빗장'

명화를 활용한 도덕 수업

			프란체스코 과르디, '폭풍우치는 바다의 배들' 피사로, '몽마르트르 대로' 피에트로 롱기, '연금마술사' 피카소, '게르니카' 히로니뮈스 보스, '세속적 캐락의 정원'
사회 사상	○ 사회 사상의 특징과 현대적 의의	사회 사상의 흐름	김홍도, '대장간' 고야, '마드리드 1808년 5월 3일' 도미에, '삼등열차' 들라크루아, '민중을 이끄는 자유의 여신' 렘브란트, '은전 서른 냥을 돌려주며 참회하는 유다' 브뢰헬, '농부의 결혼식' 아르첸(아르트센), '시장풍경'
	○ 개인과 자율 ○ 공동체와 연대 ○ 국가와 윤리	개인 · 공동체 · 국가와 윤리	
	○ 민주주의 사회에서의 윤리 ○ 사회 정의	민주주의와 정의	
	○ 자본주의 사회에서의 윤리 ○ 사회주의 사상의 윤리적 함의	자본주의와 사회주의	에셔, '그림을 그리는 두 손' 클로디우 자캉, '튈르리 궁전에서 열린 회의' 프리스, '부자와 빈자'

⋯→ 출처: 교육과학기술부, "교육과학기술부 고시 제 2012−14호 도덕과 교육과정", 2012.

중등 도덕 교과서에
실린 명화의
분류

　2012년 이후에 모든 중·고등학교에서 검정 도덕 교과서가 사용되고 있다. 2007 교육과정에서 '생활과 윤리'와 '윤리와 사상' 교과서는 2개의 출판사가 개발하였다. 2009 교육과정에서 '생활과 윤리'는 4개의 출판사에서, '윤리와 사상'은 5개의 출판사에서 교과서를 개발하였다. 따라서 중등학교 검정 도덕 교과서들만을 가지고 교과서 명화들을 재분류할 필요가 있다. 중등에서 사용하고 있는 검정 도덕 교과서의 명화들을 한국화, 중국화, 일본화, 서양화로 나누어 재분류하면 아래와 같다.

〈표 12〉 중등 검정 도덕 교과서에 실린 명화의 화가와 작품(한국화)

화가	작품
강행원	'통일염원', '어머니의 한'
강희안	'고사관수도'

김명국	'달마도'
김인후	'긴 담장에 걸리운 맑은 노래'
김정희	'증 번상촌장 난'
김홍도	'고누', '기와잇기', '대장간', '논갈이', '새참', '벼타작', '모내기', '서당도', '씨름도', '자리짜기', '행상', '황묘농접도', '주상관매도', '길쌈', '평생도', '운상신선', '군선도'
박수근	'빨래터'
백남준	'다다익선', 'TV 부처'
변상벽	'모계영자도', '묘작도'
신사임당	'초충도'
신윤복	'무녀신무', '미인도'
심사정	'연지쌍압도'
안견	'몽유도원도'
윤두서	'자화상'
이경윤	'산수인물도', '월하탄금도'
이서지	'장기'
이응노	'문자 추상'
이재관	'송하처사도'
이정	'산수도'
이인문	'단발령망금강도', '십우도'
이인상	'송하수업도'
이중섭	'길 떠나는 가족'
이한철	'의암관수도'
이형록	'설중향시도'
이희중	'우주에서 음악을 만나다'

정선	'금강전도', '단발령망금강도', '인왕제색도', '계상정거도', '경직도'
조희룡	'매화서옥도'
황성하	'효자도'
무용총 현실 서벽	'수렵도'
작자 미상	'문자도', '사군자', '양귀비'

···▶ 출처: 서규선 · 김미덕, "도덕 교과서 속 명화에 담긴 도덕적 딜레마 분석", 서원대학교,
『교육연구』제31집 1호(2012), 수정 인용

〈표 13〉 중등 검정 도덕 교과서에 실린 명화의 화가와 작품(일본화)

화가	작품
셋슈	'산수장권'

···▶ 출처: 서규선 · 김미덕, "도덕 교과서 속 명화에 담긴 도덕적 딜레마 분석", 서원대학교,
『교육연구』제31집 1호(2012)

〈표 14〉 중등 검정 도덕 교과서에 실린 명화의 화가와 작품(중국화)

화가	작품
곽희	'조춘도'
구호년	'죽림칠현도'
두근	'복생수경도'
마원	'산경춘행도'
왕세창	'부감격류도'
이당	'채미도', '촌의도'
이숭	'고루환희도들'
장택단	'청명상하도' 부분도

팔대산인	'나뭇가지 위의 구관조'
하규	'계산청원도'
황공망	'부춘산거도'

⋯→ 출처: 서규선 · 김미덕, "도덕 교과서 속 명화에 담긴 도덕적 딜레마 분석", 서원대학교,
『교육연구』제31집 1호(2012) 수정 인용

〈표 15〉 중등 검정 도덕 교과서에 실린 명화의 화가와 작품(서양화)

화가	작품
게인즈버러	'앤드루스 시 부부'
고갱	'우리는 어디서 왔는가? 우리는 누구인가? 우리는 어디로 가는가?', '이아 오라나 마리아'
고야	'1808년 5월 3일', '옷을 입은 마야'
고흐	'교도소 안뜰', '귀에 붕대를 감은 자화상', '별이 빛나는 밤에', '세 켤레의 신발', '울고 있는 노인', '자화상', '착한사마리아인', '첫걸음마'
다비드	'소크라테스의 죽음', '호라티우스 형제의 맹세'
다빈치	'모나리자', '최후의 만찬'
달리	'비키니 섬의 세 스핑크스', '원구로 그려진 갈라테아'
도미에	'삼등열차'
뒤러	'기도하는 손'
뒤부아	'성바돌로매 축일의 학살'
드가	'무용시험'
들라크루아	'민중을 이끄는 자유의 여신', '십자군의콘스탄티노플함락'
라투르	'신생아'
라파엘로	'아테네학당'
레제	'도시의 건설자들', '역, 루이 다비드에 대한 경의', '소풍'

렘브란트	'야경', '두 철학자', '돌아온 탕자', '툴프 박사의 해부학 강의', '은전 서른 냥을 돌려주며 참회하는 유다', '호머의 흉상을 응시하는 아리스토텔레스'
루벤스	'삼미인', '십자가에서 내려지는 예수', '예수 그리스도의 부활', '파리스의 심판'
루소	'럭비선수들'
르 쉬외르	'뮤즈: 클리오, 에우테르페, 탈레이아'
르느와르	'시골 무도회'
마그리트	'기억', '재현 불가능'
마네	'에밀 졸라의 초상'
마티스	'춤'
모건	'나눔'
모네	'수련'
몬드리안	'빨강, 파랑, 노랑의 구성: No. Ⅲ'
무리요	'신성한 가족'
뭉크	'불안', '절망', '절규'
미켈란젤로	'천지창조'
밀레	'만종', '이삭줍기', '자비심'
바일리	'바니타스 상징과 함께 그려진 자화상'
보슈 (히로니뮈스 보스)	'마술사', '세속적 쾌락의 정원'
브뤼겔(브뢰헬)	'일곱 가지 자비로운 행위', '농부의 결혼식'
샤르댕	'젊은 여선생님'
세잔	'해골이 있는 정물', '슬픔'
쇠라	'아스니에르에서의 물놀이'

명화를 활용한 도덕 수업

쇼	'읽을 수 있는 도시'
시냐크	'조화로운 시간'
아르첸 (아르트센)	'시장풍경'
알라드	'성경의 무게'
앤소르	'가면에 둘러싼 자화상'
에스허르(에셔)	'연대의 끈', '하늘과 물', '그림을 그리는 두 손', '상대성'
오노레 도미에	'공화국', '삼등열차'
워홀	'베토벤', '아메리카 인디언 시리즈', '캠벨 수프 통조림'
윌리엄 터너	'황금 가지'
일리야 레핀	'볼가 강의 배 끄는 사람들'
자쿨레	'도공'
조르주 드 라 투르	'사기꾼'
조셉 라이트	'공기 펌프 안의 새에 대한 실험', '태양계의를 강의하는 철학자'
칸딘스키	'동심원과 사각형으로 된 색채 연습'
콜비츠	'어머니들'
크라나흐	'에덴동산의 아담과 이브'
크라프트 요한 피터	'눈이 먼 오이디푸스와 그의 딸 안티고네'
클레	'나일강 전설'
클로디우 자캉	'튈르리 궁전에서 열린 회의'
키리코	'거리의 신비와 우울'
펠리차	'제4의 계급'
푸생	'세월이라는 음악에 맞춰 추는 춤', '아르카디아의 목자들', '춤추는 사람들'

퓌비 드샤반	'휴식'
프라고나르	'도둑맞은 입맞춤', '빗장'
프란체스코 과르디	'폭풍우 치는 바다의 배들'
프란체스코 바사노	'착한 사마리아 인'
프리다 칼로	'버스', '상처입은 사슴'
프리스	'부자와 빈자'
피에트로 롱기	'연금술사'
피사로	'몽마르트르 대로'
피카소	'게르니카', '해변을 달리는 두 여인'
호안 미로	'수와 정좌, 사랑에 빠진 여인'
홀바인	'에라스무스의 초상화'

⋯⋯ 출처: 서규선·김미덕, "도덕 교과서 속 명화에 담긴 도덕적 딜레마 분석", 서원대학교,
『교육연구』제31집 1호(2012) 수정 인용

〈표 12〉~〈표 15〉의 화가와 작품을 정리하면 〈표 16〉과 같다.

〈표 16〉 중등학교 검정 도덕 교과서에 실린 명화의 화가와 작품(총괄)

분류		화가의 수	작품의 수
동양화	한국화	28	54
	중국화	11	13
	일본화	1	1
서양화		69	113

※ 한국화 중 무용총 현실 서벽의 '수렵도'와 작가 미상의 작품은 화가와 작품 수에 포함시키지
않았다.

명화를 활용한 도덕 수업

중등 검정 도덕 교과서에 있는 명화는 크게 동양화와 서양화로 분류할 수 있다. 과거 교과서에 실린 동양화는 대부분 한국화였으나, 2012년에 적용된 검정『중학교 도덕3』,『윤리와 사상』,『생활과 윤리』교과서에는 새로이 중국화와 일본화가 삽입되어 있다. 그러나 중국화와 일본화의 작품과 화가는 잘 알려져 있지 않다. 특히 그 명화를 관련 단원에 왜 삽입했는지도 분명하지 않다. 한편 교과서마다 동일한 이름의 화가를 다르게 표현하고 있는 경우조차 있다. 한국화로는 대체로 김홍도, 신윤복, 정선 등의 작품이 많이 수록되어 있으며, 단원의 주제와 부합하는 것도 있지만 관련이 없는 것들도 많다.

2009, 2012 도덕과 교육과정은 공통 교육과정과 선택 교육과정으로 이루어져 있다. 공통 교육과정 교과목은 '도덕'으로, 중학교 과정 3년에『도덕①』,『도덕②』의 두 권을 배우게 된다. 고등학교 선택교육과정 교과목은『생활과 윤리』와『윤리와 사상』으로 전공에 따라 선택해서 배우게 된다.[1] 2009 도덕과 교육과정에 의한 2013년부터 적용되는 공통 교육과정 교과목인 '도덕' 교과서는『도덕①』,『도덕②』의 총 두 권으로 6개의 출판사의 교과서들이 개발되어 있다.『생활과 윤리』교과서는 4개의 출판사에서,『윤리와 사상』은 5개의 출판사에서 교과서를 개발하고 있다. 중학교 도덕 교과서 ①, ② 총 12권, 고등학교 총 9권에서 활용되고 있는 명화에서는 서양화가 많은 비중을 차지하고 있으며, 주로 단원의 제목과 비슷한 명화가 삽입되어 있다.

---

1) 교육과학기술부,『제 2012-14호[별책 6] 도덕과 교육과정』(서울: 교육과학기술부, 2012)

서양화는 고흐, 렘브란트, 루벤스, 밀레, 피카소 작품이 많이 활용되며, 현대 화가들의 작품도 많다. 대체로 단원과 관련된 명화를 삽입하여서 수업 자료로 활용하는 데 유용하다. 그러나 명화만 삽입해 놓았을 뿐 설명이 없는 그림들은 그 의도를 파악하기 힘들다. 그리고 단원과 관련된 명화라고 연관 짓기 어려운 작품도 있다. 예를 들면 브뢰헬과 브뢰겔, 보슈와 보쉬에 그리고 히로니뮈스 보스, 에스허르와 에셔 등의 작품이 그러하다. 특히 어떤 교과서는 성과 이름을 함께 표기하기도 하지만, 어떤 교과서는 화가 이름만 표기해 놓았다. 또한 유럽 화가들을 영미식으로 발음하여 표기하기도 하고, 본래 화가의 발음으로도 표기하여 다른 작품으로 오해하기도 한다. 어떤 교과서는 명화를 삽입해 놓고 출처와 제목을 표기하지 않아서 연구 윤리에 대한 문제 제기가 예상된다. 도덕과 수업에 있어 명화 활용의 실효성을 높이고 교사들이 접근하기 쉽도록 가이드라인을 제시할 필요가 있다. 따라서 중 · 고등학교 도덕 교과서에 수록된 명화들 가운데 빈도수가 높은 명화를 소개하고, 관련된 화가와 작품을 중심으로 소개하고자 한다.

명화를 활용한
도덕과 교수법

1

한
국
화

❶ 김홍도, '풍속화'

| 관련명화 |

'서당도', '그림감상', '고누놀이', '씨름도', '벼타작', '무동', '대장간', '불카누스의 대장간'

■ 학습주제

단원 영역: (공통) 도덕적 주체로서의 나, 우리 · 타인과의 관계

            (선택) 생명 · 성 가족 윤리

가치 덕목: 존중, 책임, 정의, 배려, 자율, 성실, 절제

내   용: 삶의 목적과 도덕, 도덕적 자아상, 공부와 진로

■ 명화보기

[그림 3] 김홍도,   [그림 4] 김홍도,   [그림 5] 김홍도,   [그림 6] 김홍도,
  '서당도'   '그림감상'   '고누놀이'   '씨름도'

([그림 3~6] 출처: 국립중앙박물관)

···› '서당도'에서, 서럽게 우는 학생의 상황과 왼편 · 오른편 학생들의
모습을 묘사해 보세요.

···› 화가는 왜 학생이 훈장님에게 매를 맞는 모습이 아닌 매를 맞고
난 후의 모습을 그렸을까요?

···› '그림 감상'에서 선비들이 보고 있는 것은 무엇일까요? 그리고 부
채로 얼굴을 가리고 감상하는 선비는 왜 그럴까요?

···› '고누놀이'와 '씨름도'의 공통점과 차이점을 찾아보세요.

···› 조상들의 놀이 문화와 오늘날 청소년들의 놀이 문화를 비교해 보
세요.

■ 상상마당

···› 다음 그림을 보고, 공통점이 무엇인지 찾아보세요.

[그림 7] 김홍도,   [그림 8] 신윤복,   [그림 9] 김홍도,   [그림 10] 김홍도,
'고누놀이'의 부분   '춤추는 아이'의 부분   '씨름도'의 부분   '벼타작'의 부분

(출처: 국립중앙박물관)

···› '고누놀이', '씨름도', '춤추는 아이', '벼 타작'에서 잘못된 그림을

찾아보세요.

···› 화가가 그림을 그릴 때 자주 하는 실수는 무엇일까요? 왜 그런 실수를 한다고 생각하나요?

···› 벼 타작은 말린 벼를 논에서 옮겨와 마당 등 넓은 장소에서 벼 낟알을 추려내는 일입니다. 다음 벼 타작을 묘사한 그림에서, 인물들 각각의 성격을 상상해 보세요.

1.
2.
3.
4.
5.
6.
7.

[그림 11] 김홍도, '벼타작'
(국립중앙박물관)

···› 사람들 중에서 웃으면서 벼 타작을 할 수 있는 까닭은 무엇일까요?

···› 모두 열심히 일하는데, 늘어져서 구경하는 1번 사람은 일꾼들과 어떤 관계에 있는 사람일까요?

···› 여러분은 일을 할 때, 그림 속의 사람들 중 어떠한 사람의 모습처럼 일을 하고 있을지 상상해 보세요.

■ 토론마당

┄┄▶ 공부가 놀이처럼 즐거웠던 경험을 이야기해 보고, 공부를 놀이처럼 즐겁게 할 수 있는 방법을 찾아보세요.

구분	나	친구
공부하는 이유		
공부가 즐거웠던 경험		
공부를 놀이처럼 즐겁게 하는 방법		
공부 방법의 공통점과 차이점		

┄┄▶ 일과 관련된 격언들을 찾아보세요.

토론거리

▶ 자신이 즐겁게 공부했던 분야를 골라서 어떻게 공부하면 즐거운지 토론한다.
▶ 모둠별로 즐겁게 공부할 수 있는 방법, 그 분야를 공부하는 이유,
  그 분야를 공부한 후 느낀 성취감에 대해 토론한다.
▶ 공부를 즐겁게 하면서 목표를 이룬 사례를 찾아본다.2)

2) 안소영, 『책만 보는 바보: 이덕무와 그의 벗들 이야기』(경기: 보림출판사, 2005)

명화를 활용한 도덕 수업

[그림 12] 김홍도,
'대장간'(국립중앙박물관)

[그림 13] 디에고 벨라스케스,
'불카누스의 대장간'(1630, 프라도미술관)

⋯▶ 김득신의 '대장간'을 찾아본 후 김홍도의 대장간과 비교해 보세요.

구분	김홍도	김득신
집게로 쇳덩이를 잡고 있는 남자		
망치질 하는 남자		
풀무질하는 소년		
낫 가는 소년		

⋯▶ [그림 12]의 '대장간'과 [그림 13] '불카누스의 대장간'의 공통점과
차이점은 무엇인가요?

⋯▶ 여러분이 하는 일에는 무엇이 있는지, 그 가운데 즐거운 일과 고
통스러운 일로 나누어 보고 그렇게 나눈 기준에 대해 이유를 들어

설명해 보세요.

일	이유
즐거운 일	
고통스러운 일	

⋯▸ 사람들은 왜 일을 할까요? 일을 하지 않아도 먹고살 수 있으려면
어떻게 해야 할지 그 방법을 찾아보고 이유를 말해 보세요.

■ **글쓰기**

⋯▸ 김홍도의 단원풍속도첩(檀園風俗圖帖)에 들어 있는 '고누놀이'와 '윷
놀이'를 비교하고 공통점과 차이점을 서술해 보세요.

명회를 활용한 도덕 수업

생각열기

▶ 조선 선비들의 필수 교양은 '시서화(詩書畵)'이다. 시는 글짓기, 서는 글쓰기, 화는 그림 그리기로, 시서화에 모두 뛰어난 사람을 '삼절(三絶)'이라고 하였다.

▶ 부채로 얼굴을 가린 것은 작품에 침이라도 튀어 먹이 번지게 되면 작품을 망치게 될까 봐 우려해서이다. 그림 감상을 할 때, 그림에 대하여 이야기하다 보면 자신이 미처 생각하지 못한 사실을 알게 되는 장점이 있다.

▶ 조상들의 놀이

 – 투호놀이 편을 나눠서 항아리 속에 화살을 던져 넣는 놀이로, 화살을 많이 넣는 편이 이긴다.
 – 쌍륙놀이 판 위에 말을 움직여 먼저 나는 사람이 이기는 놀이로, 두 개의 주사위를 사용한다. 두 개의 주사위가 각각 6이 나오는 것을 '쌍륙'이라 한다.
 – 승경도놀이 벼슬 이름을 차례대로 적어 넣은 승경도 판에, 오각형의 나무막대인 윤목(輪木)을 굴려 나온 수대로 말을 이동한다. 품계가 최고 높은 벼슬은 영의정이며, 최하는 파직이다.
 – 칠교놀이 사방 10센티미터 정도의 7개의 나무판을 이용하여 여러 가지 형태를 만드는 놀이이다. 직각이등변삼각형 대(大) 2개, 중(中) 1개, 소(小) 2개, 정사각형 1개, 평행사변형 1개 등이다.

상상마당

▶ 김홍도의 작품에서 잘못된 그림
 – '고누'에서 말을 든 아이의 왼손　　　– '무동'에서 줄을 잡은 왼손
 – '씨름도'의 구경꾼 오른손　　　　　– '벼타작'에서 비를 든 노인의 손

▶ 화가의 실수
 – 우리나라 화가들이 사람 손을 잘 그리지 못해서이다.
 – 작품을 감상하는 사람들을 재미있게 해 주기 위해서이다.
 – 화가 자신의 서명처럼 사용하기 위해 손을 일부러 잘못 그린 것이다.

▸ 벼타작
  – 지 주: 자리를 깔고 벌러덩 누워 있는 사람(긴 담뱃대, 술, 농부들 감시 등)
  – 소작농: 볏단을 내리치는 사람(가운데 4명), 볏단을 나르는 사람, 마당을 쓸고 있는
    사람

토론마당

▸ 일과 관련된 격언
  – 인간이 가장 행복한 시간은 일에 몰두하고 있을 때이다.(힐티 Hility, C.)
  – 노동은 그 자체로는 지겨운 것이지만 그 결과 때문에 매력적인 것이 된다.(칸트
    Kant, I.)
  – 일이 즐겁다면 인생은 극락이고, 일이 괴롭다면 인생은 지옥이다.(고리키 Gor'kii,
    M.)
  – 일은 세 가지 악, 즉 '권태, 악덕, 빈곤'으로부터 우리를 멀어지게 해 준다.(볼테르
    Voltaire)
  – 즐겁게 일하는 자의 세상은 천국이요, 의무로 일하는 자의 세상은 지옥이다.(레오나
    르도 다빈치 da Vinci, L.)
  – 사회에 질서가 있어도 가난해서 미천해지는 것은 수치이니, 마부 노릇도 서슴지 말
    아야 한다.(공자(孔子))

명화 비교하기

▸ 김득신의 '대장간'은 김홍도의 작품을 그대로 본떠 그린 것으로, 대장간에서 일하는 사
  람 중 낫질하는 소년은 없다. 대장간의 인물은 불에 빨갛게 달군 쇳덩이를 붙잡고 있는
  남자, 망치질하는 장인, 풀무질하는 총각, 낫질 하는 소년으로 구성되어 있다.
  – 대장간의 일꾼: 불꽃처럼 생긴 모자를 쓰고 있음
  – 대장간의 대장: 집게로 달군 쇠를 잡고 있는 사람
    [쇠를 달구는 불림, 망치로 두드리며 모양을 만드는 벼림질, 찬물에 식히는
     담금질을 감독]
  – 메질꾼: 달군 쇠를 내리치는 사람(둥근 물건은 모루임)
  – 풀무꾼: 화로 옆에서 줄을 잡고 있는 사람
    [풀무란 불을 피울 때 바람을 일으키는 도구, 더 높은 열을 얻으려고 화로에
     공기를 공급하는 도구]
  – 낫 가는 소년: 나무하러 가다가 무딘 낫을 갈려고 들름

▶ '불카누스3)의 대장간(The Forge of Vulcan)'은 벨라케스의 작품으로, 아폴론이 불카누스의 대장간을 방문한 순간을 그리고 있다. 조수들과 일하는 중인 불카누스에게 아폴론이 찾아와 그의 아내 아프로디테(비너스)와 아레스의 소식을 전해 준다. 손에 망치를 들고 험악한 인상으로 이야기를 듣고 있는 사람이 바로 불카누스이며, 그의 아내가 외간 남자를 만난다는 소식에 충격을 받은 듯한 표정이다. 이 작품은 불신, 충격, 자제 등 다양하게 반응하는 사람들의 표정을 사실적으로 표현하고 있다.

글쓰기

▶ 민속학자인 장장식 국립민속박물관 학예연구관은 월간 『민속소식』 7월호이 '단원의 고누도(圖), 정말로 고누놀이를 그린 것일까'라는 글에서 이 그림의 제목을 '윷놀이'로 고쳐야 한다고 주장한다.4) 그림에 등장하는 말판의 생김새가 눈이 5개인 '우물고누'와는 달리 지금의 윷판과 비슷하고, 던져진 기물도 4개라는 점에서 작은 '밤윷'이다. 따라서 그 림의 제목은 '고누놀이'가 아닌 '윷놀이'이어야 한다는 것이다.5)

▶ 김홍도의 '고누'는 일제강점기에 일본 학자가 쓴 책 『조선의 향토오락』에서 처음 소개되었다. 이 책은 1936년에 발간되었는데 당시 우리나라의 놀이, 민간신앙, 민속예술, 풍속 등을 자세히 소개하고 있다. 고누는 판위의 말을 움직여 상대방을 꼼짝 못하게 가두면 이기는 놀이로, 우물고누, 곤질고누, 네줄고누, 밭고누, 왕고누, 참고누, 사발고무 등 종류도 참 많다. 김홍도의 '고누'에서 그림 속 놀이판은 윷판에 가깝다. 김준근의 '늣뛰고'는 늣뛰기와 함께 윷놀이를 부르던 말이다. 몇몇 학자들은 "일본 학자가 붙인 김홍도의 고누를 '윷놀이'라고 바꿔 불러야 한다."고 이의를 제기한다.6)

---

3) 그리스 로마 신화에서 불카누스는 헤파이스토스의 또 다른 이름으로, 불의 신이자 기술의 신이다. 그는 손재주가 뛰어나고 불도 잘 다루었는데, 트로이 전쟁 때 아킬레스의 갑옷과 마차를 만든 것도 바로 그라고 한다.

4) 서울신문, 2008.07.10일자, "교과서에서 배운 단원 김홍도 고누도 알고 보니 윷놀이 그림"

5) "단원 고누놀이 과연 윷놀이인가?" 2008.07.14일자, http://blog.daum.net/thson68/15383688

6) 최석조, 『우리 옛 그림의 수수께끼』(경기: 아트북스, 2010), pp. 116-125

단원 김홍도(金弘道, 1745~1806?)는 문인화가 강세황의 추천으로 도화서의 화원이 되었다. 그는 회화에서뿐 아니라 음악가, 서예가, 시인으로서도 뛰어난 재능을 발휘했다. 단원은 풍속화뿐만 아니라 사경(寫景) 산수 속에 풍속과 인물, 영모 등을 가미하여 한국적 서정과 정취가 짙게 배인 일상의 모습을 화폭에 담았다. 그뿐만 아니라 왕의 어진 그리고 궁중 기록화인 '원행을묘정리의궤7)' 등을 그렸다.

'단원풍속화첩'은 갖가지 풍속 장면 25엽으로 구성되어 있는데, '자리 짜기', '대장간', '점괘', '노중상봉', '씨름', '주막', '빨래터', '나룻배', '고누놀이', '기와잇기', '장터길', '활쏘기', '우물가', '그림감상', '서당', '편자박기', '논갈이', '춤추는 아이', '고기잡이', '초행', '길쌈', '담배 썰기', '행상', '벼타작', '점심'이다. 조선 후기 농민이나 수공업자 등 서민들의 일상의 모습을 간략하면서도 생동감 있게 표현하고 있다.

■ 참고자료

···▸ 긍재 김득신(金得臣, 1754~1822)은 조선시대 후기 도화서 출신의 화원으로, 인물화와 풍속화를 그렸다. 그는 김홍도, 신윤복과 함께

---

7) 정조가 사도세자의 능으로 행차하는 광경을 그린 의궤이다.

3대 풍속화가로 불릴 만큼 그림을 잘 그렸다. 그는 김홍도의 '단원 풍속도첩'의 형식을 취하며 그의 화풍을 바탕으로 작품을 구성하고 있다. '긍재전신첩(兢齋傳神帖)'는 '짚신삼기', '대장간', '타작', '소와 목동', '승려' 등을 비롯하여 익살이 깃든 '투전', '야묘도추' 등 다채롭다.[8]

···› 벨라스케스(Velázquez, 1599~1660)는 스페인 바로크를 대표하는 17세기 유럽 회화의 중심적인 인물이다. 그는 빛과 색이라는 순수하게 회화적인 요소를 중심으로 '그리는 방법' 자체를 혁신하여 18세기의 고야에서부터 19세기 마네와 인상주의 화가, 20세기까지 많은 미술가들에게 영향과 영감을 준 화가로 평가받고 있다.

···› '고누놀이'와 '윷놀이'

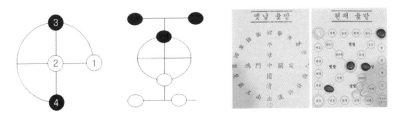

[그림 14] 우물고누   [그림 15] 호박고누   [그림 16] 윷놀이 풍속화와 윷밭9)

8) 이원복, 『한국 미의 재발견: 회화』(서울: 솔, 2005)
9) 온양민속박물관 http://www.emuseum.go.kr/relic.do?action=view_d&mcwebmno=49471

[그림 17]과 [그림 18]에서 보듯이 고누놀이는 고누판에서 한 칸씩 말을 움직여서 상대의 말이 더 움직일 수 없으면 이기는 놀이이다.[10] 일반적으로 사람을 뚫어지게 볼 때 '꼬나본다'라고 하는데, 이 놀이에서도 놀이판을 사이에 두고 두 사람이 꼬나보기 때문에 '꼬누', '고누'라는 이름이 붙여진 것으로 보인다. 고누놀이는 지역별로 고니, 꼬니, 꼰, 꼰질이, 고누 등 이름이 다르고, 방법도 조금씩 다르다. 놀이판 위에서 상대방의 말을 다 잡아내거나, 못 움직이게 가두거나, 상대방의 집을 먼저 차지하면 이긴다. 옛날에는 땅바닥에 줄을 그어 고누판을 만들고, 작은 돌멩이나 나무 조각을 말 삼아 놀기도 했다.[11]

---

10) 어린이민속박물관 http://www.kidsnfm.go.kr/folk/play/play12.htm
11) 천지일보, 2012. 01.24일자, "윷놀이 말판에 하늘 · 땅 · 별자리 그리고 계절이 담겼네"

　　　　　　　　　　　　　　　명화를 활용한 도덕 수업

❷ 윤두서, '자화상'

| 관련명화 |

'강세황의 자화상', '이채의 자화상', '뒤러의 자화상', '고흐의 자화상'

■ 학습주제

단원 영역: (공통) 도덕적 주체로서의 나

　　　　　(선택) 삶과 죽음의 윤리, 인간의 삶과 윤리사상

가치 덕목: 존중, 책임, 정의, 배려, 자율, 성실, 절제

내　　　용: 삶의 목적과 도덕, 도덕적 성찰, 인간 존재의 특성, 도덕
　　　　　적 자아상

■ 명화보기

[그림 17] 윤두서, '자화상',
17세기, 개인소장

⋯ 다음 자화상을 보고 화가가 자신에게 가장 하고 싶어 하는 말은
무엇일까요?

나는 누구인가?

한 중년의 사내가 거울에 비친 자신의 얼굴을 들여다본다. 눈꼬리가 올라간 눈썹, 양 끝으
로 둥글게 퍼져있는 구렛나룻, 강렬한 눈빛으로 무엇인가를 응시하는 너는 누구냐?

⋯ 그림을 보고 화가의 성격은 어떠하며 소망은 무엇이고 어떠한 능
력을 가지고 있을지 유추해 보세요.

⋯ 화가의 자화상에 특히 주목할 만한 것은 무엇인지 생각해 보세요.

■ 상상마당

| [그림 18] 뒤러, '엉겅퀴를 든 자화상'(1493, 루브르미술관) | [그림 19] 뒤러, '장갑을 낀 자화상'(1498, 프라도 미술관) | [그림20] 뒤러, '모피코트를 입은 자화상'(1500, 알테피나코테르미술관) |

⋯ 위 작품은 뒤러의 자화상입니다. 화가가 자화상을 그린 이유는 무

엇일까요?

-
-

⋯▶ 내 얼굴은 몇 개일까요? 나의 모습을 글로 묘사해 보세요.

-
-

■ 토론마당

⋯▶ 짝과 함께 자신이 생각하는 '나'의 모습과 다른 사람이 생각하는 '나'의 모습을 도덕적인 관점에서 비교하여 보세요.

구분	도덕적으로 훌륭한 점	도덕적으로 미흡한 점
내가 보는 나의 모습		
짝이 보는 나의 모습		

⋯▶ 자신이 어떻게 살아야 하고 어떤 사람이 될 것인지 짝과 함께 토론해 보세요.

토론거리

▶ 짝과 함께 토론한 '나의 모습'을 토대로 어떤 사람이 될 것인가?
▶ 내가 미처 발견하지 못했던 '나의 장점'을 찾아보자.
▶ 어떻게 살아야 잘 사는 것인지 생각해 보자.

⋯⋯ 내가 원하는 나의 모습과 부모님이 원하는 나의 모습을 비교해 보고 서로 의견이 충돌할 때 어떻게 극복해야 하는 게 좋을지 방법을 찾아보세요.

■ **명화 비교하기**

[그림 21] 고흐,
'자화상'
(코톨드 미술관)

[그림 22] 이채,
'자화상'(1802년,
국립중앙박물관)

[그림 23] 윤두서,
'자화상'(17세기, 개인
소장)

[그림 24] 강세황,
'자화상'(1782, 개인
소장)

⋯⋯ 위 화가들이 자화상을 그린 이유에 대해 찾아보세요.

화가	자화상을 그린 이유
고흐	
이채	
윤두서	
강세황	

명화를 활용한 도덕 수업

⋯ '프리다 칼로의 자화상'과 '피카소의 자화상'을 찾아본 후, 그들의
자화상을 비교해 보세요.

■ 글쓰기

⋯ 우리는 거울을 통해 우리의 모습을 봅니다. 마그리트의 작품 '재
현 불가능'을 찾아본 후, 재현 불가능이 의미하는 바가 무엇인지
글로 써 보세요.

⋯ 얼굴이 의미하는 것은 무엇이며, 거울에 비친 내 뒷모습은 어떤
모습일까요?

⋯ 흔히 "눈은 마음은 창"이라고 합니다. 여러분의 눈에 어떤 모습을
담고 싶은가요?[마그리트의 작품 '가짜 거울'(1935) 참조]

⋯ 나의 모습을 그림으로 표현하고 '자아 정체성'을 찾아보세요.

자화상 그리기	구분	나만의 특징
	성격	
	취미	
	장래 희망	
	소중한 물건	
	좋아하는 색깔	
	가장 친한 친구	

생각열기

▶ 조선시대 초상화는 대부분 좌나 우로 약간 고개를 돌린 모습으로 그린 반면, 윤두서이 초싱화는 정면만을 그리고 있다(생략법과 좌우 대칭).

▶ 윤두서의 자화상은 얼굴의 입체감을 주기 위해 음영법을 사용하였다.
  - 눈동자: 가운데는 농묵, 주변은 담묵(둥근 눈동자와 꼬리가 올라간 눈 모양이 대비)
  - 코와 입: 윤각에 음영, 코에서부터 입가에 주름
  - 눈썹과 수염: 거꾸로 선 팔자 모양 눈썹과 팔자형 콧수염

▶ 자화상에 표현된 당시 현실과 자신의 처지에 대한 내면적 갈등은 어떠했을지 생각해 보자. "나는 누구인가? 한 중년의 사내가 거울에 비친 자신의 얼굴을 들여다본다. 눈꼬리가 올라간 눈썹, 양 끝으로 둥글게 퍼져 있는 구레나룻, 강렬한 눈빛으로 무엇인가를 응시하는 너는 누구냐?"

상상마당

▶ 페르소나(persona)란 심리학 용어로 어릿광대들이 쓰던 가면을 뜻하는 라틴어에서 유래한 것이다. 자신과는 달리 다른 사람에게 투사된 성격으로, 페르소나가 있기 때문에 자신의 역할과 주변 사람들과 상호관계를 맺을 수 있다고 본다.

▶ 뒤러(Albrecht Dürer 1471~1528)는 자신의 모습을 통해 그림으로 그리기를 좋아했다. 그의 자화상은 표정과 의상, 머리카락 등의 세부 묘사가 뛰어나며, 그 시대에 유행하는 의상을 차려입고 한껏 포즈를 취한 모습을 볼 수 있다. 1493년 작품은 22살의 젊은 모습으로 에린지움 꽃을 들고 있다. 1498년 작품은 장갑을 끼고 있는 모습으로 귀족처럼 초상화를 그렸다. 이 시대에는 28세의 나이는 지성과 도덕성을 갖추고 있으며, 신체적으로는 아름다움의 정점에 있다고 생각했다. 뒤러는 이를 기념하기 위해 28세가 되는 해인 1500년에 자화상을 그렸으며, 이후에는 독자적인 자화상을 제작하지 않았다.

명화 비교하기

▶ 화가들은 자화상을 통해서 끊임없이 자신의 화법과 내면을 성찰한다. 자화상을 그리면서 예술 활동을 통해 밀려오는 소외감과 외로움을 달랜다.

▶ 고흐는 자화상을 가장 많이 그린 화가로, 50여 점의 작품을 남겼다. 그가 자화상을 많이 그린 이유는 동생 테오의 경제적 지원으로 겨우 생활을 꾸려 갔기 때문이다. 그러다보니 모델을 살 돈이 없어서 자신을 연습 삼아 자화상을 그렸던 것이다.

▶ 강세황은 자화상을 그린 뒤 그림 속에 글을 남겼다. "저 사람이 누구인가. 그 수염과 눈썹은 새하얀데, 머리에 검은 모자를 쓰고 옷은 야복을 입었네. 마음은 산림에 있고 이름이 조정에 올랐다. 가슴에 만 권의 책이 들어 있고 붓으로 큰 산들을 옮길 수 있다. 세상 사람들이 어찌 알까, 다만 혼자 즐길 따름이네…"12) 그는 김홍도의 스승으로, 김홍도를 나이 및 지위를 초월한 '예술계의 참된 친구'라고 평가했다.

▶ 이채의 자화상은 58세 때 그려진 작품이다. 조선시대의 선비들은 동파관13)과 심의를 착용했다. 복식에 따라서 품계를 알려 주는 관복과 흉배, 각대를 착용하여 신분을 드러냈다.

▶ 프리다 칼로 또한 자화상을 많이 그렸다. 그녀는 7살 되던 해에 소아마비에 걸려 오른쪽 다리에 장애를 얻었고, 18살 때 교통사고로 척추, 오른쪽 다리, 자궁을 크게 다쳐 평생 30여 차례의 큰 수술을 받았다. 병상에 누워 있으면서 할 수 있는 것을 찾다가 누운 상태로 자신의 자화상을 그리면서 교통사고의 정신적 · 육체적 고통을 작품으로 승화시켰다.

▶ 피카소는 91세 생을 마감하기 1년 전에도 자화상을 여러 편 그렸다. 그는 자화상을 그리려는 순간 친구이자 시인인 기욤 아폴리네르14)가 사망했다는 소식을 접한 후 더 이상 자화상을 그리지 않고 실제 모습과 다른 형태로 자신을 변형해 표현했다. 화가들이 생을 마감하기 직전에 그리는 자화상들은 한 예술가의 삶이 그대로 묻어난다. 삶에 대한 통찰과 과거에 대한 회한을 자화상으로 승화시키기도 한다.

---

12) 박영대, 『우리가 정말 알아야 할 우리 그림 백 가지』(서울: 현암사, 2002), pp. 242-243

13) 동파관은 심의와 함께 착용하는데, 중국 송나라 소식(蘇軾)이 만들어 쓴 것이라 하여 동파라 부르게 되었다.

14) 기욤 아폴리네르(Guillaume Apollinaire, 1880~ 1919)는 프랑스의 시인이다. 그는 제1차 세계대전이 발발하자 입대하였지만 머리를 다쳤다. 전쟁터에서 입은 상처로 쇠약해진 그는 유행성 독감에 걸려 죽었다. 그의 가장 유명한 시는 '미라보 다리'이며 이별의 슬픔을 노래한 시이다. '미라보 다리 아래 센느 강이 흐르고/우리의 사랑도 흐르는데/나는 기억해야 하는가/기쁨은 늘 괴로움 뒤에 온다는 것을……〈후략〉 출처: 다음 백과사전

▶ 마그리트의 '가짜 거울'을 보면, 지금 이 순간 '보는' 눈과 '보이는' 푸른 하늘은 아직 구별되지 않는다. 바로 원초적 지각의 세계에선 주관과 객관은 아직 서로 대립하시 않는다.

■ 화가의 생애

공재 윤두서(尹斗緖, 1668~1715)는 해남 윤 씨 가문의 종손으로 윤선도의 증손자이고, 외손자가 다산 정약용(茶山 丁若鏞)이다. 그는 젊어서 진사시에 합격했으나, 셋째 형은 당쟁에 휘말려 귀양지에서 사망했고, 형을 비롯한 친구들과 함께 모함을 받아 고생을 하였다. 이런 사건들로 인해 그는 벼슬길에 나아갈 뜻을 버리고 학문에 전념하게 된다. 시·서·화에 두루 능했던 그는 유학과 경제, 지리, 의학, 음악 등 여러 방면에서 박학을 추구하던 학자였다.

윤두서는 산수화, 도석인물화, 풍속화, 동물화, 화조화 등 다양한 화목의 작품을 제작하였다. 화가로서는 특히 인물화와 말을 잘 그렸는데, 그림을 그리기 전에 대상을 면밀히 관찰하였다. 그의 예리한 관찰력과 뛰어난 필력으로 정확한 묘사력을 구사하는 사실성이 그의 작품의 특징이다. 대표작으로는 현재 그의 종손가에 소장되어 있는 '윤두서 자화상(국보 240호)'이 있다. 그가 남긴 작품 중 '나물 캐는 아낙네', '밭가는 농부', '짚신 삼는 사람'은 모두 하층민의 일상생활을 소재로 한 것으로, 조선 회화사에서 새로운 분야를 개척한 작품으로 평가받는다.[15]

■ 참고자료

⋯▶ '해남윤씨가전고화첩(海南尹氏家傳古畵帖)'은 윤두서(尹斗緖)의 그림
을 엮어 만든 화첩(보물 제481호)이다. 공재의 아들 윤덕희가 1719년
(숙종 45)에 부친의 작품을 모아 화첩으로 꾸몄으며, 『가전보회(家傳
寶繪)』와 『윤씨가보(尹氏家寶)』 두 종류가 있다. 이 화첩에는 그의 회
화사적 의의를 살필 수 있는 중요한 작품이 다수 실려 있는데, 풍
속화인 '짚신삼기', '나물캐기', '선거도' 등은 18~19세기에 유행하
는 풍속화의 선구적인 작품으로 평가받고 있다. 윤두서는 말을 사
랑하여 말을 타지 않았고 시종들에게 말을 함부로 부리지 못하게
하였다고 한다.[16]

⋯▶ 이채(李采, 1745~1820)는 호는 화천(華泉)으로 조선시대의 문인이다.
영조 때 사헌부 등의 벼슬을 거쳐 돈녕부주부를 지냈다. 현감으로
재직 시 무고로 벼슬을 그만두고 낙향하여 학문에 힘을 기울였다.

15) 안휘준 외, 『한국의 미술가』(서울: 사회평론, 2006), pp. 95-122
16) 한국민족문화대백과사전, http://100.daum.net/encyclopedia/view/
14XXE0062471

❸ 강행원, '통일염원'

| 관련명화 |
'어머니의 한', 뒤러의 '어머니'

■ 학습주제

단원 영역: (공통) 사회 · 국가 · 지구공동체와의 관계

　　　　　 (선택) 민족 통합의 윤리적 과제

가치 덕목: 존중, 책임, 정의, 배려/ 준법, 공익, 애국심, 통일의지,

　　　　　 인류애

내　　　용: 가족 관계의 윤리, 분단 배경과 통일의 필요성, 바람직한

　　　　　 통일의 모습

■ 명화보기

[그림 25] 강행원, '통일염원', 1989.

···▸ 그림을 보면서 질문 3가지를 만들어 보고, 왜 그러한 질문을 만들 게 되었는지 그 이유를 써 보세요.

① 이산가족의 아픔

②

③

• 이유(근거) :

왜냐하면 _____ 때문이다.

■ 상상마당

···▸ 북한에서 온 학생이 우리 반으로 전학 온다면, 어떠한 방법으로 도와줄 수 있을지 구체적으로 생각해 보세요.

···▸ 여러분이 북한을 방문한다면 가고 싶은 곳과 그 이유를 써 보세요.

···▸ 북한 친구들과 교환하고 싶은 물건과 교류하고 싶은 문화 예술의 목록을 작성해 보세요.

···▸ 북한에서 일어나고 있는 인권 침해 사례를 찾아보고, 북한의 인권 상황을 개선하기 위해 중학생이 할 수 있는 일은 무엇인지 생각해 보세요.

⋯⋯ 그림을 보면서 남북 분단에서 가장 문제가 되는 것은 무엇이며, 그렇게 생각하는 이유는 무엇인가요?

⋯⋯ 분단되었다가 통일된 국가의 예를 찾아보고 장단점을 토론해 보세요.

통일된 국가	장점	단점
독 일	· · ·	· · ·
(　　)		
(　　)		
(　　)		

⋯⋯ 통일에 대한 자신의 입장을 선택하고 그 이유를 말해 보세요.

· 입장 :

· 이유 :

⋯⋯ 통일에 대한 찬성과 반대 측의 이유에는 어떤 것들이 있을까요?

찬성	쟁점	반대
①한반도의 지정학적 위치상, 경제적이고 장기적인 관점에서 본다면 통일 비용보다 얻을 수 있는 이익이 더 많다.	비용	① 남북한이 분단된 지 약 66년으로, 경제적 차이가 너무 많이 나기 때문에 통일 비용이 너무 많이 든다.
②	정치	②

③	사회	③
④	문화	④
⑤	개인적인 측면	⑤
⑥	사회적인 측면	⑥

■ **명화 비교하기**

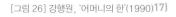

[그림 26] 강행원, '어머니의 한'(1990)[17]   [그림 27] 뒤러, '어머니'
                                              (1514, 독일 베를린)

⋯▸ 강행원의 '어머니의 한'과 뒤러의 '어머니'를 비교하면서, 여러분의
어머니를 그려 보거나 글로 써 보세요.

17) 작가는 홈페이지에 "무고한 아들의 처절한 주검을 연상하며 5 · 18 망월동 애국 열사들의
묘역에서 눈물도 마른 채 넋을 잃고 앉아있는 어머니의 모습이다."라는 설명을 덧붙이고
있다. http://www.artkhw.com/kangsanFrameset.htm

| 나 의 어 머 니 | |

■ 글쓰기

⋯⟩ 남한과 북한이 서로 노력하여 협력할 수 있는 분야를 생각해 보고, 그 분야에서 어떤 활동을 할 수 있는지 글로 써 보세요.

⋯⟩ 북한 이탈 주민이 겪는 어려움을 생각해 보고, 우리가 앞으로 어떠한 자세로 그들을 대하는 것이 좋을지 서술해 보세요.

⋯⟩ 북한의 선거제도, 북한 사회의 가치관, 남북한 학생들의 학교생활을 비교해 보세요.

⋯⟩ 북한의 장마당과 텃밭의 의미, 북한의 경제 체제, 북한 주민의 일상생활 등을 살펴보고, 우리와 비교하여 공통점과 차이점을 찾아보세요.

⋯⟩ 바람직한 통일의 모습을 구상해서 통일한국의 모습을 마인드맵으로 그려 보세요.

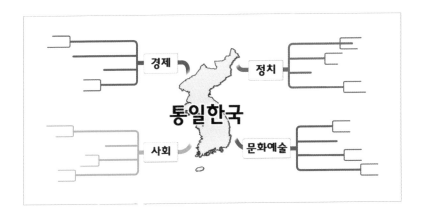

···▸ 한의 언어를 기준으로 ㄱ~ㅎ까지의 순으로 그에 상응하는 북한
의 언어를 찾아서 빈칸을 모두 채워 보세요.[18]

남한말	북한말	남한말	북한말	남한말	북한말
가감법	더덜기법	겹세로줄	복종선	경사도	비탈도
가발	덧머리	경사각	비탈각	경지	부침땅
가시광선	보임광선	경작지	갈이땅	계란	닭알
가연성	불탈성	계단논	다락논	계모	후어머니
가위바위보	가위주먹	계란말이	색쌈	계영	이어헤기
가출	탈가	계선부표	배맬부표	고모부	고모아버지
각선미	다리매	고모	고모어머니	감미료	단맛감
각질	뿔질	가막부리	부리촉	갖춘탈바꿈	완전모습 같이

---

18) 통일교육원, 남북한 언어비교 사전, http://www.uniedu.go.kr/uniedu/etc/
dictionary/view.do?mcd=MC00000601

갈고리눈	갈구리눈	가사	집안거두매	개간	땅잎구기
감광제	빛느낌약	가연성 가스	불탈 가스	개고기	단고기
강낭콩	당콩	가용성	풀림성		
갈음표	같기표	가을뿌림	가을붙임		
개간지	일군땅	각색	옮겨지음		
개기식	옹근가림	각주	아래붙임		
개기일식	옹글일식	거북	거부기		
거름종이	거르기종이	건널목	건늠길		
거위	게사니	걸귀	걸구		
걷어붙이다	거드치다	검문소	차단소		
검도	격검	검표	표보기		
검산	셈따지기	견인차	끌차		
견인선	끌배	결전장	판가리싸움터		
결빙	얼음얼이	경보	걷기경기		

명화 비교하기

- ▶ 다큐멘터리, '다녀오겠습니다'(tvN): 한국전쟁 65주년, 우리민족 분단의 역사를 되돌아보기 위해 제작(2015.7월)
  - 1부 '1950그날들': 한국 전쟁의 참상과 북한에 남아 있는 가족의 생사를 알지 못하는 이산가족의 아픔을 다룸
  - 2부 '맛의 기억': 어머니의 손맛을 그리워하는 이산가족의 눈물과 추억
  - 3부 '헤어진 만남': 상봉만을 기다리는 이산가족의 안타까운 모습
  - 4부 '가족의 권리': 이산가족의 문제

명화를 활용한 도덕 수업

▶ 알브레히트 뒤러(Albrecht Dürer, 1471~1528)가 그린 '어머니'는, 주름살이 깊고 가슴팍에 뼈가 앙상하며 눈은 누선(淚腺)이 드러난 냉엄한 리얼리즘의 연로한 어머니의 모습이다. 그의 어머니는 18명의 자녀를 질박하고 경건하며 이타적(利他的)으로 길렀고, 이에 어긋나면 성인이 된 후에도 매를 들고 훈계했다.

■ 화가의 생애

윤산 강행원(1947~)은, 1977년 '한국화 사생전'을 시작으로 총 15번의 개인전을 개최했다.[19] 저서로는 『문인화론의 미학: 동양회와의 시경정신과 사상』, 『한국문인화: 그림에 새긴 선비의 정신』, 『강행원 문인화: 그림 속에 시 있고 시 속에 그림 있다』 시집, 『금바라 꽃 그 고향, 그림자 여로』 등이 있다. 그는 주로 서민들의 애환을 화폭에 담았으며, 2012년에 '살아 천년 죽어 천년' 등을 발표하였다. 설악산 신흥사에 세워진 '통일대불'에서는 "통일이여! 어서 와서 남북 이데올로기의 번뇌를 저 하얀 눈처럼 깨끗이 씻어다오."라는 통일염원을 담아내고 있다. 그는 1980년대 서민의 눈으로 바라본 세상을 그림을 많이 그려 '민중미술의 개척자'로 불리기도 하였으며 민족미술협회 대표를 역임했다. 1990년 이후 재료와 소재에 구애받지 않는 자유로운 작품을 지속적으로 선보이고 있다.[20]

---

19) 홈페이지 http://www.artkhw.com
20) 법보신문, 2012.02.28일자 "한국화가 강행원씨, '자연과 사람들' 개인전", http://beopbo.com/news/view.html?section=1&category=83&no=69628

청소년 의식 조사, '통일 및 북한에 대한 관심도'

··→ 평소 통일 및 북한 문제에 대해 어느 정도의 관심을 갖고 있는가?

관심 있다 72.8% 〉 관심 없다 27.1%

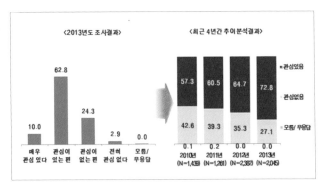

출처: 통일교육협의회, '2013년 청소년 통일의식 조사 결과 보고서'

청소년의 의식 조사, '통일의 필요성'

··→ 통일이 필요하다고 생각하십니까, 필요하지 않다고 생각하십니까?

필요하다 74.3% 〉 필요 없다 25.7%

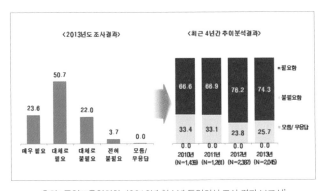

출처: 통일교육협의회, '2013년 청소년 통일의식 조사 결과 보고서'

❹ 강희안, '고사관수도'

| 관련명화 |
'예장소요도', '고사도교도'

■ 학습주제

단원 영역: (공통) 자연 · 초월적 존재와의 관계

(선택) 과학 기술 · 환경 · 정보 윤리

가치 덕목: 존중, 책임, 정의, 배려/ 자연애, 생명존중, 평화

내   용: 인간과 자연의 관계, 마음의 평화와 도덕적인 삶

■ 명화보기

上善若水.
水善利萬物而不爭,
處眾人之所惡.
故幾於道.
居善地, 心善淵,
與善仁, 言善信,
正善治, 事善能.
動善時.
夫唯不爭, 故無尤.
老子,「道德經」, 第八章

[그림 28]
강희안,'고사관수도(高士觀水圖)',
(15세기, 국립중앙박물관)

[그림 29]
이불해, '예장소요도(曳杖逍遙圖)',
(16세기, 국립중앙박물관)

···▶ '고사관수도(高士觀水圖)'의 뜻과 노자 도덕경에서 8장의 뜻을 찾아
봅시다.

···▶ '예장소요도'의 의미와 그림 속 주인공은 지금 어떤 심정일지 생각
해 보세요.

■ 상상마당

···▶ 다음 사연을 추측하여 '고사관수도'의 고사(高士)21)는 어떠한 답변
을 할지 생각해 보세요.

"선생님! 흘러가는 강물을 보면서 생각에 잠기셨는데 그러한 까닭이 무엇이옵니까?"

■ 토론마당

···▶ 아래는 자연의 가치에 대한 상반된 두 가지 입장입니다. 자연의
진정한 가치는 과연 어디에 있는지 모둠별로 함께 토론해 보세요.

- 자연은 그 자체로 가치가 있다.
- 자연은 인간의 삶을 위해 이용될 때 가치가 있다.

---

21) 高士 (고사): ①고결(高潔)한 선비 ②뜻이 크고 세속(世俗)에 물들지 아니한 사람

⋯▶ 오늘날 환경 친화적으로 사는 사례들을 조사하고, 우리 생활에 어떻게 적용할 수 있을지 이야기해 보세요.

■ **명화 비교하기**

⋯▶ 아래 그림 속의 인물들을 살펴본 후, 물음에 답하세요.

[그림 30] 강희안,
'고사관수도(高士觀水圖)'의 부분

[그림 31] 강희안,
'고사도교도(高士渡橋圖)'의 부분

⋯▶ 위 그림에서 세 사람의 직업과 성격, 인물의 현재 심정을 추측해 보고 그 이유를 말해 보세요.

	①'고사관수도'	②'고사도교도'(좌)−선비	③'고사도교도'(우)−노비
직업			
성격			
심정			

⋯▶ 두 그림에서 말하고자 하는 주제를 찾아보고 그 이유를 글로 써 보세요.

▶ 주제 :

▶이유 : 왜냐하면 _____ 때문이다.

■ 글쓰기

···→ 다음 글을 읽고 '물'에 대한 여러분의 생각을 글로 써 보세요.

물 이 란 ?	노자는 『도덕경』에서 "상선약수 수선이만물이부쟁 처중인지소악(上善若水 水善利萬物而不爭 處衆人之所惡) 즉, 최상의 선은 물과 같은 것이다. 물은 만물에게 이로움을 주지만 다투는 일이 없고 사람들이 싫어하는 낮은 곳에 위치한다."라고 하였다.

명화를 활용한 도덕 수업

생각열기

▶ 상선약수
  – 上善若水. 水善利萬物而不爭, 處衆人之所惡.(상선약수 수선이만물이부쟁, 처중인
    지소악)
    최상의 선은 물과 같은 것이다. 물은 만물에게 이로움을 주지만 다투는 일이 없고
    사람들이 싫어하는 낮은 곳에 위치한다.

  – 故幾於道. 居善地, 心善淵, 與善仁, 言善信,(고기어도. 거선지, 심선연, 여선인,
    언선신,)
    그러므로 물은 도에 거의 가까운 것이다. 사는 곳으로는 땅 위가 좋고, 마음은 못처럼
    깊은 것이 좋고, 벗은 어진 사람이 좋고, 말은 믿음이 있어야 좋다.

  – 正善治, 事善能. 動善時. 夫唯不爭, 故無尤.(정선치, 사선능. 동선시. 부유부쟁,
    고무우.)
    정치나 법률은 세상이 잘 다스려지는 것이 좋고, 일을 처리하는 데에는 능숙한 것이
    좋고, 행동은 적당한 시기를 아는 것이 좋다. 그렇게 하는 것이 다투지 않는 것이다.
    그러므로 잘못됨이 없는 것이다. 물은 이에 제일 가깝다.
    노자, 「도덕경(道德經)」, 제8장 중에서

▶ '예장소요도'는 중국식 복식에 지팡이를 짚고 안개가 자욱이 낀 산 속을 산책하는 선비의
  그림이다.

명화 비교하기

▶ '고사관수도'는 바위에 기대어 흐르는 물을 조용히 바라보며 명상에 잠긴 고사(高士)를
  그린 것이다. 품이 넓은 어깨에 파묻힌 사내의 인상은 매우 좋아 보인다.
▶ '고사도교도'는 '뜻이 높은 선비가 다리를 건너는 그림'이다. 선비는 오른손을 들어 갈 길
  을 재촉하면서도 시선은 여전히 시동과 같은 곳을 향해 있다. 시동은 지필묵과 책을 등
  에 진 동시에 물과 그 속에 물고기를 보느라 정신이 없다.

■ **화가의 생애**

　인재 강희안(姜希顔, 1418~1465)은 조선 초기의 문인 화가로 시(詩)·
서(書)·화(畵)에 모두 뛰어나 삼절(三絶)로 일컬어졌다. 아버지기 세
종대왕과 동서지간이므로 세종대왕은 이모부가 된다. 세조와 안평대
권은 이종사촌간이다. 1454년(단종 2)에 집현전직제학에 올랐으며, 나
라의 중요한 경전과 활자본을 쓰고 그림을 그리는 일에 참여하였다.
1456년에 단종 복위운동에 관련된 혐의로 신문을 받았으나 왕의 비호
로 화를 면했다. 그는 성격이 침착하고 반듯하였으며, 낙천적이어서
서두르지 않았다. 또한 사람을 대하는 것이 공평하고 관대하였다.[22]

■ **참고자료**

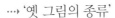

⋯ '옛 그림의 종류'

⋯ 산수화(山水畵) 산과 물, 즉 자연경관에 사람도 함께 그린다. 자연
　을 있는 그대로 그리는 풍경화와 달리 자연물에 화가의 생각과 마
　음을 표현하고 있다.

⋯ 사군자화(四君子畵) 동양화의 주된 소재인 매란국죽(梅蘭菊竹)은, 각
　각 봄(매화, 雪梅), 여름(난초, 蘭草), 가을(국화, 秋菊), 겨울(대나무, 靑
　竹)을 뜻한다.

22) 박영대, 『우리가 정말 알아야 할 우리 그림 백가지』(서울: 현암사, 2002), pp. 80-
　　81.

⋯▸ 화조화(花鳥畵) 꽃과 나무 등 식물과 새를 조합하여 그리며, 기쁨과 좋은 소식을 알리는 소재로 많이 쓰였다. 수묵화와는 달리 화려한 색깔과 풍경으로 표현하기도 하였다.

⋯▸ 인물화(人物畵) 인물을 소재로 그린 것으로 초상화와 자화상이 대표적이다. 제사상에 초상화를 놓는 풍습이 있었기에 모습뿐만 아니라 성격까지 담아내고자 애썼다.

⋯▸ 영모화(翎毛畵) 털을 가진 동물을 소재로 그린 그림으로 영(翎)은 새의 깃을, 모(毛)는 짐승의 털을 뜻한다. 넓은 의미에서는 화조화와 동물화까지도 포함한다.

⋯▸ 풍속화(風俗畵) 다양한 인간사의 실제적 생활풍습과 일상적 모습을 그린 그림으로, 왕실이나 조정의 각종 행사와 각 계층의 생활상과 습속 · 잡사(雜事) 등과 같은 모든 삶의 행위와 실태를 묘사하였다. 우리나라 3대 풍속화가는 김홍도, 신윤복, 김득신이다.

❺ 김명국, '달마도'

| 관련명화 |
'십자가에서 내려지는 예수', '괘불탱'

■ 학습주제

단원 영역: (공통) 자연 · 초월적 존재와의 관계

(선택) 평화와 윤리

가치 덕목: 존중, 책임, 정의, 배려/ 자연애, 생명존중, 평화

내   용: 문화와 도덕, 마음의 평화와 도덕적 삶, 종교와 윤리

■ 명화보기

[그림 32] 김명국, '달마도'
(1643년경, 국립중앙박물관)

명화를 활용한 도덕 수업

⋯→ '달마도'의 모델은 6세기경에 활동한 인도 출신의 승려 보리달마입니다. 남인도의 왕자였던 보리달마가 중국으로 간 까닭은 무엇일지 추측해 보세요.

⋯→ 불교의 기본 교리와 핵심적인 도덕적 가르침은 무엇인가?

■ 상상마당

⋯→ 세계 종교 중에서 4가지 종교를 선택하여 기본 교리와 가르침을 조사해 보세요.

종교	종교에 대한 조사 내용					
	창시자	핵심교리	종교축제	대표의례	종교상징물	음악, 미술, 건축물
①( )						
②( )						
③( )						
④( )						

⋯→ 여러분은 신이 있다고 생각하나요? 없다고 생각하나요? 그 이유는 무엇인가요?

■ 토론마당

⋯→ 종교 생활의 긍정적인 사례와 부정적인 사례를 찾아보고, 올바른

종교 생활의 방향에 대해 토론해 보세요.

긍정적인 사례	부정적인 사례
•	•

■ **명화 비교하기**

⋯ 다음은 두 종교의 상징화입니다. 종교의 특징에 대해서 이야기해
보세요.

[그림 33] 루벤스, '십자가에서 내려지는   [그림 34] 천은사, '괘불탱'(문화재청)23)
예수'(17세기, 릴미술관)

23) 문화재청, http://www.cha.go.kr/korea/heritage/search/Culresult_Db_
View.jsp?mc=NS_04_03_01&VdkVgwKey=12,13400000,36

     명화를 활용한 도덕 수업

종교의 특징

- 초자연적인 존재나 궁극적 실재에 대한 믿음을 중시한다.
- 성스러운 것과 속된 것을 나눈다.
-
-
-
-

▪ 글쓰기

⋯▶ 종교의 기능과 종교인의 올바른 사랑의 실천에 대해 서술해 보세요.

Tip

생각열기

▶ 교종과 선종

불교에서는 수행하는 방편에 따라서 경전을 위주로 하는 교종(敎宗)과 마음을 곧바로 수행하는 선종(禪宗)으로 나눌 수 있다. 520년경 남인도 향지국의 셋째 왕자인 보리달마가 중국으로 들어오면서 사람의 마음은 본래 청정하다는 이치로 중국불교 최초의 선종(禪宗)을 일으키게 된다.

안산 김명국(金明國, 생몰년 미상)은 자는 천여(天汝), 호는 연담(蓮潭)·
국담(菊潭)·취옹(醉翁). 일명 명국(明國 : 또는 鳴國)이라고 나온 것 외에
는 알려진 점이 없다. 도화서 화원을 종6품 교수(敎授)를 거쳐 정6품
사과(司果)를 지낸 경력을 가지고 있다. 1627년부터 1661년까지 35년
동안 국가 행사를 치루는 임시 준비기관인 도감(都監)에 총 16회나 차
출되었다. 그의 화풍은 거친 필치와 흑백대비의 묵법(墨法), 분방하
고 날카롭게 각이진 윤곽선이 특징이다. 그의 대표작 '달마도'는 대담
하고 힘찬 감필(減筆)로 호방한 필법으로 그려진 선종화이다. 작품으
로는 '산수도', '설중귀려도(雪中歸驢圖)', '심산행려도(深山行旅圖)', '기
려인물도(騎驢人物圖)' 등이 있다.

■ 참고자료

⋯▸ '보리달마(菩提達磨, ?~?534)'는 중국 남북조 시대의 선승(禪僧)으로
   불교 선종(禪宗)의 창시자이다. 달마는 9년 동안 면벽 수도를 하면
   서 스스로 깨달음에 도달하고자 하였다. 그의 선법(禪法)은 혜가-
   승찬-도신-홍인-혜능의 계보로 이어진다.

❻ 김정희, '증 번상촌장 난'

| 관련명화 |
'묵란도', '사군자도 · 행서', '세한도'

■ 학습주제

단원 영역: (공통) 우리 · 타인과의 관계, 자연 · 초월적 존재와의 관계
(선택) 문화와 윤리

가치 덕목: 존중, 책임, 정의, 배려/ 효도, 예절, 협동/ 자연애, 생명존중, 평화

내   용: 친구관계와 도덕, 문화와 도덕, 마음의 평화와 도덕적 삶

■ 명화보기

山中覓覓復尋尋 覓得紅心與素心
(산중멱멱부심심 멱득홍심여소심)
欲奇一枝嗟遠道 露寒香冷到如今 居士
(욕기일지차원도 로한향냉도여금 거사)

산중을 찾고 또 찾아서 붉은 난초 꽃과
흰 난초 꽃을 찾았도다.
한 가지 임에게 보내고자 하나 길이
멀어 탄식하노라
이슬은 차고 향기는 서늘하여 지금에
이르렀도다.

[그림 35] 김정희, '증 번상촌장(樊上村庄) 난', 1844.

⋯⋅ 옛 선비들은 학문을 닦는 것과 더불어 인격수양의 방법으로 예술
　 활동을 했다고 합니다. 위 시에 나타난 내용은 무엇을 뜻하는 것인
　 가요?

⋯⋅ 사군자(매화, 난초, 국화, 대나무) 중에서 가장 그리기 어려운 것이 난
　 이라고 합니다. 그런데도 화가가 난을 그린 이유는 무엇일까요?

⋯⋅ 여러분에게 친구란 어떤 의미를 지니나요? 내가 생각하는 친구의
　 의미에 대해서 생각해 보세요.

■ 상상마당

⋯⋅ 다음 시를 참고로 하여 가장 친구의
　 모습을 시로 묘사해 보세요.

난초꽃과 난초 잎이 산중 서재에 있는데
어디에서 부는 가을바람이 사람의 애를 태우네.
바람과 서리에 쉽사리 꺾인다면
어찌 오래도록 산중 서재에 향기를 남기겠는가!

[그림 36] 임희지, '묵란도(墨蘭圖)'
(19세기, 중앙국립박물관)

⋯⋅ 일상생활에서 장난으로 시작한 행동이 친구 사이의 갈등을 야기

합니다. 장난으로 시작된 행동이 가져올 결과에 대하여 생각해 봅시다.

> ★친구가 나를 툭툭 건드린다. ▶한번 정도는 참아 주었는데 기분이 나쁘다.
> ▶오늘은 기분이 몹시 좋지 않은데 또 툭툭 건드린다. ▶한번 싸워 볼까?

…▸ 우정과 관련된 고사 성어를 찾아보고 그와 관련된 나의 친구를 찾아보세요.

■ **토론마당**

…▸ '증 번상촌장 난'은 화가가 제주 유배 시절에 친구를 위해 그린 작품이에요.24) 친구 때문에 상처를 받거나 폭력을 당한 경우에 여러분은 어떻게 해야 할지 친구들과 토론해 보세요.

…▸ 친구들과 멋진 우정을 유지하기 위해서 노력해야 할 점과 구체적 실천 방법을 찾아보세요.

노력해야 할 점	구체적인 실천 방법
• 내가 먼저 말을 걸어보기 • 친구의 말을 진지하게 들어주기 • •	• 친구가 마음 상해하거나 싫어하는 일은 하지 않기 • •

---

24) 김정희 그린 '증 번상촌장 난(1844)'에서 번상촌장은 번리에 살던 권돈인의 별서이름으로, 왼쪽의 발문은 권돈이 붙인 것이라고 한다.

■ 명화 비교하기

···▸ 난, 대나무, 국화, 매화 중에서 하나를 선택하여 친구에게 주고
싶은 그림은 어떤 그림인가요? 그 이유는 무엇인가요?

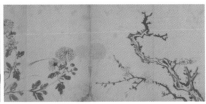

[그림 37] 사군자도 · 행서(四君子圖 行書), 국립중앙박물관

■ 글쓰기

▸ 추사 김정희의 '세한도' 오른편 아래 구석에는 주문방인(朱文方印) 유인(遊印)이한 과
(顆)가 찍혀 있습니다. 그 인문(印文)은 '장무상망(長毋相忘)'으로 그 뜻은 "오래도록 서
로 잊지 말자!"라는 뜻이지요. 여러분에게 있어서 친구와의 잊지 못할 에피소드를 글로
써 보세요.

명화를 활용한 도덕 수업

상상마당

▶ 우정과 관련된 고사성어
 − 금란지교(金蘭之交) '황금같이 단단하고 난초 향기와 같은 사귐', 어려운 일이라도 함께해 나갈 수 있는 친구
 − 죽마고우(竹馬故友) '대나무를 타고 놀던 친구'로 어릴 때부터 같이 놀며 자란 친구
 − 수어지교(水魚之交) 물과 물고기의 관계처럼 아주 친하여 떨어질 수 없는 사이
 − 관포지교(管鮑之交) 서로를 믿고 이해하는 깊은 우정을 이르는 말
 − 지란지교(芝蘭之交) 벗 사이의 맑고도 높은 사귐을 이르는 말

▶ 임희지(林熙之. 1765-?)는 한역관(漢譯官)으로 난과 대나무 그림으로 유명하다. '매화서옥도'를 그린 조희룡은 임희지의 난초 그림은 문인화가 강세황의 그림보다 더 낫다고 평가했다.

토론마당

▶ 추사는 제주도 귀양에서 풀려났지만 1851년 친구인 권인돈의 일에 연루되어 66세 노인으로 함경도 북청으로 다시 유배되었다. 갖은 고초를 겪다가 2년 만에 풀려났지만, 안동 김 씨의 계속된 세도 때문에 다시는 벼슬길에 오르지 못하였다.

명화 비교하기

▶ 표암 강세황(姜世晃, 1713~1791)은 조선 후기의 문인 서화가이자 평론가이다. 그는 8세에 시를 짓고 13, 14세에 그가 쓴 글씨를 얻어다 병풍을 만든 사람이 있을 정도로 일찍부터 뛰어난 재능을 보였다. 매·난·국·죽을 묶어서 '사군자'로 부르고, 한 벌로 그린 것은 조선 후기에 나타난 현상으로, 표암이 그 선도적 역할을 했다.[25]

■ 화가의 생애

　추사 김정희(金正喜, 1786~1856)의 자는 원춘, 호는 완당, 추사 등 많다. 조선 후기 충청남도 예산에서 병조 판서 김노경의 아들로 태어나 스물네 살 되던 해에 청나라 연경(燕京)에 가서 당시 이름난 학자인 완원, 옹방강 등에게 금석학과 실학을 배우고 돌아왔다. 박제가의 제자이기도 한 그는 한때 규장각 시교, 성균관 대사성을 거쳐 병조참판에까지 이르렀으나, 말년에는 옥사에 연루되어 제주도와 함경도 북청에서 12년 동안 귀양살이를 했다. 유배지에서 만난 선승들과

25) 안희준 외, 앞의 책, pp. 208-210

의 교류를 통해 선불교에도 조예를 쌓았으며, 학문에서는 실사구시 (實事求是)를 주장하였고, 서예에서는 독특한 추사체를 완성시켰다.

'증 번상촌장 난'은 추사가 제주시절에 권돈인을 위해 그린 작품으로, '번상촌장'은 번리에 있던 권돈인의 별서 이름이다. 이 작품을 받아 든 권돈인은 너무도 흡족해서 시를 써서 작품 상단 넓은 여백을 메웠다.[26]

■ 글쓰기

⋯▸ '세한도(歲寒圖)'는 사람과 사람 사이에 지켜야 할 도리 중 사제 간의 의리를 보여 주는 그림이다. 김정희가 제주도 유배 당시 지위와 권력을 잃어버렸는데도 사제 간의 의리를 저버리지 않고 그를 찾아온 제자인 역관 이상적(李尙迪, 1804-1865)의 인품을 소나무와 잣나무에 비유하여 그려 준 것이다. '세한도'라는 제목은 『논어』의 한 구절로부터 따온 것이다. "세한연후지송 백지후조(歲寒然後知松 柏之後彫)", "추운 겨울이 지나 봐야 소나무와 잣나무가 시들지 않는 것을 알 수 있다."라는 뜻이다. 소나무와 잣나무는 여름에는 낙엽수들도 함께 푸르기 때문에 진가가 드러나지 않지만, 겨울에는 푸른 잎을 그대로 드러내 한결같은 모습을 유지한다. 지위와 권력을 박탈당해 귀양을 가 있는 김정희와 교류를 한다는 것은 매우 위험

---

26) 손태호, 『나를 세우는 옛 그림』(경기: 아트북스, 2012), pp. 138-150

한 일이다. 그의 친한 친구들조차도 자신을 외면하는 상황이라 그는 무척 외로웠을 것이다. 그럼에도 제자 이상적은 위험을 무릅쓰고 중국에서 책을 구해 제주도로 보내 주었다. '세한도'는 이상적의 인품을 겨울에도 잎이 시들지 않는 송백(松栢)에 비유해 칭찬하고, 이어서 마음을 담은 발문(跋文)을 추사체(秋史體)로 써 그림 끝에 붙였다. 그림을 받은 이상적은 그 후 북경으로 가 그곳의 학자들에게 이 그림을 보여 주자, 장악진, 조진조 등 16명의 명사들은 앞을 다투어 그림을 칭찬하는 시를 지어 그림 끝에 붙였고, 그 후 김정희의 문하생이던 김석준의 찬(贊)과 오세창·이시영의 배관기 등이 덧붙여져 현재와 같은 두루마리 형태로 완성되었다.[27]

⋯ 2차 세계대전에서 일본이 패망하자 '세한도'를 소장한 일본인 후지즈카는 세한도를 가지고 일본으로 돌아가 버렸다. '세한도'가 후지즈카의 수중에 있다는 소식을 들은 손재형(1903~1981)은 그를 매일 찾아가 그림을 양보해 달라고 매달렸고, '세한도'를 되찾을 수 있었다. 극적으로 '세한도'가 한국으로 돌아온 지 두 달 후 후지즈카의 집이 미군의 폭격으로 모두 불타 버렸다. 후지즈카가 수집했던 귀중한 추사의 자료 2,000여 점이 모두 사라지는 비극 속에서도 '세한도'만이 기적적으로 살아남을 수 있었다.

27) 박철상, 『세한도』(서울: 문학동네, 2010)

명화를 활용한 도덕 수업

❼ 백남준, 'TV 부처'

| 관련명화 |

'다다익선', '달은 가장 오래된 TV', '백−아베 비디오 신디사이저'

■ 학습주제

단원 영역: (공통) 자연 · 초월적 존재와의 관계

　　　　　 (선택) 과학 기술 · 환경 · 정보 윤리

가치 덕목: 존중, 책임, 정의, 배려/ 자연애, 생명존중, 평화

내　　 용: 과학 기술과 윤리, 환경 문제에 대한 윤리적 고려

■ 명화보기

[그림 38] 백남준, 'TV 부처'(1974/2002, 백남준 아트센터)

■ 생각열기

⋯▸ 화가가 위 작품을 통해 나타내고자 한 내용은 무엇이라고 생각하
  나요?
⋯▸ 위 화가는 자신만의 독창적인 예술 세계를 개척하였습니다. 이러
  한 예술적 영감의 원천은 무엇이었을지 토론해 보세요.
⋯▸ 위 화가가 활동했을 당시의 전위예술이라는 플럭서스 운동과 기
  존의 예술 활동을 비교해 보세요.

■ 상상마당

⋯▸ 다음 글을 읽고 여러분이라면 어떤 선택을 하고, 어떻게 생활해
  나갈지 글로 써보세요.

백남준은 독일 유학 도중에 집안의 몰락으로 학비와 생활비를 지원받을 수 없게 되었다.
집으로 돌아오라는 형의 권유에도 불구하고 생계 위협까지 느낀 상황에도 불구하고 독일에
남았다.

■ 토론마당

⋯▸ 백남준이 미국 캘리포니아 예술 대학에서 안정된 직장을 갖고 편
  안한 생활을 하고 있을 때, 연인 시게코는 뉴욕으로 돌아가 예술에
  전념하자고 합니다. 여러분이라면 어떤 선택을 할까요? 그 이유를
  토론해 보세요.

명화를 활용한 도덕 수업

⋯▸ 여러분이 시게코라면 이와 같은 상황을 어떻게 받아들였을지, 그리고 어떠한 결단을 내렸을지 토론해 보세요.

백남준은 작품을 위한 텔레비전 구입으로 빚도 많이 졌으며, 부인 시게코의 헌신적인 지원으로 하고 싶은 예술만 할 수 있었다. 1984년 〈굿모닝 미스터 오웰〉이라는 사상 최초의 인공위성 쇼를 펼쳐 세계적인 명성을 얻었지만, 또한 빚도 많이 늘어났다.

■ 글쓰기

⋯▸ 작가에게 영향을 준 사람들을 찾아보고, 여러분의 삶에 영향을 준 사람들에게 감사의 글을 써 보세요.

Tip

생각열기

▶ 'TV 부처'(비디오 설치, 부처조각상, TV, 폐쇄회로 카메라, 컬러, 무성, 가변크기, 1974/2002)
부처가 폐쇄회로 카메라에 실시간으로 찍힌 자신의 모습을 TV 화면 속에서 보고 있는 설치 작품이다. 종교적인 구도자이자 동양적 지혜의 상징인 부처가 현대문명의 상징이자 대중매체인 TV를 본다는 점, 혹은 화면 속 자신에 빠져든 나르시스적인 태도로 인해서 웃음을 자아내기도 하지만, 화면 속의 자신의 모습을 바라보며 성찰한다는 진지한 주제를 던지기도 한다. 이 작품은 "관객의 참여를 이끌어 낼 수 있는, 닫혀 있지 않은 전자 환경"을 만드는 것으로, 관객이 부처가 바라보는 TV 화면을 보기 위해 고개를 내밀었을 때 화면 속에 등장하게 된다.28)

▶ 플럭서스 운동
1960년대 초부터 1970년대에 걸쳐 일어난 국제적인 전위예술 운동으로, '변화', '움직임', '흐름'을 뜻하는 라틴어에서 유래한 국제적인 전위예술 운동이다. 플럭서스라는 용어는 1962년 독일 헤센 주(州)의 비스바덴 시립미술관에서 열린 '플럭서스-국제 신음악 페스티벌'의 초청장 문구에 처음 사용하면서 널리 알려졌다. 다양한 재료를 혼합해 많은 미술 형식을 동시에 표현한다. 이러한 운동은 음악과 시각예술, 무대예술과 시 등 다양한 예술 형식을 융합한 통합적인 예술 개념을 탄생시켰다. 이후 포스트모더니즘, 행위예술 등이 생겨났으며, 여러 예술 운동에 많은 영향을 주었다.

■ 화가의 생애

백남준(白南準, 1932~2006)은 한국 태생의 미국 미술가, 작곡가, 전위 예술가이다. 1960년대의 많은 예술가들은, 실험적 시도를 통해 기존의 예술과는 차별화된 활동을 하였다. 전위 예술이라는 기괴

---

28) 백남준 아트센터, http://njp.ggcf.kr/archives/exhibit/tvistv?term=49 발췌 인용.

명화를 활용한 도덕 수업

한 행동 등의 해프닝을 벌이던 독일의 플럭서스 운동은 퍼포먼스를 통해 삶과 예술의 조화를 꾀하였다. 그는 한국 출신으로, 플럭서스 (Fluxus) 운동의 중심에서 전위적이고 실험적인 공연과 전시로 센세이션을 일으켰다. 그림, 조각, 시, 음악, 공연 등 개별적인 예술 영역을 하나로 통합하는 새로운 예술 개념의 바탕 위에 그는 비디오 예술29)이라는 새로운 장르를 탄생시켰다. 주요 작품에는 'TV 부처 TV-Buddha'(1974), '달은 가장 오래된 TV다'(1975), '다다익선'(1988), 등이 있다.30)

■ 참고자료

'진정한 예술정신은 무엇인가?'

⋯▸ 백남준은 비디오 아티스트로, 부인 구보타 시게코 여사와 함께 플럭서스 예술가로 활동하였다. 그는 세계적 프로젝트에 한국의 소리를 삽입하면서 한국의 정서를 빛나게 했다는 평을 받았다. 그는 세계 정상의 예술가들과 교류를 하며 위성방송을 통한 예술쇼에 참여시켰다. 조지 오웰31)은 『1984』에서, 사람들이 매스 미디어에 의해 통제당하고 억압받는 사회가 될 것이라고 하였다. 백남준은

---

29) 비디오 예술이란 백남준이 시작한 예술의 장르로, 텔레비전뿐만 아니라 영화, 방송, 빛깔, 자연물 그리고 그것을 담은 조형 예술까지 모두 포함한다.

30) 백남준, 『백남준: 말馬에서 크리스토까지』(경기: 백남준아트센터, 2010)

31) 영국의 소설가로『동물농장』에서 소련 공산주의의 모순을 지적하였다.

이에 의문을 품었고, 뉴욕과 파리 그리고 샌프란시스코를 연결하는 퍼포먼스를 텔레비전을 통해 동시 생중계하였다. 그의 작품 '다다익선'[32]은 비디오의 환상적 아이디어로 평가받고 있다. 2000년 2월 구겐하임 미술관에서 '백남준의 세계'라는 제목으로 개인전을 열고, 일방적인 소통이 아닌 상호 소통을 할 수 있는 새로운 감상법을 선보였다. 그는 '미디어 선구자와 예언자'로 세계적인 명성을 얻었고, 미디어의 매체를 새롭게 개념화시켰다. 그의 예술은 오늘날 유비쿼터스 환경에서 갖는 미래적 의미와 가치를 진지하게 규명해 보게 한다.[33]

'화가에게 영향을 준 사람들'

⋯▸ 신재덕: 전 이화여대 음대 학장으로, 화가에게 피아노를 정식으로 배우게 해 주었다.

⋯▸ 12음 기법: 오스트리아 작곡가 아널드 쇤베르크(1874~1951)가 만든 음악체계로, 검은 건반의 5개 음도 기존의 7음만큼이나 중요하게 사용하는 기법이다. 이 기법은 당시로는 굉장히 혁명적인 이론으로 20세기 현대 음악에 큰 영향을 끼쳤다.

⋯▸ 존 케이지(1912~1992): 미국의 작곡자이자 현대 음악가로, 세상의 모든 소리가 음악이 될 수 있으며, '소음' 역시 가장 자연스러운 음

---

32) '다다익선'은 건축가 김원과 공동 설계하여 1003개의 TV로 쌓아올린 작품을 국립현대미술관에 설치하였다.
33) 김수경 외, 『백남준을 말하다: 아직도, 우리는 그를 모른다』(서울: 해피스토리, 2012)

악의 재료라고 주장하였다. 기존 서양 음악의 고정 관념을 깨고 현대 음악을 한 단계 발전시킨 것으로 평가받는다.

⋯▶ 크리스트 자바체프(1935~): 불가리아 미술가로 오브제, 건축물 등 자연을 다양한 재료로 포장하는 방식을 사용하였다. 대표작은 오스트레일리아의 해변 암석 지대를 흰 천으로 포장한 '포장된 해변'이다.

⋯▶ 요제프 보이스(1921~1986): 독일의 미술가, 삶과 예술은 분리된 것이 아니라고 생각해 삶 자체를 예술 작품으로 만들려고 노력한 자가이다.

⋯▶ 구보타 시게코(1937~2015): 백남준의 부인으로, 백남준의 예술을 절대적으로 지지해 준 인물이다. 백남준과 함께 플럭서스 동료였고, 비디오 예술에 전폭적인 지원을 하였다.

❽ 변상벽, '모계영자도', '묘작도'

| 관련명화 |
'묘작두', '모견도', '화조구자도' '화조묘구도'

■ 학습주제

단원 영역: (공통) 우리 · 타인과의 관계, 자연 · 초월적 존재와의 관계
　　　　　(선택) 문화와 윤리

가치 덕목: 존중, 책임, 정의, 배려/ 자연애, 생명존중, 평화

내　　　용: 환경 문제에 대한 윤리적 고려, 인간의 삶과 윤리 사상

■ 명화보기

다음은
변상벽의
작품이다.

[그림 39] 변상벽, '모계영자도(母鷄領子圖)'　　[그림 40] 변상벽, '묘작도(猫雀圖)'
　　　(18세기, 국립중앙박물관)　　　　　　　　　(18세기, 국립중앙박물관)

⋯▶ '모계영자도'는 어미닭과 병아리를 그린 그림입니다. 어미닭과 병
아리들 각각의 모습을 글로 묘사해 보세요.

⋯▶ '묘작도'는 두 마리의 고양이와 참새를 그린 그림입니다. 오늘날
애완용으로 기르는 고양이의 모습과 '묘작도'의 고양이를 비교하여
보세요.

■ 상상마당

⋯▶ 여러분에게 반려 동물이 필요한가요? 반려 동물은 우리에게 어떤
존재인지 생각해 보며, 이유와 함께 적어 보세요.

반려동물[companion animal, 伴侶動物]이란 사람과 더불어 사는 동물로 동물이 인간
에게 주는 여러 혜택을 존중하여 애완동물을 사람의 장난감이 아니라는 뜻에서 더불어 살
아가는 동물을 지칭한다.

■ 토론마당

⋯▶ 다음 글을 읽고, 반려 동물의 장점과 단점에 대해 찾아보고 애완
동물에 집착하는 현대인들의 특징에 대해 토론해 보세요.

우리 집 강아지 '또또'는 버젓이 침대에서 잔다. 아내와 아이들은 또또를 막내아들, 막내
동생쯤으로 대한다. 구체적으로 따져보지는 않았지만 정기적으로 동물병원 다니고, 사료
사고, 이발시키고 하는데 드는 비용이 어린아이 한명 키우는 정도는 족히 될 것이다.

서구 사회에서는 애완동물의 소유자가 인구의 과반수에 달하고, 한국의 경우도 애견인구만 700만을 헤아린다. 미국인들은 강아지와 고양이 먹이에 매년 85억 달러를 지출하며, 강아지 고양이 새 의 진료에 해마다 70억 달러 이상을 쓰고 있다. 역사상 일찍이 유례를 찾기 힘든 현대 사회의 애완동물 열풍은 왜 부는 걸까. 제임스 서펠, 윤영애 역, 『동물, 인간의 동반자 : 동물과 인간, 그 교감의 역사』(경기: 들녘, 2003).34)

⋯⋯ 요즘 아이가 없는 가정에서는 애완동물을 '아이 대용'으로, 즉 애완동물들이 '인간의 격'으로 대우받고 있습니다. 동물들을 인간답게 대우하는 것과 동물답게 대우하는 것들에 대해 토론해 보세요.

■ 명화 비교하기

⋯⋯ 다음은 이암의 작품입니다. 두 작품에 등장하는 동물들의 특징을 비교해 보세요.

[그림 41]
이암, '모견도(母犬圖)'
(16세기, 국립중앙박물관)

[그림 42] 이암,
'화조묘구도(花鳥猫狗圖)'
(개인 소장)

34) 제임스 서펠, 윤영애 역, 『동물, 인간의 동반자 : 동물과 인간, 그 교감의 역사』(경기: 들녘, 2003)

명화를 활용한 도덕 수업

⋯ 다음은 조선 후기 실학자 정약용(丁若鏞, 1762~1836)이 변상벽의 어
미닭과 병아리를 그린 '모계영자도'를 보고 읊은 시입니다.

제변상벽모계영자도(題卞相璧母鷄領子圖)35)

변상벽을 변고양이라고 부르듯이 고양이 그림으로 유명하네.
이번에 다시 닭과 병아리의 그림을 보니 마리마다 살아 있는 듯하네.
어미닭은 괜스레 노해 있고 안색이 사나운 표정
목덜미 털 곤두서 고슴도치 닮았고 건드릴까 봐 꼬꼬댁거리네.
방앗간 주변을 돌아다니다가 땅바닥을 후벼 파면서
낟알을 찾아내면 또 쪼는 척하는데 배고픔을 참아내는 어미 마음이야
보이는 것도 없는데 놀라는 푸닥거리 숲 끝에 얼핏 올빼미가 지나가네.
정말로 자애로운 그 모성 천부적으로 타고난 것 누가 뺏으랴.
옹기종기 어미를 따르는 병아리들 황갈색 연한 털 주둥이는
이제 여물은 듯 닭 벼슬은 아직도 제 색을 내지 못했고,
그중에 두 병아리는 쫓고 쫓기며 황급히도 어디를 가는지
앞선 놈이 주둥이에 물려 있는 것을 뒤선 놈이 따라가서 빼앗으려 하는구나.
두 놈의 병아리 지렁이를 서로 물고 놓으려 하지 않네.
한 놈은 어미 뒤에서 가려운 곳을 비비고
한 놈은 혼자 떨어져 배추 싹을 쪼고 있네.
형형의 세세 묘사가 핍진하고 도도한 기운이 생동하네.
후문에 듣건대 처음 그릴 때 수탉이 오인할 정도였다네.
역시 그가 고양이를 그렸을 때 쥐들도 마찬가지였을까.
뛰어난 솜씨 그런 경지에 이르니 떠나고 싶은 생각이 없네.
못된 화가들이 산수를 그리면서 거친 필치만 보여 주네.

– 정약용, 『여유당전서(與猶堂全書)』 권 6

---

35) '제변상벽모계영자도(題卞相璧母鷄領子圖)'란 '변상벽이 그린 어미닭과 병아리 그림을 보
고 쓰다'라는 뜻이다. 출처: 국립중앙박물관, http://www.museum.go.kr/site/
program/board/basicboard/view?boardtypeid=114&menuid=00100500
2&boardid=17006

⋯⋯› 정약용의 시를 참고로 하여 '모계영자도'를 보면서 여러분의 식탁 풍경을 글로 써 보세요.

생각열기

▶ '모계영자도'는 어미닭과 그 뒤를 따르는 햇병아리들을 묘사한 그림으로, 사실적이고 정밀한 화풍을 보여 준다. 닭과 병아리의 깃털 하나하나를 세세히 그리고 있으며, 병아리의 다양한 동작과 모습을 실감나게 표현하고 있다. 한 마리 어미닭과 열네 마리 병아리들이 한가로이 마당에서 모이 먹기가 한창이다. 어미닭은 날벌레 하나를 잡아서 새끼들에게 먹이려 하고 있다. 병아리들은 어미 뒤꽁무니에 숨어 있어 얼굴도 안 보이거나, 어미 다리 사이에 앉아 있거나, 서로 밀고 당기거나, 어미 앞에 옹기종기 모여 있거나, 물 마시고 하늘 보거나, 혼자 동떨어져 있는 등 다양한 형태를 띤다. 그림의 배경은, 괴석과 나비, 벌, 꽃이다. 나비와 벌 그리고 꽃은 사실적으로 그려 봄날의 화창함을 더하고 있다. 괴석은 대범하고 몇 번의 붓질로 소략해서 표현하고 있다.

▶ '묘작도(猫雀圖)'는 '고양이와 참새를 그린 그림'이라는 뜻이다. 한자 문화권에서는 비슷한 음을 가진 글자와 사물을 비유하였는데, 고양이 '묘(猫)'는 80−90세 노인 '모(耄)'와 비슷하여 장수를 비유한다. 참새를 뜻하는 작(雀)은 다산(多産)의 상징이자 높은 관직에 오르기를 바라는 마음에서 벼슬을 뜻한다. 따라서 묘작도는 부모가 오래 살고 자식이 높은 벼슬에 오르기를 기원하는 뜻이 담겨 있다. 두 마리의 고양이는 고목나무 위와 아래에서 눈빛으로 교환하고 있다. 고양이의 털은 정교하고 세밀하게 표현하였고, 둥글게 굽은 등과 꼬리 그리고 이야기를 나누는 듯한 표정이 생동감 있다. 고목 나무 위에서는 참새들이 재잘거리며, 고양이의 행동에 놀라 짹짹거리는 여섯 마리의 참새 또한 생동감이 넘친다.

명화를 활용한 도덕 수업

▶ 모견도(母犬圖)는 어미 개가 새끼 강아지를 보살피는 모습을 그린 그림이다. 잎이 울창한 나무 아래에서 어미 개 곁에 세 마리의 강아지가 한가로이 놀고 있다. 통통한 흰둥이는 가장 좋은 자리를 차지한 듯 보이고, 누렁이는 어미의 허리에서 졸고 있다. 검둥이는 가슴 쪽으로 야무지게 끼어들고 있다. 삼각형의 구도를 잇고 있는 강아지들의 귀여운 모습이 평화롭다. 굽은 둥치의 나무, 어미의 넓은 가슴과 처진 귀, 휘어진 꼬리와 선한 눈은 모두 곡선이다. 36)

▶ 화조묘구도(花鳥猫狗圖)는 꽃나무와 새, 그리고 강아지, 고양이가 어우러진 그림이다. 우선 검둥이, 누렁이, 그리고 고양이가 등장하는 그림이다. 능청스러운 검둥이는 새 깃털을 물고 유유히 사라질 참이며, 항상 느긋한 누렁이는 언덕에 앉아 나무 위에 올라간 고양이를 물끄러미 바라본다. 고양이가 올라간 나무에는 동백이 활짝 피어 있고, 그 주위에는 괴석과 대나무가 배치되었다. 갑자기 고양이가 나무를 점령한 바람에 새 두 마리는 놀라서 갈팡질팡한다. 37)

▶ 조선시대의 화가 가운데 변상벽과 더불어 이암(李巖)의 동물화는 매우 익살스러운 반면, 변상벽의 동물화는 동물에 대한 세밀한 묘사가 특징적이다.

■ 화가의 생애

변상벽은(卞相璧, 생몰년 미상)은 조선 숙종 때 도화서의 화원으로 영모(翎毛), 동물, 인물초상을 잘 그렸다. 그중에서도 특히 고양이 그림을 잘 그려 '변고양(卞怪羊, 卞古羊)'이라는 별명이 붙었다고 한다. 그의 고양이 그림은 일상생활 속에서 이루어진 동물에 대한 깊은 애정

36) 김정숙, 『옛그림속 여백을 걷다』(서울: 북포스, 2012), pp. 272-275
37) 한국미술산책, http://navercast.naver.com/contents.nhn?rid= 52&contents_id=7920&category_type=series

과 면밀한 관찰을 바탕으로 한 세밀하고도 빈틈이 없는 묘사를 특징으로 한다.[38]

■ 참고자료

···▸ 이암(李巖, 1499~?)

조선 초기의 대표적인 영모화가(翎毛畵家)로, 세종의 셋째 아들인 임영대군(臨瀛大君) 이구(李璆)의 증손이다. 그는 개와 고양이를 소재로 한 동물화를 많이 그렸다. 그의 작품을 보면 먹의 음영(陰影) 처리를 통해 표현했으며, 강아지, 고양이들과의 배경이 조화를 이루면서 자아내는 평화스럽고 천진난만한 분위기를 자아내고 있다. 그의 작품 세계는 조선 중기의 김식(金埴)과 후기의 변상벽 등에게 계승되어 우리나라 동물화의 근간을 이루었다는 점에서 중요시된다.

38) 박은순, 「이렇게 아름다운 우리그림」, 한국문화재보호재단, 2008, pp. 303-305

명화를 활용한 도덕 수업

❾ 신사임당, '초충도'

| 관련명화 |
'초충도', '수박 파먹는 들쥐'

■ 학습주제

단원 영역: (공통) 우리 · 타인과의 관계, 자연 · 초월적 존재와의 관계
        (선택) 생명 · 성 가족 윤리

가치 덕목: 존중, 책임, 정의, 배려/ 효도, 예절, 협동/ 자연애, 생
        명존중, 평화

내   용: 가족 관계의 윤리, 친구 · 이웃 관계의 윤리

■ 명화보기

[그림 43] 신사임당, '초충도(草蟲圖)'(16세기, 국립중앙박물관)

■ 생각열기

⋯ 신사임당은 꽃과 풀 그리고 벌레를 소재로 한 초충도를 많이 그렸
   는데, 그 이유는 무엇일까요?

■ 상상마당

⋯ 신사임당이 그린 8폭 병풍을 찾아보고, 그림을 하나 선택하여 아
   래 예를 참고로 하여 여러분이 느끼는 감정을 표현하여 보세요.

> 예) 수박과 들쥐 : 수박이 빨간 입을 드러내고 '으하하하' 웃고 있어요. 쥐 두 마리 살금살
> 금 수박을 야금야금 갉아 먹어, 그만 수박의 빨간 입이 드러나고야 말았군요~

■ 토론마당

⋯ 신사임당이 살던 시대에는 여자가 글을 읽거나 예술가가 되기는
   매우 어려웠어요. 그럼에도 불구하고 그녀가 예술적 성취를 이룰
   수 있었던 이유는 무엇일지 생각해 보세요.
⋯ 신사임당의 부모에 대한 효와 자녀 교육이 현대 부모들에게 시사
   하는 점이 무엇인지 토론해 보세요.
⋯ 오늘날 자식 교육을 잘한 어머니의 사례를 찾아보고, 어떠한 점이
   훌륭한지 이야기해 보세요.

[그림 44] 신사임당, '수박과 들쥐'(국립중앙박물관)

··· 위 그림 속 소재에는 어떠한 뜻이 담겨 있는지 찾아보세요.

··· 정선의 작품 '수박 파먹는 들쥐'를 찾아보고 두 그림을 비교하여 공통점과 차이점을 찾아보세요.

■ 글쓰기

··· 신사임당이 쓴 시 중 세 편만 전해져 오는데, 모두 어머니를 그리워하는 내용이라고 합니다. 아래 시는 제목도 없이 마지막 구절만이 전해집니다. 제목과 함께 시를 완성해 보세요.

泣向慈母(읍향자모) 대관령을 넘으며 친정을 바라보고 39)

慈親鶴髮在臨瀛(자친학발재림영) 늙으신 어머님을 고향에 두고
身向長安獨去情 (신향장안독거정) 외로이 서울로 가는 이 마음
回首北坪時一望 (회수북평시일망) 돌아보니 북촌은 아득한데
白雲飛下暮山靑 (백운비하모산청) 흰 구름만 저문 산을 날아 내리네

思親(사친) 어머님 그리워

千里家山萬疊峯(천리가산만첩봉) 산 첩첩 내 고향 천리연마는
歸心長在夢魂中(귀심장재몽혼중) 자나깨나 꿈 속에도 돌아가고파
寒松亭畔孤輪月(한송정반고윤월) 한송정 가에는 외로이 뜬달
鏡浦臺前一陣風(경포대전일진풍) 경포대 앞에는 한 줄기 바람
沙上白鷺恒聚山(사상백로항취산) 갈매기는 모래톱에 모였다 흩어지고
波頭漁艇各西東(파두어정각서동) 고깃배들 바다 위로 오고가리니
何時重踏臨瀛路(하시중답임영로) 언제나 강릉길 다시 밟아가
更着斑衣膝下縫(갱착반의슬하봉) 색동옷 입고 앉아 바느질할꼬

⋯ 친족의 범위에 대해 알아보자.

⋯ 친족 간에 지켜야 할 예절에 대해 살펴보자.

⋯ 전통 사회에서 노인 공경이 이루어진 배경에 대해 알아보자.

⋯ 노인 문제를 해결하는 방안을 살펴보자.

⋯ 전통 사회의 이웃과 현대 사회의 이웃의 개념과 범위를 비교하여
   설명해 보자.

	개념	범위
전통 사회		
현대 사회		

---

39) 이일수, 『이 놀라운 조선 천재 화가들』(서울: 구름서재, 2009), p. 28

명화를 활용한 도덕 수업

생각열기

▶ 신사임당 초충도(8폭 병풍)
- 제1폭(수박과 들쥐): 수박, 들쥐, 패랭이꽃, 나비, 나방 등이 등장한다. 땅 위에 뒹
  구는 수박과 패랭이꽃이 있고, 수박을 파먹는 들쥐와 하늘을 나는 두 마리의 나
  비의 모습이 흥미롭다.
- 제2폭(가지와 방아깨비): 가지, 방아깨비, 개미, 나방 벌 등이 등장한다. 땅위에 개
  미와 방아깨비가 기어 다니고, 하늘에는 나비, 벌, 나방이 날고 있다. 주렁주
  렁 달린 가지는 다산과 다복을 상징하고, 한 쌍의 나비와 벌은 부부간의 화목
  을 상징한다.
- 제3폭(오이와 개구리): 오이와 풀꽃을 중심으로 당에는 개구리와 여치가 나타나고,
  하늘에는 한 마리 벌이 날고 있다. 씨가 많고 열매가 많이 달리는 오이는 풍요
  와 다산을 상징한다.
- 제4폭(양귀비꽃과 도마뱀): 양귀비, 패랭이꽃, 달개비, 도마뱀, 갑충 등이 등장한
  다. 활짝 핀 양귀비꽃과 패랭이 꽃 좌우로 나비 한 쌍이 날고, 땅 위에는 도마
  뱀과 하늘소가 나타난다.
- 제5폭(맨드라미와 쇠똥구리): 맨드라미와 과꽃이 피어 있고, 세 마리의 나비와 쇠똥
  구리 세 마리가 일에 열중하고 있다. 맨드라미는 계관화(鷄冠花)라고도 하는
  데, 관운의 행운을 상징하는 꽃이다.
- 제6폭(원추리와 개구리): 공간을 나는 나비, 원추리 꽃줄기에 붙은 매미, 뛰어 오르
  려는 개구리로 구성되어 있다. 이 화폭의 것과 같은 구성 요소와 짜임새를 가
  진 문양이 반닫이나 장롱 등 가구 장식에서도 발견되고 있다. 원추리는 일명
  '망우초(忘憂草)' 또는 '훤초(萱草)'라고 부르는데, 이것은 근심을 잊고 답답함
  을 푼다는 의미를 지니고 있다.
- 제7폭(도라지와 부용화): 나비와 잠자리는 어숭이꽃과 도라지꽃 주위를 맴돌고 있
  고, 개구리는 땅에 기는 메뚜기보다 허공을 나는 나비에 관심을 보이고 있다.
- 제8폭(여뀌와 사마귀): 잠자리는 여뀌 주위를 날고 있고, 사마귀는 땅을 기면서 벌을
  노리고 있다. 사마귀는 민화나 다른 그림에서는 찾아보기 힘든 소재이지만 초
  충도에서는 자주 등장한다.[40]

---

40) 박은순(2008), 앞의 책, pp. 177-181.

▶ 맨드라미꽃: 닭의 볏과 같이 생겼다 해서 계관화라고 불리며 관운을 상징
▶ 포도: 장수를 기원하며 자손도 번성하라는 뜻
▶ 물새: 무사히 공부를 마치고 성공하길 기원
▶ 덩굴: 자손의 번성을 상징
▶ 수박: 장수와 복을 기원하며, 수박씨는 자손의 번성과 복을 기원
▶ 나비: 장수를 기원하며 즐겁고 행복하라는 의미
▶ 패랭이꽃: 검은색 머리카락을 뜻하며, 청춘을 상징
▶ 백로: 시험에서 좋은 성적을 거두라는 의미
▶ 쥐: 재물을 상징

■ 화가의 생애

신사임당(申師任堂 1504~1551)은 율곡 이이(李珥)의 어머니로 시, 글씨, 그림에 모두 뛰어났으며, 덕행과 재능을 겸비한 현모양처로 칭송된다. 사임당은 주나라 문왕의 어머니인 태임(太任)을 본받는다는 뜻의 당호이며, 이이는 『행장기』를 지어 사임당의 예술적 재능, 우아한 천품, 순효한 성품 등을 기록했다. 사임당의 작품으로 알려져 있는 그림은 40폭 정도인데, 산수, 포도, 묵죽, 묵매, 초충 등 다양한 분야의 소재를 즐겨 그렸다. 사임당의 화풍은 넷째 아들인 우(瑀)와 맏딸인 매창(梅窓) 이부인(李夫人)에게 전해졌다. 사임당의 작품 중 강릉을 떠나 대관령을 넘어가면서 지은 '유대관령망친정(踰大關嶺望親庭)'과 '사친(思親)' 등의 시가 유명하다.

'신사임당의 자녀들'[41]

⋯→ 큰아들 이선, 둘째아들 이번: 큰아들은 '지혜의 주머니'라는 시에서 그의 깨끗한 성품을 엿볼 수 있으며, 곧은 절개를 간직한 인물로 알려졌다.

⋯→ 셋째아들 율곡 이이: '동방의 성인'이라 불릴 만큼 학문의 경지 높은 성리학자로, 정치·경제·사회 전반에서 개혁을 주장하였으며, 효성 또한 지극했다고 한다.

⋯→ 넷째아들 옥산 이우: 거문고, 글씨, 그림, 시 등 여러 방면에 뛰어난 재능을 지녔다. 율곡은 집안의 모든 일들을 옥산과 의논하여 지혜롭게 처리하였고 소중한 친구처럼 대했다고 한다.

⋯→ 맏딸 매창: '작은 사임당'이라고 불릴 정도로 그림 솜씨가 빼어났고, 동생 율곡이 어려운 결정을 할 때 늘 의논하고 조언할 정도로 학식이 뛰어났다.

⋯→ 둘째딸과 셋째딸: 어머니를 닮아 학문이 높고 성정이 매우 곧았다고 한다.

41) 이일수, 앞의 책, p. 33.

❿ 작가 미상, '미인도'

| 관련명화 |
'전모를 쓴 여인', '신윤복의 미인도', '모나리자'

■ **학습주제**

단원 영역: (공통) 우리·타인과의 관계, 사회·국가·지구공동체와
　　　　　의 관계
　　　　　(선택) 문화와 윤리

가치 덕목: 존중, 책임, 정의, 배려/ 효도, 예절, 협동/ 자연애, 생
　　　　　명존중, 평화

내　　　용: 문화와 도덕, 미적 가치와 윤리적 가치, 인권 존중과 공
　　　　　정한 사회

■ **명화보기**

[그림 45] 작가 미상, '미인도(美人圖)'
(해남녹우당 소장)

■ **생각열기**

⋯⋯ 여성에게 머리카락은 무엇을 나타내는 것일
　　까요?

···→ 이 여성의 사회적 신분은 무엇일까요?

···→ 그림에서 이 여인을 그린 화가는 어떤 인물일까요?

···→ 동양의 미인과 서양의 미인의 조건은 무엇일까요?

···→ 미의 기준과 보편적인 아름다움이란 무엇일까요?

■ 상상마당

[그림 46]
작가 미상, '미인도'
(해남 녹우당 소장)

[그림 47]
작가 미상, '미인도'
(일본국립도쿄박물관 소장)

···→ 위 작품에서 아름다운 여성, 정숙한 여성, 사랑스러운 여성은 누
구라고 생각하나요? 그리고 그 이유는 무엇인가요?

···→ 오늘날 미인을 묘사할 때 대개 8등신이라는 말을 합니다. 8등신이

라는 기준은 어디에서 비롯된 것일까요?

⋯› 위 여성들의 신장은 어느 정도이며, 오늘날 한국 여성의 신장보다 어느 정도 차이가 날까요?

■ 토론마당

[그림 48] 신윤복,
'전모를 쓴 여인'의 부분

[그림 49] 작가미상,
'미인도'의 부분

[그림 50] 다빈치,
'모나리자'의 부분

⋯› 삶 속에서 만나는 아름다운 것들을 찾아보세요.

⋯› 외모 지상주의의 원인과 문제점에 대해 토론해 보세요.

⋯› 다음 아름다움을 구분에 따라 객관적인 아름다움과 주관적인 아름다움에 해당하는 사례를 찾아보세요.

· 객관적인 아름다움: 박물관을 찾은 세계 각국의 사람들이 고려청자의 은은한 빛깔과 부드러운 곡선을 보고 "아름답다."고 말하며 감탄했다.
· 주관적인 아름다움: 나는 몸에 딱 달라붙는 청바지가 예쁘다고 생각하는데, 엄마는 싫어하신다.

명화를 활용한 도덕 수업

[그림 51]작가 미상, '미인도'의 부분   [그림 52] 다빈치, '모나리자'

⋯▶ 두 그림의 여성의 모습을 균형과 조화의 기준을 통해 비교해 보세요.

⋯▶ 위 두 그림에서 언제 어디서나 변함이 없는 아름다움의 기준을 제
시해 보세요.

⋯▶ 두 그림을 살펴보며 오늘날 한국 여성들의 품위와는 어떻게 다른
지 비교해 보세요.

■ 글쓰기

⋯▶ 조선 시대 가발 때문에 목이 부러지거나, 오늘날 성형 수술을 받
다가 사망하는 경우가 있습니다. 이러한 일이 발생하는 원인과 문
제점에 대해 서술해 보세요.

상상마당

▶ 조선시대의 여성을 그린 인물화는 많지 않으며, 신윤복의 작품에서나 볼 수 있다. 여성을 그린 인물화 중 비교적 자유롭게 활동할 수 있었던 기생과 무녀들의 그림이 많다. 조선시대의 미인도를 보면서 오늘날의 미인의 조건은 어떻게 다른지 생각해 본다.

▶ 도쿄 국립박물관의 소장품인 작가미상의 '미인도'는 조선 그림이다. 얹은머리에 웃고 있는 모습으로, 손에는 꽃송이를 쥐고 있다. 어깨는 가냘프고 소맷부리는 꽉 조였으며, 삼회장 노랑 저고리에 오른 치마에 감아 올린 주름선 사이로 안감이 살짝 비친다.[42]

토론마당

▶ '미인도'를 보면, 옛날에는 쌍꺼풀이 없는 동그란 얼굴에 아담한 체격을 가진 큰 눈, 긴 팔과 긴 다리, 그리고 마른 체형을 가진 사람을 미인이라고 생각했음을 알 수 있다. 모나리자는 눈썹이 없다. 얼굴에 눈썹이 없으면 조화를 이루지 못할 것 같지만, 모나리자는 '영원한 미소'로 불릴 정도로 오랫동안 많은 사람들의 사랑을 받고 있다.

---

42) 손철주 · 이주은, 『다 그림이다』(서울: 이봄, 2011), pp. 219-220

명화를 활용한 도덕 수업

'미인도'는 고산 윤선도(1587~1671)의 14대 종손 윤형식 씨가 1982년 4월 소장 유물을 정리하다 발견한 것이다. 1989년에 도난당해 일본에 밀매되기 직전 절도범이 붙잡혀 해남 윤 씨 종가로 되돌아왔다.[43]

녹우당 소장 '미인도'는 커다란 가채머리를 매만지고 서있다. 자주색 선과 노랑삼회장 저고리에 꽃무늬 장식이 있다. 가채머리가 약간 무거운 듯 보이고, 치마는 매우 풍성하여 항아리처럼 보인다.

■ 참고자료

⋯▶ 사치의 상징, 트레머리(가체)는 자기 머리카락 위에 다른 사람의 머리카락을 더 얹는 장식을 말하며, '얹은머리'라고도 한다. 특히 혼례, 명절 같은 큰 행사 때는 가체에 금은보화를 덧붙여 화려하게 장식하기도 했다. 조선 중기 이후 사치스러운 높은 가체[高髻]를 좋아하여 머리의 높이가 1자 정도에 이르렀다. 이러한 고계는 날이 갈수록 신분의 귀천이 없이 보편화되면서 더욱 높고 커져서 비난의 대상이 되었다. 『청장관전서(靑莊館全書)』에 의하면, "부귀한 집안에서는 7, 8만 냥을 들여 높고 넓게 틀어서 마치 말에서 떨어진 머리모양처럼 만들고 거기에 금은보화를 장식하여 무게를 감

---

43) 무등일보, 2014. 12.08일자, '해남 녹우당 소장미인도' 특별 공개

당할 수 없을 정도다. 13세 되는 신부가 시아버지가 방에 들어오니 갑자기 일어서려다 머리 무게를 이기지 못하여 목뼈가 부러졌다."고 기록되어 있다. 가난한 선비 집안에서는 딸을 시집보낼 때 가체를 마련하기 위해 논과 밭을 팔기도 하고, 가체 없이 시집간 며느리는 시어머니와 인사도 못하기 때문에 가체를 장식하기 위해 많은 돈을 들였다. 1756년(영조 32) 정월에는 가체 금지령을 내리고 뒷머리만을 장식하거나 족두리로 대신하게 하였다.[44]

혜원 신윤복(申潤福, 1758~1820)은 김홍도와 함께 조선 후기 풍속화를 개척했다는 평가를 받는다. 그의 풍속화는 소재의 선택, 구성, 인물의 표현 방법 등에서 김홍도의 풍속화와는 다른 경향을 보여 준다. 김홍도가 소탈하고 익살맞은 서민생활의 단면을 주로 다룬 데 반해, 그는 한량(閑良)과 기녀(妓女)를 중심으로 한 남녀 간의 춘의(春意)를 그리는 등 가식 없는 솔직함을 보여 준다. 그의 그림에는 양반 계층에 대한 날카로운 비판의식이 담겨 있다.[45]

인물은 대체로 얼굴이 갸름하고 눈 꼬리가 치켜 올라간 형태로 그리며, 아름다운 채색을 적절히 사용하고 있다. 무속(巫俗)이나 주막의 정경 등 서민 사회의 풍모를 보여 주는 그의 화풍은, 후대의 풍속화나 민화에 많은 영향을 미쳤다. 대표작으로는 '연당야유도(蓮塘野遊圖)', '단오도(端午圖)' 등 다수가 있다.

---

44) 최석조, 『신윤복의 풍속화로 배우는 옛사람들의 풍류』(경기: 아트북스, 2009), p. 24
45) 박은순(2008), 앞의 책, p. 234.

명화를 활용한 도덕 수업

··→ 신윤복 '미인도'는 사실주의적 미의식을 엿볼 수 있는 그림이다. 신윤복의 그림에서 볼 수 있는 젊은 여인은, 머리는 가채를 얹고, 저고리는 춤이 짧으며, 너비가 넓은 치마를 입고 있다. 그리고 두 손은 삼작노리개와 고름을 수줍은 듯 매만지고 있는 듯하다. 동그랗고 자그마한 얼굴에 둥근 아래턱, 다소곳이 솟은 콧날과 좁고 긴 코, 약간 통통한 뺨과 작고 오목한 입술, 갸름하고 깨끗한 두 눈, 귀 뒤로 하늘거리는 잔 귀밑머리털 등 매우 매혹적인 모습이다. 화가는 상체를 작게 하고 하체를 크게 하여, 귀엽고 가려한 느낌을 그의 특유의 선으로 표현하고 있다.[46]

··→ 레오나르도 다빈치의 작품 '모나리자'의 수수께끼 같은 미소는, 많은 사람들의 상상력을 자극한다. 이 작품은 당시 새로운 유화기법과 스푸마토 기법[47]을 사용하고 있다. 모나리자의 미소는 알 수 없는 신비감에 휩싸인다. 그 당시 미인의 기준은 넓은 이마로 여겨 이마를 강조하기 위해 눈썹을 그리지 않았다는 해석도 있다. 그러나 눈썹이 없지만 살아 숨 쉬는 듯한, 생생한 모나리자의 미소는 아름다움에 대해 다시 생각하게 만든다.[48]

---

46) 박영대, 앞의 책, pp. 290-293.
47) 스푸마토기법(sfumato)은 이탈리어어로, 색을 매우 미묘하게 연속 변화시켜서 형태의 윤곽을 엷은 안개에 싸인 것처럼 차차 없어지게 하는 기법이다. 연기 속으로 서서히 사라지게 한다는 의미를 지닌 이태리어(스푸마레 sfumare)에서 나온 말이다. 이 기법은 키아로스쿠로의 명암법(light and dark) 개발로 시작되었으며, 레오나르도 다빈치가 즐겨 사용하였다. 출처: 박연선, 『색채용어사전』(서울: 예림, 2007).
48) 전준엽, 『화가의 숨은 그림 읽기』(서울: 중앙북스, 2010), pp. 14-19.

⑪ 박수근, '빨래터'

| 관련명화 |
'물고기와 아이', '절구질하는 여인', '나비와 여인'

■ **학습주제**

단원 영역: (공통) 우리·타인과의 관계, 사회·국가·지구공동체와
　　　　　　의 관계
　　　　　(선택) 문화와 윤리
가치 덕목: 존중, 책임, 정의, 배려/준법·공익, 생명존중, 평화
내　　　용: 가정생활과 도덕, 가족·친구·이웃 관계의 윤리, 문화
　　　　　　의 다양성과 도덕

■ **명화보기**

[그림 53] 박수근, '빨래터'(1950), 일러스트

⋯▸ 2007년 5월 22일 서울옥션 경매에서 박수근의 그림 '빨래터'가 45억 2천만 원에 낙찰되었습니다. 비싸게 팔린 것은 그림을 잘 그린다는 의미일까요?

⋯▸ 박수근의 작품이 높은 평가를 받는 것은 무엇 때문일까요?

■ 상상마당

⋯▸ 다음을 참고로 가족에게 보내는 그림 또는 편지화를 만들어 보세요.

▸ 박수근의 인물화 '장남 박성남'(1952)은 개구쟁이 아들을 5~6시간이나 모델로 앉혀 놓고 그린 것으로, 자식에 대한 화가의 애틋한 부정이 담겨 있는 작품이다.
▸ 이중섭의 '길 떠나는 가족이 그려진 편지'(1954)는 일본에 있는 가족에게 보내는 편지에 그림을 그린 작품으로, 가족에 대한 애절한 그리움이 잘 나타나 있다.

우리 가족에게 보내는 편지화

···› 이중섭과 박수근이 그린 작품의 위작 시비에 대해 토론해 보세요.

···› 위작을 구별할 수 있는 감정법에 대해 알아보세요.

···› 미술 작품 베끼기, 음악 작품 표절에 대해 토론해 보세요.

토론거리

▸ 유명 화가의 작품 모사

▸ 노래 리메이크

▸ 표절의 기준

···› 모사와 리메이크의 장단점 찾기

▸ 한국인이 가장 사랑하는 화가 이중섭과 박수근의 작품이 위작 시비로 한국 미술계의 논란이 되었다. 이중섭의 '흰소'에 묻은 모발과 필체를 분석한 결과 위작 시비에 걸린 작품 모두 가짜라는 결론이 났다. '국내 최대 위작(僞作) 논란 사건'에 대해 항소심 법원도 '위조품'이라 판단하고 몰수 명령을 내렸다.

▸ 위작 논란에 휘말린 작품은 이중섭(1916~1956) 1069점, 박수근(1914~1965) 1765점 등 모두 2834점이다. 위작 시비는 이 화백의 아들이 2005년 2월 "유품으로 물려받은 작품"이라며 서울옥션을 통해 '물고기와 아이', '두 아이와 개구리' 등 8점을 매물로 내놓은 게 발단이 됐다.

−국민일보, 2013. 1. 27일자−

■ 명화 비교하기

···› 위작 시비에 휘말린 이중섭과 박수근, 천경자의 작품을 찾아보고, 진품과 위작의 차이점을 비교해 보세요.

화가	작품명	진품	위작
이중섭	물고기와 아이		
박수근	절구질하는 여인		
천경자	나비와 여인		

■ 글쓰기

⋯▸ '모방은 창조의 어머니'라고 하듯, 화가나 작가들이 실력을 기르기 위해 유명한 작품들의 모사를 통해 실력을 키우는 경우가 많습니다. 타인의 연구 실적이나 창작물을 모방하면서 새로운 것을 만들어 내려는 시도이기도 하지요. 이러한 모방에 대해 긍정적인 면과 부정적인 면에 대해서 구체적인 사례를 들어 서술하고, 여러분의 생각을 글로 써 보세요.

상상마당

▸ 밀레의 만종을 보며 밀레아 같은 화가가 되기를 꿈꿨던 화가 박수근
▸ 그림을 잘 그렸지만, 가정 형편이 어려워 중학교에 진학하지 못했던 화가
▸ 화가 박수근에 대한 평가: '서민화가', '한국에서 가장 비싼 화가', '한국인이 가장 사랑하는 화가'

토론마당

▸ 위작 감정법: 지문과 필적 감정, 물감 성분확인 시험, 머리카락 DNA 분석

명화 비교하기

▸ 이중섭과 박수근의 위작 시비는 1991년 천경자의 '미인도' 사건과 함께 대표적인 미술품 위작 논란 사건이다. 이들 작품은 진품으로 감정될 경우, 돈으로 환산할 수 없는 국보급 작품이 될 수도 있다.

■ 화가의 생애

박수근(朴壽根, 1914~1965)은 서양화가이며, 호(號)는 미석(美石)이다. 회백색을 주로 쓰면서, 단조로우나 한국적인 주제를 소박한 서민적 감각으로 다루었다. 그는 독학으로 미술 공부를 하였고, 1932년 제11회 조선 미술 전람회에 입선하였다. 그는 한국적 주제를 소박한 서민적 감각으로 충실하게 다루었고, 회백색을 주로 사용하였다. 그는 평범한 서민의 생활상을 주제로 삼았고, 한국인 화가 중 가장

독창적이라는 평가를 받는다. 대표 작품으로 '나무', '노인과 소녀' 등
이 있다.49)

■ **참고자료**

···→ 이중섭(李仲燮, 1916~1956)은 호는 대향(大鄕)으로, 1937년 일본에서
유학하였으며, 일본인 여성 야마모토(山本方子)와 1945년 원산에서
결혼하여 이 사이에 2남을 두었다. 6·25 전쟁 이후 그는 자유를
찾아 원산을 탈출, 제주도를 거쳐 부산에 도착하였다. 이 무렵 부
인과 두 아들은 일본 동경으로 건너갔고 이중섭은 홀로 남았다. 가
족과의 재회를 염원하다 정신이상과 영양실조로 그의 나이 40세에
사망했다. 그의 작품 소재는 소, 닭, 어린이[童子], 가족 등으로,
'싸우는 소', '흰소', '길 떠나는 가족' 등의 작품을 남겼다. 그밖에
담뱃갑 속의 은지에다 송곳으로 눌러 그린 그림도 전해져 온다.50)

49) 최열, 『박수근 평전, 시대공감』(경기: 마로니에북스, 2011)
50) 이중섭, 박재삼 옮김, 『이중섭 편지와 그림들』(서울: 다빈치, 2000)

2

산 수 화 (한국 · 중국 · 일본)

❶ 한국의 산수화

| 관련명화 |

'인왕제색도', '단발령망금강산', '매화서옥도', '송하처사도', '송하수업도', '서당도'

■ **학습주제**

단원 영역: (공통) 우리 · 타인과의 관계, 자연 · 초월적 존재와의 관계

           (선택) 현대 생활과 응용윤리, 평화와 윤리

가치 덕목: 존중, 책임, 정의, 배려/ 자연애, 생명존중, 평화

내   용: 문화와 도덕, 마음의 평화와 도덕적 삶, 종교와 윤리

■ **명화보기**

[그림 54] 정선,
'인왕제색도[仁王霽色圖]',
일러스트

[그림 55] 정선,
'단발령망금강산(斷髮嶺望金剛山)'
(국립중앙박물관)

⋯⋯ 위 그림은 인왕산과 금강산을 그린 것입니다. 그림을 보면서 느껴
 지는 감정은 무엇인가요?

⋯⋯ 이 그림을 그린 화가는 어떤 성품을 가진 사람일까요?

⋯⋯ 살아 있다면, 지금 화가는 어떤 삶을 살고 있을까요?

■ 상상마당

[그림 56] 이재관, '송하처사도(松下處士圖)'
(19세기, 국립중앙박물관)

명화를 활용한 도덕 수업

···▶ 위 그림에서 두 인물의 성격에 대해 이야기해 보세요.

···▶ 풍경 속에 있는 화가는 어떠한 상황인지 묘사해 보세요.

■ 토론마당

···▶ 화가의 마음을 다스리는 열 가지 방법을 짝과 함께 찾아보세요.

마음을 다스리는 10가지 방법	
· · · · ·	· · · · ·

■ 명화 비교하기

[그림 57] 이인상, '송하수업도(松下授業圖)'
(개인 소장)

[그림 58] 김홍도, '서당도'
(국립중앙박물관)

⋯→ '송하수업도'와 '서당도'의 공부 방법을 비교해 보세요.

■ 글쓰기

⋯→ '송하수업도'와 '서당도'에서 드러나는 공부 방법의 장단점을 비교
하여 서술하고, 자신의 공부 방법에 대해서 논해 보세요.

Tip

생각열기

▶ '인왕제색도[仁王霽色圖]' : 조선 영조 시기 손꼽히는 시인은 사천(槎川) 이병연(李秉
淵, 1671~1751)이고, 그림의 대가는 겸재 정선이었다. 그들은 60여 년이나 되는 세
월 동안 서로 시와 그림을 주고받으면서 교류를 했다. '인왕제색도(仁王霽色圖)'는 '인왕
산에 큰 비가 온 끝에 그 비가 개어 가는 모습'을 그린 작품이다. 벗 이병연의 죽음을 생
각하면서 그가 그린 그림이라고 한다. 며칠 동안 비가 내린 후 잠깐 갠 짬을 이용해 인왕
산을 오른 정선은 벗의 죽음에 대해 생각하게 된다. 바위가 유난히 검고 무거워 보이는
것은 며칠 동안 비에 젖은 상태로, 소나무도 다소 생기를 잃고 음침하게 느껴진다. 이는
죽음을 앞둔 친구에 대한 아픈 마음을 표현한 것이리라. 51)

　　　　　　　　　　　　　　　명화를 활용한 도덕 수업

▶ '단발령망금강산(斷髮嶺望金剛)' : 이 작품은 '단발령에서 금강산을 바라본다'는 진경산
수화이다. 단발령은 금강산 남쪽에서 금강산을 여행할 때 가장 눈에 들어오는 고개이다.
단발령이라는 이름도 '머리를 자른다'는 뜻으로 "이곳에 오르는 자마다 대자연에 압도되어
머리를 깎고 중이 되고자 했다."는 데서 유래했다고 한다.

상상마당

▶ 조희룡, '매화서옥도(梅花書屋圖)' : 이 작품은 매화 꽃송이로 둘러싸인 서옥에 앉아 있
는 선비의 모습을 표현하고 있다. 한 선비가 앉아 병에 꽂힌 일지매(一枝梅)를 응시하고
있다. 하늘은 뿌옇게 흐려 있고 언덕과 산등성이는 희끗희끗한데, 검은 가지에 함박눈
같은 백매화가 만개했다.[52]

▶ 이재관, '송하처사도(松下處士圖)' : 이 작품은 키가 큰 소나무가 있는 절벽 아래에 한
처사가 동자를 데리고 앉아 물소리를 들으며 먼 곳을 바라보고 있는 광경을 그린 그림이
다. 처사의 행색이 전통 중국식 복장을 한 것으로 보아 중국 사람의 모습이다. 투박하고
거친 필치를 사용하면서도 간간이 담묵(淡墨)을 써서 신선한 느낌을 준다. 화가는 화면
왼쪽에 "저 세상 사람들을 무시한다. 소당[白眼看他世上八 小塘]"이라고 썼다.[53]

명화 비교하기

▶ '송하수업도(松下授業圖)'는 바위와 소나무 아래에서 글을 배우고 있는 학생과 선생을
그린 작품이다. 깊은 산중에서 스승과 제자가 마주하여 공부하는 선비의 생활상을 그린
풍속화이다. 이인상의 낙관과 함께 화가 김득신의 도인이 찍혀 있다. 선비의 생활상을
표현한 이 작품은 연한 담채와 수묵의 회화성이 돋보이는 작품이다.[54]

---

51) 오주석, 『옛 그림 읽기의 즐거움 ①』(서울: 솔, 1999), pp. 238-253.

52) 박영대, 앞의 책, pp. 362-363.

53) 박은순, 『이렇게 아름다운 우리 그림』(서울: 한국문화재보호재단, 2008), pp. 238-
239.

54) 문화원형백과, http://terms.naver.com/entry.nhn?docId=1733225&cid=4
9295&categoryId=49295

▶ '서당도'는 옛날의 교육기관인 서당에서의 공부하는 장면을 그린 그림이다. 당시 서당에서는 어린아이에서부터 장가들어 갓을 쓴 학생까지 함께 어울려 공부했다. 한 학생이 서당 선생님인 훈장에게 종아리를 맞았는지 눈물을 닦고 있고, 주위의 학생들은 그 모습을 보고 웃고 있다. 안쓰러워하는 훈장의 찡그린 얼굴과 우는 아이의 옆에 놓인 책은 생동감이 느껴질 정도로 사실적이다.

■ 화가의 생애

겸재 정선(鄭敾, 1676~1759)은 진경산수화(眞景山水畵)라는 우리 고유의 화풍(畵風)을 개척한 인물로 평가받고 있다. 중국의 산천이 아닌 조선의 산천을 있는 그대로 그렸다는 것은 그만큼 우리의 문화에 대한 자부심을 가졌다는 잣대가 되기도 한다. '진경시대'란 양란의 후유증을 극복하고 조선 고유의 진경문화를 이루어 낸 시기로, 정선이 활동한 영조대는 진경시대 중 최고의 전성기였다.[55]

■ 참고자료

⋯▶ 능호관 이인상(李麟祥, 1710~1760)은 본관이 전주(全州)이며, 이경여(李敬輿)의 현손이다. 3대에 걸쳐 대제학을 낳은 명문 출신으로 26세 때 진사에 급제하였지만, 증조부 이민계(李敏啓)가 서출이었기 때문에 더 이상 본과에 나아가지 못했다. 불의와 타협할 줄 모르는

55) 정옥자, 『우리가 정말 알아야 할 우리 선비』(서울: 현암사, 2006)

강직한 성격으로, 관찰사와 다툰 뒤 관직을 버리고 단양에 은거하며 여생을 보냈다. 시·서·화에 능했고, 전서(篆書), 주서(籒書)에 뛰어났으며 인장(印章)도 잘 새겼다고 한다.[56]

⋯⋯ 우봉 조희룡(趙熙龍, 1797~1859)은 김정희의 문하에서 학문과 서화를 배우고 19세기 중엽 화단에서 중추적 구실을 했다. 그는 매화를 잘 그려 '매화화가'로 유명하지만, 여러 방면에 재능을 보였다. 산수와 함께 사군자를 특히 잘 그렸으며, 남종문인 화풍에 토대를 두되 다양한 구도와 대범한 담채를 구사하였다. 또한 새로운 기법을 시도하는 실험의식과 거리낌 없는 표현력을 통해 자신의 독자적인 화풍을 이룩했다.[57]

⋯⋯ 소당 이재관(李在寬, 1783~1837)은 조선 후기의 화원화가이며, 벼슬은 감목관을 지냈다. 전통적인 수법을 계승하면서도 독자적인 남종화의 세계를 이룩한 화가이다. 조희룡(趙熙龍)의 『호산외사(壺山外史)』에 의하면, 그는 집안 형편이 어려워 따로 그림을 배우지는 않았지만 재주로 옛 그림의 화법을 익혔다고 한다. 산수와 인물을 비롯하여 화조, 초충, 영모, 물고기 그림을 잘 그렸으며 특히 초상화를 잘 그렸다고 한다.[58]

---

56) 유홍준, 『화인열전2』(서울: 역사비평사, 2001), pp. 58-126
57) 안휘준 외, 앞의 책, pp. 247-272.
58) 박영대, 앞의 책, pp. 338-340.

···▶ 중국 산수화는 당대를 기점으로 하여 화가의 신분, 회화의 이념적, 양식적 배경을 토대로 하여 같은 구분을 시도하였다. 당대(唐代) 선불교(禪佛敎)에 남·북 분파가 생겨났다. 남종선(南宗禪)에서 주장하는 돈오(頓悟: 단번에 깨달음)의 개념은, 화가의 영감과 인간의 내적 진리의 추구를 중요시하는 문인 사대부화의 이론과 맥락을 같이한다. 따라서 사대부 또는 문인들의 그림을 '남종화'라 한다. 점수(漸修: 차츰 닦아 깨달음)를 주장하는 북종선(北宗禪)은, 기법의 단계적 연마를 중요시하는 화공들의 그림에서 상호 유사점을 발견하면서, 화공들의 그림을 북종화로 구분하였다. 한국에서는 '남종화' 또는 '남종 문인화(南宗文人畫)'라는 말로 많이 통용되며, 일본에서는 주로 '남화(南畫, 난가)'라고 부른다.[59]

---

59) 한국민족문화대백과사전, http://100.daum.net/encyclopedia/view/
14XXE0012163

명화를 활용한 도덕 수업

❷ 중국의 산수화

| 관련명화 |
'부춘산거도', '묵죽도', '팔팔조도', '딱따구리'

■ 학습주제

단원 영역: (공통) 우리 · 타인과의 관계, 자연 · 초월적 존재와의 관계
        (선택) 동양과 한국 윤리사상
가치 덕목: 존중, 책임, 정의, 배려/ 자연애, 생명존중, 평화
내　　　용: 동양과 한국 윤리사상의 특징 및 현대적 의의, 종교와 윤리

■ 명화보기

[그림 59] 원 황공망, '부춘산거도(富春山居圖)'(1350, 대북 고궁박물원)

⋯ 산수화는 있는 그대로를 본 대로 그리는 것일까요, 아니면 다른
방법으로 그리는 걸까요? 다른 방법으로 그린다면 어떠한 방법으
로 그리는 걸까요?

⋯ 화가는 그림 그릴 때 다음 4가지를 버리라고 하였는데, 4가지에
해당하는 것을 생각해 보세요.

생각거리

▶ 바르지 않은 것(邪)   ▶ 달콤한 것(甜)
▶ 속된 것(俗)   ▶ 의지하는 것(賴)

■ 상상마당

⋯ 황공망은 '배우는 자는 마땅히 마음을 다해야 한다.'고 했습니다.
어떻게 해야 마음을 다할 수 있을까요?

■ 토론마당

竹寒而秀 木瘠而壽 石醜而文 是爲三益之友

粲乎其可接 邈呼其不可圉 我懷斯人 嗚呼其可復親也。

"대나무는 차가우나 빼어나고,

나무는 여위지만 오래 견디고,

바위는 흉하지만 문채를 이룬다.

이들을 '세 가지 이로운 벗'이라 한다.

깨끗하나 가까이 할 수 있고,

아득히 멀리 세속에 초연하니 구속받지 않는다.

나는 이러한 사람이 그립구나.

아하! 이러한 사람을 다시 볼 수 있을까?"

– 소동파 60) –

[그림 60] 북송 문동, '묵죽도(墨竹圖)'(대북고궁박물원)

---

60) 소동파(蘇東坡, 1036-1101)의 본명은 소식이며, 아버지 소순, 동생 소철과 함께 '3소 (三蘇)'라고 불렸다. 그는 조정의 정치를 비방하는 내용의 시를 썼다는 죄로 황주로 유형 당했는데, 이때 농사짓던 땅 동쪽 언덕이라는 뜻의 '동파'라는 호를 지었다. 그는 작가의 마음이 자연스럽게 묻어나와야만 훌륭한 문장이 된다고 여겼다.

···› 화가가 대나무 그림으로 표현하려고 했던 것은 무엇이었을까?

···› 어러분에게 있어 세 가지 이로운 벗은 어떤 것인가요?

[그림 61] 청 팔대산인,
'팔팔조도(叭叭鳥圖)'(1694, 개인 소장)

[그림 62] 심사정, '딱따구리'
(18세기, 개인 소장)

···› 위 그림에 나오는 동물들은 어떤 동물인가요?

···› 그림에 나타난 동물이 원하는 것은 무엇일까요? 그 이유는 무엇인
가요?

···› 중국의 화가 동기창(董其昌)61]은 '부춘산거도'를 소장하고 있을 때,
이 그림에 다음과 같은 글귀를 써 넣었다고 합니다. 이 글이 의미

명화를 활용한 도덕 수업

하는 바는 무엇인지 여러분의 생각을 글로 써 보세요.

'나의 스승이요, 나의 스승이요'

생각열기

▶ '부춘산거도'는 6.88미터의 두루마리 형식의 작품으로, 붓글씨의 기법으로 수묵화의 새 영역을 개척했다는 평을 받는다. 황공망의 작품은 중국의 산수화가들에게 가장 큰 영향을 미쳤다. 조선시대에는 심사정(沈師正)을 비롯한 많은 남종문인화가들이 황공망을 추종했다. 특히 조선 후기의 정수영(鄭遂榮, 18-19세기)과 말기의 장승업(張承業, 1843-1897)은 황공망의 그림을 모방하여 '방황자구산수도(倣黃子久山水圖)'를 남겼다.

---

61) 동기창(董其昌, 1555년 ~ 1636년)은 중국 명나라 때의 문인, 화가, 서예가, 정치가 이다. 명대 최고의 문인화가 및 화론가이다. 서예는 왕희지의 글씨체를 바탕으로 행서, 초서에 뛰어났으며, 중국 그림의 2대 유파 중 하나인 남종화를 대성하였다.

명화비교하기

▶ 팔대산인(八大山人)은 명나라 왕실의 귀족으로 태어나 명나라가 망하고 청이 개국하자 머리를 깎고 중이 되었다. 그의 작품은 형식을 무시한 파격적인 화풍이 특색이다. 간결한 필치가 특징적이고, 산수화조화에 능하였으며 수묵화 소품에 뛰어났다. '팔팔조도'에서 새는 머리를 푹 숙이고 눈을 감고 바위에 외발로 서 있다. 꼬리는 들고 털은 꼿꼿이 세웠지만 고개를 숙이고 눈을 감을 수밖에 없는 새의 모습을 통해 화가 자신의 심정을 표현하고 있다.62)

▶ 심사정(沈師正)의 '딱따구리'는, 실직을 하고 초야에 묻혀 산 후 그린 것으로 추정된다. 이 그림은 나무에 불편하게 붙어 있는 새를 그린 것이다. 그림 전체의 서정적인 면과는 달리 어딘지 모를 고독이 느껴지는 분위기이다.63)

■ 화가의 생애

　황공망(黃公望, 1269~1354)은 오진, 예찬(倪瓚), 왕몽(王蒙)과 더불어 원대의 4대 대가로 불린다. 그는 남송 때 출생했지만 11세 때 송이 망하는(1279) 바람에 원(元) 왕조에서 관리가 되었지만 누명을 쓰고 하옥된다. 출옥 후 도교의 한 종파인 전진교(全眞教)에 들어갔으며 유람을 통해 예술정신을 함양하였다. 그는 많은 산수화를 남겼지만 직접 산수를 사생한 적은 없었다. 대신 관찰한 산수를 마음에 담아 둔 후 오랜 사색과 성찰을 통해 정화시켰다.

　'부춘산거도'를 소장한 명말청초의 거부인 오홍유는 이 작품을 너

62) 박은화, 『중국회화감상』(서울: 예경, 2001), p. 230
63) 조정육『그림공부, 사람공부』(경기: 앨리스, 2009), pp. 107-109

무 사랑한 나머지 임종 때, 자신과 함께 화장해 달라고 유언했다. 그의 조카가 옆에서 지켜보다가 안타까워 다른 작품으로 바꿨지만, 이미 앞부분이 타 버려 두 부분으로 나누어진 상태였다. 이 두 개의 그림 가운데 시작 부분은 절강성박물관에, 주요 부분이 들어간 다른 그림은 대북고궁박물원에 소장되어 있다.[64]

■ 참고자료

···▸ 팔대산인(八大山人, 1625~1705경)은 청대 초기(1644~1911) 개성파 승려화가이다. 그의 생애는 자세히 알려져 있지 않으나, 명나라 황실의 후예로서 전통적인 교육을 받았다. 그러나 명나라 멸망 후 1648년에 승려가 된 것으로 알려져 있다. 나라의 패망과 아버지의 죽음으로 인해 정신적인 혼란을 일으키게 된다. 결국 그는 절을 떠나 환속했으며, 벙어리를 뜻하는 글자(啞)를 대문 앞에 써 붙여 놓았다고 한다. 그는 한마디도 하지 않은 채 오직 웃거나 술만 마시는 등의 황당한 기행을 일삼았다고 한다.[65]

···▸ 문동(文同, 1018~1079)은 북송의 화가로, 자는 여가(與可), 호는 소소선생(笑笑先生)·석실선생(石室先生)이다. 소동파는 그의 시(詩)·

---

64) 조송식, 『중국 옛 그림 산책』(서울: 현실문화, 2011), pp129-144
65) 박은화, 앞의 책, pp. 228-231.

사(詞) · 그림 · 초서(草書)를 '4절(四絶)'이라고 칭찬했을 만큼 산수와 화조를 잘 그렸고 특이 내나무 그림을 잘 그렸다. 그는 "마음이 맞지 않는 바가 있는데도 풀 데가 없으므로 묵죽에 펴 본다."고 할 정도로 항상 대나무를 그려 자신을 수양하였다. 농담괴 명암으로 대나무의 각종 형상을 묘사해 묵죽예술을 회화의 독립된 영역으로 발전시켰다.66)

⋯ 현재 심사정(玄齋 沈師正, 1707~1769)은 어렸을 때 정선에게 그림을 배운 것으로 알려져 있다. 그의 할아버지는 영조가 세자로 있을 당시 왕세자 음모사건에 가담하게 된다. 후손들은 역적이라는 멍에를 쓰고 불행하게 산다. 심사정은 양반가의 정서와 풍류를 위한 그림이 아니라 가족들을 부양하기 위해 그림을 그린다. 그럼에도 불구하고 그는 뛰어난 실력을 인정받아 왕의 인물화를 그려내는 관청의 감독으로 뽑힌다. 그러나 역적의 자손이라며 파직되고 만다. 그는 모든 욕심을 버린 채 풍경화뿐만 아니라 꽃과 나무, 동물, 곤충 등 여러 소재를 이용하여 다양한 종류의 그림을 그려내었다. 다양한 인물의 모습을 담은 풍속화도 많이 그렸으며, 대표작품으로는 '고사은거도', '방심석전 산수도', '파교심매도', '만폭동' 등이 있다.67)

---

66) 조송식, 앞의 책, pp. 211-218.
67) 안휘준 외, 앞의 책, pp. 155-174.

명화를 활용한 도덕 수업

❸ 일본의 산수화

| 관련명화 |

'산수장권', '추동산수', '붉은후지산', '가나가와 앞바다의 큰 파도', '달마도', '대달마상'

■ 학습주제

단원 영역: (공통) 우리 · 타인과의 관계, 자연 · 초월적 존재와의 관계

　　　　　　(선택) 동양과 한국 윤리사상

가치 덕목: 존중, 책임, 정의, 배려/ 자연애, 생명존중, 평화

내　　　용: 동양과 한국 윤리사상의 특징 및 현대적 의의, 종교와 윤리

■ 명화보기

[그림 63] 셋슈,
'사계산수(四季山水)'(15세기 말)

[그림 64] 셋슈, '추동산수(秋冬山水)'
(무로마치 시대, 도쿄 국립박물관)

■ 생각열기

⋯⋯▶ 위 그림을 보고 오늘날의 산수(山水)와 비교해 보세요.

⋯⋯▶ 이 그림을 통해 화가가 말하고 싶은 것은 무엇이라고 생각하나요?

⋯⋯▶ 이 그림을 통해 여러분이 얻은 메시지는 무엇인가요?

■ 상상마당

⋯⋯▶ 다음은 가츠시카 호쿠사이가 후지산의 풍경을 그린 작품입니다.

[그림 65] 가츠시카 호쿠사이,　　　　　[그림 66] 가츠시카 호쿠사이, '가나가와 앞바다의
'붉은 후지산'(1825년경, 대영박물관)　　　　　큰 파도'(1825년경, 스펜서 컬렉션)

⋯⋯▶ 인간의 힘으로 막을 수 없는 자연의 위대함에 대해 생각해 보세요.

■ 토론마당

⋯⋯▶ 오늘날의 자연 재해와 기후변화의 영향에 대해 토론해 보세요.

명화를 활용한 도덕 수업

토론거리

▶ 지진   ▶ 화산폭발   ▶ 가뭄
▶ 쓰나미   ▶ 태풍   ▶ 홍수 등등

■ 명화 비교하기

[그림 67] 김명국, '달마도(達磨圖)'   [그림 68] 셋슈, '대달마상(大達磨像)'

···▶ 두 화가가 달마 승을 그린 이유는 무엇일까요?

···▶ 두 화가가 그린 달마 승은 어떠한 사람일지 추측해 보세요.

■ 글쓰기

···▶ 기후 변화가 우리 삶에 어떤 영향을 주는지 생각해 보고, 이와 관련하여 현재 우리가 앞으로 해야 할 일은 무엇인지 써 보세요.

Tip

생각열기

▶ 셋슈는 학문에 대한 깊은 조예를 바탕으로 불교 선종에서 영감을 얻은 그림을 그린 선승으로서, 14세기에 중국에서 도입된 화풍을 자신만의 독특한 화풍으로 바꾸었다.

■ 화가의 생애

셋슈(雪舟, 1420-1506)는 일본 수묵화를 완성한 15세기 화가이다. 당시 일본의 문화 중심지 야마구치 지방을 후원하는 귀족 가문 오우치가는, 셋슈의 재능을 인정하여 그를 명나라로 파견하였다. 그는 중국 수묵화를 일본의 예술적 이상과 미적 감수성에 맞는 것으로 발전시켰다. 그는 선(禪) 수행과 함께 수묵화, 산수화, 달마도 등을 그렸으며, 추상화풍 분위기가 강한 새로운 수묵화를 정립했다. 그의 강한 먹자국이 돋보이는 '추동산수도', 일본 전역을 여행하면서 그린 스케치를 바탕으로 한 〈산수장권〉으로 불리는 '사계산수도'[68], 일본 동해안의 명승지를 그린 '천교립도' 등은 중국 화풍을 소화한 뒤 자신의 예술로 정립한 작품들이다. 그의 작품은 빠르고 강한 필치에 먹의 농담의 변화가 돋보인다는 평가를 받고 있다.[69]

■ 참고자료

⋯⋯▶ 가즈시카 호쿠사이(葛飾北斎, 1760~1849)는 우키요에(浮世繪)[70]의 풍경 판화가이다. 그는 일생 동안 3만 점이 넘는 작품을 남겼으며 자연의 모든 것을 그림에 담고자 노력하였다. 그의 대표작은 70대에 후지산을 소재로 그린 '후가쿠 36경(富嶽三十六景)'이다. 특히 '붉은 후지산'은 단순하게 후지산을 그린 작품으로, 아침 햇살을 받아 붉은 기운을 신령스럽게 내뿜는 모습으로 다가온다. '가나가와 앞바

---

68) 12미터나 되는 두루 마리에 일본 전역의 사계가 변화해가는 모습을 표현한 작품이다.
69) 안혜정, 『내가 만난 일본미술 이야기』(경기: 아트북스, 2003). pp. 132-140
70) 우키요에(浮世繪)란 일본의 무로마치[室町]시대부터 에도[江戸]시대 말기(14~19세기)에 제작된 회화의 한 양식이다. 일반적으로는 목판화(木版畵)를 뜻하며 그림 내용은 대부분 풍속화이다. 무사, 벼락부자, 상인, 일반 대중 등을 배경으로 한 왕성한 사회풍속, 인간묘사 등을 주제로 삼았다.

다의 큰 파도'에서는 멀리 후지산이 보이는 바다 가운데 커다란 파도가 덮쳐오는 그림이다. 그의 작품은 대체로 간략하고 간결한 표현으로 넘실대는 파도를 재치 있게 표현하고 있다.[71] 그의 작품은 모네, 반 고흐 등 서양의 인상파 및 후기 인상파 화가들에게 강렬한 인상을 심어 주었다.

⋯▸ 교토의정서(Kyoto protocol, 京都議定書)는 1997년 12월 일본 교토에서 개최된 기후변화협약에 따른 온실가스 감축목표에 관한 의정서로, 지구온난화 규제 및 방지를 위한 국제협약인 기후변화협약의 구체적 이행 방안을 마련하였다. 의무이행 대상국은 오스트레일리아, 캐나다, 미국, 일본, 유럽연합(EU) 회원국 등 총 37개국으로, 각국은 2008~2012년까지를 제1차 감축공약기간으로 하여 온실가스 총배출량을 1990년 수준보다 평균 5.2% 감축하기로 하였다. 당사국은 온실가스 감축을 위한 정책과 조치를 취해야 하며, 그 분야는 에너지 효율 향상, 온실가스의 흡수원 및 저장원 보호, 신·재생 에너지 개발·연구 등도 포함된다.

⋯▸ 교토메커니즘(Kyoto Mechanism)[72]은 온실가스를 효과적이고 경제적으로 줄이기 위한 세 가지 제도[공동이행제도(JI), 청정개발체제(CDM), 배출권거래제도(ET)]를 말하며, 선진국들이 온실가스 감

71) 안혜정, 앞의 책, pp. 42-54
72) 기후변화홍보포털, http://www.gihoo.or.kr

명화를 활용한 도덕 수업

축 의무를 홀로 이행하기에 무리가 있다고 생각하여 만들어진 제
도이다.

①공동이행제도(Joint Implementation)는 선진 38개 국가들 사이에서 온
실가스 감축 사업을 공동으로 수행하는 것을 인정하는 제도이다.
한 국가가 다른 국가에 투자하여 감축한 온실가스 감축량의 일부분
을 투자국의 감축 실적으로 인정한다.

②청정개발체제(Clean Development Mechanism)은 선진국인 A국가가 개
발도상국 B에 가서 온실가스 감축사업을 수행하면, 달성한 실적을
투자 당사국의 감축량으로 허용하는 제도다. 선진국은 온실가스
감축량을 얻고, 개발도상국은 선진국으로부터 기술과 자금을 지원
받는 제도이다.

③배출권 거래제도(Emission Trading)는 국가마다 할당된 감축량 의무
달성을 할당하고, 할당된 온실가스 감축 의무를 이행하지 못할 경
우 다른 나라로부터 온실가스 감축량을 시장의 상품처럼 서로 사고
팔 수 있도록 허용한 것이다.

참고 문헌

고태화, 『박수근, 소박한 이웃의 삶을 그리다』, 사계절, 2014

김수경 외, 『백남준을 말하다: 아직도, 우리는 그를 모른다』, 해피스토리, 2012

김정숙, 『옛 그림 속 여백을 걷다』, 북포스, 2012

김종수, 『우리 그림 여행』, 동녘, 2001

김해원, 『백성을 사랑한 화가 윤두서』, 웅진주니어, 2014

노자, 『도덕경(道德經)』

마쓰오 바쇼 · 요사 부손 · 잇사 외, 김향 역, 『하이쿠와 우키요에, 그리고 에도시절』, 다빈치, 2006

문국진, 『그림으로 보는 신화와 의학』, 예담, 2006, pp. 67-72

박경희, 『술에 미치고 자연에 취하다』, 아트북스, 2008

박연선, 『색채용어사전』, 예림, 2007

박영규, 『조선 시대 왕실 사람들은 어떻게 살았을까?』, 주니어김영사, 2009

박영대, 『우리가 정말 알아야 할 우리 그림 백가지』, 현암사, 2002

박은순, 『윤두서: 시대를 앞서간 선비 화가』, 나무숲, 2014

박은순, 『이렇게 아름다운 우리 그림』, 한국문화재보호재단, 2008

박은화, 『중국회화감상』, 예경, 2001

박철상, 『세한도』, 문학동네, 2010

백남준, 『백남준: 말馬에서 크리스토까지』, 백남준아트센터, 2010

손철주 · 이주은, 『다 그림이다』, 이봄, 2011

손태호, 『나를 세우는 옛 그림, 아트북스』, 2012

스테파노 추피, 최병진 역, 『뒤러: 인문조의 예술가의 초상, 마로니에북스』, 2008

안소영, 『책만 보는 바보 : 이덕무와 그의 벗들 이야기』, 보림, 2005

안혜정, 『내가 만난 일본미술 이야기』, 아트북스, 2003

안휘준, 『한국회화사(韓國繪畵史)』, 일지사, 1980

안휘준 외, 『한국의 미술가』, 사회평론, 2006

오주석, 『옛 그림 읽기의 즐거움 ①』, 솔, 1999

오주석, 『옛 그림 읽기의 즐거움 ②』, 솔, 2006

이미림외 공저, 『동양미술사 (하) : 일본, 인도, 서역, 동남아시아』, 미진사, 2007

이연식, 『우키요에, 유혹하는 그림』, 아트북스, 2009

이원복, 『한국 미의 재발견: 회화』, 솔, 2005

이은상, 『시와 그림으로 읽는 중국역사』, 시공사, 2007

이응노, 『이응노의 집 이야기』, 수류산방중심, 2012

이일수, 『이 놀라운 조선 천재 화가들』, 구름서재, 2009

이중섭, 박재삼 옮김, 『이중섭 편지와 그림들』, 다빈치, 2000

장세현, 『한눈에 반한 우리 미술관』, 거인, 2007

전준엽, 『화가의 숨은 그림 읽기』, 중앙북스, 2010

정광호, 『향기와 빛 명상이 있는 그림찻방』, 로대, 2011

정병모, 『한국의 풍속화』, 한길아트, 2000

정연식, 『일상으로 본 조선시대 이야기』, 청년사, 2001

정옥자, 『우리가 정말 알아야 할 우리 선비』, 현암사, 2006

제임스 서펠, 윤영애 역, 『동물, 인간의 동반자 : 동물과 인간, 그 교감의 역사』, 들녘, 2003

조송식, 『중국 옛 그림 산책』, 현실문학, 2011

조용진, 『풀과 벌레를 즐겨 그린 화가 신사임당』, 나무숲, 2000

조은수, 『옛날 사람들은 어떻게 살았을까, 창비』, 2012

조정육, 『그림공부, 사람공부』, 앨리스, 2009

진중권, 『미학오디세이, 휴머니스트』, 1994

최석조, 『김홍도의 풍속화로 배우는 옛사람들의 풍류』, 아트북스, 2008

최석조, 『신윤복의 풍속화로 배우는 옛사람들의 풍류』, 아트북스, 2009

최석조, 『우리 옛 그림의 수수께끼』, 아트북스, 2010

최열, 『박수근 평전, 시대공감, 마로니에북스』, 2011

통일교육협의회, '2013 청소년 통일의식 조사 결과 보고서', 2013

통일부 통일교육원, 『2013 북한 이해』, 2013

통일부 통일교육원, 『2013 통일교육지침서』, 2013

프랑수아 플라스, 김희경 역, 『호쿠사이, 그림에 미친 노인』, 이숲, 2015

하인리히 f.j.융커, 이영석 역, 『기산 한국의 옛 그림: 기산풍속도1』, 민속원, 2003

한국역사연구회, 『조선시대 사람들은 어떻게 살았을까? 1, 2』, 청년사, 2005

교육과학기술부, "교육과학기술부 고시 제 2012-14호 도덕과 교육과정", 2012.

김미덕, "도덕과 교육에서 도덕적 상상력을 기르기 위한 명화의 활용", 한국윤리교육학회, 『윤리교육연구』제22집(2010)

김미덕, "명화를 활용한 도덕과 교육: 도덕적 상상력 함양을 중심으로", 경상대학교 대학원 박사학위논문(2011)

서규선 · 김미덕, "도덕 교과서 속 명화에 담긴 도덕적 딜레마 분석", 서원대학교, 『교육연구』제31집 1호(2012)